법학의 철학적 탐구

사고의 확장을 위한 시도

법학의
철학적 탐구

사고의 확장을 위한 시도

유주선 저

A Philosophical
Inquiry into Law

씨아이알

머리말

『법철학』이라는 명칭을 떠올리면 우리는 법학과 철학의 융합을 생각하게 된다. 젊은 학생들이 법학을 학습하는 것도 어렵지만, 여기에 철학적인 영역까지 공부해야 한다면 이 어려움은 가중될 수 있다. 필자는 법을 중심으로 하여 전개되는 다양한 사회적·문화적 현상에 대한 철학적 고찰 방식을 법철학으로 이해하고자 한다. 법철학에 접근하고자 하지만 이 접근에 주저하는 이들에게 가벼운 마음으로 다양한 영역의 법률적인 주제에 철학적 탐구를 접목시키고자 한 의도가 본 저서를 발간하게 된 동기이다. 필자가 생각한 법철학에 대한 접근은 다음과 같은 체계로 구성된다.

제1장에서는 법철학의 기초가 등장한다. 법과 도덕, 관습법과 조리 등을 다루게 된다. 우리의 법체계인 성문법의 의미와 성문법에서 중요한 역할을 부여하는 해석론을 설명해 보았다. 여기에서 다루어야 하는가에 대하여는 고민하였지만, 법의 후견적 기능을 학생들과 애기하고 싶었다. 다만, 독자들은 이러한 기능이 민법총칙, 상법총칙, 회사법 및 보험계약법 분야를 관통하는 내용을 담고 있다는 점에 유의해주기 바란다.

제2장에서는 독일 법학의 다양한 사조를 언급하고 있다. 법학의 정체성과 관련된 내용으로 법학의 기능이나 역할, 또는 법학이 지향해야 하는 목적을 다루고 있는 영역이 바로 제2장에 해당한다. 자연법에서 시작하여 역사법학과 개념법학, 목적법학과 이익법학, 그리고 자유법학까지 접

근해 보았다. 다만, 본 장은 독일 사상에 한정하고 있는데, 이는 필자가 독일에서 학문 활동을 한 탓도 있지만, 다른 국가의 사상을 다루기 위해서는 더 많은 시간적 필요를 요구하고 있었기 때문이다.

제3장에서는 중국의 법가사상과 한비자 법치를 다루고 있다. 사회질서와 부국강병이라는 기치를 내걸고 유가(儒家)사상에 반기를 들었던 법가(法家)사상의 대표자로 한비자를 들 수 있다. 법학의 철학적 탐구에서 빠뜨릴 수 없는 부분이 바로 동양의 법가사상이라고 생각하여, 이 부분을 삽입하였고 필자의 철학박사 논문이 그 바탕을 이루고 있다. 다만, 법가사상을 설명하기 위해서는 유가사상에 대비하여 기술하는 것이 독자들을 위해 그 의미를 더할진대, 이를 반영하지 못한 것은 필자의 게으름 탓이다. 추후 이 부분을 기술해 나갈 것이다.

한비자 인성론(人性論)의 본질은 인간의 이익 추구라고 하는 호리론(好利論)에 있다. 제4장에서는 이러한 본성에 상인과 일련의 고리를 만들어 보고자 하였다. 상인 역시 영리 추구를 목표로 한다. 하지만 영리만을 추구하는 탐욕스러운 존재가 아니라 이(利)와 더불어 의(義)를 추구하는 유상(儒商)은 상인이 나아갈 전형(典型)을 보여주고 있다.

제5장에서는 기업활동과 정부의 역할을 다루었다. 환경침해에 대하여 정부를 통한 공영보험의 개입 가능성, 기업의 자본조달 유연화와 함께 던져진 차등화된 주식발행 가능성 등이 여기서 던져진 질문이다. 국민이 납입한 국민연금과 투자대상기업 간의 관계를 살펴보고, 정부의 시장 개입에 대한 가능성과 그 타당성 여부를 제기해 보았다.

제6장은 새로운 기술의 발전과 함께 등장하는 다양한 문제점과 부작용에 대한 법의 대처방안을 고민해 본 영역이다. 알고리즘을 통한 빅데이

터 활용과 그로 인해 발생하는 개인정보침해 가능성, 원격의료의 도입 필요성과 함께 제기되는 반대 논거의 수용 가능성을 살펴보았고, 자율주행자동차의 도래와 함께 인간의 생명을 윤리학적으로 접근해 볼 필요가 있었다.

마지막으로 부록은 필자가 졸업한 고등학교에서 특강한 자료를 바탕으로 법학에 대한 단견을 간략하게 기술해 본 것이다.

본 서는 우리가 말하는 정통『법철학』과는 다소 다른 측면에서 접근한 것임을 밝힌다. 다양한 법률 영역에서 철학적인 사고로 인식의 확대를 시도하기 위한 차원에서『법학의 철학적 탐구』라는 제목하에 '사고의 확장을 위한 시도'라는 부제를 붙인 것이다.

출간에 지원을 아끼지 않은 씨아이알 출판사 김성배 대표께 감사한 마음을 전한다. 특히, 실무적 작업을 해준 최장미 과장께도 고맙다는 인사를 드리고 싶다. 서울시립대학교 대학원생 김주영 군은 교정 작업을 도와주었다. 모두에게 감사한 마음이다.

2022년 8월
유 주 선 교수

CONTENTS

Appendix

분쟁해결의 법학 앞으로도 그 기능을 잃지 않을 것인가?

PART 01

법철학의 기초

Chapter 01

법과 도덕

I. 서론

법과 도덕의 차이를 설명하기는 그리 쉽지 않다. 법과 도덕의 차이는 오랜 세월 동안 이들을 명확하게 구분하기 위한 노력을 하여 왔지만, 상호 간 경계가 모호하고 또 법과 도덕이 서로 영향을 주고받고 있다는 점에서 이들을 구별하여 설명하는 것은 더더욱 용이하지 않다.[1]

기본적으로 법이란 사회 구성원들의 행복을 위해서 권장되거나 지양을 요하는 행동이 아니라 '소속 집단의 공공질서', 즉 개인이 아닌 단체의

---

[1] 관습은 사회 구성원들 사이에서 누구에게서 시작되었는지는 알 수 없지만 오랜 시간에 걸쳐 전해져 내려와 '사회 구성원 중 누구를 데려다 놓아도 비슷한 행동을 하는' 것을 말한다. 관습은 정착하는 과정이 규범이나 윤리, 도덕과는 완전한 별개이기 때문에 때로는 불합리하고 차별의 느낌을 받을 수도 있다. 특히, 종교적인 관습이나 미신에 의해 내려온 관습들은 젊은 세대들의 시선에서는 받아들이기도 어려운 점도 없는 것은 아니다.

이익을 위해, 그리고 그 단체에 의해 강제되는 규범을 말한다. 이 말의 의미는 법이라는 것이 개개인이 아닌 집단의 구성원 전체를 하나로 보고 제정되기 때문에, 법을 적용한다는 것은 구성원 중의 일원이나 일부에게 불공평하고 불합리하게 적용될 수 있다는 것을 의미한다. 집단의 구성원 전체로 보면 옳은 일, 혹은 이익이 되는 일이 될 수 있지만, 누군가에게는 원치 않는 불이익을 줄 수도 있다는 뜻이다.

이하에서는 법과 도덕에 대하여 어떠한 차이점을 발견할 수 있는가에 대하여 논하기로 한다.

II. 외면성과 내면성

1. 라드부르흐(Gustav Radbruch)

법은 외면성, 도덕은 내면성이라는 징표는 오랫동안 그리고 비교적 선명하게 인정되어온 것으로 볼 수 있다. 라드브루흐[2]의 입장은 다음과 같다.

"우리가 외부적 행위는 법적 규제에 속하고, 내부적 행태는 도덕적 규제에 속한다고 믿는 경우, 즉 사색에는 누구도 벌을 가할 수 없다고 생각하

---

2 구스타프 라드브루흐(Gustav Radbruch, 1878~1949, 하이델베르크). 신칸트파의 서남학파에 속하는 독일의 형법·법철학자. 바이마르 공화국 법무장관이었고, 쾨니히스베르크대학·킬대학·하이델베르크대학 교수를 지냈다. 바이마르 초기의 1920~1924년 사회민주당의 국회의원이 되며, 두 번에 걸쳐 법무장관을 맡아 형법 초안을 기안했다. 1933년 독일 나치 정권에 의해 추방되며, 1945년 복직. 존재와 당위, 비판적 지성, 인식과 신앙의 이원론, 자유주의적 경향 등에서 칸트적 정신의 계승자이다. 그러나 법철학에서의 가치상대주의, 법학론에서의 자유법론 등 칸트와 다른 측면도 많다.

는 경우, 그것은 '외면성−내면성'의 대립을 법과 도덕의 기초와 관련시킨
것이다. 이 명제는 무엇보다도 법을 인간의 공동생활 규칙의 총체로 파악하
는 데서 필연적으로 생기는 것이라고 생각한다. 왜냐하면 공동생활은 개인
과 개인이 행동적으로 교섭에 들어감으로써 비로소 존재하기 때문이다".[3]

2. 토마지우스(Thomasius Christian)

1) 권고적 규범(내적 의무)과 명령적 규범(외적 의무)

'외면성−내면성'의 징표를 단적으로 표현한 18세기 초 독일의 자연법
이론가 토마지우스[4]는 다음과 같이 주장한다.

"두 가지 규범이 인간을 지도한다. 권고적 규범과 명령적 규범이 그것이
다. 이러한 규범들은 모두 인간에 의무를 부담시킨다. 권고적 규범에 따
른 것이 내적 의무이고, 명령적 규범에 따른 것이 외적 의무이다. 그런데
외적 평화를 저해하는 행위에 대하여는 권고적 규범으로는 부족하고 외
적 의무를 명령하는 명령적 규점이 필요하다. 이것은 바로 도덕과 구별되
는 법의 영역이다. 법은 도덕과 엄격히 구분된다. 법은 단지 명령의 수단
이고, 법에서 의무는 권력자의 의사에 따른 의무, 즉 강제의무로 파악된
다. 또한 지배자가 제정한 실정법과 그렇지 않은 자연법은 구별되는데,
자연법은 권고적 규범에 해당한다."[5]

---

3   라드부르흐 저, 최종고 역, 『법철학』, 삼영사, 1982, 71면.
4   크리스티안 토마지우스(Thomasius Christian, 1655~1728). 독일의 철학자이자 독일
      계몽주의의 선구자로 합리적인 자연법을 제창하였다. 저서로는 『자연법 및 국제법
      의 기초』가 있다.
5   심헌섭, 『법철학』, 법문사, 1982, 108면 재인용.

2) 한계

(1) 타당성 여부

토마지우스는 법과 도덕을 적용영역에 따라 분리하였다. 즉 법은 외적 행위를 규제대상으로 하고, 도덕은 내적 행위를 규제대상으로 한다는 것이다. 그러나 반드시 그러한 것만은 아니다. 내적 형태가 법적으로 의미를 갖는 경우를 볼 수 있다. 먼저의 고의나 과실 영역을 살펴보자.

(2) 고의나 과실

예를 들면, 화재가 발생한 경우를 생각해보자. 화재보험계약을 체결한 보험계약자의 경우 보험사고가 발생하면 보험금을 청구할 수 있을 것이다. 상법 제659조는 보험자의 면책을 규정하고 있는데, 제1항을 보면 "보험사고가 보험계약자 또는 피보험자나 보험수익자의 고의 또는 중대한 과실로 인하여 생긴 때에는 보험자는 보험금액을 지급할 책임이 없다"고 규정하고 있다.

그런데 화재라는 사실이 의도적으로 방화로 야기한 경우라면 이 '고의'는 보험자로 하여금 보험금을 지급하지 않는 결과를 가져올 수 있다. 즉, 화재라는 사실은 외부적인 영역에 해당하지만, '고의'라고 하는 내면적인 영역이 법의 대상에 존재하고 있음을 알 수 있다. 이러한 면은 '(중)과실'의 경우도 마찬가지이다.

(3) 선의와 악의

선의나 악의 개념에서도 이러한 한계는 발견된다. 법에서 '선의'는 '효력의 영향을 미치는 사실을 모르는 알'이고, '악의'는 '그 효력의 영향을 미칠 수 있는 사실을 알고 어떤 사정을 알고 있는 것'을 의미한다. 이는 내면적인 영역에 해당하지만 법은 이러한 영역에도 관여하는 것을 볼 수 있다.

민법은 제110조에 사기, 강박에 의한 의사표시에 대한 내용을 규정하고 있다. 즉, "① 사기나 강박에 의한 의사표시는 취소할 수 있다. ② 상대방 있는 의사표시에 관하여 제3자가 사기나 강박을 행한 경우에는 상대방이 그 사실을 알았거나 알 수 있었을 경우에 한하여 그 의사표시를 취소할 있다. ③ 전2항의 의사표시의 취소는 선의의 제3자에게 대항하지 못한다."라고 규정하고 있다. '선의'라고 하는 내면의 영역에 법이 관여하는 또 다른 면을 볼 수 있다. 선의와 반대인 '악의' 역시 마찬가지이다.

3) 소결

외면성과 내면성의 구별이 무의미한 것은 아니다. 아무리 내부적으로 악한 행태도 외부로 드러나지 않는 이상 법은 그것에 관여하지 않기 때문이다. 화재보험사건을 생각해 보라. 화재라는 외부적인 사실이 드러나지 않았다면 법이 개입할 수 있는 단초가 주어지지 않는다. 구체적으로 외부적인 어떤 결과를 야기하지 않는 이상 법적으로는 중요한 것이 아니라는 것을 알 수 있다.

이러한 면은 형법에서 두드러지게 나타난다. 어떠한 행위도 없는데, 살인의 고의만으로 사람을 처벌할 수는 없다. 또 설사 행위로 나아갔다고 하더라도 전혀 위험성이 없는, 애초에 살인의 결과발생이 불가능했던 경우에도 역시 불능범으로 평가되어 처벌되지 않는 것이다. 결국, 내적 행태는 외적 행위와 연결되었을 때, 외적 행위의 평가를 위한 것이지, 내적 행태 자체만을 비난하고자 하는 것은 아니라 할 것이다.

더 나아가 법은 내면적 동기가 어떻든 관계없이 외적 행위만을 문제 삼는 것이 일반적이다. 범죄나 불법행위에서 행위자의 동기는 모두 부수적인 고려대상일 뿐 법적으로 중요한 사실은 아니라고 할 것이다.

반면, 도덕은 내적 행태에 주된 관심을 두고 있다. 물론 도덕 역시 외적 행위를 문제 삼지 않는 것은 아니다. 그러나 어떠한 행위가 내적 행태의 반도덕성과 결부되어 있을 때 비로소 비난의 대상이 된다. 즉, 도덕은 외적 행위 자체만을 비난의 대상으로 삼지 않고, 어떤 외적 행위가 없다고 할지라도 심리적 상태를 문제 삼아 도덕적 평가를 내릴 수 있는 것이다.

결론적으로 본다면, 외면성과 내면성으로 법과 도덕을 구별하는 것은 의의가 없는 것은 아니지만, 이를 엄격하게 분리하여 적용하는 것은 바람직한 것은 아니라 할 것이다.

III. 합법성과 도덕성

1. 칸트(Immanuel Kant)

칸트[6]의 실천철학에서 유래되고 있는 다음의 말을 읽어보자.

"모든 입법은 (그것이 의무로 삼는 행위와 관련해서는 서로 일치할 수 있으나, 다시 말해서 행위는 모든 경우에 외적일 수 있으나) 동기와 관련해서는 구별된다. 하나의 행위를 의무로 삼고 또 이 의무를 동기로 삼는 입

---

6   임마누엘 칸트(1724~1804). 독일의 철학자로 경험주의와 합리주의를 통합하는 입장에서 인식의 성립 조건과 한계를 확정하고, 형이상학적 현실을 비판하여 비판철학을 확립한 것으로 평가받고 있다. 저서로는 『순수 이성 비판』, 『실천 이성 비판』, 『판단력 비판』, 『영구 평화론』 등이 있다.

법은 '윤리적'이다. 그러나 이 후자를 법칙 속에 포함시키지 않고, 따라서 의무 자체의 이념과는 다른 동기도 허용하는 입법은 '법적'인 것이다." 또한 "우리는 행위의 동기에 대한 고려 없이 하나의 행위와 법칙의 단순한 일치 혹은 불일치를 '합법성'이라고 하며, 반면에 법칙에 대한 의무의 이념이 동시에 행위의 동기가 된 그러한 행위와 법칙의 일치 또는 불일치를 '도덕성'이라고 한다."

칸트는 법과 도덕을 단순히 대상에 따라 구별하는 것이 아니라, 법과 도덕의 구별은 오로지 '동기'의 문제라고 주장한다. 즉, 법은 어떠한 행위도 그것이 합법적인 이상 그 동기는 문제 삼지 않으며, 도덕은 도덕적 의무감을 행위의 동기로서 요구한다. 내용적 관점보다 형식적 측면을 고려한 사고를 볼 수 있다. 즉, 입법의 대상은 법적 영역이나 도덕적 영역이나 차이가 없을 수 있다. 다만, 도덕은 행위의 동기를 행위에 대한 의무감으로 한정하지만, 법은 그렇지 않다는 것이다.

2. 약속에서 도덕과 법

예를 들면, "약속은 지켜야 한다(Pacta Sunt Servanda)"라는 사실은 법적으로나 도덕적으로 모두 의미가 있는 것이다.[7] 그러나 그것이 진정 도덕

---

7   "Pacta Sunt Servanda(계약들은 지켜져야 한다)"는 로마법에서 유래한 민법과 국제법의 대원칙으로 '계약 충실의 원칙' 또는 '계약 준수의 원칙'이라고도 부른다. pacta는 '계약, 합의, 약속' 등을 의미하는 라틴어 중성형 명사 pactum(n.)의 주격 복수형태로 '계약들은'이라고 해석할 수 있다. sunt는 '~이다(be)'라는 뜻의 라틴어 동사 sum의 3인칭 복수 현재 능동태 직설법 형태이다. 주어가 복수(pacta)이므로 동사도 단수형 est가 아닌, 복수형 sunt를 사용해야 한다. servanda는 '지키다'라는 뜻의 라틴어 동사 servo(servare-servavi-servatum)의 미래수동분사 형태이다. 라틴어에서 미래수동분사는 동사 sum('pacta sunt servanda'에서는 sunt)과 함께 사용되어 '당위, 의무' 등을 나타낸다. 따라서 'sunt servanda'는 '지켜져야 한다(should be kept)'로 해석할 수 있다.

적인 것이 되기 위해서는 약속에 대한 의무감에 의한 행위일 것을 필요할 것이다. 하지만 법에서는 그러한 동기는 문제 삼지 않는다. 실제로 채무자는 의무감에서 채무를 이행하든, 신용의 손상이 두려워 변제를 하든, 혹은 강제집행보다 자발적 이행이 바람직하다고 판단하여 이행하든 법은 그것에 관심을 두지 않는다. 변제를 하면 그것으로 종결하게 된다. 그러나 도덕적으로는 차이가 있음을 알 수 있다.

3. 소결

도덕성과 합법성의 구별은 오늘날에도 널리 받아들여지고 있다. 그러나 이러한 주장에도 논란의 여지가 없는 것은 아니다. 특히, 법은 합법한 행위에 대하여는 동기를 문제 삼지 않지만, 위법한 행위에 대하여는 그 동기를 문제 삼아 법적 평가를 달리한다. 심지어 그 동기가 어떠한가에 따라 합법성 여부가 결정되기도 한다.

이러한 심리적 동기의 중요성은 특히 형법에서 잘 나타난다. 즉, 고의와 과실의 구별, 영득의 의사, 이익의 의사, 가혹한 심정 등이 행위의 구성요건해당성과 책임성의 판단에서 중요하다는 것은 주지의 사실이다.

또한 민법에서도 그러한 면은 나타난다. 즉, 순전한 악의의 권리남용은 설사 그것이 합법적인 형태를 띠더라도 무효이며, 또 객관적으로는 불법은 아니지만 법망을 피하여 부당한 이익을 취하는 악의의 탈법행위 또는 제재의 대상이 된다.

IV. 강제성과 비강제성

법과 도덕을 구별하는 징표로 강제성과 비강제성을 들 수 있다. 법은 국가나 기타 집단적인 조직의 강제기구를 동원하여 자기의 명령을 실현시킬 수 있다. 반면, 도덕은 법과 같은 강제수단을 가지고 있지 않다.

1. 예링

법과 도덕의 문제를 법철학의 난제 중의 난제라고 했던 예링[8] 또한 '법의 강제성과 도덕의 비강제성'을 주장하였다. 예링(Rudolf von Jhering, 1818~1892)은 법을 "하나의 국가 내에서 효력을 갖고 있는 강제규범의 총체"라고 주장하며, 사회가 설정한 규범들 중 법이라는 이름을 가지려면, 그것은 '강제', 다시 말하면, 국가가 법의 유일한 원천이기 때문에 '국가강제'를 배후에 갖고 있어야 한다고 했다. 법의 기준으로는 국가권력에

---

8 루돌프 폰 예링은 1818년에 동 프리젠의 법률가 가정에서 태어났다. 1843년에 베를린 대학에서 교수자격을 취득. 45년 바젤, 46년 로스톡, 49년 킬, 52년 기센, 68년 빈, 72년 괴팅겐 등 여러 대학을 전전했다. 대단히 저명하고 대표적인 법학자이긴 하지만, 거대한 학파를 이루어 독일 내지 오스트리아의 법 실무를 지배한 것은 아니었다. 학문적으로는 위대한 족적을 남겨 학자로서의 최고의 명성을 얻었다. 전 4권의 대저 『로마법의 정신*Geist des römischen Rechts auf den verschiedenen Stufen seiner Entwicklung, Bde. 4*』(1852~1865)을 비롯하여 전 2권의 『법의 목적*Der Zweck im Recht*』(1877~1883)과 『법률학에서의 농담과 진지함』 등의 주저에서 대단히 유연하고 참신한 논의를 전개했다. 특히 소책자로서 일반 시민을 위한 강연의 기록이긴 하지만, 『권리를 위한 투쟁』(1872)은 시민의 의무로서의 법과 정의를 위한 투쟁을 설파하여 높은 평가를 받았다. 오늘날에도 법학을 공부하는 이라면 반드시 한번은 읽어야 할 필수 문헌이다. 콩트의 사회학적 실증주의, 벤섬의 공리주의, 다윈의 자연선택 사상 등에 영향을 받았다. '역사법학파'와 '사회법학파'를 이어주는 존재이기도 하다.

의한 승인과 실현 이외의 다른 것은 생각할 수 없다는 것이다. 예링은 다음과 같이 말한다.[9]

"국가에 의해 집행되는 강제는 법의 절대적 기준을 이루며, 강제 없는 법규란 그 자체가 모순이며, 다시 말해서 타지 않는 불, 비추지 않는 빛인 것이다. 이러한 강제가 '법관'에 의하여 집행되든 '행정관청'에 의하여 집행되든 상관없다. 이러한 방법으로 실현되는 모든 규범들이 법이며, 다른 모든 규범들은 비록 그것들이 생활 속에서 사실상 어김없이 준수된다 할지라도 법은 아닌 것이며, 이들은 국가적 강제의 외적 요소가 덧붙여질 때 비로소 법이 되는 것이다."

2. 켈젠

켈젠(Kelsen Hans, 1881~1973)[10]은 법의 강제성을 특히 강조한다. 강제성을 제시하면서 도덕과 구별되는 법의 기준으로 삼았다. 법의 강제성과 관련하여 켈젠은 다음과 같이 말한다.

---

9   심헌섭, 『법철학』, 법문사, 1982, 112면 이하.
10   한스 켈젠은 프라하에서 출생한 오스트리아의 법학자이다. 법리론, 공법학, 국제법학, 정치이론, 사상사의 분야에서 활약하였다. 비엔나대학 법학부를 졸업하고 1919년 비엔나대학 정교수를 지냈다. 동년 오스트리아 공화국 헌법을 기초하고 헌법재판소를 도입하여 직접 그 판사를 겸임하였다. 유태계라는 이유로 박해를 받아 1930~1933년 독일의 쾰른대학으로 옮겨 제네바, 프라하를 거쳐 1940년 미국으로 망명하였다. 순수법학(Reine Rechtslehre)이라고 하는 법이론의 체계를 제창하고 법, 국가, 정치에 대해서 날카로운 분석과 비판적 고찰을 가하였다. '순수'라는 의미는 대상으로서 법학에 이론적·정치적 가치판단을 혼입시키지 않고 자연법과는 구별되는 실정법만을 다루는 것으로, 방법으로서 사회학적·심리학적 방법과 구별하여 실정법을 규범 체계로서 구성하는 데 있다. 그 배경에 있는 것은 규범과 사실을 확실하게 구별한 신칸트주의적 이원론이다.

"강제질서로서 법은 다른 사회질서와 구별된다. 강제요소, 다시 말해서 사회 침해적 사실의 효과로서 질서가 정해 놓은 행동(강제)은 당해인의 의사에 반할지라도, 그리고 저항을 한다고 할지라도, 물리력을 사용해서라도 집행된다는 점이 특징이다."라고 말한다. 또한 "법과 도덕의 구별은 이 두 개의 사회질서가 '무엇'을 요구하고 또 금지하는가 하는 점에서 인식될 수 있는 것이 아니라, 그들이 '어떻게 일정한 인간행위를 요구하고 금지하는가' 하는 점에서만 인식될 수 있는 것이다. 법과 도덕의 본질적 구별은 우리가 법을 강제질서로서 파악할 때에만 가능한 것이다. 다시 말해서 일정한 행위를, 그 반대되는 행위에 조직된 강제행동을 가함으로써, 유발하려는 규범적 질서를 법으로 파악한다. 반면, 도덕은 그러한 제재를 규정하고 있지 않는 하나의 사회질서로 파악한다. 도덕은 규범에 맞는 행동에 대하여는 독려하고, 그렇지 않은 행위는 비난하는 것일 뿐, 어떤 행위를 제재하기 위하여 물리력의 사용은 생각하지 않는다."

켈젠의 입장은 법과 도덕을 그 내용의 측면이 아니라 형식적인 관점에서 구별하려는 것이다. 법과 도덕을 강제성과 비강제성의 징표로서 구별하려는 켈젠의 입장은 현실주의자에게는 법의 장점이자 가치로 평가할 수 있을 것이다.

3. 소결

강제를 법의 모든 경우에 적용하는 것이 타당한가에 대한 물음이 제기될 수 있다. 이에 대한 반론도 얼마든지 제기될 수 있는 것이다. 예를 들면, 민사상 위법행위라 할지라도 당사자의 요청이 없으면 발동되지 않으며, 강제적 소구가 허용되지 않는 자연채무도 존재한다. 또한 강제성이 없는 훈시규정이라든가 임의규정들은 강제성이 없는 규정들에 해당되는 것이고, 실효성이 결여된 상징적 혹은 장식적 법규들도 없는 것이 아니다. 따라서 법의 강제는 가능적 강제, 즉 법원과 집행기관의 개입과 도움에 의한 전체적이고 일반적인 '강제 가능성'으로 이해할 필요성이 있다.

강제성과 비강제성은 법과 도덕을 구별하는 유용한 기준이 되는 것임에는 의심할 여지가 없지만, 법과 도덕을 형식적으로 구분하는 하나의 기준에 해당한다고 보는 것이 합당할 것이다.

V. 결론

법이 공동체 전체의 이익과 질서를 위해 존재하고 감정이 최소한의 배제된 규범이라면, 도덕은 외부에서 정해준 규범이 아닌 자신의 가치관, 마음, 생각을 기초로 하여 발현되는 것으로 볼 수 있다. 즉, 법이 전후의 맥락과는 관계없이 금지라는 전제가 포함되어 있다면, 도덕은 어떤 행동이 나의 생각에 올바른 행위인가 하는 전제가 필요하다. 이런 측면에서 도덕은 때로는 사회 구성원 전체의 규범이나 상식으로 받아들이기 어려운 면도 나타난다. 예를 들면, 살생을 금하고자 하는 자신의 도덕적 신념, 또는 종교적 믿음으로 인해 '양심적 병역 거부'를 들 수 있다. 이는 법적으로도 불법이고, 사회 전체의 질서와 안녕을 고려했을 때는 옳지 못한 행동일 수도 있지만, 당사자 개인에게는 옳은 행동으로 생각한다는 점에서, 차이점이 발견된다. 도덕과 혼동하기 쉬운 개념으로 '윤리'를 들 수 있다. 도덕이 개인이 가진 신념이나 내면의 감정을 중심으로 하여 발현된다면, 윤리는 판단의 주체가 '내가 아닌 우리'의 영역이 된다. 이런 점에서 법과 윤리는 유사한 면이 있다고 하겠다.

Chapter 02

관습법과 조리

I. 서론

민법 제1조는 "민사에 관하여 법률이 없으면 관습법에 의하고, 관습법이 없으면 조리에 의한다"고 규정하고 있다. 이하에서는 관습법과 조리에 관한 내용을 살펴보기로 한다.[1]

II. 관습법

1. 개념

일반적으로 관습법이란 사회의 거듭된 관행으로 생성된 사회생활 규범이 사회의 법적 확신과 인식에 의하여 법적 규범으로 승인·강행되기에

---

[1]   이상영·김도균, 『법철학』, 한국방송통신대출판부, 2020, 48면 이하.

이른 것을 말한다. 관습법은 하나의 법원(法源)으로서 위상을 지니며, 법령과 같은 효력을 가지고 있기 때문에 법령에 저촉되지 않는 한 법규범으로서의 효력이 있다.[2]

2. 의의

성문법이 발달하지 않았을 때에는 관습법이 중요한 법원으로서 기능했지만, 성문법이 발달하며 관습법은 법원으로서의 기능이 감소되었다. 그렇다고 관습법의 의미와 역할을 경시할 수만은 없다. 우리나라의 경우 서구의 법률을 받아들였기 때문에 이런 외국 법제가 적용되지 않는 영역의 경우에는 관습법이 문제되는 경우가 많았다. 특히, 민법 친족상속법 분야는 많은 경우 관습법에 의한 규율이 이루어졌다.

3. 성립요건

1) 거듭된 관행과 법적 확신

일반적으로 관습법이 성립하기 위해서는 첫째, 거듭된 관행이 있어야 한다(행위의 일치나 수렴). 둘째, 그에 대한 사회의 법적 확신이 있어야 한다(공동체의 일반적인 묵시적 승인(tacitus populi consensus) 또는 법적 구속력을 갖는다는 법적 확신(opinio juris)). 전자는 '관행이 존재한다는 사실의 측면'이라고 한다면, 후자는 규범적 판단의 측면으로 볼 수 있다.

2) 사비니

19세기 독일의 법학자 사비니(Friedrich Karl von Savigny, 1779~1861)는

---

2   김대휘, 『법철학과 법이론 입문』, 성안당, 2021, 209면.

법은 입법자의 자의에 의하여 만들어지는 것이 아니라, 오랜 세월을 거쳐 인민의 지배를 담아 '유기적으로', '조용한 가운데 작용하는 여러 내적 요인들'에 의해 형성되는 것으로 보았다.[3] 특히, 사비니는 법을 형성하는 내적 요인으로 습속과 인민의 믿음, 문화의 발전과 더불어 생성된 인민의 법의식을 반영하는 법학을 꼽았다. 법을 바라보는 이러한 생각은 관습의 법적 성격을 이해함에 후대에 큰 영향을 주었다.

3) 푸흐타

독일의 법철학자 푸흐타[4](Georg Friedrich Puchta, 1798~1848)는 습속(習俗: 이른바 관행)이 법을 발생시키는 것이 아니라, 법적 확신(사람들

---

3 프리드리히 카를 폰 사비니는 역사법학파(歷史法學派)의 창시자로 프랑크푸르트 암 마인에서 태어났다. 괴팅겐대학교와 마르부르크대학교에서 공부하고, 1808년에 란 츠후트대학 교수, 1810년 베를린대학 창립과 함께 그 교수로 부임하였다. 이어 초대 학장이 되었고, 1842년에는 프로이센 사법상에 취임하여 1848년까지 일하였으며, 그 이후에는 학문연구에 전념하다가 83세로 베를린에서 사망하였다. 그는 그당시의 제1급 로마니스트로서 19세기 전반의 독일 법학계를 지도한 역사법학파의 대표자였다. 하이델베르크 대학의 A. 티보가 국민적 통일을 위하여 통일법전 편찬을 강조하자 그는 1814년에 『입법 및 법률학에 대한 현대의 사명에 대하여』라는 소책자를 발표하여 독일의 입법에 있어서 정책적 이유 때문에 국민의 법적 확신을 무시하여 법전편찬을 하는 것에 강력히 반대하였다. 즉, 그는 법은 만들어지는 것이 아니라 역사적으로 민족과 함께 발달하고 민족과 함께 멸망하는 민족정신의 표현이라고 하여 법형성의 주체를 민족정신에 구하는 입장을 취하였다.
4 푸흐타는 1828년 뮌헨대학을 비롯하여 1835년 마르부르크대학, 1837년 라이프치히 대학, 1842년 베를린대학에서 로마법·교회법의 교수를 역임하였다. 관습법은 민족 정신의 발현(發現)이므로 법의 중심적 위치를 차지한다는 견해에 기초를 두고, 독일 관습법으로서 이어져 오고 있던 로마법을 논리적으로 체계화하여 19세기 독일 현실 에적응시키려 하였다. 이로써 그는 '개념법학(槪念法學)의 아버지'라 불리게 되었다. 그의 업적은 B. 빈트샤이트 등에 의하여 더욱 발전되어 판덱텐 법학으로서 확립되었다. 주요 저서로는 『관습법』(2권, 1828~1837), 『판덱텐 교과서Lehrbuch der Pandekten』 (1838), 『법학제요교정(法學提要敎程)』(1841~1844) 등이 있다.

사이에 반복되는 해당 습속이 분쟁을 해결하는 데 바람직하므로 법적 구속력을 갖는다는 확신)이 관습을 발생시킨다는 견해를 표명하기도 하였다.

4. 대법원 입장

우리 대법원은 "제정민법이 시행되기 전에 존재하던 '상속회복청구권은 상속이 개시된 날부터 20년이 경과하면 소멸한다.'는 관습에 관습법으로의 효력을 인정할 수 있는지 여부"에 대한 의미 있는 판단을 한 바 있다.

대법원 2003. 7. 24. 선고 2001다48781 전원합의체 판결

[다수의견] 사회의 거듭된 관행으로 생성한 어떤 사회생활규범이 법적 규범으로 승인되기에 이르렀다고 하기 위하여는 그 사회생활규범은 헌법을 최상위 규범으로 하는 전체 법질서에 반하지 아니하는 것으로서 정당성과 합리성이 있다고 인정될 수 있는 것이어야 하고, 그렇지 아니한 사회생활규범은 비록 그것이 사회의 거듭된 관행으로 생성된 것이라고 할지라도 이를 법적 규범으로 삼아 관습법으로서의 효력을 인정할 수 없는바, 제정 민법이 시행되기 전에 존재하던 관습 중 "상속회복청구권은 상속이 개시된 날부터 20년이 경과하면 소멸한다."는 내용의 관습은 이를 적용하게 되면 20년의 경과 후에 상속권침해가 있을 때에는 침해행위와 동시에 진정상속인은 권리를 잃고 구제를 받을 수 없는 결과가 되므로 소유권은 원래 소멸시효의 적용을 받지 않는다는 권리의 속성에 반할 뿐 아니라 진정상속인으로 하여금 참칭상속인에 의한 재산권침해를 사실상 방어할 수 없게 만드는 결과로 되어 불합리하고, 헌법을 최상위 규범으로 하는 법질서 전체의 이념에도 부합하지 아니하여 정당성이 없으므로, 위 관습에 법적 규범인 관습법으로서의 효력을 인정할 수 없다.

동 사안에서 대법원은 관습법의 성립요건을 이루는 '법적 확신'의 성립 여부를 판단할 때 분쟁해결에 있어서의 유용성이나 타당성 판단 이외에도 대한민국 법질서의 근간을 이루는 가치들에 부합해야 한다는 '정당성'과 '합리성' 판단이 핵심적인 역할을 함을 알 수 있다. 이러한 대법관의 견해는 관습법의 성립과 인식, 그리고 그 효력인정에 있어서도 법원리가 큰 역할을 한다는 점을 인정한 것이라고 하겠다.

5. 효력

1) 법문 규정: 보충적 효력설

관습법은 법원의 하나로서 재판규범이 될 수 있지만, 성문법과의 우열관계에 있어서 다툼이 있다. 앞에서 본 바와 같이 민법은 제1조에서 "법률에 규정이 없으면 관습법에 의한다"고 규정하고 있다는 점에서, 관습법은 법률에 규정이 없는 경우에 한하여 보충적으로 적용될 수 있는 것으로 해석되기 때문에, 보충적 효력을 인정하는 것이 타당할 것이다.

2) 대등적 효력

학자들 일부는 관습법에 대하여 성문법과 동등한 효력을 인정하고(대등적 효력설), 더 나아가 관습법이 성문법을 변경하는 효력도 지닌다는 주장이 제기되고 있다(변경적 효력설).

대등적 효력을 인정해야 한다는 주장은 다음과 같은 근거를 제시하고 있다.

첫째, 성문법만으로는 사회변화에 적응할 수 없다는 점이다.

둘째, 국가권력의 원천인 국민이 직접적으로 정립한 관습법이 대표기관을 통하여 간접적으로 정립한 법률보다 언제나 열위에 서야 한다는 것은 국민주권의 원리에 맞지 않다는 점 등을 든다.

3) 소결

이상영·김도균 교수에 따르면,[5] 관습법이 존재하는지 여부를 확인하고 종국적으로 결단하는 법률기관은 법원이라는 점을 들면서, 만일 관습법이 성문법과 대등한 효력을 갖는다고 본다면, 이는 법원에 성문법을 개폐하는 권한을 주는 것과 다름이 없다고 하면서, 이러한 결과는 우리나라 법질서의 근간을 이루는 민주주의 원리와 권력분립의 원칙에 맞지 않을 것이라고 비판한다. 이는 타당한 주장이라고 본다. 결론적으로, 관습법에 대하여는 다른 규정이 없는 한, 보충적인 효력만을 인정하는 것이 타당할 것이다.

다만, 유효하게 성립된 관습법이라 할지라도 사회구성원들이 그러한 관행의 법적 구속력에 대하여 확신을 갖지 않게 되었다면 법적 규범으로서의 효력이 상실된다고 할 것이다. 또한 성문법에 의하여 관습법의 효력을 상실시키거나 바꾸는 것도 가능하다고 하겠다.

III. 조리

1. 개념

조리(naturalis ratio)는 사물의 본성, 사물 자연의 기본 이치, 사물의 도리, 실천이성에 바탕을 두고 추론된 규범이다. 이를 토대로 '문명국에 의하여 승인된 법일반원리'가 바로 조리라고 규정하기도 한다.[6] 입법례로는 오스트리아 민법 제7조에 규정되어 있는 '자연법적 원리'나 이탈리아 민

---

5   이상영·김도균, 『법철학』, 한국방송통신대학교출판부, 2020, 50면.
6   이상영·김도균, 『법철학』, 한국방송통신대학교출판부, 2020, 51면.

법 제12조 '국가법질서의 일반원리' 등을 들 수 있다.

조리는 법률이 없을 때 법률적 분쟁의 해결을 위해 재판규범으로 원용될 뿐만 아니라, 입법의 지도원리이자 법해석의 지도원리로서도 중요한 역할을 한다. 이런 측면에서 조리는 단순히 법률의 흠결이 있을 때에만 적용되는 것으로 볼 수 없고, 법률의 해석 또는 유추의 경우에도 그 지도원리로 볼 수 있을 것이다. 이러한 조리에 해당하는 것으로는 '신뢰보호의 원칙, 평등의 원칙, 비례의 원칙, 헌법상의 기본권 등'을 들 수 있다. 이들은 헌법적인 근거를 가질 수도 있고, 민법 제2조의 '신의성실의 원칙'에서 그 근거를 찾을 수도 있다고 본다.

2. 법원성(法源性)

1) 긍정설

긍정하는 자들의 논거로는 주로 민법 제1조에 의하여 조리가 재판규범이 된다는 점을 든다.

2) 부정설

조리를 재판규범으로 인정하는 것은 그것이 법이기 때문이 아니라 성문법주의하에서 법의 흠결이 불가피한 데다가 법관은 재판을 거부할 수 없다는 사실에 기인한다고 설명한다.

3) 판례

조리를 단순히 제시하고 있는 판결도 있지만, 조리를 직접 적용하여 판결한 경우도 볼 수 있다.

외국법인이 우리나라에 사업소나 영업소를 가지고 있지 않거나 우리 민사소송법상의 토지관할에 관한 특별재판적이 국내에 없더라도 우리나라 법원에 민사소송법상의 보전명령이나 임의경매를 신청한 이상 그러한 행위는 우리나라의 재판권에 복종할 의사로 한 것이라고 여겨야 할 것이므로 위와 같은 신청채권에 관계된 소송에 관하여는 우리나라의 법원이 재판권을 가진다고 보는 것이 국제민사소송의 재판관할에 관한 조리에 비추어 옳다.

특히, 전원합의체 판결에서 대법원은 "공동선조와 성과 본을 같이 하는 후손은 성별의 구별 없이 성년이 되면 당연히 종중의 구성원이 된다고 보는 것이 조리에 합당하다"고 판단하고 있다.

[다수의견] 종원의 자격을 성년 남자로만 제한하고 여성에게는 종원의 자격을 부여하지 않는 종래 관습에 대하여 우리 사회 구성원들이 가지고 있던 법적 확신은 상당부분 흔들리거나 약화되어 있고, 무엇보다도 헌법을 최상위 규범으로 하는 우리의 전체 법질서는 개인의 존엄과 양성의 평등을 기초로 한 가족생활을 보장하고, 가족 내의 실질적인 권리와 의무에 있어서 남녀의 차별을 두지 아니하며, 정치·경제·사회·문화 등 모든 영역에서 여성에 대한 차별을 철폐하고 남녀평등을 실현하는 방향으로 변화되어 왔으며, 앞으로도 이러한 남녀평등의 원칙은 더욱 강화될 것인바, 종중은 공동선조의 분묘수호와 봉제사 및 종원 상호간의 친목을 목적으로 형성되는 종족단체로서 공동선조의 사망과 동시에 그 후손에 의하여 자연발생적으로 성립하는 것임에도, 공동선조의 후손 중 성년 남자만을 종중의 구성원으로 하고 여성은 종중의 구성원이 될 수 없다는 종래의 관습은, 공동선조의 분묘수호와 봉제사 등 종중의 활동에 참여할 기회를 출생에서 비롯되는 성별만에 의하여 생래적으로 부여하거나 원천적으로 박탈하는 것으로서, 위와 같이 변화된 우리의 전체 법질서에 부합하지 아니하여 정당성과 합리성이 있다고 할 수 없으므로, 종중 구성원의 자격을 성년 남자만으로 제한하는 종래의 관습법은 이제 더 이상 법적 효력을 가질 수 없게 되었다.

IV. 결론

민법 제1조가 규정하고 있는 바와 같이 조리의 법원성은 인정되어야 할 것으로 보인다. 조리의 법원성을 부정하는 근거는 조리가 구체적인 규칙이 아니어서 실정성이 결여되어 있다는 점을 든다. 하지만 법은 이러한 명확한 형태의 규칙도 해당되는 것이지만 구체화를 필요로 하는 법원리도 여기에 포함된다고 보아야 할 것이다. 만약 조리가 법원에 의한 법형성의 근거가 된다면, 조리에 의하여 창설된 것은 법이지만, 조리 자체가 법이 아니라고 할 이유는 없다는 주장은 일리가 있다고 하겠다.

Chapter 03

성문법과 법해석론

I. 서론

　본 장에서는 법학방법론과 관련된 주제를 다루고자 한다. 우리나라는 성문법 체계를 가지고 있다는 점에서 법학방법론을 학습하는 것은 의미가 있다고 본다. 특히, 성문법하에서 법해석론은 법학 실무와 밀접한 관련을 맺고 있다. 우선, 성문법과 불문법의 특징이나 장점과 단점을 살펴보고, 법적 추론방식을 이해하고자 한다. 특히, 관심을 끄는 것은 법해석론과 법형성에 대한 사항이다. 차례로 검토해보기로 한다.

II. 성문법과 불문법

1. 개념

일정한 절차를 거쳐서 조문의 형식으로 제정이 된 법을 성문법이라고 하고, 일정한 제정 절차가 없이 문장의 형식이 아닌 법을 불문법이라고 한다.[1] 대부분의 국가에서는 성문법화되어 있는 헌법이나 민법, 형법 등의 성문법의 체계를 갖추고 있으며, 어느 특정의 형식을 단독으로 취하는 경우는 없이 성문법과 불문법 모두를 인정하고 사용하는 경우가 많다. 양자 모두 장점과 단점이 있기 때문에 어느 형식이 좀 더 좋다고 단정하기는 어렵다.

2. 양자의 장단점

1) 성문법

성문법은 법을 구체화하기 용이하고 법의 내용이나 그 존재가 확실하여, 법생활의 안정성을 확보하기 좋은 장점이 있다. 그러나 변화하는 사회의 실정에 바로 대응하기 어렵다. 즉, 새로운 규범이나 개정 등을 하기 위해서는 복잡한 입법과정을 거치기 때문에, 입법 이전까지는 법의 공백이 생길 수 있는 단점이 발생한다.

2) 불문법

불문법은 비제정법이라고 하고 법규범의 존재 형식이 제정이 되지 않

---

1   대부분 유럽의 국가들은 성문법 체계를 가지고 있고, 미국과 영국은 판례법의 대표적인 국가로 알려져 있다.

기 때문에, 변화하는 사회에 대처하는 빠르지만, 구체화되기는 어려운 면이 있다. 또한 다양한 사례가 많기 때문에 안정성을 확보하기는 성문법에 비해서는 어려운 단점이 있다. 판례나 관습법, 조리 등이 불문법에 속하고 주로 영미법계의 주된 법원이 되고 있다.

3. 적용

판례, 관습법, 조리 등에 대하여 영미법계에서 이들이 주된 법원으로 되어 있지만 대륙법계에서는 보충적인 법원으로 보는 것이 일반적이다. 우리나라의 경우는 대륙법계에 해당이 되기 때문에 성문법체계를 취하고 있으며, 헌법, 민법, 형법, 상법 등 대부분의 법규범이 조문화되어 있다. 민법 제1조에서는 '민사에 관하여 법률에 규정이 없으면 관습법에 의하고 관습법이 없으면 조리에 의한다'라고 규정이 되어 있으며, 이는 법률이 관습법에 우선하는 것을 보여주는 대표적인 예로 볼 수 있다.

하지만 이는 어디까지나 우선순위에서 성문화된 법률이 관행으로 법적인 확신을 얻어서 형성된 관습법(불문법)에 우선하여 적용이 된다는 것을 의미하는 것이지, 불문법의 적용이 없다는 것을 말하는 것은 아니다. 이처럼 성문법이 우선하여 적용이 되지만, 꼭 모든 법이 그런 것은 아니며 개별적으로 볼 때 불문법이 우선하는 경우도 있다. 예를 들면, 법원조직법에서 당해 사건에 대해서 상급심의 판결은 하급심을 구속한다라는 규정이 있기 때문에, 상급심의 판결로 하급심을 구속하는 불문법적인 성격을 조문화한 경우임을 알 수 있다.

영미법계의 경우도 불문법이 주된 법원이지만, 수정헌법이나 선박법 등 조문화된 성문법이 존재하기 때문에, 현대사회에서는 하나만을 택하는 경우는 없으며, 성문법과 불문법을 서로 보완하거나 보충적으로 동시에 사용하는 경우가 많다.

4. 소결

성문법은 조문화된 법으로 법의 구체화에 적합하고 법률생활의 안정성을 확보함에 장점이 있으나 변화하는 사회에 즉각 대처하기 어려운 단점이 있고, 불문법은 변화하는 사회에 대처하는 기능은 능동적이지만 이를 구체화하기는 어렵다는 단점이 있다. 법적 안정성을 확보하기는 성문법에 비하여 불문법은 다소 난점으로 지적된다. 그러므로 현대사회는 성문법과 불문법 중에서 한 가지만을 선택하여 사용하지 않고 두 형식 모두를 사용하는 경우가 대부분이라고 하겠다.

III. 법해석과 법적 추론

1. 법해석과 적용

법규범을 구체적인 사안에 적용하여 그 사안에 맞는 개별적인 법적 판단을 도출하기 위해서는 무엇보다도 법규범에 담겨 있는 용어들의 의미를 이해해야 할 것이다. 여기에서 법해석이 등장하게 된다. 법해석이라 함은 법전에 규정되어 있는 법률규정들의 의미를 찾아내는 정신적인 활동으로 이해할 수 있다.[2] 이를 달리 표현한다면, 구체적 사실관계에 적용하여 해당 사안에 맞는 해결책(이른바, '개별적 법적 판단')을 이끌어낼

---

2   김대휘, 『법철학과 법이론 입문』, 성안당, 2021, 232면 이하.

수 있도록 하는 일반법규범의 의미를 상세하게 풀이하는 일련의 정신활동이 바로 법해석이라고 할 수 있다.

2. 법적 추론의 실천적 측면

1) 이론적 추론과의 구분

법해석과 관련하여 우리가 관심을 가져야 할 영역이 바로 법적 추론(legal reasoning)이다.[3] 우선 법적 추론은 실천적 추론(practical reasoning)의 한 영역에 해당하는 것으로 볼 수 있는데, 실천적 추론이라 함은 우리가 어떻게 선택하고 행동해야 하는가, 또 어떻게 선택 행동해야 바람직한가, 어떤 선택과 행동을 해서는 안 되는가 등과 관련된 추론을 의미한다. 이와 같이 인간의 행위와 관련된 추론에 관심을 두고 선택과 결정, 행동에 대하여 관심을 가지고 있다는 점에서, 법적 추론은 자연과 세계의 존재에 대하여 탐구하는 이론적 추론(theoretical)과 차이가 있다.

2) 법적 추론의 적용 예

법적 추론은 다양한 영역에서 그 의미를 부여한다. 입법자가 법을 제정할 때 법적 추론을 하게 될 것이고, 행정기관이 실무에서 발생하는 분쟁 시 유권해석을 내려야 하는 판단을 할 때도 마찬가지이다. 변호사가 고객에게 법적 자문을 한 후 법정에서 변론을 할 때도 법적 추론은 중요한 의미를 갖는다. 심지어 법률전문가가 아니라 일반 시민들도 법적 추론을 하기도 한다. 그런 측면에서 법적 추론은 인간의 행위와 관련된 실천

---

3   이상영·김도균, 『법철학』, 한국방송통신대학교출판부, 2020, 231면 이하.

적 추론의 한 유형에 해당한다고 할 것이다.

3) 재판과 법적 추론

법률적인 분쟁이 발생한 경우 궁극적 해결을 위해 법원이 개입하게 된다. 법관은 다음과 같은 네 가지 기본요소를 토대로 하는, 이른바 '법적 추론'을 통해 판단하는 것으로 볼 수 있다.

첫째는 해결되어야 할 사안에서 법적으로 의미 있는 '사실관계'를 들 수 있다. 둘째는 '배경사실'이다. 해결되어야 할 사안과 직접적인 관련성은 없다고 볼 수 있겠지만, 관찰된 사실들과 사건들 또는 상황들로서 해결되어야 할 사안의 배경을 이루는 사회적 사실들을 들 수 있는 것이다. 셋째로는 '법규범'이다. 해당 사안과 관련하여 유권적인 국가기관이 정립한 공식적인 법규범들이 여기에 해당된다. 마지막으로, '가치와 원리'로서 한 사회에서 널리 통용되고 있는 도덕적 가치들이나 정치도덕적 원리들을 들 수 있다.

바로 이 네 가지 기본요소들이 법적 추론의 모든 기초를 이룬다고 볼 수 있고, 이러한 기본요소들을 결합하여 법적 결정에 도달하는 것이 바로 법적 추론에 해당한다고 할 것이다. 그러므로 분쟁에 대한 결정이나 판단이 정당하다고 평가받기 위해서는 상기에서 제시한 기본요소들을 토대로 한 추론과정이 타당해야 하고, 그 결정에 대한 근거들이 명확하지 않으면 아니될 것이다.

Ⅳ. 법해석의 방법

1. 문언해석

　　문언해석은 사전적 의미나 일상언어적 의미에 따라서 법률언어를 구체화하는 해석방법이다. 문언해석이라고 하는 법률해석은 기본적으로 그 문언으로부터 출발해야 한다는 원칙에 입각하고 있다.[4] 우리 민법 불법행위법 체계를 살펴보면 다음과 같은 사실을 발견할 수 있다.

민법

제753조(미성년자의 책임능력)
미성년자가 타인에게 손해를 가한 경우에 그 행위의 책임을 변식할 지능이 없는 때에는 배상의 책임이 없다.

제755조(감독자의 책임)
① 다른 자에게 손해를 가한 사람이 제753조 또는 제754조에 따라 책임이 없는 경우에는 그를 감독할 법정의무가 있는 자가 그 손해를 배상할 책임이 있다. 다만, 감독의무를 게을리하지 아니한 경우에는 그러하지 아니하다.
② 감독의무자를 갈음하여 제753조 또는 제754조에 따라 책임이 없는 사람을 감독하는 자도 제1항의 책임이 있다.[전문개정 2011. 3. 7.]

　　민법 제753조는 "미성년자에게 행위의 책임을 변식할 능력, 이른바 책임능력이 없는 때에는 불법행위에 대한 배상책임이 없다고 규정하고 있고, 제755조는 그러한 경우에 미성년자의 감독의무자에게 배상책임을 부과하고 있다. 이를 토대로 우리가 알 수 있는 것은 미성년자에게 책임

4　　김대휘, 『법철학과 법이론 입문』, 성안당, 2021, 240~241면.

능력이 있는 경우에는 제755조에 의한 책임이 인정될 수 없음은 문언상 명백하다고 하겠다. 대법원은 93다13605 판결에서 이 점을 명확히 하고 있다.

> **대법원 1994. 2. 8. 선고 93다13605 판결**
>
> 소외인은 그가 오토바이를 운전하던 중 일으킨 이 사건 교통사고 당시 만 17세 9개월 남짓된 고등학교 3학년생으로서 자기 행위에 대한 책임을 변식할 지능이 있었으므로 그 부모인 피고들은 피해자인 원고 1과, 그 가족인 나머지 원고들에 대하여 민법 제755조 제1항에 의한 손해배상책임이 없고, 위 소외인은 이 사건 사고를 일으키기 8개월여 전에 원동기장치자전거운전면허를 취득하였는데, 그 판시와 같은 원고들의 입증만으로는 피고들이 위 소외인에 대한 감독을 게을리한 과실이 있고, 그로 말미암아 위 사고가 발생하였다고 인정하기에 부족하고, 달리 증거가 없으므로 피고들에게는 민법 제750조에 의한 손해배상책임이 없다고 판시하여 원고들의 청구를 모두 기각하였는 바, 기록에 나타난 증거관계에 비추어 보면 이러한 원심의 인정 및 판단은 정당하고, 거기에 소론이 지적하는 바와 같은 미성년자의 감독의무자의 손해배상책임이나, 입증책임에 관한 법리오해 또는 채증법칙위반의 위법이 없다.

2. 체계적 해석

해석되어야 할 법률언어를 담고 있는 법규범이 놓여 있는 법체계상의 위치와 맥락에 비추어 텍스트를 해석하는 방법이 바로 체계적 해석이다.[5] 형법상 책임개념과 민법상 책임개념은 각각의 법률언어가 속해 있는 법의 체계에 따라서 다르게 해석될 것이다. 이런 측면에서 민법에서 불법행위를 했을 때 책임을 질 수 있는 책임능력은 보통 12세 이상이면 인정하는 것이 일반적이고, 형법상 책임무능력자는 14세 미만으로 하고 있다.

---

5   이상영·김도균, 『법철학』, 한국방송통신대학교출판부, 2020, 239면.

이와 같이 체계적 해석은 어느 법규범의 의미만을 고립되게 파악하는 것이 아니라, 다른 법규정 내지 전체 법질서와의 체계적 연관하에서 그 의미를 파악하는 해석방법에 해당한다.

3. 역사적 해석

1) 개념

입법자의 실제 의사에 따른 법해석을 역사해석이라 한다.[6] 즉, 해석되어야 할 법률언어를 담고 있는 법규범을 입법자가 제정하였을 당시의 실제 의사와 목적에 비추어 해석하는 방법이 바로 역사적 해석이다. 역사적 해석은 법을 제정하던 당시의 입법자의 의사를 역사적으로 고찰하여 해석의 기준으로 삼는다는 점에서 '주관적 해석'이라고도 한다.

2) 사례

특정범죄가중처벌 등에 관한 법률 제5조의3은 도주차량운전자의 가중처벌에 대한 내용을 규정하고 있다. 당시 입법자가 실제 의도한 법률규정의 목적은 교통의 안전과 교통피해자의 생명과 신체 안전의 도모에 있다고 하겠다. 즉, 민사상 손해배상청구권의 확보는 아니라고 보는 것이 일반적이다. 이때 교통사고를 낸 운전자가 피해자를 병원으로 옮겨 놓은 뒤 피해자 몰래 사라진 경우에, 동조 제1항에서 말하는 '도주'에 해당되는지가 문제될 수 있는데, 역사적 해석에 따른다면 '도주'에 해당되는 것이 아니라 할 것이다.

---

6   김대휘, 『법철학과 법이론 입문』, 성안당, 2021, 248면 이하.

제5조의3(도주차량 운전자의 가중처벌)
① 「도로교통법」 제2조에 규정된 자동차·원동기장치자전거의 교통으로 인하여 「형법」 제268조의 죄를 범한 해당 차량의 운전자(이하 "사고운전자"라 한다)가 피해자를 구호(救護)하는 등 「도로교통법」 제54조 제1항에 따른 조치를 하지 아니하고 도주한 경우에는 다음 각 호의 구분에 따라 가중처벌한다.
　1. 피해자를 사망에 이르게 하고 도주하거나, 도주 후에 피해자가 사망한 경우에는 무기 또는 5년 이상의 징역에 처한다.
　2. 피해자를 상해에 이르게 한 경우에는 1년 이상의 유기징역 또는 500만원 이상 3천만원 이하의 벌금에 처한다.
② 사고운전자가 피해자를 사고 장소로부터 옮겨 유기하고 도주한 경우에는 다음 각 호의 구분에 따라 가중처벌한다.
　1. 피해자를 사망에 이르게 하고 도주하거나, 도주 후에 피해자가 사망한 경우에는 사형, 무기 또는 5년 이상의 징역에 처한다.
　2. 피해자를 상해에 이르게 한 경우에는 3년 이상의 유기징역에 처한다. [전문개정 2010. 3. 31.]

3) 한계

입법자의 의사를 법해석의 기준으로 삼는 것을 받아들이는 것이 일반적이다. 민주주의를 근간으로 하는 법체계상 역사적 해석을 인정하는 것은 타당하다고 할 것이다. 하지만 여기서 '입법자'라고 하는 개념의 문제점이 발생한다. 국회가 입법자인 것은 맞는 말인데, 의결에 관여한 국회의원이 입법자인지, 법안을 검토한 법사위 위원들의 의사인지, 법안 제안자의 의사인지 등이 모호하다는 점이다.

4. 목적론적 해석

1) 개념

목적론적 해석은 법규범이 규율하고자 하는 객관적인 목적에 따라서 법문언을 해석하는 방법이다.[7] 즉, 객관적으로 인정되는 법규의 목적(ratio regis)을 우선 확정하고 그에 따라 법문을 해석하여야 한다는 것이 바로 목적론적인 해석방법이다. 그러므로 목적론적 해석에서 말하는 목적이라 함은 역사적인 입법자가 가졌던 구체적인 의도가 아니라, 객관적으로 타당하다고 인정될 수 있는 합리적인 목적을 의미한다.

일반적으로 목적론적인 해석에서, 법규의 목적을 확정하기 위해서는 다른 유사한 법규정이 추구하고 있는 목적을 고려하거나 일반적 법원리를 고려하게 된다. 하지만, 경제적인 효용성 원리를 근거로 하여 목적론적인 해석을 원용하는 경우도 발생한다.

2) 사례

채권의 준점유자에 대한 변제에 있어서 변제자인 은행 직원의 무과실을 판단하는 요소의 하나로서 금융기관에 추가적인 확인의무를 부과하는 것보다는 예금자에게 비밀번호 등의 관리를 철저히 하도록 요구하는 것이 사회 전체적인 거래비용을 줄일 수 있다는 추론을 한 판결로 평가할 수 있다.

---

7   이상영·김도균, 『법철학』, 한국방송통신대학교출판부, 2020, 241면.

절취한 예금통장에서 제1예금인출이 행해진 후 단시간 내에 거래지점을 바꿔가면서 행해진 제2예금인출이나 제3예금인출과 관련하여 은행 직원이 단순히 인감 대조 및 비밀번호 확인 등의 통상적인 조사 외에 당해 청구자의 신원을 확인하거나 전산 입력된 예금주의 연락처에 연결하여 예금주 본인의 의사를 확인하는 등의 방법으로 그 청구자가 정당한 예금인출권한을 가지는지 여부를 조사하여야 할 업무상 주의의무를 부담하는 것으로 보기 위해서는 그 예금의 지급을 구하는 청구자에게 정당한 변제수령권한이 없을 수 있다는 의심을 가질 만한 특별한 사정이 인정되어야 한다. 그리고 그러한 특별한 사정이 있다고 볼 것인지 여부는, 인감 대조와 비밀번호의 확인 등 통상적인 조사만으로 예금을 지급하는 금융거래의 관행이 금융기관이 대량의 사무를 원활하게 처리하기 위한 필요에서 만들어진 것이기도 하지만, 다른 한편으로는 예금인출의 편리성이라는 예금자의 이익도 고려된 것인 점, 비밀번호가 가지는 성질에 비추어 비밀번호까지 일치하는 경우에는 금융기관이 그 예금인출권한에 대하여 의심을 가지기는 어려운 것으로 보이는 점, 금융기관에게 추가적인 확인의무를 부과하는 것보다는 예금자에게 비밀번호 등의 관리를 철저히 하도록 요구하는 것이 사회 전체적인 거래비용을 줄일 수 있는 것으로 보이는 점 등을 참작하여 신중하게 판단하여야 한다.

3) 한계

문제점도 제기될 수 있다. 목적론적 해석에서 목적의 확정에는 해석자 자신의 가치판단이 개입하여 자의적인 결정이 될 수 있다는 위험성이 존재한다. 같은 법, 같은 법규정을 두고도 입법취지나 입법목적을 다르게 파악할 가능성은 항상 존재하기 때문에, 목적론적 해석은 늘 조심스러움이 놓여 있다고 하겠다.

V. 법관의 법형성

1. 개념

해당 사안에 적용할 법규범이 없거나, 법규범의 문언에 담겨 있는 언어를 아무리 해석해 보아도 해당 사안에 적용하기에 미흡한 경우 또는 법규범을 그대로 적용하면 현저하게 부당한 결과를 낳을 경우, 법원은 법해석을 통해서 해당 사안에 적용할 법규범을 새로이 만들어내는 것과 같은 법적 추론을 해야 할 때가 있다. 이러한 법적 추론활동을 '법형성 (Rechtsfortbildung)'이라고 한다.[8]

2. 필요성

1) 법률의 흠결

법률의 흠결이란 일반적으로 입법자의 의도나 계획에 따르면 규율되었어야 함에도 불구하고 적용할 법규범이 존재하는 경우를 말한다. 즉 '입법계획에 어긋된 불완전'을 의미한다. 법규의 문언으로부터 당해 사안에 적용할 법규범을 찾을 수 없는 경우이다.

2) 편집상의 오류

입법과정에서 명백한 실수로 법규의 내용을 잘못 적은 경우로서 법전 편찬상의 오류를 의미한다. 다만, 입법자가 장래의 사회변동을 예측하지 못하는 상황에서 법규의 규율대상을 빠뜨리는 경우를 편집상의 실수에

---

8   유주선, "독일법상 민법상조합의 권리능력", 「기업법연구」 제20권 제1호, 2006, 379면 이하(특히, 397면).

포함시키기도 한다. 하지만 편집상의 실수가 있는 경우 법원은 잘못된 문언을 바로잡아 해석할 수 있다는 것이 성문법체계 국가나 판례법체계 국가에 공통된 법해석 전통이라 하겠다.

3) 부당결과회피의 법원리

법률의 내용이 사회적 정의관념에 현저하게 반하거나 비합리적이거나 반도덕적인 경우에 그 법규정 문언 그대로 사건에 적용한다면 터무니없는 결론에 도달할 수 있다. 입법자도 그러한 결과를 의도하였을 리가 없다고 판단되는 때에는 법원은 문언 그대로의 해석에 구속되지 않게 된다. 대법원의 이런 입장은 다음과 같은 판결문에서 볼 수 있다.

대법원 1994. 8. 12. 선고 93다52808 판결

민사법의 실정법 조항의 문리해석 또는 논리해석만으로는 현실적인 법률적 분쟁을 해결할 수 없거나 사회적 정의관념에 현저히 반하게 되는 결과가 초래되는 경우에 있어서는 법원이 실정법의 입법정신을 살려 법률적 분쟁을 합리적으로 해결하고 정의관념에 적합한 결과를 도출할 수 있도록 유추해석이나 확장해석을 할 수 있다고 할 것이다.

다만, 대법원은 "민법 제496조의 경우에 있어서는 위에서 본 그 입법취지나 적용결과에 비추어 볼 때 고의의 불법행위에 인한 손해배상채권에 대한 상계금지를 중과실의 불법행위에 인한 손해배상채권에까지 유추 또는 확장 적용하여야 할 필요성이 있다고 할 수 없다"고 하면서, 지나친 유추해석이나 확장해석을 경계하는 면도 없지 않다.

4) 사회현실의 변화

법률 제정 당시에는 타당하였으나 사회가 발전함에 따라 그 법을 그대로 적용하는 것이 더 이상 타당성을 상실하는 경우가 발생할 수 있다.

이때 법원은 법형성적 해석을 통해서 법규정을 사회현실에 맞도록 수정하고자 하는 면이 있음을 알 수 있다.

대법원 2006. 6. 22.자 2004스42 전원합의체 결정 [개명·호적정정]

"호적상 여성으로 등재되어 있으나, 성장기부터 여성에 대한 불일치감과 남성으로의 귀속감을 나타내면서 성인이 된 후에는 오랜 기간 동안 남성으로서 살다가 성전환수술을 받아 남성의 외부 성기와 신체 외관을 갖춘 사람이 호적정정 및 개명 신청을 한 사안에서, 사회통념상 남성으로 평가될 수 있는 성전환자에 해당함이 명백하므로 호적정정 및 개명을 허가할 여지가 충분히 있다고 보아, 성전환자에 대한 호적정정을 허용할 근거가 없다는 등의 이유로 이를 불허한 원심결정을 파기하였다."

VI. 결론

필자가 독일 마부르크대학교에서 법학석사 논문과 박사논문을 쓸 때 인식하게 된 중요한 사항이 바로 법해석론이다. 특히, 목적론적 해석은 성문법의 흥미를 더해 주었다. 그래서 언젠가 기회가 된다면 법해석학을 공부하겠다고 생각하게 되었다.

실정법을 강의하면서도 필자는 수업시간에 간간이 목적론적 축소해석을 설명한 바 있다. 독일 민법 제181조(우리 민법 제124조: 자기대리 부분)와 관련하여, 1인 유한회사(주식회사)의 경우 본인의 이익을 침해하지 않는다는 의미에서 목적론적 축소해석의 대표적인 사례로 제시될 수 있다.

‘법형성’은 ‘민법상 조합’의 권리능력 인정과 관련하여 등장한다. ‘민법
상 조합’의 독일에서는 그 자체로서는 권리능력이 인정될 수 없다는 것이
일반적이었다. 하지만 1977년 연방대법원이 일정 영역에서 권리능력을
인정하면서 지속적인 ‘법형성’에 의하여, 이제는 독일에서 ‘민법상 조합’
이 권리능력이 없는 것으로 볼 수는 없게 되었다.

이러한 두 용어가 본 강의주제로 등장하게 된 이유가 되었다.

Chapter 04

사법 영역에서
법의 후견적 기능과 작용

I. 서론

공동체 생활을 함에 있어서 자연인과 자연인 사이에 발생하는 법률행위는 완전한 권리능력을 상정하는 것이 일반적일 것이다. 그런 측면에서 원칙상 사법(민법과 상법)은 사적 자치를 인정한다. 하지만 성년자에 비하여 미성년자(민법), 매매계약에 있어서 기업에 대한 소비자, 보험계약에 있어서 보험자와 보험계약자 사이는 동등한 능력을 가지고 있다고 볼 수 없다. 이러한 상황에 법은 개입하여 불평등할 수 있는 양자의 관계를 '법의 힘'으로 양자의 균형을 잡아주는 역할을 담당한다.

II. 민법상 미성년자와 성년의제

1. 성년과 미성년

민법 제4조는 "사람은 19세로 성년에 이르게 된다"고 규정하고 있다.[1] 만 19세가 되면 민법상 성년이 되는 것이다. 19세에 이르지 못하면 우리는 미성년이라고 부른다. 연령계산은 민법 제155조 이하 규정에 의하는 것이 원칙이나, 우리의 경우 예외적으로 출생과 관련하여 출생일을 산입한다(민법 제158조 참조).

2. 성년의제

1) 성년자와 같은 행위능력

미성년자가 혼인을 한 경우에는 성년자로 본다(민법 제826조의2). 그러므로 혼인을 한 미성년자는 성년자와 같은 행위능력을 갖게 되므로, 친권에 복종하지 않아도 된다.[2] 미성년자의 성년의제는 미성년에 대한 친권 또는 후견은 종료하고, 자기의 자에 대하여 직접 친권을 행사할 수도 있게 된다. 또한 다른 사람의 후견인이 될 수도 있고, 유언의 증인이나 유언집행자가 될 수도 있게 된다.

---

[1] 여기서 성년은 심신이 정상적으로 발달하여, 완전한 행위능력이 인정되는 연령으로 파악한다. 곽윤직, 『민법총칙』 제7판, 박영사, 2007, 87면. 한편, 2011년 민법 개정 시 20세에서 19세로 변경되었다.

[2] 행위능력이라 함은 단독으로 완전히 유효한 법률행위를 할 수 있는 지위 또는 능력을 말한다. 제한능력자에게 의사능력이 없다면, 제한능력을 이유로 취소권 행사 외에 의사무능력을 입증하여 법률행위의 무효를 주장할 수도 있다.

2) 혼인의 범위

성년의제의 효력이 생기는 혼인은 법률혼(민법 제812조 참조)만을 의미하고, 사실혼은 배제되는 것으로 보는 것이 일반적이다. 실질적으로 부부생활을 하고 있더라도 법률이 정하는 신고, 이른바 '혼인신고'를 하지 않았다고 하는 경우가 여기에 해당될 것이다.

3) 적용범위

성년의제는 사법상의 법률관계에 한정하여 적용되는 것이지, 선거법이나 청소년보호법 또는 근로기준법과 같은 공법상의 법률관계는 적용되지 않는다. 만 19세 미만 중에 혼인이 해소되더라도 성년의제의 효과는 존속하는 것으로 보는 것이 통설이다.

3. 미성년자의 능력

미성년자가 법률행위를 하는 경우에는 법정대리인의 동의를 얻어야한다(민법 제5조 제1항). 다만, 단순히 권리만을 얻거나 의무만을 면하는 행위에는 그러하지 아니하다(제5조 제1항 단서).

1) 단순히 권리만을 얻거나 의무만을 면하는 행위

부담없는 증여나 유증의 승낙, 채무면제에 대한 승낙, 서면에 의하지 않는 증여의 해제, 친권자에 대한 부양청구권의 행사(판례), 권리만을 얻는 제3자를 위한 계약에서 수익의사표시시 등은 법정대리인의 동의를 얻을 필요가 없다.

하지만 부담부증여를 받는 행위, 유리한 매매계약의 체결행위, 상속의 승인과 포기행위, 채무의 변제를 받는 행위, 경매목적물을 매수하는 행위 등은 미성년자 단독으로 할 수 없는 행위로 본다.

2) 범위를 정하여 처분이 허락된 재산의 처분행위

민법 제6조가 이를 규정하고 있다. 즉, 법정대리인이 범위를 정하여 처분을 허락한 재산의 경우 미성년자는 임의로 이를 처분할 수 있는 권한이 있게 되는 것이다.

대법원 2007. 11. 16. 선고 2005다71659,71666,71673 판결

만 19세가 넘은 미성년자가 월 소득범위 내에서 신용구매계약을 체결한 사안에서, 스스로 얻고 있던 소득에 대하여는 법정대리인의 묵시적 처분허락이 있었다고 보아 위 신용구매계약은 처분허락을 받은 재산범위 내의 처분행위에 해당한다.

한편, 처분이 허락된 재산의 처분으로 인한 후속행위를 할 수 있을까 하는 의문이 제기될 수 있는데, 법정대리인의 동의없이 단독으로 할 수 있는 것으로 본다. 즉, 처분이 허락된 재산으로 미성년자가 물건을 매수하였으나, 그 물건에 하자가 발생한 경우 미성년자는 매도인에 대하여 하자담보책임을 물을 수 있다.

4. 동의와 허락의 취소

1) 법률행위 하기 전(前)

민법 제7조는 미성년자의 법률행위에 대하여 법정대리인의 동의와 허락의 취소권을 규정하고 있다. 즉, 법정대리인은 미성년자가 아직 법률행위를 하기 전에는 그가 행한 동의(제5조)나 일정범위의 재산처분에 대한 허락(제6조)을 취소할 수 있다.

주의해야 할 사항은 민법 제7조의 취소는 미성년자의 법률행위 전에 (前)만 허용된다는 점이다. 그러므로 본래 의미의 취소와는 차이가 있다. 소급효가 없는 철회로 보는 것이 타당할 것이다.

2) 법률행위 후(後)

(1) 미성년자의 취소권

미성년자는 법정대리인의 동의를 얻지 않고 법률행위를 취소할 수 있 도록 하고 있다(민법 제140조). 이러한 취소를 함에 있어서는 법정대리인 의 동의를 얻지 않아도 된다.

(2) 법정대리인의 동의와 대리권

미성년자가 법률행위를 함에 있어서는 법정대리인의 동의가 필요하 다(민법 제5조 제1항). 다만, 후견인은 일정한 경우, 예를 들면 영업에 관 한 행위나 금전을 차용하는 행위, 의무만을 부담하는 행위, 부동산 또는 중요한 재산에 관한 권리 변경을 목적으로 하는 행위, 소송행위 등에 대 리하거나 동의하려면 후견감독인의 동의가 요구된다.

한편, 미성년자가 법정대리인의 동의를 얻지 않은 행위에 대하여, 법 정대리인은 법률행위를 취소할 수 있고, 추인할 수도 있다.

5. 기타

1) 대리행위

대리인은 행위능력자임을 요하지 않기 때문에, 미성년자라도 유효한 대리행위를 할 수 있다(민법 제117조). 대리행위의 효과는 대리인이 아닌 본인에게 귀속한다는 점에서 제한능력자제도의 취지에 반하는 것이 아니다.

2) 무한책임사원 자격

의사능력이 있는 만 17세에 달한 미성년자는 단독으로 유효한 유언을 할 수 있고(민법 제1061조), 법정대리인의 허락을 얻어 회사의 무한책임사원이 된 미성년자가 그 사원 자격에 기하여 하는 행위는 미성년자가 단독으로 할 수 있다(상법 제7조).

3) 임금청구권

미성년자는 법정대리인의 동의 없이도 독자적으로 임금을 청구할 수 있다. 그러나 근로계약을 체결하는 경우에는 법정대리인의 동의를 얻어야 체결할 수 있는 것으로 본다(다수설).

III. 매매계약에서 하자담보책임: 민법

1. 담보책임의 형태

민법의 담보책임은 다음 네 가지 형태로 분류할 수 있다. 첫째, 권리의 하자에 대한 담보책임이다(민법 제569조 내지 제577조). 둘째, 물건의 하자에 대한 담보책임이다(민법 제580조 내지 제582조). 셋째, 채권의 매도 인의 담보책임(민법 제579조)이다. 넷째, 경매에 있어서 담보책임이다(민법 제678조, 제580조 제2항). 상법과 관련하여 민법의 담보책임 가운데 권리의 하자에 대한 담보책임과 물건의 하자에 대한 담보책임의 검토가 의미를 갖게 된다. 그러므로 두 형태에 대하여 조금 더 검토하기로 한다.

2. 권리의 하자에 대한 담보책임

권리의 하자에 대한 담보책임은 첫째, 재산권의 전부 또는 일부가 타 인에게 속하는 경우(민법 제569조 내지 제573조). 둘째, 재산권의 일부가 전혀 존재하지 않는 경우(민법 제574조). 셋째, 재산권이 타인의 권리에 의하여 제한을 받는 경우(민법 제575조 내지 제577조) 등으로 구분될 수 있다. 두 번째 경우의 재산권의 일부가 전혀 존재하지 않는 경우라 함은 목적물의 수량부족 또는 일부멸실의 경우를 들 수 있고, 세 번째 경우의 재산권이 타인의 권리에 의하여 제한을 받는 경우라 함은 용익물권이나 담보물권에 의하여 제한을 받는 경우라 하겠다.

3. 물건의 하자에 대한 담보책임

물건의 하자에 대한 담보책임은 '특정물매매에 있어서의 하자담보책 임'(민법 제580조)과 종류매매인 '불특정물매매에 있어서의 하자담보책 임'(민법 제581조 내지 제582조)이 있다.

4. 법적 효과

1) 목적물 수량부족의 경우

수량을 지정한 매매의 목적물이 부족한 경우에 매수인이 선의라면, 그는 원칙적으로 '대금감액청구권'과 '손해배상청구권'을 행사할 수 있다(민법 제574조, 제572조 제1항, 제3항). 그리고 만약 계약 당시에 잔존하는 것만으로는 매수인이 목적물을 매수하지 않았으리라는 사정이 있는 때에는 '계약해제권'과 '손해배상청구권'을 행사할 수 있다(민법 제574조, 제572조 제2항, 제3항). 이러한 권리를 행사하고자 하는 선의의 매수인은 수량부족이라는 사실을 안 날로부터 '1년 내'에 행사하여야 한다(민법 제574조, 제573조).

2) 매도인의 하자담보책임

매도인의 하자담보책임은 특정물의 경우와 불특정의 경우로 구분할 수 있다.

특정물에 하자가 있는 경우에 선의·무과실의 매수인은, 목적물의 하자로 인하여 매매의 목적을 달성할 수 없는 경우에는 계약해제권과 손해배상청구권을 행사할 수 있다(민법 제580조 제1항 본문, 제575조 제1항 본문). 그러나 목적물의 하자에도 불구하고 매매의 목적을 달성할 수 있는 경우에는 손해배상청구권만을 행사할 수 있다(민법 제580조 제1항 본문, 제575조 제1항 단서). 이때 매수인의 권리는 그 사실을 안 날로부터 6월 내에 행사하여야 한다(민법 제582조).

불특정물에 하자가 있는 경우는 특정물의 경우와 큰 차이가 없지만, 이 경우 매수인은 계약해제권 또는 손해배상청구권 대신에 '하자 없는 물건'을 청구할 수 있는 권리행사가 가능하다(민법 제581조 제2항). 매수인의 권리행사 기간은 특정물의 경우와 같이 6개월 내에 행사하면 된다.

IV. 목적물의 검사와 하자통지의무: 상법

1. 의의

상법 제69조는 민법의 하자담보책임 가운데 '권리의 하자에 대한 담보책임으로서 목적물의 수량 부족에 대한 매도인의 담보책임'과 '물건의 하자에 대한 매도인의 담보책임'과 관련이 있다.

2. 내용

상법 제69조에 의하면, 상인 간의 매매에 있어서 매수인이 목적물을 수령한 때에는 지체 없이 이를 검사하여야 하며 목적물의 하자 또는 수량의 부족을 발견한 때에는 즉시 매도인에게 그 통지를 발송하여야 한다. 이 통지를 발송하지 않은 때에는 그 하자 또는 수량 부족에 의한 계약해제, 대금감액 또는 손해배상을 청구하지 못한다(상법 제69조 제1항 전단). 이때 매매의 목적물에 즉시 발견할 수 없는 하자가 있는 경우에는 매수인은 6월 내에 이를 발견하여 통지하면 된다(상법 제69조 제1항 후단). 발견할 수 없는 하자가 있을 경우에는 그 검사기간을 6개월로 연장하고 있음을 알 수 있다. 매도인이 악의인 경우에는 동 규정의 적용가능성은 없다(상법 제69조 제2항).

3. 합의 가능성

동 규정은 임의규정이다. 그러므로 당사자의 합의로 동 규정의 적용을 배제할 수 있다. 대법원은 "상법 제69조 제1항은 민법상의 매도인의 담보책임에 대한 특칙으로 전문적 지식을 가진 매수인에게 신속한 검사와 통지의 의무를 부과함으로써 상거래를 신속하게 결말짓도록 하기 위한 규정으로서 그 성질상 임의규정으로 보아야 할 것이고 따라서 당사자 간의 약정에 의하여 이와 달리 정할 수 있다"고 판시하고 있다.

대법원 2008. 5. 15. 선고 2008다3671 판결

원심은, "피고는 이 사건 가구들을 원고가 지정하는 장소에 인도만 하면 되므로 원고가 피고를 상대로 가구들의 하자를 원인으로 한 손해배상을 구하기 위해서는 상법 제69조 제1항에 의하여 원고가 목적물을 수령한 때에 지체 없이 이를 검사하여야 하고, 하자를 발견한 경우에는 즉시 피고에게 그 통지를 발송하지 아니하면 이로 인한 손해배상을 청구하지 못하며, 목적물에 즉시 발견할 수 없는 하자가 있는 경우에 6월내에 이를 발견한 때에도 같다고 판시한 다음, 피고가 이 사건 가구들 중 일부를 잘못 제작하여 원고에게 인도한 사실과 판시 증거만으로는 원고가 이 사건 가구들을 인도받은 다음 즉시 발견할 수 없는 하자가 있었다고 보기 부족하다고 판단하면서 원고의 이 사건 가구들의 하자로 인한 수리대금 42,727,100원의 청구를 배척하였다."

"그러나 원심이 채용한 증거에 의하면, 원고와 피고 사이에 체결된 이 사건 계약서 제12조는 어떠한 경우라도 품질상의 하자로 판명되면 피고는 지체 없이 대체 납품하여야 하며 이로 인해 발생한 원고의 손해는 피고가 부담하도록 규정하고 있고, 제15조는 피고는 계약목적물의 준공 후 36개월간 품질 및 성능을 보증하며, 제품 자체의 결함 또는 원고가 요구하는 물품의 사양에 맞지 않는 제품으로 인해 발생한 하자에 대하여는 보증기간 경과 후라도 피고가 책임을 부담하도록 규정하고 있으며, 제23조는 피고의 납품불이행, 하자발생 등으로 인한 손해는 피고가 별도로 배상하도록 규정하고 있음을 알 수 있는바, 이러한 약정의 취지는 상법 제69조 제1항과 달리 위 조항에 따른 목적물 수령 시 검사의무와 즉시 하자통지의무를 이행하지 않더라도 원고가 피고에게 이 사건 가구의 하자로 인한 손해배상을 구할 수 있도록 한 것이라고 볼 것이다."

그럼에도 불구하고, 대법원에 따르면 "원심은 피고가 납품한 이 사건 가구들의 하자로 인하여 원고에게 수리대금 42,727,100원의 손해가 실제로 발생하였는지 여부 및 피고에게 그 하자로 인한 손해배상책임이 있는지 여부에 대하여 좀 더 심리하여 보지 아니한 채 위 상법의 규정을 들어 원고의 이 사건 가구들 하자로 인한 수리대금청구를 배척하였는바, 이러한 원심의 조치에는 상법 제69조 제1항에 관한 법리오해 및 심리미진의 위법이 있고 이는 판결에 영향을 미쳤다고 하지 않을 수 없다."고 하였다.

4. 취지

민법에 의하면 매수인은 선의일 경우 그 사실을 안 날로부터 1년 또는 6월 내에 경우에 따라 계약을 해제하거나 대금감액 또는 손해배상을 청구하면 된다(민법 제573조, 제575조 및 제582조). 그러나 민법의 원칙을 전문적 지식을 갖춘 상인들 간의 매매에 적용한다면, 장기간 매도인을 불확정한 상태에 두게 되는 불합리한 점과 신속한 종결을 요하는 상거래의 이념과 합치되지 않는다. 또한 매수인으로 하여금 주어진 기간 중 가격변동을 지켜보고 유리한 시기에 책임을 묻게 되면 매수인에게는 이익이 되지만 매도인에게는 손실이 발생하여 양자의 불공평을 야기할 수 있고, 매도인이 적기에 하자 있는 물건을 처분하여 손실을 줄일 수 있는 기회를 상실하게 되며, 상당기간이 경과한 후 매수인의 사용 중에 새로이 생긴 하자를 가지고 다툼이 발생하는 경우에 증명에 대한 다툼의 문제가 발생할 수 있다 상사매매에 있어서는 매수인도 전문적 지식을 갖는 상인이기 때문에, 상법 제69조에 따라 매수인의 의무를 부과하도록 함으로써 거래를 신속히 종결시키는 동시에 매도인을 보호하고자 하는 의도가 있다고 하겠다.

5. 연혁

이러한 매수인의 의무는 게르만 고유법의 '매수인이 의무를 진다'는 원칙에서 유래한 독일법(독일 상법 제377조)의 매수인의 검사·통지의무를 계수한 것이다. 이 의무는 그 불이행으로 바로 매수인의 배상책임을 발생시키지 않으므로 직접의무가 아니라 간접의무에 속한다.

6. 요건

1) 당사자

법률행위의 당사자는 상인 간에 상행위로서 행해진 매매이어야 한다. 그러므로 당사자의 일방만이 상인인 경우에는 상법 제69조가 적용되지 않는다. 그 매매는 당사자 쌍방에 상행위가 되어야 하고, 보조적 상행위이어도 상관이 없다.

2) 매매계약

제조물공급계약 가운데 매매의 성질이 약한 반면 도급의 성질이 강한 경우는 원칙적으로 본조가 적용되지 않고, 임대차계약도 적용되지 않는다. 다만, 독일은 상사매매의 적용대상을 우리나라에서 적용하는 것보다 광범위하게 적용하고 있다. 독일 상법 제381조는 물건의 판매뿐만 아니라 유가증권의 매매에도 적용된다는 사실과 기업인이 공급받은 원료로 불대체물을 제작하는 경우에도 상사매매가 적용된다는 사실을 명시적으로 밝히고 있다. 만약 독일 상법의 기준에서 본다면, 우리의 판례도 지금보다 적용범위가 확대될 가능성이 있다고 하겠다.

3) 목적물 수령

매수인이 목적물을 수령하였어야 한다. 수령이라 함은 매도인이 매매계약의 이행으로서 목적물을 인도하고 매수인이 이를 현실적으로 수령하여 검사할 수 있는 상태에 있는 것을 가리킨다. 따라서 화물상환증, 창고증권 또는 선하증권의 교부를 받는 것으로는 충분하지 않다. 목적물은 특정물이든 불특정물이든 상관이 없다.

4) 하자 또는 수량 부족

목적물에 하자 또는 수량의 부족이 있어야 한다. 하자는 물건의 하자를 말하며 권리의 하자는 포함되지 않는다. 목적물의 하자는 목적물의 성질, 형상, 효용, 가치 등의 약정된 통상의 표준에 도달하지 못하였음을 뜻한다. 하자가 있는 경우로는 수 개의 물품이 그 전체로서 비로소 완전하게 작용하는 때의 일부의 흠결, 견품매매의 경우 현물이 견품보다 품질이 좋지 못한 때 등을 들 수 있다. 그러나 장기간의 경과에 의한 변색은 하자가 아니다. 목적물과 전혀 다른 물건이 급부되거나 수량의 초과가 있는 경우에는 매수인은 이 의무를 부담하지 않는다.

5) 매도인의 선의

매도인이 악의가 아니어야 한다(제69조 제2항). 악의는 매도인이 목적물의 인도 당시에 하자 또는 수량의 부족이 있음을 알고 있는 것을 의미한다. 그러나 해의 및 하자 또는 수량의 부족을 속인다고 하는 사해의 의사가 있어야 하는 것은 아니다.

6) 검사·하자통지의무의 내용

목적물의 검사는 지체 없이 하여야 한다. 검사 이외의 다른 방법으로 하자 또는 수량 부족을 알고 이를 통지기간 내에 통지한 때에는 매도인에 대한 권리를 행사할 수 있고 검사의무의 위반만이 독립하여 문제로 되지는 않는다. 지체 없는 검사 여부, 정도, 방법은 통상의 거래관행을 기준으로 하여 그 목적물의 취급을 영업으로 하는 상인이 하자 또는 수량의 부족을 발견하기에 상당하다고 인정되는 통상의 주의로써 상당한 기간 내에 행하여졌는가에 의하여 판단하여야 한다. 검사의 비용은 매수인이 부담한다. 검사기간은 목적물의 수령 시로부터 개시된다.

매수인이 하자, 수량의 부족을 발견한 경우에는 즉시 매도인에게 이를 통지하여야 한다. '즉시'란 '가급적 신속하게'라는 의미이다. 약간의 시간적 유예도 허용되지 않는다는 의미는 아니라 하겠다. 통상의 거래관행을 고려하여 지체 없이 통지하면 된다. 이 규정상의 통지는 매도인에게 이후의 대책(하자 없는 물건과 교환하여야 할 것인가, 아니면 하자 없는 것이라고 주장하여 증거보전을 해야 할 것인가, 기타 임의처분을 해야 할 것인가)을 강구할 기회를 신속하게 제공하기 위한 것이다. 그렇기 때문에 통지의 내용은 매도인이 그 개요를 알 수 있는 정도의 구체적인 것이어야 한다. 따라서 단순히 하자가 있다는 통지를 하는 것으로는 부족하다.

7. 이행·위반의 효과

1) 위반의 경우

위반 시 하자나 수량 부족을 이유로 계약을 해제하거나 대금감액 또는 손해배상을 청구할 수 없다. 이 의무위반을 이유로 매수인이 손해배상책임을 부담하는 것은 아니다. 따라서 이 의무를 불완전의무 또는 책무라고 한다.

2) 이행의 경우

의무이행의 경우에 매수인은 민법의 일반원칙에 따라 권리를 행사하게 된다. 따라서 특정물에 하자가 있는 경우에는 매매계약의 목적을 달성할 수 없는 경우에 한하여 계약해제권을 행사할 수 있고, 기타의 경우에는 손해배상청구권을 행사할 수 있다(민법 제580조 제1항, 제575조 제1항). 그러나 대금의 감액은 청구할 수 없다.

불특정물에 하자가 있는 경우에는 계약을 해제할 수 있는 권리를 행사할 수 있거나 손해배상청구권 또는 하자 없는 물건과의 교환을 청구할 수 있다(민법 제581조). 목적물이 수량부족의 경우에는 대금감액청구권 외에 잔존부족만이면 매수인이 이를 매수하지 않았을 때에는 계약해제와 동시에 손해배상을 청구할 수 있다.

V. 유질계약의 금지와 허용

1. 유질계약의 허용: 민법

1) 개념

유질계약이라 함은 질권설정자가 질권설정계약과 동시에 또는 채무변제기 전의 계약으로서 변제에 갈음하여 질권자에게 질물의 소유권을 취득하게 하거나 기타 법률에서 정한 방법에 의하지 아니하고 질물을 처분케 하는 약정을 하는 것을 말한다. 민법은 이 유질계약을 금지하고 있다. 민법에서는 질권설정 당시의 계약 또는 채무변제기 전의 계약으로 변제에 갈음하여 질권자에게 질물의 소유권을 취득하게 하거나 기타 법률이 정한 방법에 의하지 아니하고 질물을 처분할 것을 약정할 수 없다(민법 제339조).

2) 취지

유질계약을 허용하면, 궁박한 상태에 있는 채무자가 자금의 융통을 위하여 고가물의 입질을 강요당하여 폭리행위의 희생물이 될 우려가 있다. 그러므로 유질계약을 금지하고 있는 것이다. 채무변제기 전의 유질계약을 금지하지만, 변제기 후의 유질계약은 일종의 대물변제로서 유효하다. 금지에 해당하는 유질계약의 효력은 당연무효이다. 민법 제339조는 강행규정이므로 당사자의 합의로도 이를 배제할 수 없다.

2. 유질계약의 허용: 상법

유질계약의 금지는 전당포영업법 및 상법에 예외규정이 있다. 상인은 어느 정도의 경제력을 갖고 경제인으로서의 합리적 판단을 통해 스스로를 보호할 수 있는 능력을 구비하고 있다. 그러므로 민법에서와 같이 법의 후견적 기능은 필요하지 않다. 오히려 유질계약을 허용하게 되면 상인의 금융거래에서 신속과 편익을 제고하는 기능도 하게 된다. 그러한 측면을 고려하여 상법은 상행위로 인하여 생긴 채권을 담보하기 위해 설정한 질권에 대해서는 유질계약을 허용하고 있다(상법 제59조).

VI. 주식회사에서 소수주주의 보호

1. 의의

　　소수주주권이란 단독주주권과 달리 발행주식총수의 일정 비율에 해당하는 주식을 가진 주주에 한하여 행사할 수 있는 권리를 의미한다. 소수주주권은 '소유와 경영의 분리' 원칙과 달리 소수주주에게 경영간섭을 일정부분 허용하는 제도이다. 공익권 중에서 일정한 권리를 소수주주권으로 규정하고 있는 취지는 ① 중요한 공익권에 대하여 지배주주의 전횡을 막아 소수주주의 이익을 보장하되, ② 일정한 수의 주식을 가진 주주에 한하여 주주권을 행사할 수 있도록 함으로써 단독주주권으로 규정하였을 경우 우려되는 남용가능성을 방지하기 위함이다.

2. 상법의 예

1) 10%

　　해산판결청구(제520조)

2) 3%

　　주주총회 소집청구(제366조)/업무·재산상태 검사인선임(제467조)/집중투표청구(제382조의2)/이사·감사·청산인 해임청구(제385조, 제415조, 제539조)/회계장부 열람등사청구(제466조)/주주제안권(제363조의2)

3) 1%

　　총회검사인선임(제367조 제2항)/위법행위유지청구(제402조)/대표소송

(제403조)/다중대표소송(제406조의2)

3. 주주제안권

1) 의의

상법은 경영에서 소외된 일반주주들에게 회사의 의사결정을 촉구할 수 있는 기회를 부여할 목적으로 주주제안제도를 두고 있다. 주주의 의결권 행사는 주주총회에 상정된 안건에 대해 찬반투표를 하는 데에 그친다. 즉, 주주는 회사의 의사결정에 최대의 이해를 가지고 있는 자이면서도 그 의사결정 과정에서 매우 수동적인 것이다. 그 예외로서 상법은 주주총회서 의제 또는 의안을 발의할 기회를 일정한 절차와 요건하에 주주에게 부여하고 있다.

2) 제안권자

주주제안권은 의결권 있는 발행주식총수의 3% 이상을 가진 주주에게 인정된다(제363조의2 1항). 상장회사의 경우 의결권 있는 발행주식총수의 1%(자본금 1천억 원 이상인 상장회사의 경우 0.5%) 이상을 6개월 전부터 계속하여 보유한 주주에게 인정된다(제542조의6 제2항).

3) 제안절차 및 제안대상

주주 제안권자는 ① 정기주주총회의 경우 직전 연도 정기주주총회일에 해당하는 그 해의 해당일의 6주 전, ② 임시주주총회의 경우 주주총회일의 6주 전에, 서면 또는 전자문서로 일정한 사항을 주주총회의 목적사항으로 할 것을 제안할 수 있다(제363조의2 제1항). 주주제안을 한 주주는 자신이 제출하는 의안의 요령을 주주총회 소집통지에 기재할 것을 회사에 청구할 수 있다(제363조의2 제2항). 회의의 목적사항인 의제(예: 이사 선임의 건)를 제안할 수 있음은 물론, 목적사항에 관한 구체적인 의안(예: 이사 A 선임의 건)을 제안하는 것도 가능하다.

4) 회사의 조치

주주제안이 있으면 회사는 이를 이사회에 보고하고, 원칙적으로 이를 주주총회의 목적사항으로 상정하여야 한다(제363조의2 제3항). 전술한 바와 같이 제안주주의 청구가 있는 경우 그가 제출한 의안의 요령을 주주총회 소집통지에 기재해야 하고(제363조의2 제2항), 제안주주의 청구가 있는 때에는 주주총회에서 당해 의안을 설명할 기회를 주어야 한다(제363조의2 제3항). 다만, 주주제안권이 남용되어 소유와 경영의 분리라는 회사법의 권한배분 원리에 위배될 수 있으므로, 일정한 주주제안에 관하여 이사회는 이를 목적사항으로 하지 않을 수 있다(제363조의2 제3항). 그 사유는 다음과 같다(영 제12조).

VII. 보험계약법상 상대적 강행규정성

1. 채권적 보험계약

1) 낙성계약

보험계약은 불요식의 낙성계약의 성질을 가지고 있다. 보험계약당사자 사이에 보험의 목적, 보험사고, 보험기간, 보험료와 보험금액 등에 관하여 당사자의 합의가 이루어지면 효력이 생기기 때문이다(상법 제639

조). 실무상 보험계약청약서를 통하여 보험계약이 이루어지고, 보험증권의 교부에 의하여 승낙통지를 갈음하기도 하지만 이는 거래의 편의를 위한 것에 불과한 것이다. 그러므로 낙성계약이라는 성질에 반하는 것이 아니다.

2) 유상·쌍무계약

보험계약은 유상계약이면서 쌍무계약의 성질을 가지고 있다. 채권계약에서 양 당사자의 재산의 출연을 동반하는 것을 유상계약이라고 하고, 상호 의무를 부담해야 하는 관계를 쌍무계약이라고 한다. 보험계약자가 보험료는 지급해야 하고, 보험사고 발생 시 보험자가 보험금을 지급해야 한다는 점에서 보험계약은 유상계약적인 성질을 가지고 있고, 양 당사자 모두 보험료지급과 보험금지급이라고 하는 의무를 동반한다는 점에서 쌍무계약의 성질을 가지고 있다(상법 제638조).

보험계약은 일정한 기간을 가지고 보험계약당사자가 계약을 체결하게 된다. 이 기간 동안 보험계약자는 보험료를 지급해야 하고, 보험자는 보험사고가 발생하게 되면 보험금을 지급해야 할 의무가 발생하게 된다. 그런 측면에서 보험계약은 일정한 기간 동안 양 계약당사자가 일정한 의무를 계속하여 부담하게 되는 계속적 계약의 성질을 가지고 있다.

2. 부합적인 계약

한 보험자와 다수의 보험계약자 간에 보험계약이 체결되기 때문에 보험자는 미리 정형화된 보험약관을 마련하게 된다. 보험자가 제공하는 보험약관은 당사자가 서로 합의에 의하여 마련된 것이 아니고 보험자가 다소 임의에 따라, 물론 금융감독위원회(공정거래위원회)의 감독을 받기는 하지만, 정하게 된다. 그런 측면에서 보험계약은 부합계약적인 성질을 띠고 있다고 하겠다.

보험자가 일방적으로 작성하여 보험계약자에게 제시하게 되므로, 보험계약의 내용을 자세히 알지 못하는 보험계약자를 포함한 피보험자나 보험수익자는 본의 아니게 피해를 입을 수 있는 상황이 야기될 수 있다. 그러므로 보험업을 감독하는 보험업법에서는 주무관청의 허가를 받아야만 사용하도록 하고 있다. 또한 상법 제663조에서 당사자의 특약으로 보험자가 보험약관을 통하여 보험계약자 등을 불이익하게 변경하는 것을 금지하고 있다.

3. 상대적 강행규정

독일의 보험계약법은 개별적인 규정에 의하여 절대적 강행규정, 상대적 강행규정 및 상호합의가 가능한 규정 등으로 구분하여 정하고 있는 반면에, 우리 상법 보험편은 보험계약자 등을 불이익하게 변경하는 것을 금지하고 있다(상법 제663조 본문). 이를 '상대적 강행규정성'이라고 한다.

보험계약은 1인의 보험자와 만인의 보험가입자가 계약을 체결하는 구조를 띠고 있다. 1인과 1인 사이에 체결되는 일반적인 계약체결 방식를 따르는 것이 불합리한 것이다. 그러므로 보험자는 계약체결전 사업자가 작성한 계약모형인 보통보험약관을 통해 계약을 체결하게 된다. 이러한 보통보험약관은 입법적 통제(약관규제법: 사전적 통제), 행정적 통제(공정거래위원회), 사법적 통제(법원: 사후적 통제)를 받고 있지만, 상법은 이 외에 제663조에 상대적 강행규정이라는 이름하에 보험계약자나 피보험자 또는 보험수익자를 보호하고자 한다.

그러므로 보험자가 보통보험약관을 통하여 보험계약자와 계약을 체결하기 위한 내용을 마련함에 있어, 상법의 규정과 비교하여 보험계약자 등을 불이익하게 변경한 경우에 해당된다면, 그 약관은 무효로 하게 된다. 즉, 상법 제663조에 규정되었다는 점에서 입법적 통제방식을 따나, 이러한 약관통제를 실제로 판단하는 것은 사후적으로 법원이 담당한다는 점에서 사법적 통제방식도 지니고 있다고 하겠다.

상대적 강행규정성은 보험계약에 대한 전문적인 지식이 부족한 보험계약자가 화재보험이라든가 생명보험 등 가계보험에서 그들이 보호되어야 한다는 측면을 고려한 것이고, 재보험과 해상보험 기타 이와 유사한 보험의 경우에는 계약당사자의 사적 자치를 인정한다. 이 경우에는 보험계약자가 보험자와 대등한 관계에서 보험계약에 대한 사항을 상호 합의해도 큰 문제가 없다는 점을 고려한 것이다.

VIII. 결론

사법의 영역에서 약자를 보호하기 위한 후견적 기능이 어떻게 작동하고 있는가를 살펴보았다. 공동체는 그 구성원 각자가 동등한 관계라는 점을 고려하여 공동체 평화가 이루어질 것을 상정할 것이다. 하지만 우리 인간은 모두 동등한 것은 아니다. 신체나 지식, 또는 경제적 재력에 있어서 양자는 차이가 발생할 수 있다. 공동체 구성원 모두가 동일할 수는 없는 상황에 직면하는 것이다. 여기에 법은 개입하여 양자의 균형을 이루고자 하는 시도를 하게 된다. 일반법인 민법이 특히 이러한 면이 두드러지게 나타난다.

　다만, 상법은 소비자와 사업자 사이라면 민법과 유사한 관계속에서 계약관계의 균현을 이루고자 하고, 사업자와 사업자 사이라면 다시 양 당사자가 동등하다는 입장에서 사적 자치의 원칙이 두드러지게 회귀하는 모습을 띠게 된다.

PART 02

독일 법학의 제 사조

Chapter 01

자연법, 그리고
역사법학과 개념법학

I. 근대 자연법과 낭만주의 발흥

자연법을 이해하기 위해서는 고대 그리스 사상으로 환원해야 하겠지만, 여기서는 법학이 신학과 종교로부터 분리되는 근대의 자연법에 관한 내용을 간략히 설명하고자 한다.[1]

근대 자연법을 종교적인 관점에서 분리하여 세속화하고 합리화하는 기반을 제공해준 자는 휴고 그로티우스(Hugo Grotius, 1563~1645)[2]이다.

---

1 구모영, 『법철학강의』, 도서출판 전망, 2008, 157~158면.
2 네덜란드의 법학자로서 국제법의 아버지로 칭송을 받고 있다. 네덜란드의 부르주아 혁명기의 사람으로서 라이든 대학에서 수학했다. 로테르담 시장으로 재직중 종교투쟁으로 인해 종신금고 및 재산몰수의 형을 받고(1618) 프랑스로 탈출(1620), 그후 스웨덴으로 건너가 스웨덴의 주프랑스대사가 되었다. 1645년 네덜란드에 귀국. 부르주아적 자연법 이론을 설명하고, 법과 국가는 지상적인 것이지 천상적인 기원에 의하지 않으며 사람들 사이의 의견의 일치에 의해 국가가 성립한다는 것을 주장했다. 중세의 신학 및 스콜라학으로부터 국가 및 법을 해방시키는 데 공헌하였

그는 "인간은 자기보존적 본성과 사교적 본성을 지니고 있는데, 인간이 자기보존적 본성만을 가지고 있다면 동물과 다를 바가 없다고 하면서, 이성을 가진 존재로서 인간은 효과적인 자기보존을 위하여 그 자신과 같은 종류의 사람들과 그의 지능 정도에 따라 조직된 공동사회에서 평화로운 사회생활을 영위할 수 있다"고 보았다.[3] 그는 인간의 이러한 본성에 근거하여, 중세의 자연법과 달리 우주에 충만해 있는 영원한 이성 위에서 구축된 근대의 자연법의 토대를 마련해주었다. 즉, 17세기 이래 대두한 개인주의 합리주의 사상은 전통적 자연법론에 도전하여 신학적 유대를 단절하는, 자연법을 중세의 종교적 속박으로부터 완전히 분리하여, 사변이성을 토대로 새로운 자연법론을 구성하는 데 성공하였다. 이를 근대 자연법론이라 하고 그로티우스를 매개로 하여 홉스(Thomas Hobbs, 1588~1679), 로크(John Locke, 1632~1704), 푸펜도르프(Freiherr Samuel von Pufendorf, 1632~1694), 루소(Jean Jacques Rousseau, 1712~1778), 칸트(Immanuel Kant, 1724~1804) 등이 이 시대의 대표자들에 해당한다.

중세를 거쳐 다시 등장한 근대의 자연법[4]은 인간이성의 능력에 대한 기대를 확신하였다. 이러한 자연법은 자연상태에서의 인간이 누려야 할 천부적 권리를 확립하는 계기가 되었을 뿐만 아니라, 각종 정치제도에도 영향을 미쳤으며, 가장 영향력을 준 것은 프랑스혁명이라 할 수 있다. 자유주의적 자연법을 사상적 배경으로 하는 프랑스혁명은 전제군주국가의

으며, 그의 저작 『전쟁과 평화의 법(De Jure Belli ac Pacis)』(1625) 3권에서 자연법적 국제법을 체계화한 것으로 특히 유명하다.
3   Vgl. H. Welzel, Naturrecht und materiale Gerechtigkeit, Vandenhoek, 1962, S. 125 f.
4   자연법은 이미 소크라테스 등이 생존했던 고대 그리스에서 찾아볼 수 있고, 중세에서도 자연법이 등장한 바 있다.

체제를 붕괴시키는 데 성공을 거두기는 하였으나, 이어진 정치체제는 본래 희망하였던 자유와 평등의 국가가 아니라 독제적인 공포정치로 전개되었다. 이러한 공포정치는 프랑스 제1공화국의 태동부터 시작되어 나폴레옹의 무단정치로 그 막을 내리게 되었다.

민중들의 피비린내 나는 혁명을 통하여 얻어진 결과는, 앞에 설명한 바와 같이 그리 만족할 만한 것이 아니었다. 혁명 이후에 마치 새롭고 자유로운 세계가 도래할 것으로 믿었지만, 실상은 폭정과 전제로 다시 민중은 올가미에 메이는 신세가 되었던 것이다.

이러한 점에 대한 반성으로 냉혹한 이성보다는 정열에, 그리고 자연의 합리성보다는 오히려 역사의 비합리성에 무한한 애착을 갖는 분위기가 형성되었다. 독일의 관념주의 법철학은 그와 같은 추세의 논리적 전개를 나타내는 것이었다. 낭만주의 사조 역시 그 정열적 불꽃의 표현이라 볼 수 있다.[5] 질풍과 노도의 시대라 할 수 있는 낭만주의 사조는 잊어버린 역사와 전통 가운데 아름답고 올바른 것을 찾으려고 노력하게 되었다.

II. 역사법학과 로마니스트로서 사비니

1. 프랑스혁명의 반동과 역사법학의 발흥

프랑스혁명의 반동으로 역사와 전통 속에서 아름다운 것과 신성한 것을 발굴하고자 하는 역사적 낭만주의가 대두되었다. 이러한 입장은 현존하는 것을 역사적으로 생성된 것이라는 기본적 관점하에 법현상을 역사

---

5   김려수, 『개고 법률사상사』, 박영사, 1984, 85면.

적으로 파악하려는 경향으로서, 최초로 법학에 이러한 역사적 방법론을 주창한 독일의 구스타브 후고(Gustav Hugo, 1764~1844)를 거쳐, 사비니에 의하여 이른바 역사법학이 정립되었다. 여기서 주목해야 할 인물은 후고이다. 후고는 1798년 『실정법의 철학으로서 자연법』이라는 저서를 통하여 자연법학의 비역사적, 추상적, 일반적 연역방법을 비판하고, "한 민족의 법률을 알려면 일반적인 자연법을 고찰하는 것으로 아무런 소용이 없기 때문에, 기존의 경험적인 법률에 유의해야 한다"고 하였다.[6] 이 점에서 후고는 사비니에 앞서 자연법을 비판한 선구자로 평가할 수 있다.

독일의 역사학파는 낭만주의와 그 후의 고전문화 및 신인문주의적 경향을 지향하는 일반적 문화 의식과 밀접한 관련이 맺으면서 음악, 미술, 문학 등 전 장르에 걸쳐 다양한 영역에 커다란 영향을 미쳤다. 법학 역시 이러한 영향에서 배제될 수 없었던 것이다. 역사법학자들은 자연법의 추상적 사변론을 배척하고 역사적 연구를 통하여 법률생활 속에서 실제로 존재하였던 경험적 법현상의 탐구를 시도하였다.[7] 이런 측면에서 역사법학은 프랑스혁명의 중요한 논거가 되었던 자연법론과 나아가 법의 추상적 사변방법을 배척하고, 법을 역사적이고 실증적으로 연구하려는 움직임으로 평가할 수 있다.

2. 사비니와 역사법학

칸트의 이상주의 철학과 후고의 역사적 방법의 영향을 받은 사비니(Friedrich Carl von Savigny, 1779~1861)는 제정보다는 법학에 창조적인 법

---

6   최종고, 『법사상사』, 박영사, 1997, 186면.
7   조규창, 『독일법사』, 고려대학교 출판부, 2010, 60면 이하.

규범 형성능력을 인정하여, 법학자는 입법자나 법원에 난해한 현실문제의 해결에 유용한 방안을 제시할 수 있음을 강조하였다. 또한 그는 법률문제는 경직된 제정법이 아니라 법학의 생동하는 법창조적 활동을 통하여 합리적인 해결에 도달할 수 있다고 보았다.[8] 사비니는 인간이성의 보편적 법칙인 자연법론에 반대하여 역사의식에 기초한 역사체계적 법학을 확립하였다. 과거의 법을 근원적으로 탐구함으로써 법발달의 유기적 원리를 발견하여 현대에 도움이 되고자 하는 것이 역사학파의 강령임을 선언하였다. 그러한 관점에서 사비니는 법의 엄격한 개념, 체계적 조직화의 방법과 법의 철학적, 이념적인 추상론은 역사적 생활사실과 일치하지 않는다고 하면서, 자연법의 일반이론을 일체 배격하였다. 이와 같이 역사학파로서 그는 끊임없이 변화하는 민족의 확신에 따라 법은 생성, 변화, 발전한다는 법형성의 역사적 현상을 강조하고 따라서 이러한 민족공동체의 법적 확신을 도외시한 일반적 추상적 원리로서의 자연법의 존재를 받아들일수 없었던 것이다.[9]

사비니는 법은 언어와 같이 민족의 공동정신에 의하여 자연히 생성, 발전되는 것이라고 하고, 이와 같이 민족의 공동의식에 의하여 성립한 법을 역사적, 체계적으로 연구하는 것이 바로 법률학의 사명이라 보았다. 그와 같은 관점에서 그는 다음과 같은 점을 주장하였다.

첫째, 법은 인간의 이성이나 목적 지향적 의지에 의해서 창출되는 것이 아니라, 언어가 그런 것처럼 민족생활의 발전과정 속에서 스스로 유기적으로 생성되는 것이다.

---

8   조규창, 『독일법사』, 고려대학교 출판부, 2010, 61면.
9   조규창, 『독일법사』, 고려대학교 출판부, 2010, 63면 이하.

둘째, 모든 법은 먼저 관습과 민족의식에 의하여, 다음으로 법률학에 의해서 작성되는 것이며, 법은 '민족공동의 확신'의 유기적 소산이다.

셋째, 현재 법률학의 급선무는 법전편찬에 의해서 통일된 법전을 작위적으로 만들 것이 아니라, 법률학의 성숙과 충실을 위하여 마음을 쏟아야 한다. 즉, 그는 "민족의 청년기에는 민족의식이 가장 번성하고, 그것이 법의 형성에도 작용하는 것인데, 민족의 노년기에는 쇠퇴한다. 그러나 민족 청년기에는 언어와 논리적 기교가 결여되어 있기 때문에 법전은 최량의 것을 나타낼 수 없고, 또한 민족의 노년기에는 법전의 재료에 있어서는 언어에 있어서 결여되어 있는 좋은 법전을 만들 수 없다. 남은 중간기 즉 법문화의 절정기에는 좋은 법전을 만들 능력은 있으나, 법전의 필요를 느끼지 않는다. 오직 그러한 법전을 준비한다고 한다면, 그것은 개미가 겨울의 식량을 저장하는 것처럼, 다음의 취약의 시대에 대비하기 위해서이다"라고 하였다.[10]

사비니와 그의 제자인 푸흐타는 그 주된 연구의 대상은 로마법에 두었다. 로마법에 연구 중점을 두었기 때문에, 이들을 우리는 일반적으로 로마니스트(Romanist)라 부른다. 또한 이들이 로마의 법개념 분석에 관심을 두고 있었다는 점에서 판덱텐(Pandekten) 법학이라고도 한다.

법을 역사적으로, 실증적으로 연구하려고 한 역사법학의 창설자인 사비니와 푸흐타(Puchta)에 있어서, 역사법학 그 자체는 개념법학을 전제로 한 것은 아니지만, 그들이 판덱텐법학으로 나아가면서 법개념에 대한 분석을 중요시 함에 따라 빈트샤이트에 의한 개념법학이 등장하게 되는 동기를 제공해주었다.

---

10   Savigny, Vom Beruf unserer Zeit für Gesetzgebung und Rechtswissenschft, 1815, S. 25 f.

3. 티보와의 법전편찬론

1806년의 예나 전투에서의 패배 이후 나폴레옹의 지배하에 들어간 적지 않은 라인 영방들이 나폴레옹 법전을 채용하고 그것을 모방하고자 하는 영방들이 속출하고 있는 가운데 독일 영방들을 포괄하는 통일적 민법전의 제정을 요구하는 목소리가 독일 법학회를 중심으로 높아지고 있었다. 프랑스혁명에서 영향을 받고 독일 일반에 통용할 수 있는 민법전 편찬의 필요성을 강조한 자는 티보(Anton Friedrich Justus Thibaut, 1772~1840)였다. 티보는 『독일 일반인 법전의 필요성에 관하여』(1814)라는 저서를 통하여 민법전 제정을 주장하였다. 티보에 앞서, 법학자 레베르크는 나폴레옹이 몰락한 1814년에 나폴레옹 법전의 폐지를 요구하는 저작을 발표하였다. 즉, 레베르크는 독일이 독일이기 위해서는 합리적이고 평등한 프랑스식 민법 모형을 거부하고, 특수주의적인 각 지역의 전통적인 체계를 고수해야 한다는 취지의 글을 발표했다. 이러한 레베르크에 대하여 티보는 모든 독일 국가들에 공통되는 합리적 법체계를 제정하는 것이 오히려 독일적이며 훨씬 더 필요하다는 주장을 하였다.

하지만 사비니는 티보와 정반대의 입장을 피력하였다. 귀족이고 보수주의자이면서 부유하고 가톨릭교도였던 사비는 티보의 소책자가 출간되는 같은 해인 1814년에 『입법 및 법률학에 대한 우리 시대의 사명에 관하여』(1814)라는 저서를 통하여 티보의 주장을 반박하였다. 사비니는 법을 '조용히 작용하는 내면적인 힘'인 민족정신의 유기적 소산으로 보았다. 그는 "법은 민중의 성장과 함께 성장하고, 민중의 힘과 함께 강해지고, 민족이 그 개성을 상실할 때 사라진다"고 하였다.[11] 여기서 보는 바와 같이 개성이 없는 일반적, 추상적인 법은 가치가 없는 것으로 그는 판단하고 있다.

사비니는 유럽에서의 로마법의 역사를 추적하는 것이 법 일반의 진화의 비밀을 찾는 것에 연결된다고 생각했다. 법의 내용은 '폴크스가이스트(Volksgeist)', 결국 민족의 정신에 합치해야만 한다. 관습이야말로 이 법의 주요한 발현에 다름 아니다. 요컨대 법은 제정되는 것이라기보다 그 이전에 '생성하는 것'이라는 것이다. 이러한 점에서 이성에 근거한 자연법을 중시하는 티보의 견해와 대립하고 있다고 할 것이다. 이러한 입장은 한편으로 그때까지 유포되어 있던 자연법학파에 대한 반동으로서 독일 법학회에서 형성되고 있던 역사법학파의 특질을 단적으로 표현하는 것이었다.

헤겔은 법과 사람들의 정신적 생활이 하나의 유기적 통일을 이루고 있어야만 한다는 점에 대해서는 역사법학파 이상으로 관심을 기울였지만, 그 통일의 존재방식에 관해서는 방향성을 달리 했다. 즉, 개인적으로 친했던 티보의 법전 편찬론을 지지하면서 사비니의 법전 반대론에 대하여 논박하였다. 헤겔에 따르면 법이 '살아 있는' 것은 그 규정들과 그것을 담지하는 주체 사이에 통일이 있는 것이지만, 다른 한편으로 법적 규정들은 그것들 자신 속에 '체계화된 보편성'(『법철학』 211절 「보론」)을 요구받는다고 하였다. 그러한 지평에서야 비로소 법은 개인들의 '사유와 의욕'에 의해서 뒷받침되는 근대 국가에서 효력을 지닐 수 있기 때문이라는 것이다. 사비니 등에게 결여되어 있던 것은 바로 이 점이었다.[12] 헤겔의

---

11   Savigny, Vom Beruf unserer Zeit für Gesetzgebung und Rechtswissenschft, 1815, S. 11f.
12   헤겔의 법전 반대론에 대한 비판의 요점은 어떤 법 규정이 주변의 사정에 적합하고 동시대의 법 제도와 정합적이라는 것과 이 법 규정이 개념을 토대로 자체적으로 이성적이라는 것은 전혀 별개의 것임에도 불구하고 역사법학파는 이를 역사적으로 정당화하는 것에 만족하고, 이성적인 정당화를 배제해 버렸다는 것이다.

역사법학파 비판은 법과 함께 역사의 발걸음을 걸어 나가는 인간관도 표현하고 있다고 말할 수 있다.

4. 사비니에 대한 비판

1) 예링의 비판

사비니 하면 역사법학 및 법은 민중의 의식이라는 표현을 하지만, 이러한 논의 이외에도 개념법학의 태동에 기여한 면을 읽을 수 있다. 즉, 사비니가 저술한 초기의 저작인 『법률학적 방법론』(1802~1803)에서는 개념법학이 태동할 수 있는 단서를 제공하고 있다. 즉, 그는 "법률은 모든 자의를 배제하기 위한 것이므로, 법관이 할 수 있는 유일한 처리, 작업은 순수하게 논리적인 해석을 하는 것"이라고 하였으며, 한 국가의 법의 해석은 '개념에 의한 계산'에 의해서 이루어져야 한다는 말을 하였다.

또한 법해석방법론과 관련하여 법의 해석기준으로 문법적 요소, 논리적 요소, 역사적 요소 및 체계적 요소를 제시하고 이를 구별하였다. 그런데 그는 이러한 다양한 요소들이 각기 고립되어 있는 것이 아니라 끊임없이 상호작용하여야 한다는 점을 강조하였다.

사비니의 이러한 입장에 대한 강한 비판은 예링에서 나타난다. 예링은 초기에는 역사법학에 가담하여 "개념은 생산적이다. 이것은 결합되고 새로이 만들어진다"는 표현을 『로마법의 정신』(1852)에서 드러냈다. 그러나 그는 『권리를 위한 투쟁』(1872)에서 역사법학은 "법은 아무 고통 없이 노력 없이, 행위 없이 마치 들의 식물처럼 스스로 자라는 것이라고 함은 정말로 낭만주의적인, 다시 말하면 과거의 상태를 잘못 이상화하는 데 사로잡혀 있는 관념이다. 왜냐하면 거칠은 현실은 우리들에게 정반대의 것을 가르쳐주고 있기 때문이다. … 사비니의 이론에는 우리들에게 아무런 소식도 알 아무런 소식도 알려주지 못하는 전사시대(die vorgeschichtliche Zeit)만이 남겨져 있는 것이다"라고 비판하였다.

2) 당뜨레브의 비판

당뜨레브(d'Entreves)는 "사비니는 역사의 변명에서 시작하여 법률학의 변명으로 끝났다"고 비판하였다.[13] 그는 사비니의 역사법학이 로마법 개념에 집착하는 로마니스텐인 동시에 판덱텐법학으로 귀결되었다고 평가하였다. 즉, 이는 사비니가 법의 역사적 연구에서 출발하여 법의 체계적 연구를 육성하는 것으로 끝났음을 의미한다.

5. 푸흐타와 판덱텐

당뜨레브가 사비니를 비판하는 바와 같이, 사비니의 이론은 퇴색되어 법체계는 그것이 규제하려는 사회적 사실과의 연관을 잃고, 법체계는 그러한 사실과 독립하여 존재하는 추상적인 개념체계가 되었다. 이러한 태도는 사비니의 제자인 푸흐타(Georog Friedrich Puchta, 1798~1846)에 의해서 더욱 뚜렷해졌다.[14]

1841년『법학제요강요』라는 저서에서, 푸흐타는 사비니와 같이 "법규정은 서로 유기적으로 견련하여 있으며, 법은 민족정신의 소산이다"으로 본다. 그러나 "법학의 과제는 법규들의 상호 제약적이고 상호 파생적인 체계적 관계 속에서 인식하는 것이며, 개개의 법명제의 계보를 그 원리에

---

13   김려수, 『개고 법률사상사』, 박영사, 1984, 90면.
14   구모영, 『법철학강의』, 도서출판 전망, 2008, 213~215면.

까지 소급하여 추적하고, 또한 동시에 제원리에서 그 계보의 최고 말단인 지엽까지 찾아 내려갈 수 있도록 하는 데 있다"고 보았다. 따라서 그에 의하면 이러한 법명제의 계보를 연구함으로써 국가법의 정신 중에 잠재하고 있지만, 민족 구성원의 직접적인 확신과 그 행동이나 입법자의 표현에서도 나타나지 않는 법명제가 의식되며 발견될 수 있다고 보았다. 따라서 그에 의하면 이러한 법명제의 계보를 연구함으로써 국가법의 정신 중에 잠재하고 있지만, 민족 구성원의 직접적인 확신과 그 행동이나 입법자의 표현에서도 나타나지 않는 법명제가 의식되며 발견될 수 있다고 보았다. 푸흐타는 이러한 학문적인 연역방법을 동원하여 법률학을 연구한다는 점에서, 이를 '법률가의 법(Juristenrecht)'으로 부르는데, 그 이유는 그 법이 '법률가의 활동에 의해서 명백'해지기 때문이었다. 특히, 푸흐타는 법명제에 대한 바른 인식을 위하여 '개념의 계보학'이라는 말을 사용한다. 즉, 법명제의 인식은 완전하고 완결적이라고 생각되는 개념 피라미드의 최고 위에 있는 개념 중에 이미 잠재적인 것을 포함하고 있으며, 법적용자는 전적으로 법명제를 개념 피라미드보다 높은 위치에서 형식논리적인 연경에 의해서 발견할 수 있다는 것이다.

또한 푸흐타는 『관습법론』(1828, 1837)과 『판덱텐교과서』 등의 저작을 통하여 법은 원시시대, 다양성의 시대, 학문에 의한 통일의 시대 및 몰락의 시대로 나누었다. 원시시대는 법은 무의식의 통일의 시대이어서, 법은 관습과 같이 민족 가운데 살아 있으나 문화의 발달에 따르는 여러 종류의 수요의 발생과 외국과의 접촉에 의해서 민족의 법도 다양한 발전을 이룬다. 그러한 발전은 드디어 다양성 가운데 통일을 얻을 시점에 도달한다. 즉, 학문에 의한 형식적 통일, 체계적 단계로 나아가게 된다. 그런데 학문은 생활을 방해하기 때문에 법은 특별한 단계의 전유물이 된다는 것이다. 푸흐타는 당시 독일의 경우 제3기의 초기에 있다고 판단하였다.[15] 그런데 이러한 푸흐타의 견해에 의하는 경우 법은 한편에서는 민족 생활의 일부로서, 그리고 다른 한편에서는 전문법률가의 특수한 학문대상이 된다는 이중적 성격을 지니게 된다. 이러한 점에서 본다면 푸흐타의 이론은 법이 사회적, 정치적, 도덕적 현실로부터 구별하게 됨에 따라 '법학의 결정적인 격리'가 달성되기 때문에 개념법학으로 나아가는 기초를 제공하게 된 셈이다. 한편, 푸흐타가 연구하는 대상은 결국 게르만법의 기초가 되어 있는 로마법개념에 대한 계보를 연구한다는 점에서, 그의 역사법학은 판덱텐법학으로 기울어져 있다고 평가할 수 있을 것이다.

6. 로마니스텐에 대한 비판자들

사비니와 푸흐타, 그리고 목적법학의 창설자가 된 예링 등에 의하여 주장된 로마니스텐에 대응하여, 역사법학자가 말하는 바와 같이 법은 민중의 정신이라고 본다면 왜 법이 로마법의 정신을 찾아야 하는지에 대한 의문을 가질 수밖에 없을 것이다. 즉, 게르만 법정신을 찾자고 시작된 일련의 학자군들이 바로 게르마니스텐(Germanisten)이다. 게르마니스텐 법학의 창시자로는 독일법사의 아버지로 칭송받는 아이히호른(Karl F. Eichhorn, 1781~1854)을 들 수 있다. 그는 『독일국가사 및 법사』(4Bd, 1808)를 저술한 바 있다. 동화작가이면서 언어학자인 야콥 그림(Jacob Grimm, 1785~1863)은 법은 민족의 언어 속에서 분석하여 찾으려고 하면서 『법에 있어서 시』

---

15   김려수, 『개고 법률사상사』, 박영사, 1984, 91면.

(1816)를 저술하였다. 베젤러(Gerog Besseler, 1809~1888)는 『민족법과 법조법』(1843)이라는 저서를 통하여 "계수된 로마법은 독일의 법률생활상에 있어서 단지 법정에서만 적용될 뿐, 민간의 일반생활에 있어서는 당연히 게르만법이 존재하고 유지되고 있다. 따라서 후자야말로 독일민족에 있어서 타당한 법이다"라고 하면서 로마니시텐을 가장 강하게 비판하였다.

기이르케(Otto F. v. Gierke, 1841~1921)는 게르마니스텐 학자 중 가장 베젤러의 영향을 받은 자이다.[16] 그는 역사법학파의 사상을 이어받으면서도 그 스스로 역사법학파의 게르마니스텐이라고 자신의 입장을 분명히 한 것이 바로 『역사법학파와 게르마니스텐(Die historische Rechtsschule und die Germanisten)』이다. 그는 사비니의 역사법학이 민중의 정신을 기초로 한다는 점에서는 그 중요성을 인정하면서도, 이것이 지나치게 로마법에 치중하고 있음을 경계하였다. 그는 게으마니스텐으로서 독일의 고대단체에 착안하여 법이론을 전개하였다. 그는 『독일 단체법(Das deutsche Genossenschaftsrecht)』(1868)과 『인간단체의 본질(Das Wesen der Verbände)』에서 게르만적인 단체의 본질은 로마의 법인과 같이 개인과는 별개의 존재 또는 의제된 존재가 아니고, 또한 자연법론에서 보는 바와 같이 단체와 독립된 자유, 평등한 개인의 계약에 의해서 성립한 것도 아니다. 이는 개인을 성원으로 하고, 개인과는 분리될 수 없는, 그러나 개인 이상의 가치를 가진 종합인(Gesamtperson)이라는 데 있다고 하였다. 이것이 기이르케의 '단체인격의 실재론(Theorie der realen Verbandspersönlichkeit)'이며, 민법에서는 법인실재설로 표현한다.

그는 이러한 이론적 기초에 따라 국가 역시 유기체인 단체이며, 이는

---

16 구모영, 『법철학강의』, 도서출판 전망, 2008, 215~216면.

주권을 가진다는 점에서 다른 단체와 구별될 뿐이라고 한다. 특히 도덕과 법은 분리될 수 없으며, 법은 인간 공동생활의 표현이며 공동체의 산물이라 보았다. 법은 국가의 형식적 명령이라고 한 라반트(P. Laband)의 견해를 비판하면서 그는 법은 형식이 아니라 내용이라고 하였다. 그리고 자연법은 '사회의식의 표현인 법'이라 부르면서, 실정법에 선행하며 사회에 내재하여 살아 있는 힘이라 보았다. 이러한 단체의 사고는 "인간이 인간답다는 것은 인간과 인간의 결합에 있다"는 표현을 낳게 하였다.

III. 빈트샤이트와 개념법학

사비니와 푸흐타의 사상 및 예링의 전기사상은 개념법학으로 나아가도록 하는 기초를 낳게 되었다. 특히, 예링의 사상과 역사법학파가 법학의 개념논리적 체계를 중요시하여 로마법의 개념과 체계를 다시 구성하여 가는 작업 내지 입장인 푸흐타의 판덱티즘(Pandektismus)은 가장 큰 영향을 미쳤다고 평가할 수 있다. 이러한 개념법학의 창시자로 빈트샤이트(Bernhard Widscheid, 1817~1892)를 들고 있는데, 라렌츠(Karl Larenz, 1903~1993)의 말을 빌리자면, 빈트샤이트는 "이성에의 신앙에서 완화된 합리적인 법실증주의"의 창조자로 부를 수 있으며, 푸흐타와 같이 입법을 자의적인 정립이 아닌 '민족이성'의 발현으로 이해하였다.

개념법학에 의하면 법적용자는 실정화된 법과 관련한 실정외적인 영역의 인정을 거절한다. 이러한 개념법학은 다음과 같이 말할 수 있다.

첫째, 실정법질서는 그 스스로 논리적이고 자기 완결적인 것이며, 어떠한 사안에 대해서도 그 해결을 위한 법적 기준이 이미 그 속에 포함되어 있다는 점을 상정한다. 따라서 개념법학의 경우 자기완결성과 무흠결성은 하나의 신앙이 된다.

둘째, 일체의 법적 규제를 소여의 실정법규(예컨대 계수된 로마법)의 순수한 논리적 조작에 의해서 완전히 해결할 수 있다고 한다. 말하자면 법의 적용에 있어서는 해석된 법규는 대전제로 하고, 구체적 사건은 소전제로 하여 삼단논법으로 적용하는 것으로 이해한다. 이러한 점에서 개념법학은 실정법의 제 규칙, 제 개념의 분석을 통하여 개념의 계층을 작성하는 것이기도 하다.

셋째, 위의 두 가지를 전제로 법관은 스스로 법창조를 하는 것이 아니라, 제기된 사안을 위의 개념체계에 포섭하는 데 그 유일한 과제가 있와 같은 논리를 전제로 형성되었다.

빈트샤이트는 "윤리적, 정치적 또는 국민경제적 배려는 법률가로서의 일이 아니다"라고 하였는데, 이는 윤리적 요청(자연법적인 요청도 포함된다)이나 정책적 요구도 아닌, 주어져 있는 소여인 실정법에 의해서 순수한 논리적 조작에 의해서 구체적인 사안을 처리해야 한다는 방법론의 제기이다. 이러한 일련의 이론적 발전은 결국 법학에 있어서 이념적 자연법론은 배척하게 되고, 분석법학이나 순수법학 등 법실증주의에로 길을 열게 된 것이다.

IV. 평가

질풍과 노도의 시대인 19세기 낭만주의시대와 더불어 이성에 대한 최고의 신뢰는 허물어짐과 동시에 법을 역사적이고 전통적인 것으로 이해하려는 것이 바로 역사법학의 등장 배경이다. 사비니를 중심으로 하는 로마니스텐 역사법학파는 법을 민중의 정신으로 이해하면서도, 여기서 말하는 정신은 바로 로마법의 계수를 전제로 로마법에 제한하려 하였다. 이는 게르마니스텐에 의하여 이것이 독일의 실질적인 풍토인가에 대한 의문이 제기되었으며, 결국 독일의 입법은 이들 양자간의 대립과 갈등을 해결하는 방향에서 결정되었다.

로마니스텐 역사법학파는 로마의 법계에 대한 개념의 계보학 내지 체계학에 법률학을 한정하게 되었으며, 사비니는 법학의 관심은 입법이 아니라 개념의 근원을 해명하는 것이 급선무라고 하였다. 그러나 이러한 입장은 로마법 개념의 계보연구에 제한되는 판덱티즘법학으로 나아가게 함으로써, 법은 법규범이 규정하고 있는 개념 그 이상은 아니다라는 개념법학을 형성하게 하였다.

이러한 개념법학은 법이념 면에서 볼 때 법적 안정성을 확보할 수 있다는 장점이 있으나, 이는 이후에 등장한 법실증주의에도 적지 않은 영향을 주었다. 그러나 개념법학은 법의 지나친 형식을 강조함으로써, 급변하는 근대사회에 적절하게 대처할 수 없는 한계점이 제기되었고, 이로 인하여 개념법학, 즉 주어진 법규범을 해석하는 법해석학에 대한 반감으로 자유법학 및 법사회학이 등장하게 된 것은 우연한 것이 아니라 하겠다.

Chapter 02

목적법학, 그리고
이익법학과 자유법학

I. 인간의 이기심과 목적법학

인간의 이기심에 유래하는 목적으로써 법의 변천과 진화 및 법의 기능을 설명하고 법을 해석하여야 한다고 주장한 예링(Rudolf von Jhering, 1818~1892)의 법이론이 바로 목적법학이다(Zwecksjurisprudenz). '목적은 모든 법의 창조자이다'라는 명제에 상징되어 있다. 역사법학파의 기반 위에서 벤담(Jeremy Bentham, 1748~18320)의 공리주의 사상의 영향을 받은 예링은 '법이 민족정신의 소산이다'라는 역사법학파의 입장으로는 유럽에서의 로마법(法)의 계수를 설명할 수 없다고 비판하고, 오히려 인간의 목적이야말로 인간의 사회생활의 원동력이며, 일체의 제도와 문화의 창조자라는 관점에서 로마법의 계수를 설명함으로써 역사법학파를 극복하고 목적법학을 수립하였다.

개념법학에서의 실정법과 현실의 괴리, 실정법의 논리적 완결성이라는 환상을 지적한 점, 이 지적이 자유법운동의 발단이 된 점이 목적법학의 주요한 공적이라 할 수 있다. 목적법학이 끼친 영향은 매우 큰데, 이익법학, 프래그머티즘 법학에도 이의 경향을 찾아볼 수 있다.

II. 예링의 권리와 대죄

1. 권리의 정의

예링의 전기 사상은 사비니와 푸후타에 의하여 전개되었던 역사성을 강조하는 입장을 취했다. 그러나 시간이 지나면서 예링은 "법은 아무런 고통 없이, 노력 없이, 행위 없이 마치 들판의 식물처럼 스스로 자라나는 것"이라고 보는 역사법학파의 낭만주의적인 입장에 대하여 이의를 제기하였다. 그러면서 예링은 "법은 사회의 목적에 대한 수단이다. 권리는 개인의 목적에 대한 수단이다. 우리들이 법을 이해하려면 모든 법규의 사회적 목적을 고찰할 것이 필요하다. 권리를 이해하려면 권리의 모든 경우 사적 목적의 고찰을 필요로 한다. 사회적 견지에서 보면 사적 목적은 사회적 목적을 확보하기 위한 수단에 지나지 않는다"고 보면서, 권리는 법률상 보호된 이익으로 이해하였다.

『권리를 위한 투쟁』에서 그는 "법의 목적을 평화이며, 그 수단을 투쟁"임을 선언하면서,[1] 또 하나의 표어로서 "당신은 투쟁하는 가운데 스스로의 권리를 찾아야 한다"고 주장하였다. 평화를 유지하기 위해 제정된 법을 부당하게 침해하는 현상은 세상이 존속하는 한 계속될 수밖에 없다.

---

1   루돌프 폰 예링 저, 윤철홍 역, 『권리를 위한 투쟁』, 책사상, 2007, 37면.

따라서 이러한 침해가 계속되는 한 투쟁은 중단되지 않고 계속되어야만 한다. 법의 생명은 투쟁이다. 즉, 민족들과 국가 권력, 계층들과 개인들과의 투쟁이다. 법이나 권리가 부당하게 침해당했을 때 적법한 투쟁을 통해 권리나 법을 보존해야 한다는 것이 '권리를 위한 투쟁'의 핵심사상이라고 볼 수 있다.

그는 "모든 법은 투쟁을 통해 쟁취되는 것이지 거저 주어지는 것이 아니다"라고 하면서, "중요한 것은 모든 법규들은 무엇보다도 법규에 대항하는 자들의 손으로부터 빼앗은 것이고, 또한 개인의 권리이든 민족의 권리이든 그냥 쉽게 보장되는 것이 아니라고 하면서, 권리를 주장하기 위해서는 계속적으로 준비해야만 한다"고 주장하였다.[2] 그는 법의 다른 모습으로 한손에는 권리를 재는 저울을 들고, 또 다른 손에는 권리를 집행하는 검을 쥐고 있는 '정의의 여신'에 대하여, 저울과 검을 동시에 보유할 때에만 법이 제대로 준수된다고 하면서, 법은 검을 휘두를 수 있는 힘을 갖고 있는 한편 저울을 사용할 수 있는 방법을 알고, 검과 저울을 조화롭고도 균형 있게 사용할 때라야 비로소 완전한 법률 상태가 사회를 지배하게 될 것이라고 주장하였다.[3]

그는 이 책에서 "법은 단순한 사상 차원이 아닌 생동하는 힘"으로 이해하고 있는데, 이 책 서문에서 책 출간 목적을 밝힘에 있어, "이론적인 면보다 실제적인 면을, 법의 학문적인 인식보다는 법감정을 주장하는 용감하고 확고부동한 태도를 촉구하기 위해서"라고 밝히고 있다.[4]

---

2   윤철홍, "예링의 법사상", 「법철학연구」 제10권 제1호, 한국법철학회, 2007, 124면.
3   루돌프 폰 예링 저, 윤철홍 역, 『권리를 위한 투쟁』, 책사상, 2007, 37면.
4   루돌프 폰 예링 저, 윤철홍 역, 『권리를 위한 투쟁』, 책사상, 2007, 17면.

2. 권리의 투쟁

예링이 자신의 저서에서 말하고 있는 투쟁을 강조하고 있는데, 우선 불법적인 권리 침해에 대한 적법한 투쟁을 의미한다. 거리의 구호처럼 힘이 넘치는 주장으로 볼 수 있다. 하지만 권리를 위한 투쟁을 독려하는 것은 소송을 즐기라는 의미로 이해되어서는 아니 된다. 여기서 투쟁은 권리자의 인격 그 자체와 인격적 법감정을 옹호하려는 이상적 목적을 달성하자는 의미로 이해되어야 한다. 그러므로 이러한 권리를 위한 투쟁에서 도피하는 것은 인간으로서 부담해야 할 의무를 위반하는 것이 된다. 법이 존립하기 위해서는 불법에 대한 용감한 저항을 필요로 하는 것이다. 이를 위해 그는 중요한 원칙을 하나 제시하고 있는데, 그는 "인격에 도전하는 비열한 불법, 즉 권리를 경시하거나 인격적 모욕의 성질을 지닌 형태로서의 권리 침해에 저항하는 것은 권리자 자신의 스스로에 대한 의무이다"라고 하는데,[5] 그 이유는 이것은 도덕적인 자기 보존의 명령이기 때문이라는 것이다. 그는 "만약 한 개인이 자신의 권리가 불법적으로 침해되고 있음에도 권리 위에 잠자고 있다면, 이는 자신만의 권리만이 침해되는 것이 아니라 이웃의 권리 내지 공동체의 권리까지 침해될 수 있다."고 주장한다.[6] 궁극적으로, 한 개인의 권리포기는 사회구성원으로서 사회공동체에 대한 의무를 포기하는 것이 되기 때문에, 개개인은 권리를 위해 투쟁해야 한다고 예링은 주장하는 것이다.

---

5   윤철홍, "예링의 법사상", 「법철학연구」 제10권 제1호, 한국법철학회, 2007, 125면.
6   윤철홍, "예링의 법사상", 「법철학연구」 제10권 제1호, 한국법철학회, 2007, 125면.

3. 용서받지 못하는 대죄

법이 받아야 할 진정한 대죄(Todessuede)는 사법살인(Justizmord)이라고 예링은 보았다. 그는 법관의 중요성을 강조하고 있다. 인간이 참아야 하는 어떤 불법도, 그것이 아무리 중요하다고 해도 신에 의하여 임명된 관리 스스로가 법을 파괴함으로써 범하는 불법보다는 크지 않다고 보았다. 즉, 그는 법률의 수호자와 파수꾼이 법률의 살인자로 변하는 상황이 인간에게 용서받지 못할 대죄(Todessüde)라고 본 것이다.

어떠한 것을 그 근거로 들 수 있을까에 대하여는 무엇보다도 권력에 복종한 판사들의 사례에서 찾아볼 수 있을 것이다. 그 대표적인 예로 이른바 '인혁당 사건'을 들 수 있는데, 1960~1970년대 중앙정보부가 "국가변란을 목적으로 북한의 지령을 받는 지하조직을 결성했다"고 발표하였는데, 다수의 혁신계 인사와 언론인, 교수, 학생 등이 검거된 사건이 바로 '인혁당 사건'이다. 2007년과 2008년 사법부의 재심에서 관련자 전원에게 무죄가 선고된 바 있다. 이를 좀 더 자세히 살펴보자.

4. 대죄의 사례로서 인혁당 사건

1) 제1차 인혁당 사건

1961년 5·16 군사정변으로 정권을 잡은 박정희 전 대통령의 한일협정 체결에 반대하는 학생 시위가 거세지자 1964년 6월 비상계엄령을 선포하고 대대적인 검거령을 내렸다. 같은해 8월 14일 중앙정보부는 북한의 지령을 받아 대규모 지하조직인 인민혁명당을 조직해 국가 변란을 기도했다며, 혁신계 인사와 언론인·교수·학생 등 41명을 검거하고 16명을 수배하였다. 당시 중앙정보부는 "인민혁명당은 대한민국을 전복하라는 북한의 노선에 따라 움직이는 반국가단체로 각계각층의 인사들을 포섭, 당 조직을 확장하려다가 발각되어 체포된 것"이라는 수사 결과를 발표했다.

사건 피의자들은 8월 17일 검찰에 송치되었고, 서울지방검찰청 공안부에서 사건의 기소를 담당했다. 하지만 증거가 충분치 않을 뿐 아니라 중앙정보부의 조사 과정에서 고문과 가혹행위로 사건의 실체가 과장되었다는 사실이 밝혀지면서 기소 과정에서 일선 검사들과 검찰 고위층 사이에 갈등이 빚어졌다. 그래서 이용훈 부장검사 등 담당검사 4명이 모두 공소 유지 불가능을 이유로 기소를 거부했으며, 그 가운데 3명은 사표를 내기도 하였다. 결국 서울고등검찰청에서 재조사가 이루어져 57명의 구속·수배자 가운데 13명만 기소되었는데, 적용 혐의도 '반국가단체 결성'에 관한 국가보안법 위반에서 '반국가단체 찬양·고무·동조'에 관한 반공법 4조 1항 위반으로 바뀌었다.

1965년 1월 20일 서울지방법원에서 1차 인민혁명당 사건의 1심 선고 공판이 열렸는데, 13명 가운데 2명만 징역 3년과 징역 2년을 선고받고 나머지 11명은 무죄를 선고받았다. 하지만 그해 5월 29일 서울고등법원에서 열린 2심 재판은 피고인 전원에게 유죄를 선고하여 6명에게 징역 1년, 나머지에게 징역 1년에 집행유예 3년을 선고했다. 그리고 그해 9월 21일에 대법원은 2심 재판의 형량을 확정했다.

2) 제2차 인혁당 사건(인민혁명당 재건위 사건)

1974년 4월 민청학련 사건이 발생하면서, 1964년 1차 인혁당 사건 관련자들을 구금하여 다시 수사하였다. 5월 27일 비상보통군법회의 검찰부는 민청학련 사건과 관련해 추가 발표를 하면서 인혁당 재건위가 민청학련을 배후에서 조종했다고 발표하며, 도예종·여정남 등 23명에 대해서는 내란 예비와 음모 등의 혐의를 추가하여 기소하였다.

1974년 7월 11일에 열린 비상보통군법회의 선고공판에서 재판부는 7월 8일 군 검찰부가 구형한 그대로 인혁당 재건위 사건 관련자 23명 가운데 8명에게 사형, 7명에게는 무기징역, 나머지에 대해서는 징역 20년을 선고하였다. 그해 9월 7일에 열린 비상고등군법회의 선고공판에서도 8명에게는 사형, 7명에게는 무기징역이 선고되었으며, 4명에게는 징역 20년, 나머지 4명에게는 징역 15년이 선고되었다. 그리고 1975년 4월 8일, 대법원 전원합의체는 상고를 기각하여 이들의 형량을 확정하였다.

대법원에서 상고가 기각되어 판결이 확정된 지 18시간밖에 지나지 않은 1975년 4월 9일, 8명에 대한 사형이 서울구치소에서 집행되었다. 당시 이들의 선고통지서가 대법원의 확정 판결이 있기 전에 군 검찰에 접수되었으며, 서울구치소에서도 선고통지서가 도착하기도 전에 사형을 집행했다는 정황이 문서로 드러났다.

국제엠네스티는 다음날인 4월 10일에 이들에 대한 사형 집행에 항의하는 성명을 발표했다. 그리고 스위스에 본부를 두고 있는 국제법학자회(International Commission of Jurists)도 이들에 대한 사형 집행이 '사법 살인'이라며, 사형이 집행된 1975년 4월 9일을 '사법 암흑의 날'로 선포했다.

군사정권 시대에 국가의 폭력으로 발생한 의문사 사건들을 밝히기 위해 2000년 10월에 대통령 직속기구로 구성된 의문사진상규명위원회는 이 사건에 대한 재조사에 착수해 2002년 9월 인혁당 사건이 고문에 의해 과장·조작된 것이라고 밝혔다. 그리고 그해 12월 인혁당 재건위 사건의 피해자들과 유족들은 서울중앙지법에 이 사건의 재심을 청구하였다. 재심은 2005년 12월에 시작되었고, 2007년 1월 23일 서울중앙지법은 사건에 연루되어 사형이 집행된 8명에 대해 무죄를 선고하였다. 그리고 2008년 1월 23일과 9월 18일에는 징역형을 선고받았던 나머지 사람들에 대해서도 무죄가 선고되었고, 검찰이 항소하지 않아 무죄가 확정 판결이 되었다.

3) 대죄의 발생 요인

예링은 사법살인을 용서받지 못하는 대죄(Todessünde)라 하였는데, 그것이 발생하는 근거에 대하여는 다음과 같이 설명할 수 있다.

예링은 "법은 모든 사회발전의 단계에서 그것에 적합한 것을 발견하기 위해 행해지는 목적과 타산의 산물"이라고 보았다. 즉, 역사법학파가 법을 민족의 법적 확신 또는 법적 감정의 발현이라고 본 입장에 반발한 것이다. 그는 "법률의 역사는 인간사회의 존립조건의 실현에 관한 인간의 사상사"라고 하면서, "이 세상에서 모든 법률은 만들어진 것"이라고 보았다.[7] 이렇게 제정된 모든 법과 그에 의해 보호된 권리는 역사적으로 그 기초를 권력에 두고 있다고 한다. 즉, 법과 권리는 권력의 정략이므로, 법은 그 시초에서는 권력의 시녀이었다고 본 것이다. 그러나 권력이 그 명령을 법으로 선언할 것을 요구하는 순간, 권력은 정의에 대하여 그 창을 연다. 그리고 법의 권력에 대한 반작용이 일어난다. 왜냐하면 법은 떨어질 수 없는 벗으로서 질서와 평등을 수반하기 때문이라고 한다.[8]

오늘날 법률과 국가를 한번 생각해보자. 법률은 통상 국가에 의해서 확립된다. 그러나 귄가권력이 어떤 규범을 선언했다고 해서 그것이 바로

---

7   윤철홍, "예링의 법사상", 「법철학연구」 제10권 제1호, 한국법철학회, 2007, 132면.
8   윤철홍, "예링의 법사상", 「법철학연구」 제10권 제1호, 한국법철학회, 2007, 132면.

법률규범으로서 성질을 갖추는 것은 아니다. 국가가 그 외부적 강제에 의해서, 그 규범의 실현을 국가의 기관에 강제한다고 하는 사정이 그렇게 만드는 것이다. 따라서 국가의 강제를 배경으로 하는 규범만이 법이라고 부를 수 있다. 그러한 강제기능을 국가에 의해서 갖추어진 규범만이 법률규범인 것이다. 이를 달리 말하면, 국가만이 법의 유일한 원천인 것이 된다. 국가에 의해서 실시되는 강제는 법의 절대적 기준이다. 법적 강제가 없는 법규는 자가당착이 된다. 그런데 국가에서 법은 처음부터 힘에 의한 지배를 알고 있다. 그러나 법은 오직 국가의 내부에서만 그 목적을 달성했다.”

III. 이익법학과 헤크

1. 등장 배경

법의 해석에서 이익의 개념을 중요시하여야 한다는 입장에 선 법학적인 사조가 바로 이익법학이다(Interessenjurisprudenz, 利益法學). 20세기 초에 독일 튀빙겐대학을 중심으로 생긴 학파이다. 자유법운동의 한 전환이 된 것으로서 광의의 목적법학에 속하나, 이익법학자들은 자기들과 자유법론자를 구별한다. 이익법학은 벤담의 영향을 받아 예링, 헤크 등이 제창하였다. 실제로 이익법학은 개념법학을 비판하면서 등장한다. 즉, 근대에 들어와 자본주의의 융성은 새로운 사회질서를 창설하고 있음에도 불구하고, 개념법학은 사회의 변화에 적용하지 못하는 형식논리 및 개념숭배에 빠져 있다는 점을 비판하면서 이익법학이 등장하게 된 것이다.[9] 이

---

9   구모영, 『법철학강의』, 도서출판 전망, 2008, 259면 이하.

익법학자로는 헥크(Philipp. Heck, 1858~1943), 뤼멜른(M. Rümeln), 엘쯔바흐(R. M. Erzbach), 슈톨(H. Stoll) 등을 들 수 있는데, 이 가운데 핵심적인 인물은 헥크이다.

2. 주요 논거

이익법학은 이익이라는 개념을 법해석론과 그 방법론의 중추에 두고 적극적인 법해석론을 수립하는 것으로, 자유법론이 '감정법학으로 빠질 위험'이 있다거나 또는 법률의 연화현상을 가져온다는 비판을 극복하기 위한 이론이기도 하다. 따라서 이익법학은 '법률에의 충성'을 자연스럽게 강조하게 된다. 즉, 이익법학의 주된 논거로는 첫째, 법해석과 법의 흠결에 관한 것이다. 종래의 개념법학은 법해석의 방법으로 사건을 법규에 포섭하고 '개념에 의한 계산'에 의해서 형식논리적으로 판결을 얻으려 한다. 여기서는 법체계의 완전충족성에 대한 신앙을 갖고 있으며, 때로는 실제로 존재하는 법규의 흠결에 대해서는 '체계로부터의 해석', '질서개념의 구성에 의한 흠결보충' 방법에 의존하게 된다.[10] 이를 해석론적으로 보면 확장해석이나 유추해석을 통하여 해결하려는 것으로 볼 수 있다. 그러나 이러한 형식논리적 사용은 규범의 발견에 있어 생활관계를 고려하지 않은 것이다.

이익법학은 이와 달리 적극적으로 이익교량을 통하여 사회의 요구에 응하려는 것으로, 결국 이는 법질서는 사회에서 야기되는 이익충돌의 해결에 그 목적을 둔 것으로, 이러한 법률은 이익조정의 목적뿐만 아니라,

---

10   Heck, Begriffbildung und Interessenjurisprudenz, 1932, S. 93 f.

법률 그 자체가 '이익의 소산(Interessenprodukt)'이라는 점을 전제로 한다. 따라서 이익법학의 경우 법학의 과제는 법률과 생활질서의 연구를 통하여, 목적에 적합한 판결을 할 수 있도록 준비함으로써 법관의 직무를 용이하도록 하려는 것이다.

둘째, 법관의 임무와 그 재량의 한계에 관한 것이다. 이익법학은 개념법학이나 자유법학과는 다른 점이 있다. 법관이 마치 자동기계처럼 법규를 적용하려는 개념법학이나 법규로부터 무제약적인 해방을 주장하는 자유법학과는 다른 관점을 가지고 있다. 헤크는 "법관의 임무는 법률개념에의 논리적 포섭작용에 한정되는 것은 아니다. 그는 나아가서 입법자가 시야에 포착한 제이익의 상황을 탐구하지 않으면 아니된다. 그에게 요구되는 것은 맹목적이거나 절대적인 복종이 아니라 '사려깊은 복종(denkbarer Gehorsam)'인 탐구적 복종이다. 그것은 단순한 논리적 적용이 아니고, 가치평가를 법률의 의미와 정신을 고려한 재판을 의미한다"고 하였다.[11]

이 경우 법관의 일방적인 주관에 의하여 재판하는 것이 아니라, 객관적일 것을 전제로 한다. 그러므로 헥크는 "법관은 모든 규범과 가치이념을 편파됨이 없이 고려해야 한다. 그는 개별적인 사건을 재판하는 것이지만, 재판은 전법질서의 적용하에 행하여지지 않으면 안 된다" 또한 "법관은 재판의 타당성을 측정하는 기준을, 무엇보다도 법률의 형식으로 표현된 법공동체의 가치판단에서 얻지 않으면 안 된다"고 하였다.[12]

---

11   Heck, Begriffsbildung und Interessenjurisprudenz, 1932, S. 106 f.
12   Heck, Begriffsbildung und Interessenjurisprudenz, 1932, S. 107.

3. 자유법학과의 차이

이익법학은 법률의 존중을 강조하고 있다는 점에서 볼 때, '법률에 대한 충성원칙'은 지켜져야 함을 전제하고 있다. 이는 법해석의 창조성과 법적 안정성과의 방법적 조화를 시도한 것으로 평가할 수 있다.

이익법학은 자유법학과 개념법학을 비판하면서 등장하고 있다는 점에서 그 등장배경에 있어서는 같이 하지만, 양자는 근본적인 차이점이 있다. 자유법학은 법규의 흠결을 원칙으로 생각하고 이를 법관에 의하여 자유롭게 보충할 수 있다고 보지만, 이러한 태도는 지나치게 법해석론의 확대하는 문제점을 지적하면서, 제정법의 충실을 강조하고 법규의 해석에 있어 사회이익의 조정을 통하여 해명하려는 것이 이익법학이라는 점에서, 개념법학은 물론 자유법학과도 구별된다.

IV. 자유법학과 칸트로비츠

1. 개념법학에 대한 비판

19세기 말부터 20세기 초에 들어오면서 자본주의 발달은 사회를 급격하게 변화시켰다. 종래부터 주류를 이루고 있었던 법해석학인 개념법학은 이러한 급격한 사회변혁에 탄력적으로 대처할 수 없다는 지적이 제기되었다.[13] 개념법학의 불합리한 점을 타파하기 위하여 등장한 것이 자유법론이며 자유법운동이다. 자유법론자의 대표적인 자는 「법학을 위한 투쟁(Der Kampf um die Rechtswissenschaft)」이라는 논문을 발표한 칸트로비

---

13   구모영, 『법철학강의』, 도서출판 전망, 2008, 263면 이하.

츠(Kantrowich, 1877~1940)이다.

자유법론자들은 개념법학의 문제점을 비판하면서 등장한다. 즉 "학문이 그 대상의 개념을 확정하는 것을 단념한다면, 학문의 가치가 없게 될 것이다"라고 주장하는 개념법학의 대표자인 빈트샤이트의 주장에 이의를 제기하고 있다. 빈트샤이트는 "학문이 되기 위해서는 분산되어 있는 것을 집합하고, 본질적이 아닌 것을 제거하여 개념을 구성하고 그 기초 위에 학문의 체계를 구성해야 한다. 이와 같은 개념을 갖지 않는 자에게는 학문의 가르침은 열리지 않는 책과 같이 될 것이 뻔하다"고 하였다.[14] 이러한 주장에 대하여 자유법론자들은 "제정법은 고정적인데 대하여 현실이 사회생활은 끊임없이 변천하는 것이다. 따라서 부단히 진전하는 사회생활을 올바르게 규율하기 위해서는 해석에 의하여 고정적인 제정법에 부단한 발전성을 부여하지 않으면 아니된다"고 하였다. 그러므로 자유법론자들은 개념법학이 법규를 금과옥조로 보고, 그 추론적인 '개념의 왕국'에 안주하여, 법 본래의 탄력적인 기능을 상실시킨 것에 대하여 강력한 공격을 가했던 것이다.

2. 법의 탄력성 인정

칸트로비츠는 『법학을 위한 투쟁』에서 "어떤 법률사건에 적용될 법개념이 모두 윤곽이 애매한 개념이 아니고 명확한 개념적 핵심을 갖춘 것이란 일어날 수 없는 하나의 우연에 불과하며, … 법률은 자유법(freie Recht)에 의해서, 자기완결적인 것으로 되지 않으면 안 되고, 그 흠결은 충전되

---

14 Windscheid, Die Aufgabe der Rechtswissenschaft, S. 9; Ders., Recht und Rechtswissenschaft, 1854, S. 13.

지 않으면 아니 된다"고 주장함으로써 자유법론의 대표자 지위를 얻게 되었다.[15]

자유법론은 개념법학에 대한 반발로 등장한 것이며, 단적으로 말하면 개념법학을 타도하기 위한 것이었다. 즉, 자유법론은 실정법의 완전성과 자족성을 믿는 형식논리적인 개념법학의 결점을 공격하고 현실의 법생활 속에 '살아 있는 법'의 탐구와 법관의 법창조적인 기능을 강조하였다. 자유법학은 '법의 탄력성'을 인정하여 유동, 발전하는 법현실에 적합한 법해석론을 확립하였다는 점, 법사회학에로의 전기가 되었다는 점에 높은 평가를 부여할 수 있을 것이다.

3. 한계점

자유법학 역시 한계점을 가지고 있다. 법발견 과정에서 법률에 대한 지나친 과소평가라는 문제점을 가지고 있으며, 지나치게 개념법학을 경계하면서 실정법 개념으로부터 벗어나려고 하는 경우, 결국 법적 안정성의 침해, 법학상의 주관주의, 감정법학으로 빠질 수 있는 위험성 및 사법적 재량권을 지나치게 확정한다는 점은 비판을 면하기 어렵다고 하겠다.

---

15   Kantrowicz, Rechtswissenschaft und Soziologie, 1911, S. 5f.

PART 03

중국의
법 사상

Chapter 01

고대 법가사상:
법의 의미를 포함하여

I. 서론

1. 철학이란 무엇인가?

그리스어의 사랑에는 아가페와 필리아와 에로스 세 가지로 구분하여 설명할 수 있다. 아가페(agapē)는 '절대적인 사랑'으로 기독교 사랑의 하느님의 인류에 대한 무조건·일방적인 사랑이다. 에로스(Eros)는 그리스 신화에서 에로스는 사랑의 신으로 알려져 있고, 로마 신화의 큐피트(Cupid) 또는 아모르(Amor)에 해당한다. 필리아(Philia)는 우애 또는 형제애를 의미한다.

철학(Philosophia)은 Philo(사랑하다, 좋아하다)의 Philia(사랑)와 Sophia(지혜)를 결합한 말로서 '知'에 대한 사랑을 의미하며, 애지(愛知)의 학문이다.[1]

---

1 『역사를 움직인 100권의 철학책』, 동아일보사에서 발간한 신동아 1998년 별책부록, 조요한, "철학이란 무엇인가", 신동아, 1984년 1월호, 13면 참조.

철학에서 '哲'은 '밝은 철'에 해당하는 것으로 무지몽매한 것을 깨우친다는 뜻이다. 척은 折(꺽을 절)이 들어가 있다. 이는 析(쪼갤 석)과 뜻이 유사하다. '연구하고 분석해서 밝힌다'는 뜻을 함축하고 있다.

2. 법학이란 무엇인가?

"사회가 있는 곳에 법이 있다"는 말이 있다. 사람이 모여 사는 곳에는 분쟁이 발생한다.[2] 이러한 분쟁을 해결하는 방안으로는 도덕과 관습이 있지만, 이러한 방안이 현실적이지 않을 수 있다. 이때 등장하는 것이 바로 법이다. 법은 이러한 분쟁을 해결하기 위하여 생긴 것이다. 그러므로 법학은 법적 분쟁을 해결하는 방법을 연구하는 영역이라 하겠다.

한자어로 되어 있는 法이라는 말은 축약된 글자이고, 원래의 글자는 水(물 수)와 廌(해태 치) 그리고 去(갈 거) 등의 세 글자가 합친 것이다. 이 중 水는 수면과 같은 평평함을 의미하는 것으로 '법의 공평 또는 형평'을 뜻한다. 치(廌)는 시비선악(是非善惡)을 가리는 전설적 동물을 뜻하는

---

2   자세히는 라인홀트 치펠리우스, 『법학입문』, 삼영사, 1993, 13~15면.

것으로 법에서 정의를 상징한다. 이 영물은 묘족(苗族)에 있어서 재판을 할 때 등장하고, 재판석 앞에서 죄지은 자에게 가서 뿔로 떠받는다는 고사가 있다. 去는 악을 제거하는 응징적 요소를 뜻하는데, 법에 있어서의 강제성을 의미한다. 또한 약자(略字)인 법은 물과 같이 흘러가야 한다는 의미로 새기기도 한다. 현재 우리에게 법은 사회생활에 있어서 행위의 준칙이며 국가에 의해서 강행되는 사회규범이라고 할 수 있다.

그리스어로 법은 노모스(nomos)라고 하는데, 이는 '나누어 주다'라는 뜻의 '네모(γεμω)'에서 유래한 것이다. 나누어 갖는 것은 한정하는 것이고, 한정함으로써 자연의 상태가 인간사회의 소유물이 되고 그에 따른 관습이나 규율이 발생하게 된 것이라 할 수 있다. 라틴어로는 이우스(jus)라고 하는데, 권리 그리고 올바른 것이라는 뜻이 모두 포함되어 있어서 정의를 의미하기도 한다. 독일어의 Recht나 프랑스어의 droit도 같은 의미이다. 라틴어의 Lex와 영어의 Law는 명령이나 계율을 의미하며 오늘날 '법률'로 번역된다. 한비자가 법을 어떻게 이해하고 있는가에 대하여는 여러 견해가 있을 수 있지만, 일반적으로 "공식적으로 인정된 권력을 가진 사람이나 집단이 내린 일반적인 명령으로 그것을 어길 경우에는 처벌을 받는 사회 규범"으로 법을 정의한다.

II. 법가사상의 이해: 법철학적 관점

1. 의의

법철학이란 법의 본질과 연원 등을 탐구하는 학문 분야이다. 법철학은 철학이 취하고 있는 기초이론을 토대로 하여 법의 개념, 본질, 이념,

효력 등을 밝혀내는 동시에 법과 사회, 법과 국가의 관계에 대한 근본적인 문제를 다룬다. 결국, 법철학은 올바른 법이 무엇인지를 탐구하고 모색하는 분야로 법과 관련된 철학의 영역으로 설명할 수 있다.

주(周, 기원전 1046년~256년)는 상(商)나라를 멸망시키고 중원을 장악한 희(姬)씨를 중심 씨족으로 해 건립한 나라다. 주나라는 둘로 나뉘는데, 전반부를 서주(西周, 기원전 1046년~771년) 시기라 하고 후반부를 동주(東周, 기원전 770년~256년) 시기라고 한다. 동주는 춘추와 전국이라는 두 시기로 구분된다. 이 두 시기를 합쳐서 흔히 춘추전국(春秋戰國)시대라고 한다. 기원전 770년부터 기원전 476년까지를 춘추(春秋) 시기라고 하는 이유는 공자가 편찬한 것으로 알려진 노(魯)나라의 편년체[3] 역사책『춘추(春秋)』가 그 시기를 다루고 있기 때문이다. 반면 기원전 475년부터 기원전 221년까지를 전국(戰國) 시기라고 하는 것은 당시 유세가들의 언설이나 책략 등을 모은『전국책(戰國策)』이라는 책 이름에서 유래했다.

중국에서 인문사조의 흥기, 즉 철학이라고 하는 본격적인 '생각의 탄생'은 바로 춘추 말에서 전국 초 사이에 일어난 일이다.

2. 시대적 배경

중국 고대 제자백가시대에서 한비자는 전국시대 말 한(韓)나라의 공자로 태어났다. 한비자 살았던 한나라는 당시의 전국칠웅 가운데 국토가 가장 작고 국력 또한 약한 나라였다. 주변에는 동쪽으로 제(齊), 서쪽의 진(秦), 남쪽의 초(楚), 북쪽의 위(魏)나라와 국경을 마주하고 있어 항상

---

3 역사 기록을 연·월·일순으로 정리하는 편찬체제이다. 반면, 기년체는 역사적 사실을 연대순으로 기록하는 기술 방법을 의미한다.

주변국의 위협에 시달리고 있었다. 전국시대에는 춘추시대의 종법적(宗法的)[4] 봉건질서의 몰락으로 인하여 주나라가 제후들을 통합할 힘을 잃어 버리고 명목상 유지되는 시기에 이르게 되었다. 이 시기에 이르러 종법적 질서로 이루어졌던 사회체제는 붕괴되고, 광범위한 사회적·정치적 변화가 발생하였다.[5] 전국시대의 극심한 혼란기의 정치추세는 봉건귀족중심에서 전제군주중심으로 변화되었으며, 계급에 의한 신분질서가 붕괴되었다. 그리고 국가사회의 범위는 넓어졌으며, 조직은 날로 복잡해졌다. 따라서 인물로써 사람을 다스리던 방법의 실행은 곤란해진 것이다. 이에 각 군주들은 권력을 집중시키기 시작하였고, 이를 위해 법률을 공포하였다.[6]

법가는 위와 같은 봉건적 질서가 무너지는 시대적 상황 속에서 예(禮)와 덕(德)을 주장하는 기존의 여러 학파들과 달리 모든 구성원이 믿고 따를 법(法)으로서 나라를 다스려야 한다고 주장하였다.[7] 이들은 백성이 피폐해지고 예와 덕이 땅에 떨어진 이 시기에 백성을 먹이고 살리는 일이 우선되어야 한다고 주장하였다. 이와 같은 법가의 관점은 그들의 독특한 역사관에 기인한다. 고대 중국인들은 전통적으로 과거의 경험을 중시하는데, 이것은 농본중심사회에서 비롯되었다고 할 수 있다. 공자는 주(周) 문왕과 주공에, 묵자는 우임금, 맹자는 요·순 임금, 도가들은 복희씨와 신농씨를 논거로 제시하여 각자의 주장을 펼친바 있다. 이들 대부분은

---

4   은나라 때까지의 유지되었던 혈연을 기초로 하여 부(父)권을 강화하는 것에 제한 한 제도.
5   윤찬원, 『한비자: 덕치에서 법치로』, 살림출판사, 2005, 37면.
6   풍우란 저, 박성규 역, 『중국철학사(상)』, 까치글방, 1999, 497면 이하.
7   신주호, "한비자의 법치사상에 대한 현대적 고찰", 「경희법학」 제52권 제3호, 2017, 481면.

모두 복고적인 역사관을 가지고 있었다.[8]

법가는 이와 달리 시대의 변천에 따른 사회적 요구를 파악하고 적절히 대응해야 한다고 주장하였다.[9] 이와 같이 법가는 시대의 변화를 인정하고 새로운 대응방식을 모색하고자 하였다. 세상이 변화하면 도를 행하는 방법도 달라지지 않을 수 없다는 것으로, 변화를 인정하고 변화된 현실을 받아들여야 한다는 현실성이 법가의 가장 큰 특징이다. 한비자는 이와 같이 발전적 변화사관을 전개한다. 각각의 시대는 시대적 상황뿐만 아니라 시대적 환경과 시대적 요청 또한 다르다. 상고(上古)시대에는 사람이 적고 재화는 많아서 사람 사이에 다툼이 적었다. 그러나 오늘날에는 사람이 많고 재회는 적어 다툼이 많아지게 되었다는 것이다. 한비자는 유가나 묵가 등에서 말하는 고대의 성왕들은 단지 각각의 시대의 필요성에 따라 훌륭하게 통치한 인물들로 평가하지만, 한비자의 시대에는 그 시대에 맞는 인물들이 필요하다고 한다. 한비자는 법은 시대의 흐름에 따라 바뀌어야 하고, 정치란 현재의 긴박한 사정에 부합해야 한다고 주장한다. 이는 단순히 실용성만을 강조한 것이 아니라, 현실적 인간 이해를 바탕으로 하여 인간이 추구해야 할 방향을 제시한 것이다.[10]

3. 사상적 배경

순자는 인간의 본성에 관한 논의를 심도 있게 발전시킨 사상가이다. 전국시대 이전까지의 논의에서는 인간의 본성에 관한 논의가 그리 활발

---

8   윤찬원, 『한비자: 덕치에서 법치로』, 살림출판사, 2005, 62면 이하.
9   한비자 저, 김원중 역, 『한비자』, 휴머니스트, 2016, 15면.
10   김교빈·이현구, 『동양철학에세에 1: 혼란 속에서 피어난 철학의 향연』, 동녘, 2014, 215면.

하게 이루어지지 않고 있었다. 법가사상은 이러한 순자와 밀접하게 연관되어 있다. 유학에서 인간의 본성에 관한 논의는 맹자를 중심으로 이루어져 오면서, 순자와의 논의에서 극렬하게 대립하게 된다. 맹자의 인성론은 성선설(性善說)로, 순자는 인성론을 성악설(性惡說)로 나타난다. 한비자에 의하면 인간의 본성은 이익을 추구하고 해가 되는 것을 피하고자 한다는 점에 주목하였다. 한비자와 순자의 인간 본성에 관한 점에 있어서 동일하고, 한비자의 법과 순자의 예는 이러한 점에서 질서와 통치에 대한 관념이 동일하다는 평가할 수 있다.

순자는 예를 강조하고 도덕정치에 대한 자신감을 피력하고 있다는 점에서 유가사상으로 분류할 수 있다. 순자는 선왕(先王)이 인간들에게 차별적 신분을 정해주고 각 신분에 따라 부족한 물자를 달리 분배함으로써 인간의 무한한 욕구들을 제어하였고, 바로 그 과정에서 예를 도입하게 되었다.[11] 순자는 예의 기원을 만인의 만인에 대한 투쟁 상태와 유사한 혼란 상태를 타개하는 과정에서 찾는다. 유가사상을 승계하는 것으로 자임하고 있었음에도 불구하고, 순자의 사상은 유가와 다른 방향을 지향한다. 순자는 특별히 예를 중시하는데, 그 이유는 첫째, 그는 철저하게 경험주의적 성격을 지니고 있기 때문에 추상적인 원칙을 말하려 하지 않고 구체적 제도나 방법을 즐겨 말하였다.[12] 예는 인격의 수양이나 국가의 통치, 그리고 자연사물을 처리하는 데에 있어서 가장 중요한 준칙이 된다. 순자는 전국말기 혼란 시대에 태어나서 그 시대를 바로 예론을 제시하면서 그 실행할 방법을 강구하였다. 순자는 예를 실행하는 방법으로는 자발

---

11   김도일, "상앙(상앙)의 법(법)과 힘", 「법철학연구」 제20권 제1호, 2017, 247면.
12   조준하, "순자의 인성관과 예론", 「유학연구」 제3집, 1995, 15면.

적인 방법과 강제적인 방법으로 구분한다. 전자는 교육을 통하여 자신도 알지 못하는 사이에 점차로 개과천선하여 가도록 하는 방법이고, 후자는 상과 벌을 분명히 하여 선은 상으로 권장하고 악은 벌로써 징계하면서 예를 실행하도록 하는 방법이다. 그러나 순자가 법치를 완전히 부정한 것으로 볼 수는 없다는 주장도 있다.[13] 예는 보편적 상황에 적용할 수 있는 구체화 되어 있지는 않으나, 법의 상위개념으로서 법과의 관계를 고찰해야만 성립하는 개념이다. 법은 무엇보다도 강제력에 의해 뒷받침을 받는 규범을 제시하는 명령에 해당한다. 이렇게 본다면 순자에서 있어서 예는 도덕적 내용 이외의 강제성을 동반한 개념으로 이해될 수 있고, 이는 공자의 예와는 강제력의 성격을 갖는 법을 포함하는 넓은 개념의 사회제도와 규범으로 평가할 수 있다고 할 것이다.

순자가 이해한 법은 예를 기초로 하여 제정된다. 순자는 "성인은 인간의 본성을 변화시켜 인위를 일으켰다. 인위를 일으켜 예의를 만들어냈다. 예의가 만들어지니 법도가 제정되었다. 그러니 예의와 법도라는 것은 성인이 만든 것이다"라고 하는데, 여기서 법도는 다양한 사회적 구분에 따른 질서와 도덕적 규범 체계인 예의가 시행되는 연장선상에서 도입된다. 상앙은 도덕적 규범 체계를 폐기하고 법으로 완전히 대체할 것을 주장하나, 순자는 오히려 법이 예의와 같은 도덕적 규범 체계 안에서 구성되어야 한다고 주장한다. 법의 기초를 달리 보는 것이다. 이런 면에서 본다면 순자는 예가 없이는 법은 성립될 수 없는 것으로 볼 수 있다. 또한 순자의 법은 예의를 보조하는 수단으로, 도덕규범을 보완하는 기능만을 담당하

---

13   신주호, "한비자의 법치사상에 대한 현대적 고찰", 「경희법학」 제52권 제3호, 2017, 483면.

게 된다.[14] 즉, 순자는 나라의 예악이 완전히 정비되면 군주가 상벌 없이 도덕적 위엄으로써 백성들을 복종시킬 수 있다고 한다. 나중에 상앙과 비교 검토해볼 수 있겠지만, 순자의 법에 대한 이해는 상앙과 확연히 다른 면이 있다. 순자는 법의 기원 자체를 예에 둠으로써 법은 예에 대한 보조적 역할만을 지니게 된다.[15] 그러므로 순자의 입장에서 형벌은 어디까지나 예의에 기초한 정치사회를 구현하는 데 있어 보조적 기능을 담당하기 때문에 예의에 의거하여 규제될 수밖에 없다. 그러나 법이 예의에 근거로 두고 있다고 시행된다고 할지라도 형벌을 골간으로 하는 이상 여전히 힘에 기초하는 것은 부정할 수 없다고 할 것이다. 순자는 예의 기원을 혼란, 공멸의 방지에 둔다. 상앙이 법을 도입하는 바로 그 지점에서 예를 도입한다. 순자는 도덕적 규범에 근거한 정치사회적 질서를 확립함으로써 그 최악의 상황을 방지할 수 있다고 본 반면에 상앙은 모두가 망하는 최악의 상황을 피하기 위해서는 일인이 상벌을 통해 질서를 잡는 독제가 불가피하다고 본 것이다.

III. 전기 법가사상

1. 자산

중국에서 최초의 성문법은 정(鄭)나라 재상 자산(子産, 기원전 ?~522)

---

14 김도일, "상앙(상앙)의 법(법)과 힘", 「법철학연구」 제20권 제1호, 2017, 258면.
15 순자와 상앙의 차이에 대하여는 김도일, "권세(권세)로 누른다는 것은 어떠한 의미에서 부도덕한가? 순자(순자)의 관점에서", 「철학논집」 제32집, 서강대학교 철학연구소, 2013, 123면 이하.

이 주조하여 공포한 형서였다. 자산은 춘추말기에 활동하였는데, 정(鄭)나라 목공(穆公)의 후손으로 어린 시절부터 천문과 역법에 능하였으며 당대의 복잡하였던 국제정세에 통달하였다. 정나라 재상이 되어서는 내정과 외치에 훌륭한 치적을 이루어 춘추시대를 대표하는 현인 재상 가운데 한 사람에 해당한다.[16] 과감한 개혁정책을 추진한 자산은 성문법인 '형서(刑書)'를 제정·공포하였다. 이 형서는 세발 달린 청동제의 큰 솥에 형법의 조문을 새겨서 공포한 것인데, 이것이 중국에서 최초의 성문법이었다고 할 수 있는 형서의 주조이다. 자산은 양공 30년에 농지구획정리를 시행하고 소공 4년에 구부제(九賦制: 토지제도)를 실시하였으며 최후로 성문법을 제정하여 공포하고 법치를 시행한 것이다. 농지구획정리 작업을 통한 농업생산력의 향상과 경제발전, 구부제 실시를 통한 군사비 확보, 상인에 대한 조세 부과 등의 여러 정책은 귀족계급을 포함한 일반 서민계층까지도 강력한 반대를 야기한 강력한 혁신적 정책으로 볼 수 있다. 이 같은 개혁정책의 추진은 종래의 관습과 서약 등에 토대를 둔 예치(禮治)로서는 불가능하였으므로 자산은 강력한 국가의 힘을 배경으로 강제적 구속력과 집행력을 가진 법률 제정하여 강행할 수밖에 없었던 것으로 평가할 수 있을 것이다. 다만, 이 형서는 전해지지 않고 있으므로 그 내용을 자세히 알 수 없고, 제정 이유나 목적 등을 알 수 없다는 점에서 간접적인 문헌을 통해 추측 가능한 것이다.

---

16 이춘식, 『춘추전국시대의 법치사상과 세(勢)·술(術)』, 아카넷, 2001, 63면.

2. 이회

전국초기에 경제와 사회정책을 개발하고 법치를 시행하여 부국강병을 이룩하면서 중국에서 최초의 법전을 편찬하여 법전의 효시를 이루었던 사람은 바로 전국시대 초기의 이회(李悝, 기원전 455?~395?)이다. 이회는 혁신적이고 합리적인 경제정책을 개발하여 실시하였을 뿐만 아니라 당시의 급변하는 시대적 추세, 사회계층의 변화 그리고 예치의 한계를 통감하고 여기에 상응하는 새로운 정치를 시도하였는데, 그것은 법치의 채용이었다. 정나라에서는 이미 형서(刑書)의 성문법이 제정되어 법치가 시행되고 등석이 죽형(竹刑)을 제정하고 진(晉)나라에서는 형정(刑鼎)을 주조한 법치를 시행하고 있었다. 이 같은 시대적 추세를 감안한 이회는 각국의 법률을 종합 정리하여 이자(李子) 32편을 편찬하였다. 이 이자(李子) 32편은 오늘날 전해지지 않고 그 가운데 법경(法經) 6편만이 전해지고 있고, 그 내용을 보면 도적에 관한 법률인 도법(盜法), 사기에 관한 법령인 적법(賊法), 죄인의 수감에 관한 법률인 수법(囚法), 법인의 체포에 관한 법률인 포법(捕法), 여러 가지 잡다한 법률인 잡법(雜法), 도법이나 적법 및 수법 등의 법을 적용하는 데 범인의 정상과 특수 사항을 참작하여 형벌을 가감했던 법률인 구법(具法)으로 되어 있으나 자세한 내용은 전해지지 않고 있다.

IV. 후기 법가사상

1. 상앙

상앙(商鞅, 기원전 ?~338)은 위앙(衛鞅) 또는 공손앙(公孫鞅)이라고 하였는데, 원래는 위나라 공자 중의 한 사람이었다. 상앙은 진(晉)나라 효공

때 변법과 개혁을 시행한 인물로서 백성들의 신뢰와 신용을 획득한 후 새 법령을 발표한 후 개혁을 추진하였다. 순자가 예의 기원을 만인의 만인에 대한 투쟁상태와 유사한 혼란상태를 타개하는 과정에서 찾는 것과 마찬가지로 상앙 역시 순자와 유사한 방식으로 자신의 정치 사회적 원리를 제시하고, 그것을 타개하는 과정 속에서 법치의 기원을 제시한다.[17]

상앙은 역사의 진행을 상고시대에서 중고시대를 거쳐 근고시대라고 하는 세 가지 다른 정치사회 원리들이 도입되었다가 대체되는 과정으로 이해한다. 상고시대에는 친족을 친히 대하는 친친(親親)이 도입되었고, 중고시대에는 현명한 자를 높이는 상현(上賢)이 도입되었으나, 이 둘 모두 내부적 모순에 인하여 혼란을 야기하였다고 한다. 역사는 그다음 발전단계로 갈 수밖에 없는데, 그다음 단계인 근고시대에는 필연적으로 귀귀(貴貴), 즉 금지령을 시행하는 절대적인 군주를 귀히 여기게 되었다는 것이다. 상앙이 상고시대에 중고시대에 배치시킨 원리들은 유가의 것이다. 순자 역시 그 활동 연대가 상앙보다 늦지만 이러한 유가적 원리들은 상앙 시대에 통용되던 것들이다. 하지만 상고시대와 중고시대의 것들은 역사 발전 과정에서 낙후된 것이자 없어져야 할 과거의 잔재로 낙인찍으면서 역사의 필연적 발전과정의 끝머리에 자신의 법사상을 배치하고자 한 것이다.[18] 상앙은 덕을 앞세우는 유가사상을 옛것으로 치부하고, 근고시대에는 형벌을 골간으로 한 법의 정치가 확립되어야 할 것이라고 하며, 강제력 동원만이 가능한 강력한 군주를 통하여 사회적 혼란을 타개한다고

---

17   김도일, "상앙(商鞅)의 법(법)과 힘", 「법철학연구」 제20권 제1호, 2017, 248면.

18   조천수, "상앙의 변법개혁과 법치사상", 「법철학연구」 제7권 제2호, 한국법철학회, 2004, 209면 이하; 이재룡, "인시제의와 법가적 법치", 「법철학연구」 제2권, 한국법철학회, 1999, 297면 이하.

보았다. 맹자는 덕과 힘의 대비를 통하여 왕도와 패도의 차이를 설명한다. 왕도란 유가적 원리를 구현하는 통치이고, 패도는 비유가적 혹은 반유가적 원리를 통한 통치를 말한다. 왕도의 핵심은 통치자의 덕에 있고 맹자는 타인을 진심으로 심복시킬 수 있는 길은 오로지 덕밖에 없기 때문에, 통치는 덕을 기초로 해야 한다고 주장한다.[19] 하지만 상앙은 진나라 효공에게 왕도를 버리고 패도로써 정치할 것을 유세한다. 맹자의 왕도정치에 정확히 대립각을 세운 것이 바로 상앙의 패도정치라 할 것이다. 상앙은 군주는 백성을 강제로 동원하여 농업 생산력을 증가시키고 전쟁 능력을 강화해야 한다고 주장하면서, 전투에 백성들을 동원하기 위한 수단이 바로 상과 벌이라고 하는 강제력을 사용할 것을 종용한다. 유가들이 말하는 공리공담이나 언설이라고 하는 도덕에 대한 담론들은 강국을 건설하는 데에 아무런 쓸모가 없다고 하면서, 강제를 통하여 동원된 군사력은 단순히 자위의 차원에 그치지 않고 타국을 힘으로 정복해야 한다고 주장한다. 바로 이러한 힘에서 시작해서 힘으로 끝나는 패도의 정치의 기초가 바로 법이라고 상앙은 주장하는 것이다. 상앙의 법치 아래서 백성들은 법이 정하는 상과 벌을 통해서만 이득을 얻거나 손해를 받게 된다. 이에 길들여진 백성들은 법을 잘 따름으로써 자신의 이익을 추구할 수 있고, 결과적으로 자신의 욕구를 충족시키는 유일한 수단으로 법을 인식하게 될 것이라고 한다.

19　왕도정치에 대하여는 안외순, "맹자의 왕도정치론-조화로운 공존의 정치사상", 「동방학」 제8권, 한서대학교 동양고전연구소, 2002, 225면 이하.

2. 신도

『사기』「맹자순경열전(孟子荀卿列傳)」에 의하면 신도(愼道: 기원전 390∼315)는 조(趙)나라 출신으로 대개 맹자와 거의 같은 시기에 활동하였던 것으로 알려진다. 한때 황노(黃老) 도학(道學)사상에 심취하였다는 기록이 있고, 제(齊) 선왕(宣王) 때부터 민왕(愍王) 때에 걸쳐서 직하에 오랫동안 유학하였으며 그의 고명한 학식으로 인해 상대부(上大夫) 대우를 받았으며 제나라에 법가사상을 전파하는 데 큰 영향을 끼친 것으로 되어 있다. 신도는 현실 정치에 직접 참여하지는 않고 이론적 연구와 토론에만 몰두한 학자였다. 신도의 중심사상은 세치사상이다.

이 세치사상은 군주의 통치를 의미한다. 정치적 의미에서 '권력'이나 '권위'를 의미한다. 그는 "권위에 의해 세를 이용할 때 사람은 자기능력에 관계없이 타인을 제압할 수 있다"고 한다. 또한 신도는 군주를 높이고 군주를 존경하는 '상군론', '존군론'을 제시하고 이를 기반으로 세치를 주장하였다. 신도에게서 군주는 백성들과 사회가 세운 것임을 시사한다. 그런 측면에서 본다면, 서주시대나 춘추시대의 유가의 군주관은 모두 하늘이 백성들의 복리를 위해 군주를 세운 것으로 인식하고 있는 반면에 신도는 이와 달리 군주는 하늘이 세운 것이 아니라 사회의 현실적 필요에 의해서 만들어진 것 또는 백성들이 필요에 의해서 세운 것으로 인식한다. 이러한 군주관은 군주 역시 하나의 역사적, 시대적 산물임을 의미하는 것으로 판단할 수 있다. 군주의 존재는 백성들 간의 모든 분쟁을 종식하여 사회질서를 확립하고 국가의 안정과 평화를 이룩하는 데 있다. 이런 점에서 본다면 신도의 군주관은 하늘로부터 천명을 받아 통치의 정통성, 합법성, 신성성, 유일성을 확보한 천자가 하늘의 뜻으로 지상에서 실천한다는 특정신의 카리스마에 위탁한 주 왕실의 군주관이나 이 같은 통치사상과 군주관을 계승한 유가의 군주관과는 대립되는 것이고, 백성들과 사회적 현실적 요구에서 출현한 것으로 인식한 점에서 매우 현실적이고 합리적인 면을 띠고 있다고 하겠다.[20]

한편, 신도는 서주시대 주왕이 제후들과 일정한 통치권을 공유, 균분하고 간접 지배하였던 분권적 봉건제도를 배격하고, 막강한 통치권을 장악한 군주가 관료 제도를 통하여 백성들을 지배하고 국가를 통치하는 군주의 직접적 통치제도를 제시한다. 군주가 막강한 세, 즉 통치권을 장악하고 관료 제도를 통해서 통치를 해야 한다고 주장하면서 법에 의한 통치, 즉 법치를 제시한다. 신도의 법은 공정하고 공평한 법을 의미하는데, 이러한 공정하고 공평한 법을 기준으로 군주의 법치가 시행되어야 한다고 주장하였다. 종래 유가들이 주장하였던 예치나 덕치, 그리고 묵가들의 현인 정치 등을 배격하고 공정, 공평한 법을 기반으로 한 법치를 새로운 통치기량으로 제시한 것이다.

3. 신불해

사기 열전에 의하면 신불해(申不害, 기원전 395~337)는 정(鄭)나라 사람으로 한(韓)나라의 재상이 된 사람이다. 신불해는 한대 이후의 자료에는 법가로 분류되고 있으나 그 학문이나 사상적 성향은 이회, 상앙과는 상당히 다르다고 볼 수 있고, 법가보다는 술가(術家)로 보아야 한다는 주장도 있지만, 광의의 의미에서 역시 법가에 분류하는 것이 타당하다. '술'

20　이춘식, 『춘추전국시대의 법치사상과 세(勢)·술(術)』, 아카넷, 2001, 121면.

은 군주가 가슴 속에 숨겨두고 있다가 필요시에 신하들에게 비밀리에 사용하는 것으로 본다. 술치는 관료제도의 성립을 전제로 하고 있는데, 신불해는 군신관계에서 군주는 몸통이고 호령을 하며 근본을 설정하며 권력을 장악하고 있는 반면에 신하는 군주의 수족이며 산울림이고 지시를 받아 시행한다고 주장한다. 몸통과 수족의 관계가 결코 변할 수 없는 것처럼 군신 간의 관계도 절대적으로 변할 수 없는 상하 종속관계라고 하면서, 군주가 이 같은 신하나 관료들을 부리기 위해서는 강력한 권력을 장악하고 있어야 한다고 하였다. 신불해에게 있어서 술이라 함은 죽이고 살리는 권한을 장악한 군주가 신하, 관리들을 임명하고 그들에게 임무를 주어 그들의 재주와 능력을 발휘케 한 다음에 직명에 따라 그 실적을 따지는 것이라고 하였다. 이런 점에서 본다면 술은 군주가 신하와 관료들을 다루고 부리는 군술(君術)이라고 할 수 있다.

군주는 술로써 신하와 관료들을 다루고 평가하는데, 우선적으로 사물을 꿰뚫어보고 홀로 판단할 수 있는 총명을 갖추어야 하며 군주 자신의 희노애락의 감정을 내색해서는 절대 안 된다고 하였다. 군주가 원하는 바를 나타내면 신하, 관료들이 군주의 마음을 미리 알고 아부하기 때문이며, 또 군주가 싫어하는 기색을 나타내면 신하들이 곧 군주의 마음을 알아차리고 감추거나 피하기 때문이라고 한다. 군주는 자신의 개인적 감정의 표출을 철저히 차단하여 신하, 관료들에게 틈을 주지 말아야 하고, 또 이를 통하여 군주 자신의 결점과 실수도 감출 수 있어야 한다고 하였다. 이와 같이 개인적 감정의 표출을 철저히 차단한 군주는 신하와 관료들의 실적을 공정하고 정확히 평가하기 위해서 무위(無爲) 경지에 진입해야 한다고 하였다.

V. 결론: 집대성자로서 한비자

법가사상이 출현하게 된 배경은 당시의 열국이 종래 봉건국가의 조직으로는 존립할 수 없다는 것을 자각하였기 때문이다. 당시 제자백가가 출현한 것은 새로운 두뇌의 도입이 요구되었기 때문이고, 또한 인구가 많고 생존경쟁이 치열한 당시 봉건국가의 기구 자체도 새로운 시각에서 합리화 할 필요가 있었기 때문이다.[21] 당시 제자백가 가운데 잘못된 국가 운영과 타락한 도덕성을 회복하기 위한 방법을 제시하는 데 매우 적극적이었던 학파는 유가였다. 유가는 올바른 국가의 운영과 도덕성 회복을 위한 방법에서 공자(기원전 551~479)는 덕치, 맹자(기원전 372~289)는 왕도, 순자(기원전 325~227)는 예치의 도덕정치를 추구하였다. 즉, 유가의 목적은 인생지침과 그 방법으로서 인간 지향의 올바른 통치현실과 가치실현의 추구로서 개인의 수양을 최우선적으로 생각하였다. 인간 지향적 관념성과 도덕적 타당성을 주장하는 유가와 달리, 법가는 국가 지향의 현실적이고 공리적인 실효성을 제시한 것이다. 법가의 법치, 술치, 세치는 전국시대 당시의 법가만의 단순한 관념의 산물이 아니다. 그것은 수세기에 걸친 난세에서 만들어진 역사의 산물이다. 전국시대는 수많은 나라가 있었으나, 서로 싸워 이긴 소수의 강대국만이 남게 된다. 그러나 그들 간의 전쟁 상황이 완전히 종식된 것도 아니고, 국가의 전반적 제도 변혁이 완성된 것도 아니어서 대내외적으로 많은 문제를 안고 있는 상황이었다. 이러한 많은 문제들을 해결하기 위하여 각국은 변법 개혁이 활발히 이루어지게 되었는데, 이러한 변법 개혁을 실제로

---

21   이춘식, 『춘추전국시대의 법치사상과 세(勢)·술(術)』, 아카넷, 2001, 335~336면.

주도하거나 그 기초이론을 제공한 사람들이 바로 바로 법가사상들이었다. 법가의 법치, 술치, 세치는 일반 백성의 삶보다는 당시 국가의 당면문제나 국가권력의 현실적 이해관계에 더욱 초점이 맞추어져 있었다.

한비자는 춘추기의 관중과 자산으로부터 전국시대 시기까지의 모든 법가사상, 특히 전기법가의 상앙의 법치, 신불해의 술치, 신도의 세치사상을 유기적으로 통합하여 선진의 법가사상을 완성한 것으로 볼 수 있다.[22] 법치는 백성에 대한 군주의 통지를 의미한다. 한비자는 상앙(B.C. 390~338)의 법치를 수용하였다. 상앙이 태어난 위나라는 당시 약국(弱國)으로서 진(晉)의 분열된 삼진(三晉) 중에서 세력이 강했던 위에 신속(臣屬)하고 있었다. 상앙에 선행한 법치사상 중에서 특히 현저한 것은 농(農)과 병(兵)과의 관련이 깊다는 것, 죄인에 대한 중형 법령의 신의(信義)가 철저함을 알 수 있다.[23] 여기서 주목할 만한 인물로 바로 이회(李悝)[24]와 오기

22   조천수, "한비자의 법사상연구", 「법철학연구」 제1권, 1998, 341면.
23   배원달, "법가사상에 관한 연구 -상앙과 한비를 중심으로-", 「안동문화총서」 제1권, 1989, 680면.
24   이회(李悝, 기원전 455~기원전 395년). 이극이라고도 하며, 전국 초의 위나라 정치가이다. 위문후(魏文侯)가 그를 재상으로 임명하자 토지의 생산력을 높이는 방안(盡地力之敎)에 대한 글을 써서 부국강병(富國强兵)을 주창했다. "곡식의 값이 폭등하면 백성들의 삶이 고달파지고, 곡식의 값이 너무 싸면 농사짓기가 어려워진다"고 하여 '평적법(平糴法)'을 제정하였다. 매년 농사의 작황을 상중하로 나누어 남은 곡식을 거두어 흉년이 들어 발생하는 부족분을 보충하게 했고, 그 결과 수해나 한발로 인한 기근이 발생해도 곡식값이 폭등하지 않아 백성들이 흩어지지 않게 되었다. 이러한 조치로 인하여 위나라는 경제적으로 획기적인 발전을 기하게 되어 전국초기에 전국칠웅 중 제일의 강국으로 대두하게 되었다. 그는 다시 각국의 법률을 망라한 『법경(法經)』이라는 법전을 편찬하여 후에 등장하는 법가(法家)의 시조가 되었다. 『법경』은 중국 역사상 최초로 완비된 법전이다. 『한서(漢書)』『예문지(藝文志)』에 『이극서(李克書)』 7편(編)이 전하고 있다.

(吳起)[25]를 들 수 있다. 전자는 상앙에 선행하여 상당한 영향을 주었고 자로서 실제로 정치를 실행한 법가의 선구자로 인정되는 인물이고, 후자는 위의 문후(文候)의 장수(將帥)로서 용병(用兵)으로 알려진 자로 초나라에서 초왕의 상(相)으로서 법령을 밝히고 초왕에 헌언(獻言)하여 초에 남아도는 것은 토지이고 부족한 것은 민(民)이라고 하여 귀족과 不急의 관직을 폐하고 경전에 보내는 법치를 행한 인물이었다. 상앙에게 있어서 법은 이익을 저울질하는 것으로 이해되는 '나라의 저울추'로 정의한다.[26] "사람에게 있어서는 간사한 일들이 다수 발생하기 때문에 법률제도를 세우고 도량형을 만들어서 그것을 금지해야 한다"고 상앙은 주장한다.[27] 이는 상앙이 인간에 대하여 가지고 있는 인성관으로부터 자연스럽게 도출되는 개념이라 하겠다. 즉, 상앙에게 있어서 법의 발생기원과 성인의 도를 연계하여 법 기능 자체가 현실인간의 이기성으로 인해 유발된 갈등과 충돌의 방지나 금지에 초점을 맞춘 역사적 산물임을 시사하는 대목이다.[28]

상앙에서 비롯되어 한비자에 의해 계승, 발전된 법치는 군주를 중심으로 대내적 질서를 안정시키려는 최선의 해결책으로서 등장하였다. 여

---

25 춘추 시대 위(衛)나라 좌씨(左氏) 사람이다. 노나라에 가서 증자(曾子)에게 배웠는데, 용병에 능했다. 위문후(魏文侯)가 죽은 뒤 대신들의 모함을 받자 초(楚)나라로 달아났고, 초도왕(楚悼王)이 평소 그의 재주를 아껴 오자마자 재상에 임명했다. 초나라 재상으로 있으면서 법령을 분명하게 하고 쓸 데 없는 관리를 감원했을 뿐만 아니라 소원한 공족(公族)을 없애면서 전투병을 양성해 강병으로 키웠다. 남쪽으로 백월(百越)을 평정하고 북쪽으로 진(陳)나라와 채(蔡)나라를 병합했으며, 삼진(三晉)을 물리치고, 서쪽으로 진(秦)나라를 정벌하기도 하였다.

26 商君書, 修權, 故法者 國之權衡也.

27 商君書, 君臣, 民衆而姦邪生, 故立法制, 爲度量以禁之, 是故有君臣之義, 五官之分, 法制之禁, 不可不愼也.

28 윤대식, "선진 법가철학의 내적 발전경로: 상앙에서 한비자로", 「동양정치사상사」 제8권 제1호, 2009, 108면.

기에서 군주를 그 구심적으로 한다는 것은 큰 의미를 지닌 것이다. 그런데 법가는 군주를 중심으로 대내적 질서를 안정시키려는 이러한 국가목적을 달성하기 위해 백성의 삶으로부터 관념성과 도덕성 그리고 개인성을 추방한다. 말하자면 유가의 인의와 같은 이념적, 관념적 가치는 불필요할 뿐만 아니라 오히려 장애가 된다는 것이다. 따라서 법가는 인간의 삶에서 유가의 인의와 같은 일체의 가치추구보다 오히려 공리를 더 높게 평가한다. 법가는 변법 개혁을 통해 그들의 법치사상을 여러 나라에서 실현하고자 하였는데, 그중에서도 전국시대에 최초로 변법을 단행했던 사람은 이회(이회 기원 455~395)였다. 그는 여러 나라의 법을 편집하고 등급 지워 진(秦)의 통일과 이후 한(漢)의 법률의 전형이 된 『법경(法經)』을 저술하였다.[29] 이회의 변법사상을 제대로 계승한 사람은 상앙이었다. 상앙의 변법사상은 『사기』의 「상군열전」에 비교적 상세하게 기록되어 있다. 상앙은 두 번째에 걸쳐 변법 개혁을 단행하였다. 상앙 이후에는 신불해, 신도 등이 변법 개혁을 하였고, 한비자는 이들의 이론과 실천을 종합하여 그의 법치사상을 집대성하였다.

---

29 정규훈 외, 『동양사상』, 전통문화연구회, 2003, 119면.

Chapter 02

한비자의
법치 체계

I. 한비자의 법치사상

1. 법의 개념

한비자에게 법(法)은 다음과 같은 특징을 갖는다.[1]

첫째, 법은 가장 적절한 것이라고 보았다. 군주가 나라를 통치함에 있어서 정당한 여러 가지 통치도구 중에서 이치와 사리에 맞는 것은 법 밖에 없다고 본 것이다. 법이란 국가를 다스리는 데 있어서 시대와 상관없이 가장 적합한 것으로 보았다. 그래서 법은 군주가 매우 유용하게 사용할 수 있는 것이다. 법은 국가경영에 있어서 가장 무리없이 누구나 수긍하게 만들 수 있는 장점이 있다. 인재를 등용하거나 상벌을 주거나 하는

---

[1]   김예호, "韓非子의 法治論에 나타난 術·勢槪念 分析", 「동양철학연구」 제20집, 한국
       동양철학연구회, 204~209면.

등에 있어서 법을 기준으로 하면 그 누구도 이의를 제기하지 않는다. 따라서 한비자는 나라를 다스리는 데 있어서 법을 가장 좋은 것으로 보았다.

둘째, 법이란 객관적 표준이다. 객관성을 지닌 법은 국가통치에 있어서 하나의 기준이다. 법이라는 기준을 가지고 군주는 국가를 다스릴 수 있는 것이다. 또한 법은 금령(禁令)을 내리는 기준이기도 하다. 군주가 자기 마음대로 금령을 내리고 인재를 등용하고 상벌을 주면 관리들이나 백성들이 무엇을 보고 행동할지 알 수가 없게 되고, 결국 국가 통치에 어려움이 있게 된다. 법은 또한 범죄의 기준을 정하여 처벌하고 또한 예방할 수도 있다. 법은 예(禮)와 달리 객관성과 강제성을 지니고 있다. 객관성이란 법으로 하여금 모든 것의 기준을 삼을 수 있는 것이고, 강제성은 법을 시행함에 있어서 물리력을 동원할 수 있는 것이다. 법은 하든지 말든지 바라보는 것이 아니라 강제적으로 행하여야 하는 것이다. 그 강제성으로 인하여 법이 예와 달리 반드시 행하게 된다고 보았다.

대저 성인이 나라를 다스림에 사람들이 나를 위해 선량하기를 기대지 않고 비행을 할 수 없는 수단을 쓴다. 사람들이 나를 위해 선량하기를 기댄다면 나라 안에 열을 헤아리지 못하나 사람들이 비행을 할 수 없는 수단을 쓰면 온 나라를 가지런하게 할 수 있다.

2. 법의 목적

한비자는 법치를 통하여 이루려고 하였던 것은 부국강병(富國強兵)이다.[2] 당시 전국시대의 어지러운 시대 상황하에서 각국은 부국강병을 추구

---

2   최정묵, "한비자 법사상의 본질과 현대적 의의", 「동서철학연구」 제83집, 2017, 144~149면.

하였다. 그 상황에서 나라를 안정되게 하고 통치하는 데 가장 쓸모 있다고 판단된 것이 강력한 법을 통한 군주의 통치로 본 것이다. 당시의 전쟁이 계속되고 힘없는 국가는 망하는 위기 속에서 국가를 보존하기 위하여 한비자는 절대 군주의 통치 아래서 강력한 법의 시행으로 부국강병을 이룩할 수 있었다고 본 것이다.

한비자는 인간의 본성을 악하다고 보았다. 인간은 본성이 악해서 자기의 이익만을 추구한다고 보았다. 악한 인간 본성 때문에 인간을 그대로 두면 서로 자기의 이익만을 추구하여 만인 대 만인의 투쟁 상태가 되고, 그러다 보면 국가는 없어지게 되는 것이다. 그래서 법을 제정하여 법을 지키면 상을 주고 어기면 벌을 받아야 한다고 하였다. 강력한 법의 시행만이 악한 인간의 본성을 다스릴 수 있다고 본 것이다. 한비자의 엄형중벌론(嚴刑重罰論)은 인간의 본성을 악한 것으로 파악한데서 나온 것이다. 원래부터 악한 본성을 가진 인간을 잘 다스려 부국강병을 이룩하여 서로 상생하는 삶을 살기 위하여서는 법치밖에 없다고 본 것이다. 강력한 법의 시행만이 오두(五蠹: 다섯 가지 좀벌레)의 횡포에서 국가를 구할 수 있고 악한 인간의 본성을 억눌러 서로 상생할 수 있는 것이다.

나라를 다스릴 적에는 명확한 법을 설정하고 엄격한 형벌을 제시하여 장차 그것으로 모든 사람의 혼란을 구하고 천하의 재앙을 물리쳐야 한다. 그래야 강자가 약자를 침해하지 않고 다수가 소수를 학대하지 않고 노인이 수명을 다 누리고 어린 고아가 성장하고 변경이 침략당하지 않고 군신이 서로 친밀해지고 부자가 서로 감싸주고 다투다가 사망하거나 붙잡히는 염려가 없게 된다. 이것이 바로 최상의 공적이라고 하는 것이다.

3. 법의 성격

한비자는 이전에 법이 제정되지 않고 완전히 윤리에 의존하거나 덕치에 의거한다면 법으로 규제하거나 법에 의한 구속은 있을 수 없다고 보고, 법은 확립되어 공포하여야 한다고 보았다. 한비자가 말하고 있는 법의 성격은 다음과 같다.[3]

첫째, 법은 성문법(成文法)이다. 법이란 것은 문서로 엮어내어 관청에 비치하고 백성들에게 공포하는 것이다. 그러므로 법은 분명하게 밝히는 것만 못하며, 술(術)은 드러내 보이기를 바라지 않는다. 이런 까닭으로 현명한 군주가 법을 말하면 나라안 미천한 자까지 들어서 알지 못함이 없으니 오로지 당 안에 가득 찰 일만은 아니다.

법이란 것은 내건 명령이 관청에 명시되고 형벌은 반드시 민의 마음속에 새겨지며 상은 법을 삼가는 자에게 있고 벌은 명령을 어기는 자에게 가해지는 것이다. 이것은 신하가 모범으로 삼을 바이다. 법이란 반드시 말이 아닌 문서로 기록하여야 하고 기록된 문서를 관청에 보관하여야 하는 것이다. 이는 한비자가 말하는 법이 성문법임을 알 수 있는 구절이다. 법은 관리의 말이 아니라 반드시 문서로 기록하여 두고 관청에 비치하여 모든 백성에게 공포하여 알려야 하는 성문법적 특징을 지니고 있다. 성문법으로 정한 것은 누구나 일정하고 고정되어 있는 법을 보고 알 수 있다는 뜻이다. 관리의 사사로운 개인감정으로 법이 시행되지 않는다는 것을 말하고 있다.

법이 명문으로 규정되면 그 내용이 애매한 것이면 안 된다. 그 내용은

---

3   유주선, "한비자의 욕망론과 상인의 법도", 숭실대학교대학원철학박사논문, 2019, 62~65면.

언제나 확정되어 있어야 하고, 고정되어 있어야 한다. 그러한 성문법은 모든 신하와 백성들이 따를 수 있는 것이다. 개인의 사사로운 결정에 의하여 쉽게 변하는 것이 아닌 누구나 따를 수 있는 성문으로 정한 법인 것이다.

둘째, 법은 공포법(公布法)이다. 법은 반드시 관청에 보관하여야 하며 백성에게 널리 공포하여야 한다(設之於官府而布之於百姓). 백성에게 널리 공포하여 알리는 것은 공포법임을 알 수 있게 하는 구절이다. 법은 명문으로 규정되어 있어야 하며, 동시에 온 천하에 널리 알려야 하는 것이다. 이렇게 세상에 널리 알린 법은 알아보기 쉬워야 한다.

셋째, 법은 강제성을 지녀야 한다. 형벌은 백성들의 마음에 새겨져 있어야 하는 것이다(刑罰必於民心). 이는 법이 강제적으로 시행되어야 함을 의미한다. 법은 선택적으로 시행하는 것이 강제로 모든 이에게 시행되어야 하는 것이다. 그래서 문서로 기록하여 관청에 보관하고, 이를 널리 세상에 알리는 것이다. 이런 법은 강제적으로 시행하여야 실효성이 있다. 강제적 시행을 위하여 상벌이 필요한 것이다. 법을 잘 지키면 상을 주고 법을 어기면 벌을 내리는 것이다. 상벌로써 법의 시행을 이루려 하였다.

넷째, 법은 일관성이 있어야 한다. 법이 고정되지 아니하고 유동적으로 움직이면 누구에게나 적용할 수도 없어 나라를 다스리는 데 문제점이 있다. 일관성이 있는 법체계가 마련되어야 치국에 도움이 될 것이다. 이를 법적 안정성이라고 한다. 이는 항상 개인의 감정이나 이익에 따라 법이 변한다면 아무도 지키지 않을 것이기 때문이다. 언제나 일관성 있는 통일된 원리가 있어야 누구나 지킬 수 있는 것이다. 큰 나라를 다스리면서 자주 법을 바꾸면 민이 고통 받게 된다. 이런 까닭에 도를 터득한 군주는 안정을 귀히 여기고 법 고치기를 중하게 생각하지 않는다.

다섯째, 법은 시대에 따라 변한다. 한비자는 법은 만고불변이라고 생각하지 않고 시대의 흐름에 따라 법이 변하여야 한다고 보았다. 법은 그 시대 상황에 맞게 변형하여야 유연성을 가지고 대처한다고 보았다. 그러므로 민을 다스림에 일정한 법이 없으며 오직 다스리기만 하면 법이 된다. 법이 때와 함께 바뀌면 다스려지고 다스림이 세상과 들어맞으면 공이 있다.

여섯째, 법은 알고 행하기 쉬워야 한다. 법이 학식 있는 현자나 고관대작만이 알 수 있다면 어찌 백성이 이를 지킬 수 있겠는가? 한비자는 백성들이 모두 알 수 있도록 쉽게 만들어야 한다고 주장하였다. 명찰한 사람인 연후라야 능히 알 수 있는 것을 영으로 삼을 수 없다. 대저 민이 다 명찰하지 못하기 때문이다. 현자인 연후라야 능히 행할 수 있는 것을 법으로 삼을 수 없다. 대저 민이 다 현명하지 못하기 때문이다.

일곱째, 한비자는 군주를 제외한 모든 사람은 법에 복종하여야 한다고 하였다. 군주는 법에 구속되지 않는다는 견해로 군주에게 초법적 지위를 부여하였다. 군주 이외의 백성은 법 앞에서는 누구나 평등하여 군주에게 복종하여야 한다. 그러나 한비자의 이러한 견해는 근대의 법사상에 그대로 적용되기에는 많은 문제점이 있다. 법은 모든 이에게 공평하게 반드시 시행되어야 한다고 한비자 자신도 역설하고 있다. 그러나 군주에게 만은 예외로 하는 점은 비판의 여지가 있다. 근대의 법은 객관적 표준이므로 군주도 예외일 수 없고, 군주를 포함한 모든 백성이 여기에 따라야 법치를 이룩할 수 있는 것이다. 군주를 예외로 둔다는 것은 법은 만인에게 평등하게 적용되어야 한다는 근대의 법사상에 어긋나므로 그대로 따르기에는 모순이 있다. 한비자가 살던 시대는 군주의 절대 권력을 인정할 수밖에 없는 시대였지만 법치주의를 주장하는 법사상가로서 군주의 예외를 인정하는 것은 그의 법사상의 모순이라고 보여진다.

4. 법의 시행 방식

1) 시행 원칙

한비자는 법을 시행함에 있어서 엄형중벌(嚴刑重罰)과 신상필벌(信賞必罰)의 원칙을 주장하였다.[4] 이는 법을 시행하는 양대 원칙으로 볼 수 있다. 엄형중벌은 이미 앞에서 설명한 것으로 갈음한다.

다음으로는 "법은 귀한 사람이라 하여 아첨하지 않고 승묵(繩墨)은 나무가 휘었다 하여 굽혀가며 잴 수 없다. 그러므로 군주가 상을 베풂에 변경하지 않고 처벌을 행함에 용서가 없으며 칭찬이 그 상을 도와주고 비방이 그 벌에 따르게 한다면 현자나 어리석은 이가 모두 힘을 다하게 될 것이다"라는 신상필벌의 원칙이다. 신상필벌의 원칙은 법의 권위를 강조하면서 법의 집행에 있어서 법 집행자가 사사로움 없이 시행할 수 있도록 하고, 또한 법을 집행함에 있어서 대상을 차별하여 가리지 않아야 한다는 것이다. 법은 일률적으로 시행되어야 하는 것이다. 이러한 법은 상벌을 집행하여 유지하는 것인데, 상벌을 줄 때 함부로 하지 않아야 하는 것이다. 법은 모든 사람에게 널리 공포되어야 제 역할을 할 수 있고, 법이 모든 사람의 마음 속에 심어져 있어야 한다는 것은 실질적으로 신상필벌이 이루어졌을 때 가능한 것이다.

결국, 한비자의 법은 모든 사람이 그것을 명확히 인식하고 있고 위반

---

4   한도연, "한비자의 법치사상연구", 「열린정신 인문학연구」 제9권 제1호, 2008, 13~19면.

시에는 반드시 처벌된다는 가정이 전제되어 있는 것이다. 한비자는 이러한 조건이 갖추어졌을 때 법의 적용은 지극히 객관적인 것이어서 원망이 있을 수 없다고 주장한다. 죄를 범하여 처벌을 받는 것을 마치 뜨거운 불에 들어가면 죽는다는 자연의 법칙처럼 인식하여 군주를 원망하지 않는다는 것이다. 한비자가 법을 시행함에 있어서 법 집행자의 주관적 성향을 극도로 배제하여 공평하게 집행코자 하였다. 한비자의 법은 이처럼 백성을 다스리는 엄격하고 일률적인 형벌의 기준이 된다. 한비자는 법을 시행하는 원칙으로 엄형중벌의 원칙과 신상필벌의 원칙을 내세웠다.

세 번째의 원칙은 법은 공평하게 시행되어야 한다고 보았다. 한비자는 법 앞에서는 모든 백성이 평등하게 대우되어야 한다고 보았다. 특히 특권을 인정하여서는 안 된다고 하였다. 법은 귀한 사람이라 하여 아첨하지 않고 승묵(繩墨)은 나무가 휘었다 하여 굽혀가며 잴 수 없다. 법을 적용하는 데 있어서는 지자라고 해도 변명할 수 없으며 용자라 해도 감히 다툴 수 없다. 또한 한비자는 형벌에 있어서도 공평하여야 한다고 하였다. 형벌을 내림에 있어서 가까운 자이거나 중신이거나 공이 있는 자라고 하여 봐주지 않고, 서민이라고 하여 무거운 형벌을 내리는 것을 잘못되었다고 하였다. 누구에게나 공평한 형벌을 부과하여야 한다고 하였다.

가깝거나 높은 자를 피하지 말고 법을 총애하는 자에게 집행하십시오. 그 지은 죄를 벌하는 데 있어서는 중신이라 하여 피할 수 없고 선행을 상주는 데 있어서는 서민이라 하여 빠뜨릴 수 없습니다. 정말 공이 있다면 비록 멀고 낮은 신분의 사람일지라도 반드시 상을 주어야 하며 정말 허물이 있다면 비록 친근하고 총애하는 사람일지라도 반드시 처벌해야 합니다.

이것은 봉건시대에 팽배한 특권의식을 배척하는 것이다. 법제를 잘 세우고 상벌을 잘 실행하며, 법 앞에 모든 백성이 평등하다고 여긴 것이다.

넷째, 한비자는 법은 반드시 시행되어야 한다고 하였다. 법을 만들어서 공포하여 놓고 아무도 지키지 않는다면 법 자체가 필요 없는 것과 마찬가지인 셈이다. 이는 법의 실효성 문제이다. 실효성 없는 법은 무용지물이기 때문에 법이란 반드시 지켜져야 그 권위가 서고, 모두에게 법을 지키지 않으면 형벌이 뒤따른다는 것을 각인시켜야 국가를 통치할 수 있는 것이다. 법은 국가 운영의 원리인 것이다. 이것을 천하에 드러내어 놓아 누구나 알게 하고 지키게 하여야 하는 것이다. 고위관리이건 서민이건 모두가 받들어 실행한 뒤에야 비로소 그 실효를 거둘 수 있는 것이다. 시행되지 않는 법은 종이 호랑이에 지나지 않는다. 반드시 시행되어야 군주가 국가를 통치할 수 있는 것이다. 군주란 법을 지키고 성과를 구하여 공적을 세우는 자다. 군주는 신하가 비록 지혜와 능력을 갖추었더라도 법을 어겨 가며 처신할 수 없게 하고 비록 뛰어난 행동을 하더라도 실제 공적을 넘어서 상줄 수 없게 하며 비록 성실하고 신의가 있더라도 법을 버려두고 금제를 풀 수 없게 하여야 할 것이다. 이렇게 하는 것이 법을 분명히 밝힌다고 하는 것이다.

이는 지혜가 있거나, 현명하거나, 믿음과 신임이 있어도 '法'을 받들고 지켜야 한다는 것이다. 군주는 반드시 법도를 갖추고 있어야 국가를 다스릴 수 있는 것이다.

2) 시행 방법

한비자의 법 시행은 다음과 같은 방법을 통해서 이루어진다.[5]

첫째, 법은 상벌을 이용하여 시행한다. 상벌이란 천하 사람들을 반드시 행하도록 시키는 것이다. 명령하여 이르기를, 법에 맞는 자는 상주고 법에 안 맞는 자는 벌할 것이다. 법은 반드시 지켜져야 하는 것이고 공평하게 시행하여야 한다. 그러나 그 시행 방법은 상벌로써 하는 것이다. 법을 지키면 상을 주고 법을 어기면 벌을 주어 법이 잘 지켜지도록 하는 것이다.

둘째, 법 시행의 중심은 관리이다. 법의 시행에 있어 관리가 중요한 역할을 한다. 관리는 법을 백성에게 가르치고 시행하는 데 있어서 없어서는 안 될 중요한 중간자의 역할을 하는 것이다. 법이 세워지고 백성들로 하여금 쉽게 행할 수 있도록 중간에서 역할을 하는 것이 관리인 것이다. 법이 잘 관철되고 방해받음이 없게 되려면 관리로 하여금 법을 백성들에게 가르치게 하고 백성들이 쉽게 익히게 하여야 한다는 것이다. 군주 혼자서는 국가를 통치할 수 없다. 그래서 군주는 반드시 관리를 임용하여 백성을 통치할 수밖에 없다. 관리는 꼭 필요한 것이다. 법의 시행에서도 관리들이 직접 백성에게 법을 가르쳐서 실천하게 하여야 국가가 올바로 설 수 있는 것이다. 그러므로 현명한 군주의 나라에서는 책에 쓰인 글이 없고 법만을 가르침으로 삼으며 선왕의 말은 없고 관리만을 스승으로 삼으며 한비자는 법의 시행에 있어서 상벌뿐만 아니라 관리들을 이용하여야 한다고 하였다. 그 이유는 아무리 뛰어난 군주라도 혼자서는 백성들을

---

5   유주선, "한비자의 욕망론과 상인의 법도", 숭실대학교대학원철학박사논문, 2019, 65~73면.

다스릴 수 없기 때문이다. 반드시 관리들의 도움이 있어야 가능한 것이다.

II. 한비자의 법치

1. 법치의 기능

한비자는 법치를 통하여 무질서한 당시의 상황에서 나라를 안정시키고 군주가 통치를 함에 가장 쓸모가 있다고 판단하였다. 전국시대는 전쟁이 끊이지 않고 힘이 없는 국가는 주변 국가에 의하여 멸망하는 것이 다반사였다. 그는 절대군주가 국가의 안녕과 부국강병이라는 목표를 달성하기 위해서는 강력한 법의 시행을 역설하였다.[6] 백성이 지닌 천성은 힘든 일을 싫어하며 그저 편안한 것만 좋아하는 습성이 있다. 사람이 편안하게 되면 거칠어지고, 거칠어지면 군주는 다스림에 어려울 수 있다. 백성이 다스려지지 않으면 나라는 어지럽게 되니, 형벌로 다스려지지 않으면 나라의 질서는 잡히지 않게 된다. 그러므로 큰 공적을 내고자 해도 백성들의 힘을 집중시키기 어려우면, 큰 공적을 이루어내는 것을 기약할 수가 없다.[7]

"성인은 옳고 그름의 실질을 살피고 다스려짐과 어지러움의 실정을 고찰하므로 나라를 다스릴 때에는 법도를 분명하게 바로잡고 엄한 형벌을 시

---

6   김예호, "韓非子의 法治論에 나타난 術·勢概念 分析", 「동양철학연구」 제20집, 한국
    동양철학연구회, 1999, 204면.
7   『韓非子』「心度」, "夫民之性, 惡勞而樂佚. 佚則荒, 荒則不治, 不治則亂, 而賞刑不行於
    天下者必塞. 故欲擧大功而難致而力者, 大功不可幾而擧也."

행하여 백성들의 혼란을 구하고 천하의 재앙을 없앤다. 또한 강자가 약자를 능멸하지 못하게 하고 다수가 소수에게 포악하게 대하지 못하게 하며, 노인들이 타고난 수명을 누릴 수 있게 하고 어린 고아도 성장할 수 있도록 한다."[8]

한비자는 법의 필요성을 다음과 같이 설명한다. 신하의 통제가 어렵다는 점을 밝힌다. 만약 군주가 칭찬만을 토대로 하여 능력자를 등용하면 신하는 군주로부터 벗어나 신하들끼리 파당관계를 만들 것이다. 또 하나의 당파를 가지고 관리를 등용하게 되면 백성들은 개인적인 교제에 한정하여 노력을 하고 법에 따른 관리 임용이 불가능하게 될 것이다. 능력 있는 관리가 들어오지 않게 되면 나라의 질서는 어지러워질 것이다.[9]

한비자는 춘추시대에 비하여 훨씬 혼란이 더해진 정치적 상황에 대처하기 위해 새로운 방안을 제시하고자 하였다. 법가 사상가들은 법을 확립하는 일을 급선무로 보았다.[10] 나라가 망해 가는 조정에는 사람이 없다. 이 말은 세력가들이 나라를 풍요롭게 힘을 써야 하는데, 오로지 자신의 이익을 얻는 곳에만 열중하고 있다는 것을 의미한다. 대신들은 군주를 위한 정치를 하려고 하는 것이 아니라 자신의 지위만을 생각한다. 이러한 이유는 군주가 법에 의한 정치를 한 것이 아니라 신하가 판단할 수 있도

---

8   『韓非子』「姦劫弑臣」, "聖人者 審於是非之實, 察於治亂之情也, 古其治國也, 正明法, 陳嚴刑, 將以救群生之亂, 去天下之禍, 使强不陵弱, 衆不暴寡, 耆老得遂, 幼孤得長.": 김원중 역, 『韓非子』, 휴머니스트, 2018, 215면.
9   『한비자』「有度」, "今若以譽進能, 則臣離上而下比周; 若以黨擧官, 則民務交而不求用於法. 故官之失能者其國亂."
10   馮友蘭 저, 정인재 역, 『중국철학사(A short History of Chines Philosophy)』, 1984, 형설출판사, 1990, 218면.

록 맡겨둔 탓이다.[11]

한비자는 군주가 신하를 통하여 신하 자신이 해야 할 직무를 다하게 해야 하고, 신하 자신의 이익만을 유지하기 위하여 골몰하는 것을 방지하며, 군주를 도와 부국강병을 위해서는 법에 의한 정치가 필요하다고 보았다.[12] 나라가 멸망하게 되는 근본적인 원인은 법에 의한 통치의 기강이 잡혀있지 않은 탓에 있으며, 나라의 질서와 기강을 바로 세우기 위해서는 법이 반드시 필요하다는 것이다.

2. 성문법론과 그 특성

법은 성문화되어 공포되어야 한다고 한비자는 주장한다. 문서로 만들어진 한비자의 법은 성문성을 특징으로 한다.

"법이란 것은 문서로 엮어 내어 관청 창고에 비치해 두고 백성들에게 널리 알리는 것이다."[13]

법과 관련하여 성문성(成文性)도 중요하지만, 한비자는 법을 널리 공포해야 한다는 공포성(公布性)도 강조한다. 현재까지 출토된 중국 고대와 관련된 법조문을 본다면 일반 백성들은 물론 상류층을 다스리는 법까지

---

11 『韓非子』「有度」, "亡國之廷無人焉. 廷無人者, 非朝廷之衰也. 家務相益, 不務厚國; 大臣務相尊, 而不務尊君; 小臣奉祿養交, 不以官爲事. 此其所以然者, 由主之不上斷於法, 而信下爲之也."

12 최정묵, "한비자 법사상의 본질과 현대적 의의", 「동서철학연구」 제83집, 한국동서철학회논문집, 2017, 146면.

13 韓非子 저, 김원중 역, 『한비자: 제왕학과 법치의 고전, 군주론과 제왕학의 영원한 고전』, 휴머니스트, 2018, 746면.

도 상당 부분 성문화되었을 가능성이 높다.[14] 문서로 법을 제정해야 할 때 고려해야 할 사항들이 있다.

첫째, 백성들이 법을 이해할 수 있는 내용을 제정해야 한다는 '이해 용이성(理解 容易性)'이다. 한비자는 법의 규정이 난해하지 말아야 한다고 주장한다. 백성 모두가 명철하지도 않고 현명하지도 않은데 명철하거나 현명한 사람만이 알 수 있는 법을 제정하여 시행하면 효과를 거둘 수 없다는 것이다.[15] 백성들이 성문으로 제정된 법을 이해해야만 자신의 삶 속에서 미래를 예측할 수 있게 된다. 이러한 법률은 백성들이 지키는 것이 용이하고 예방 가능성과 함께 궁극적으로 법의 실효성이 발생하게 된다.

> "사려를 다 짜내 이해득실을 헤아리기란 지혜 있는 자라도 하기가 어려운 것이며 생각을 전혀 하지 않고 앞의 말을 붙들어 뒤의 성과를 구하기란 어리석은 자라도 하기가 쉬운 것이다. 현명한 군주는 어리석은 자도 하기 쉬운 것을 생각하지 지혜 있는 자도 하기 어려운 것을 추구하지 않는다. 그러므로 지려(智慮)와 노력을 하지 않아도 나라가 다스려지는 것이다."[16]

둘째, 법은 만고불변의 성질을 가져서는 안 된다고 하면서 시대의 흐름에 따라 법이 시대를 반영해야 한다는 '시의성(時宜性)'이다. 그 시대 상황에 맞게 변형되는 유연성을 가지고 현실에 대처하여야 한다는 것이

---

14 이승률, 『죽간·목간·백서, 중국 고대 간백자료의 세계 1』, 예문서원, 2013, 260면 이하.
15 『韓非子』「八說」, "察士然後能知之, 不可以爲令, 夫民不盡察. 賢者然後能行之, 不可以爲法, 夫民不盡賢."
16 『韓非子』「八說」, "진사려, 췌득실, 지자지소난야; 無思無慮, 挈前言而責後功, 愚者之所易也. 明主慮愚者之所易, 以責智者之所難, 故智慮不用而國治也.": 김원중 역, 『한비자』, 휴머니스트, 2018, 845면.

다. 무릇 백성의 천성이란 수고로움을 싫어하며 편안한 것을 좋아한다. 편안하면 거칠어지고 거칠어지면 다스려지지 않으며, 다스려지지 않으면 어지럽게 되니 상벌이 세상에 행해지지 않으면 나라의 사업은 반드시 막혀버린다. 그러므로 큰 공적을 이루려고 해도 백성들의 힘을 집중시키기 어려우면 큰 공적을 이루어 내는 것은 기약할 수 없다. 좋은 법으로 다스리려고 해도 그 옛날의 법을 바꾸기 어려우므로 백성들의 혼란을 다스리는 것을 기약할 수 없다. 따라서 백성을 다스리는 데에는 일정한 법규가 없으며, 오직 법으로만 다스릴 수 있다. 법이 때와 함께 다스려지고 다스림이 세상과 함께 딱 들어맞게 되면 공적이 있게 된다. 그러므로 백성이 순박했을 때는 그들을 명령으로 금지하면 다스릴 수 있었으나, 세상이 교묘해지면서 그들을 형벌로써 얽어매야 복종하게 할 수 있다. 시대가 움직이더라도 법이 바뀌지 않으면 혼란스럽고 세상이 변해도 금령이 변하지 않으면 국가는 줄어들고 약해진다. 그러므로 성인이 백성을 다스릴 수 있는 것은 법이 시대와 더불어 움직이고 금령이 세상과 더불어 변하기 때문이다.[17]

셋째, 법 적용의 '일관성(一貫性)'이다. 새로운 법이 제정되기 전까지 해당 법의 적용은 유지되어야 한다는 것이 법 적용의 일관성에 해당한다. 이는 다른 말로 항상성(恒常性)이라 할 수 있다. 법의 적용에 있어서 일관성은 중요한 기능을 한다. 속담에 따르면, 집안에 일정한 생계를 꾸릴 수

---

17 『韓非子』「心度」, "夫民之性, 惡勞而樂佚. 佚則荒, 荒則不治, 不治則亂, 而賞刑不行於天下者必塞. 故欲擧大功而難致而力者, 大功不可幾而擧也; 欲治其法而難變其故者, 民亂不可幾而治也. 故治民無常, 唯治爲法. 法與時轉則治, 法與世宜則有功. 故民樸而禁之以名則治, 世知維之以刑則從. 時移而治不易者亂, 能治衆而禁不變者削. 故聖人之治民也, 法與時移而禁與能變."

있는 일이 있으면 비록 가난이 닥친다 하더라도 굶지 않으며 나라에 일관성 있는 상법(常法)이 정해져 있으면 비록 위험한 일이 닥친다 할지라도 망하지 않는다고 한다. 군주가 정해진 상법(尙法)을 지키지 아니하고 신하들의 지혜나 능력에 의존하는 사적인 의견에 의존하게 되면 법령과 금제는 유지될 수 없다. 제멋대로 생각하는 방법이 통용되고 군주에게 받아들이게 되면, 나라의 정도(正道)가 설 수 없는 것이다. 나라의 정도가 법에 의존하지 않는 자들을 물리칠 수 있다면, 외부의 것을 꾸미는 지혜나 능력에 현혹되지 않고 거짓된 칭찬에 속임을 당하지 않게 된다."[18]

넷째, 법을 적용함에 있어 모든 사람에게 적용되어야 한다는 '일반성(一般性)'이다. 군주가 누구에게나 평등하게 적용되는 법을 가지고 나라를 다스린다면, 그 다스림은 공정한 것이라고 말할 수 있다. 법은 지체가 높은 사람이라 하여 아첨할 수 없고 승묵(繩墨)은 나무가 구부러져 있다고 하여 굽혀가며 잴 수는 없는 것이다. 법을 적용하는 데 있어서는 지자(智者)라고 해서 변명을 받아 줄 수 없으며 용자(勇者)라 해도 다투는 것이 허용되는 것이 아니다. 만약 누군가 죄를 지었다면 중신이라 하여 그 벌을 피할 수 없고, 선행을 하였다면 비록 서민이라 할지라도 상을 빠뜨려서는 안 된다. 그러므로 법은 관리들의 흠을 교정할 수 있고, 백성들의 간사함을 하지 못하도록 하는 기능을 하게 된다.[19]

---

18 『韓非子』「飾邪」, "家有常業, 雖飢不餓; 國有常法, 雖危不亡. 夫舍常法而從私意, 則臣下飾於智能; 臣下飾於智能, 則法禁不立矣. 是妄意之道行, 治國之道廢也. 治國之道, 去害法者, 則不惑於智能, 不矯於名譽矣."

19 『韓非子』「有度」, "故以法治國, 擧措而已矣. 法不阿貴, 繩不撓曲. 法之所加, 智者弗能辭, 勇者弗敢爭. 刑過不避大臣, 賞善不遺匹夫. 故矯上之失, 詰下之邪, 治亂決繆, 絀羨齊非, 一民之軌, 莫如法."

다섯째, 법 제정 시 해석의 다툼을 방지하기 위한 '내용(內容)의 명료성(明瞭性)'이다. 책의 글이 너무나 간략하면 사람들은 이 글이 무슨 뜻인지에 대한 말다툼을 하게 된다. 마찬가지로 법이 상세하게 설명되지 않은 채 간략한 내용만 기술되어 있으면 백성은 다투는 송사(訟事)를 오만하게 생각하게 된다. 이런 까닭으로 성인의 책은 내용을 기술함에 있어서 반드시 뚜렷하게 하고, 현명한 군주의 법은 상세하게 기술해야 한다.[20]

한비자는 법을 제정함에 있어 문서화된 성문법을 제정해야 한다고 하면서, 법의 '이해 용이성', '시의성', '일관성', '일반성', '명료성' 등을 강조한다. 이는 관료들이 법을 자신들의 이익을 위하거나 자신들의 견해를 개입시킬 수 있는 남용을 예방하기 위한 목적이 있다.

3. 법적용의 형평성

한비자의 법치는 백성에 대한 군주의 모범도 요구하고 있고, 한비자는 군주의 법은 임의적이고 자의적인 변경이 이루어져서는 안 된다고 주장한다. 도와 법에 의존하면 모두 안전함을 유지할 수 있지만 사람의 지혜나 개인의 능력만으로 나라를 다스리면 실패할 가능성이 있다. 저울을 통하여 형평이 판단되고, 규구(規矩)를 마련하여 둥근 것을 아는 일이 안전한 방법에 해당한다. 현명한 군주가 나라를 다스리기 위해서는 백성으로 하여금 법의 내용을 익히도록 하고 도에 대한 일을 알게 하여 평온하게 성과를 만들어낼 수 있다.[21]

---

20 『韓非子』「八說」, "書約而弟子辯, 法省而民訟簡, 是以聖人之書必著論, 明主之法必詳事."
21 『韓非子』「飾邪」. "而道法萬全, 智能多失. 夫懸衡而知平, 設規而知圓, 萬全之道也. 明主使民飾於道之故, 故佚而有功. 釋規而任巧, 釋法而任智, 惑亂之道也. 亂主使民飾於智, 不知道之故, 故勞而無功."

한비자는 지혜나 능력을 믿고 국가를 다스리는 방식은 미혹될 뿐만 아니라 혼란스러운 방법으로 생각한다. 개인의 기교에 맡기고, 법을 팽개치고 지혜를 맡기는 것이 미혹되고 혼란스러운 방법이다. 혼란스러운 군주는 백성들로 하여금 지혜에 나아가도록 하면서도 통치의 도를 알지 못하므로 수고롭지만 공적이 없는 것이다. 하지만 법을 제정하여 백성을 다스리고, 상과 벌을 통하여 신뢰성을 가지고 집행하게 되면 백성은 자신의 능력을 다하게 될 것이고 비난과 명예를 명확히 할 수 있게 된다.[22] 군주가 법을 적용하고자 한다면 백성의 신뢰는 매우 중요한 일이다. 모든 백성은 법 앞에서 평등하게 대우를 받아야 할 뿐만 아니라, 군주 역시 제정된 법의 모범을 보여야 한다.

한비자의 법치는 제정법으로써만 군주가 통치할 뿐 도덕적·주관적인 인이나 덕으로써 통치하는 것을 의미하지 않는다. 신하가 법에 지켜야 하는 것과 마찬가지로 군주 역시 그 법을 지켜야 한다고 한비자는 강조한다. 추의 군주가 갓끈을 매는 것을 좋아하자, 군주를 따르는 신하들도 모두 갓끈을 매게 되었다. 자연히 갓끈 값은 올라가기 시작하였다. 군주는 갓끈을 자신이 길게 매는 것을 좋아해서 신하들이나 백성들이 모두 갓끈을 길게 매게 되었고, 그래서 갓끈이 비싸지게 되었다는 사실을 알게 되었다. 당장 군주가 갓끈을 길게 매지 않게 되자 모두 군주의 방식을 따르게 되었다. 여기서 중요한 것은 나라를 다스리는 군주 역시 백성에게 모범을 보여야 한다는 사실이다. 특히, 법치하에서 군주가 법을 따르는 모범을 보이지 않는다면, 백성들은 당연히 법을 따르지 않게 될 것이다.[23]

---

22 『韓非子』「八經」, "設法度以齊民, 信賞罰以盡能, 明誹譽以勸沮."
23 『韓非子』「外儲說左上」, "鄒君好服長纓, 左右皆服長纓, 纓甚貴. 鄒君患之, 問左右, 左

"증자의 아내가 시장에 가는데, 그 아들이 따라가며 울자 아이의 어머니가 말하였다. '너는 돌아가거라. 시장에서 돌아오면 돼지 잡아 줄께.' 증자의 아내가 시장에서 왔을 때 증자가 돼지를 잡아 죽이려고 하니 아내가 만류하며 말하였다. '아이를 달래려고 한 말일 뿐입니다.' 증자가 말하였다. '아이에게는 빈말을 할 수 없는 것이오. 아이는 지식이 없으므로 부모에 기대어 배우고, 부모의 가르침을 듣소.'"[24]

한비자는 주관적, 사적인 덕을 버리고 오직 공정한 법을 통한 통치가 바람직하다고 한다. 이러한 공정한 법치가 통치의 객관성을 확보할 것이라는 것이다. 화와 복은 법에서 생겨나야 한다. 사랑과 미움과 같은 주관적인 감정에서 화와 복이 나오는 것이라면, 국가를 다스리는 통치의 객관성이 배제된 것이다.[25] 그러므로 군주는 공과 사를 분명하게 구분하여 법에 해당 사항을 명시적으로 규정하여 사적인 감정을 물리쳐야 할 것이다.[26]

한비자는 추천제(推薦制)에 대하여 깊은 우려를 드러내기도 한다. 한비자는 군주가 법에 따라서 관료들을 등용하기도 하지만 법에 의해 평가해야 한다고 주장한다.

右曰: 君好服, 百姓亦多服, 是以貴. 君因先自斷其纓而出, 國中皆不服長纓. 君不能下令爲百姓服度以禁之, 乃斷纓出以示民, 是先戮以莅民也."

24　『韓非子』「外儲說左上」, "曾子之妻之市, 其子隨之而泣. 其母曰: 女還, 顧反爲女殺彘. 妻適市來, 曾子欲捕彘殺之. 妻止之曰: "特與嬰兒戲耳. 曾子曰: 嬰兒非與戲也. 嬰兒非有知也, 待父母而學者也, 聽父母之敎."

25　『韓非子』「大體」, "禍福生乎道法, 而不出乎愛惡; 榮辱之責在乎己, 而不在乎人. 故至安之世, 法如朝露, 純樸不散, 心無結怨, 口無煩言."

26　『韓非子』「飾邪」, "主之道, 必明於公私之分, 明法制, 去私恩. 夫令必行, 禁必止, 人主之公義也."

"그러므로 현명한 군주는 법으로 사람을 선택하지 자기 멋대로 등용하지 않으며, 법으로 공적을 헤아리지 스스로 헤아리지 않습니다. 재능 있는 자가 버려진 채로 있을 수 없게 하고, 실패한 자가 꾸밀 수 없도록 하며, 칭찬을 받은 자라고 하여 벼슬에 나아갈 수 없게 하며, 비난을 받은 자라고 하여 물러나지 못하게 하면 군주와 신하 사이가 분명하게 구분되고 쉽게 다스려진다. 그러므로 군주는 법도에 의하여 처리하는 것이 옳다."[27]

한비자는 상앙의 관리임용방법과 다른 자신만의 독특한 관리의 임용에 대한 방안을 제시한다. 상군은 "적의 머리 한 개를 벤 자에게 작위 한 계급을 올리고 관리가 되기를 원하면 오십 석의 벼슬에 앉히며 머리 두 개를 벤 자에게 작위 두 계급을 올리고 관리가 되기를 원하면 백석의 벼슬에 앉힌다"고 한다.[28] 여기서 관작이 옮기는 것과 전장에서 머리를 벤 업적이 서로 걸맞게 된다.

한비자는 상앙의 이 점을 냉철하게 분석한다. 만약에 법에 "머리를 벤 자에게 의원이나 대목이 되도록 하겠다"고 한다면, 환자의 병을 치유하는 것이 쉽지 않을 것이고, 또 집이 완성되어 이루어지는 것을 기대할 수 없을 것이다. 무릇 대목이라는 자는 손재주를 가진 자이고, 의원은 약을 짓는 사람이다. 사람의 기능이 제각각 다른 것인데, 전장에서 머리 벤 공을 가지고 의원이나 대목의 일을 시킨다면 그들의 재능과 상관없는 일을 맡게 되는 것이다. 관직의 일을 맡아 처리하는 것은 지능이 필요한

---

27 『韓非子』「有度」, "故明主使法擇人, 不自擧也; 使法量功, 不自度也. 能者不可弊, 敗者不可飾, 譽者不能進, 非者弗能退, 則君臣之間明辯而易治, 故主讐法則可也."
28 『商軍書』「境內」, "能得爵首一者, 賞爵一級, 益田一頃, 益宅九畝, 一除庶子一人, 乃得入兵官之吏."

것이고, 전장에서 적의 머리를 베는 것은 용기와 힘이 필요한 것이다. 기운과 힘이 가해지는 것을 가지고, 지능이 요구되는 관직의 일을 처리하도록 하는 것은 전장에서 적군의 장수의 머리를 벤 공을 가지고 그에 걸맞지 않는 의원이나 대장장이를 만드는 것과 같다고 할 것이다.[29]

상앙이 주장하였던 법이 가지고 있는 한계를 뛰어넘기 위해 한비자는 관료를 등용하고 공로를 판단하기 위한 다른 해결책을 제시한다. 그는 모든 신하들로 하여금 자신의 의견을 말로 진술하도록 한다. 신하들이 진술한 말을 참고하여 일을 맡겨 주고, 그 맡은 일에 대한 일의 성과를 요구한다. 즉, 신하가 진술한 말과 신하가 맡은 일에 대한 성과가 걸맞으면 신하는 상을 받을 수 있지만, 상응하지 않게 되면 군주는 신하에게 벌을 주게 된다. 신하로 하여금 자신의 의견을 진술하게 하고, 신하의 진술과 일의 성과가 상호 일치할 수 있도록 하는 자가 바로 현명한 군주가 된다.[30]

법 시행의 중심은 관리이므로 관리가 중요한 역할을 담당하게 된다. 군주는 혼자서 국가를 통치할 수 없기 때문에 관리를 임용하여 백성을 통치하게 된다. 군주는 법을 시행함에 있어 관리들이 직접 백성들에게 법을 가르치고 실천하게 하여 국가를 올바로 설 수 있도록 해야 한다.

한비자가 법을 통하여 궁극적으로 이루려고 한 목적은 부국강병에 있다. 당시 한비자는 이 상황에서 나라를 안정되게 하고 통치하는 데 가장

---

29 『韓非子』「定法」, "商君之法曰: 斬一首者爵一級, 欲爲官者爲五十石之官; 斬二首者爵二級, 欲爲官者爲百石之官. 官爵之遷與斬首之功相稱也. 今有法曰: '斬首者令爲醫·匠. 則屋不成而病不已. 夫匠者手巧也, 而醫者齊藥也, 而以斬首之功爲之, 則不當其能. 今治官者, 智能也; 今斬首者, 勇力之所加也, 以勇力之所加而治智能之官.是以斬首之功爲醫匠也."

30 『韓非子』「主道」, "故群臣陳其言, 君以其言授其事, 事以責其功. 功當其事, 事當其言則賞; 功不當其事, 事不當其言則誅. 明君之道, 臣不得陳言而不當."

유용하다고 판단한 것은 강력한 법을 통한 군주의 통치에 있다고 본 것이다. 인간의 본성은 악하기 때문에 자기의 이익만을 추구하는 존재를 어떻게 통치해야 하는가에 한비자는 관심을 두었던 것이다. 악한 본성을 가지고 있는 인간을 그대로 두면, 서로 각자의 이익만을 추구하여 만인에 대한 만인의 투쟁 상태에 직면하게 되고, 한비자가 추구하고자 하는 부국강병은 멀어지게 될 것이다.

4. 이병(二柄): 상(賞)과 벌(罰)

　　형벌을 적용함에 있어서 한비자는 공평하여야 한다고 주장한다. 단지 서민이기 때문에 무거운 형벌을 내린다는 것은 잘못되었다고 한다. 한비자는 법은 지위 고하를 불문하고 법을 총애하는 자에게 집행되어야 한다고 주장한다.[31] 공이 있으면 상을 주고 죄가 있으면 벌을 주어야 하지, 친소나 신분 또는 총애 여부에 따라 불공평한 법의 집행은 올바르지 않다는 것이다. 또한 죄를 지은 자를 벌하는 데 있어서는 중신이기 때문에 예외를 둘 수 없고, 선행을 한 자에게 상을 주고자 하는데, 서민이기 때문에 배제되어서는 아니 된다고 주장한다.[32]

　　순자는 사람에 대한 형벌의 중요성을 강조하고 있다. 그는 사람들에게 가르치지 않고 벌(罰)만 준다고 해서 악을 이겨낼 수 없을 것이라고 하고, 가르치지만 벌을 주지 않는다면 간사한 백성을 징계할 수 없을 것이라고 한다. 상(賞)의 중요성 역시 강조한다. 군주가 백성에게 벌주기만 하고 상을 주지 않는다면, 백성들은 근면하지 않을 것이며, 벌과 상의 기

31　『韓非子』「外儲說右上」, "不避親貴　法行所愛."
32　『韓非子』「有度」, "刑過不避大臣　賞善不遺匹夫."

준이 없다면 풍속의 험악함이 발생할 것이라고 한다.[33] 형벌의 목적 제시에 관심사를 둔 순자와 달리 한비자는 한 발 더 나아가 형벌을 무겁게 함으로써 생기는 폐해보다 약해서 생기는 폐해를 경고하면서 중형과 엄형을 강조한다.

"형벌을 가볍게 하면 백성들은 반드시 그것을 쉽게 여길 것이다. 범하여도 처벌하지 않는다면 이는 나라 사람을 내몰아 내버려두는 꼴이 된다. 범하였다고 하여 처벌한다면 이는 백성을 위해서 함정을 설치하는 꼴이 된다. 이 때문에 죄를 가볍게 한다는 것은 백성에게는 개미둑이 된다. 그러므로 죄를 가볍게 하는 것을 법칙으로 삼아 나라를 어지럽히지 않으면 백성의 함정을 설치하게 되니 이것은 백성을 상하게 하는 것이다."[34]

이와 같이 한비자가 중형과 엄형을 강조하였지만 결코 중형주의 신봉자로 단정하기는 어려운 면이 있다. 왜냐하면 한비자는 징계를 하더라도 형벌에 대한 기준에 따라야 하고, 사형을 집행한다 할지라도 잔인한 일은 없어야 함을 강조한다. 그래야만 간악한 사람도 복종하게 될 것이라고 하면서 잔인한 형벌에 대하여는 반대의 입장을 명확히 밝히고 있다.[35] 더 나아가 한비자는 상벌의 남용에 대한 위험성을 경고하는데, 군주가 분에 넘치는 상을 백성에게 남발하면 백성을 잃게 될 것이며 형벌을 기준

---

33 『荀子』「富國」, "故不教而誅 則刑繁而邪不勝 教而不誅 則姦民不懲 誅而不賞, 則勤屬之民不勤 誅賞而不類 則下疑俗儉而百姓不一."
34 『韓非子』「六反」, "今輕刑罰, 民必易之. 犯而不誅, 是驅國而棄之也; 犯而誅之, 是爲民設陷也. 是故輕罪者, 民之垤也. 是以輕罪之爲民道也, 非亂國也, 則設民陷也, 此則可謂傷民矣!"
35 『韓非子』「用人」, "故聖人極有刑法, 而死無螫毒, 故姦人服."

없이 잘못 내리게 되면 백성들은 군주의 법 집행을 두려워하지 않을 것이고, 이렇게 되면 백성들에게 상을 권장하는 것이 충분할 수 없고, 형벌을 내리는 것 역시 악한 행위를 금지시킬 수 없으며, 마침내 나라의 안위가 위태로울 수 있다는 점을 경고한다.[36]

> "법이란 공포된 법령이 관청에 드러나 있고 형과 벌은 반드시 백성의 마음속에 새겨져 있어서 상은 법을 삼가는 자에게 주어지고 벌은 명령을 어기는 자에게 가해지는 것이니, 이는 신하된 자가 받들어야 하는 바이다."[37]

이는 법으로부터 군주는 자유로울 수 있음을 암시하는 대목이다. 군주 자신을 제외한 신하와 백성에 대하여 법치(法治)를 시행하게 되는 것을 의미한다. 상은 법령을 준수한 사람에게 주어지는 것이고 벌은 법령을 위반한 사람에게 가해지는 것이다. 그러므로 신하와 백성만이 법을 따라야만 한다는 것을 의미한다.

한비자는 중형주의자로 평가할 수 있는 요소가 발견되는데, 바로 사소한 것이라 할지라도 중형을 부과해야 백성들의 법질서가 유지된다고 본 것이다. 법의 예방 효과를 고려한 것으로 볼 수 있다. 중형을 통한 법의 집행은 백성들에게 두려움을 주게 되고, 백성의 두려움은 법을 효과적으로 시행할 수 있게 하는 것이다.

---

36 『韓非子』「飾邪」, "主以是過予, 而臣以此徒取矣. 主過予, 則臣偸幸; 臣徒取, 則功不尊. 無功者受賞, 則財匱而民望; 財匱而民望, 則民不盡力矣. 故用賞過者失民, 用刑過者民不畏. 有賞不足以勸, 有刑不足以禁, 則國雖大, 必危."

37 『韓非子』「定法」, "法者, 憲令著於官府, 賞罰必於民心, 賞存乎愼法, 而罰可乎姦令者也, 此臣之所師也.": 김원중 역, 『한비자』, 휴머니스트, 2018, 784면.

법은 일률적으로 시행되어야 하며 상벌을 집행함에 있어 함부로 해서는 안 된다고 주장한다. 군주는 법률에 대한 내용을 제정하거나 개정 또는 집행할 때 권한을 행사하게 된다. 신상필벌(信賞必罰)의 중요성을 강조하는 한비자에게 있어서, 후상(厚賞)은 백성의 사리를 추구하고자 하는 본성을 대신하여 공리(公利)를 실현하기 위한 것으로 판단될 수 있고, 중죄(重罪)는 이해타산적인 백성과 신하에 대한 범죄의 예방적 목적을 위한 것으로 이해된다. 이렇게 본다면, 한비자의 법치는 자의적인 군주가 실정법을 통하여 백성과 신하를 철저하게 통제하고자 하는 의미를 갖는 것으로 판단할 수 있다.

현명한 군주가 상을 내릴 때에는 포근함이 담겨 있어야지 백성들이 그 혜택을 좋아할 것이고, 벌을 줄 때에는 천둥소리를 듣는 것과 같이 무서움이 담겨 있어야 백성들이 그 처벌을 두려워 할 것이다.[38]

"군주는 신하가 지혜와 능력을 가졌다 하더라도 법을 위반하며 함부로 처신할 수 없도록 하여야 하고, 뛰어난 행동을 하였다 해도 공적을 뛰어넘어 포상해서는 안 되며, 충신이 있다고 할지라도 법을 어겼을 때는 사면해주지 말아야 한다. 이를 가리켜 '밝은 법'이라고 한다."[39]

한비자는 군주가 나라를 다스림에 있어서 두 자루 칼자루를 있어야 한다고 주장한다. 법치의 실현 여부는 이 상과 벌을 어떻게 시행하느냐에

---

38 『韓非子』「主道」, "是故明君之行賞也, 曖乎如時雨, 百姓利其澤; 其行罰也, 畏乎如雷霆, 神聖不能解也."

39 『韓非子』「南面」, "人主使人臣雖有智能, 不得背法而專制; 雖有賢行, 不得踰功而先勞, 雖有忠信, 不得釋法而不禁: 此之謂明法."

있다는 것이다. 상과 벌은 지나치지 않음을 기준으로 한다. 또한 법에서 정한 범위에서만 상을 내리면 되는 것이지, 범위를 벗어나면 상을 내리는 것도 금지되어야 한다.

Chapter 03

한비자의
술치와 세치

I. 한비자의 술치(術治)

1. 술치와 법치의 관계

술치는 신하에 대한 군주의 통치를 의미하는데, 한비자는 신불해(申不害, ?~기원전 337)의 술치(術治)를 수용하였다. 신불해는 상앙과 동시대에 살았던 사람으로 정(鄭)나라의 천신(賤臣)으로서 술(術)을 익혀 한(韓)나라의 소후(昭侯)에 의해 재상에 등용되어 15년간 부국강병을 이루었다. 술치의 주창자로 알려져 있지만 법치사상으로부터 완전히 벗어나 있는 것은 아니다. 신불해는 군주는 법을 명확하게 해야 하고 의로움을 행함에 있어 올바르게 하여야 하는데, 이는 마치 저울에 달아 무거움과 가벼움을 가려내는 것과 같고, 법은 많은 신하들을 하나로 하는 수단이 된다고 한다.[1]

---

1   『申子』「逸文」, "君必明法正義, 若懸權衡以稱輕重, 所以一群臣也."

"요 임금이 다스린 것은 선한 것이었다. 법을 밝히고 영을 살폈을 뿐이다. 훌륭한 군주는 법에 의지하는 것이지 사사로운 지혜에 맡기지 않으며, 숫자에 의지하는 것이지 말에 의탁하지 않는다. 황제는 천하를 다스릴 때 법을 설치하고 변경하지 않고, 백성들로 하여금 그 법을 편안히 여기고 즐기도록 한다."[2]

신불해는 법치를 말하고 있지만, 상앙과 같이 철저한 법치주의자는 아니었다. 이 점을 통찰한 한비자는 법을 하나로 결단하지 않고 그 헌령을 통일하지 않은 채 이익이 구법(舊法)과 전령(前令)에 있으면 그것을 취하고 이익이 신법(新法)과 후령(後令)에 있으면 그것을 따르므로 간신들이 그 법령을 더욱 속이게 된다고 하여 신불해의 법치관을 비판한다.[3]

군주의 술치는 군주의 권한이 신하들에 의하여 침탈되거나 박탈되지 않도록 하는 기능을 담당한다.[4] 법과 명령은 군주가 백성을 다스리기 위한 목적을 가지고 있고, 술은 군주가 신하를 통제하기 위한 목적이 있다. 또한 술(術)이라 함은 군주가 법치를 실행함에 있어서 반드시 있어야만 하는 정치방법으로서, 술치는 법치를 실현하는 현실적인 기술이다. 그러므로 술치의 시행은 두 단계로 이행된다. 먼저 군주는 신하에게 합당한 관직을 부여한다. 두 번째 단계에서는, 관직을 부여받은 신하는 실적을

---

2   『申子』「逸文」, "堯之治也善, 明法察令而已, 聖君任法而不任智, 任數而不任說, 皇帝之治天下, 置法而不變, 使民安樂其法也."

3   『韓非子』「定法」, "申不害不擅其法, 不一其憲令, 則奸多. 故利在故法前令則道之, 利在新法后令則道之, 利在故新相反, 前后相勃, 則申不害雖十使昭侯用术, 而奸臣犹有所譎其辞矣."

4   조천수, "전기 법가의 법사상 -상앙, 신불해, 신도를 중심으로-", 「안암법학」 제19호, 안암법학회, 2004, 170면.

추궁받게 된다. 살생의 권력을 쥐고 있는 군주는 여러 신하들의 결과를 보고 능력을 평가하고, 이 권리는 군주만이 장악하고 있어야 한다.[5]

법치(法治)는 술치(術治)의 전제가 되며, 술치는 법치의 보증 기능을 한다. 술치는 법치 실현의 목적에 의해 제기된 것이지만, 그 성격상 법의 내용과 매우 다른 구조를 가지고 있다.[6] 법가에 있어서 술(術)은 신하들을 통제하고 자신의 지위를 보호하고 유지하기 위해 동원하는 통치수단이고, 임무에 따라 벼슬을 내리고 명목에 따라 실적을 따지며 군주가 신하를 다스리는 방식에 해당한다.[7]

술이란 군주가 담당할 힘에 맞추어서 신하에게 관직을 주고, 직분에 따라서 신하의 일에 따른 결과를 따져보며 형벌권을 가지고 신하들의 능력을 시험하는 것이다. 술은 군주가 장악하는 것이라는 점이 법과 다르다. 이 점이 법과 다르다. 법은 명령이 명시적으로 관청에 개시(開示)되어야 하고, 형벌은 백성이 반드시 알 수 있도록 해주어야 하며 상은 법을 따르는 자에게 주어지고, 벌은 명령을 어기는 자에게 가해진다. 이는 신하된 자가 받들어야 할 사항이다.[8]

술은 군주가 장악하는 것이기 때문에 술의 주체는 군주이다. 군주에게 술이 없으면 윗자리에서 눈이 가려지게 된다. 신하에게 법이 없으면

---

5   『韓非子』「定法」, "術者, 因任而授官, 循名而責實, 操殺生之柄, 課群臣之能者也, 此人主之所執也."
6   김예호, 『고대중국의 사상문화의 법치철학』, 한국학술정보, 2007, 404면.
7   신주호, "한비자의 법치사상에 대한 현대적 고찰", 「경희법학」 제52권 제3호, 경희대학교 법학연구소, 2017, 496면.
8   『韓非子』「定法」, "術者, 因任而授官, 循名而責實, 操殺生之柄, 課群臣之能者也, 此人主之所執也. 法者, 憲令著於官府, 刑罰必於民心, 賞存乎愼法, 而罰加乎姦令者也, 此臣之所師也."

아래에서 어지러워지게 된다. 이것은 제왕이 갖추어야 할 모든 조건들로서 하나도 빠뜨림이 있어서는 안 된다.[9] 술의 장악하느냐 하지 않느냐에 따라 군주의 다스림이 좌우된다.

"술이란 군주의 가슴 속에 감추어두고 여러 상황에 따라 아무도 모르게 여러 신하들을 부리는 것이다. 따라서 법이란 분명하게 드러나야 하며, 술은 드러내 보이지 않게 한다. 이 때문에 현명한 군주가 법을 말하면 나라 안의 신분이 낮고 미천한 사람들끼리 들어서 알지 못함이 없으니, 당안에 차 있는 사람만 들을 수 있는 것이 아니다. 술을 사용한다면 가까이의 사랑하고 친한 사람들도 들을 수 없으니 은밀하고 좁은 실(室)이라고 해도 가득 채울 수 없다."[10]

한비자가 이렇게 술을 중하게 보면서 신하를 극도로 경계하고 있는 것은 사랑하는 신하를 지나치게 군주가 가까이하면 반드시 군주 자신을 위태롭게 하는 결과를 초래할 것이기 때문이다. 대신에 지나치게 신하를 귀하게 여기면 반드시 그 신하는 군주의 자리를 갈아치우게 될 것이라고 하면서, 그는 술의 중요성을 강조한다.[11] 신하들에 의하여 군주가 몰락한 사례는 다양하게 등장한다. 옛날 주(紂)가 멸망한 것과 주(周)가 쇠락할 수밖에 없었던 이유는 모두 제후의 세력이 강해졌기 때문이고, 나라가 갈라진 진(晉)과 나라를 빼앗긴 제(齊) 역시 신하들의 부유함이 지나쳤기

---

9   『韓非子』「定法」, "君無術, 則弊於上; 臣無法, 則亂於下, 此不可一無, 皆帝王之具也."
10   『韓非子』「難三」, "術者, 藏之於胸中, 以偶衆端而潛御群臣者也. 故法莫如顯, 而術不欲見. 是以明主言法, 則境內卑賤莫不聞知也, 不獨滿於堂; 用術, 則親愛近習莫之得聞也, 不得滿室."
11   『韓非子』「愛臣」, "愛臣太親, 必危其身; 人臣太貴, 必易主位."

때문이다.[12]

한비자에게 있어서 술은 군주의 권위를 높이는 것이고, 술을 통하여 보다 더 강력한 수직적인 군신관계가 형성된다. 술로서 더욱 절대군주가 되고 군신관계가 보다 더 일방적이 되는 것이다. 국가통치를 위해서 술은 군주가 관리들의 의중을 몰래 알아내어 관리를 좌지우지할 수 있는 도구로 활용된다. 국가를 통치함에 있어서 관리를 동반하지 않고는 불가능하다.

관리 자신들 마음대로 행동하도록 내버려 두고, 그 말대로 한 결과 실패를 하였다면 책임을 묻는 것은 군주의 술(術)이다. 따라서 신하의 실패에 대한 책임은 군주에게 돌아오는 것이 아니다. 성공하면 관리의 공적뿐만 아니라 군주의 공적이 된다. 군주는 이와 같이 국가를 다스림에 있어서 필요한 관리들을 반드시 통제하고 제어할 수 있는 기술이 필요하고, 관리의 실패한 정책에 대하여 관리는 책임을 다해야 하고, 군주가 책임을 질 것은 아무것도 없다. 반면, 관리의 성공은 군주가 그 영광을 다 누리게 된다. 이런 측면에서 술은 관리를 잘 다스리는 군주의 기술에 해당한다.

2. 관료제도와 신불해 술치

신불해가 술치를 주장하게 된 것은 관료제도와 밀접한 관련을 맺고 있다. 신불해가 주장한 술치는 일반 백성이나 국가 전체를 대상으로 하는 통치수단에 해당되는 것이 아니다. 군주를 둘러싸고 있는 관료들을 부리고 조종하는 기능을 하는 것이 바로 술치이다.[13] 그러므로 술치는 관료제

---

12 『韓非子』「愛臣」, "昔者紂之亡, 周之卑, 皆從諸侯之博大也; 晉之分也, 齊之奪也, 皆以群臣之太富也."
13 이춘식, 『춘추전국시대의 법치사상과 세(勢)·술(術)』, 아카넷, 2002, 142면.

도를 전제하고 있다. 신불해의 관리에 대한 생각은 한비자의 『難三』과 『定法』에서 이해할 수 있다. 신불해는 『難三』에서 관리는 다스리는 일을 함에 있어서 비록 알고 있는 사실이 있다고 할지라도 진언하지 말아야 한다고 주장하는데,[14] 『定法』에서 한비자는 신불해의 이 말은 다스릴 때 직분을 넘어서지 않는다는 것은 직분을 지키는 것이 옳다는 것이고, 알게 되더라도 진언하지 말라고 하는 것은 신하의 잘못을 군주에게 아뢰지 말라는 의미라고 한다.[15] 당시 관료제도는 다수의 신하들과 여러 분야로 조직이 구성되어 있고, 각 조직마다 고유한 업무가 있었던 것을 예상할 수 있다. 신불해가 술치를 주장하게 된 것은 관료제도의 성립을 전제하고 군주가 주변의 신하나 관료들을 다루기 위한 하나의 방안으로 술치사상을 제시한다.

신불해의 술치가 일반 백성들을 대상으로 한 것이 아니라 신하와 관료들을 대상으로 한 것이라는 점에서 유가의 군신관계와 차이점이 있다. 유가사상은 정명론에 입각하여 임금은 임금다움이 있어야 하고, 신하는 신하다움이 있어야 하며, 아버지는 아버지다움이 있어야 하고, 자식은 자식다움이 있어야 함을 강조한다.[16] 신불해는 유가의 정명론(正名論)을 반박하면서 군주와 신하, 군주와 관료 간의 관계를 상하라고 하는 수직적인 직제로 보고, 군주는 신하와 관리들을 다스리기 위해서는 강력한 권한을 가지고 있어야 함을 강조한다. 이러한 면은 『한비자』에서 여러 차례 등장하고 있다. 신불해는 현명한 군주는 국가의 거대한 일을 결정함에 있어서

---

14 『韓非子』「難三」, "申子曰, 治不踰官, 雖知不言."
15 『韓非子』「定法」, "申子言 治不踰官, 雖知弗言. 治不踰官, 謂之守職也可."
16 『論語』「晏然」, "孔子 對曰, 君君臣臣父父子子, 公曰, 善哉, 信如君不君, 臣不臣, 父不父, 子不子, 雖有粟吾得而食諸."

홀로 결정해야 한다고 하거나,[17] 술은 사람을 죽이고 살리는 권력을 장악하고 여러 신하들의 능력을 평가하는 것으로서 군주가 반드시 하여야 함[18]을 밝히고 있다. 신불해가 생각하는 군주를 보면, 명령을 내릴 수 있는 권한이 있기 때문에 군주가 존경받는 것이지, 만약 명령을 내릴 수 없는 군주라면 군주가 아닌 것과 같다는 것이다. 유가의 정명론은 도덕성을 갖춘 임금과 신하의 결합을 전제로 하지만, 신불해가 주장하는 군신관계는 법과 술의 권세를 장악하는 절대군주와 현실적인 정무를 처리하는 능력 있는 신하의 주종관계가 문제된다.[19]

신불해 술치에서 주목해야 할 사항은 무위이술(無爲而術)인데, 그는 홀로 보고 홀로 들으며 홀로 결단할 수 있는 자가 바로 군주로서 천하의 주인이라고 한다.[20] 여기서 신불해는 군주는 무위, 무사, 무지의 술을 행하지만 신하는 유위, 유사, 유지로써 행해야 하는 군자의 술치를 주장한다. 신불해는 군주가 안다고 하는 것을 드러내면 사람들은 그것에 덧칠을 하고, 군주가 그것을 모른다고 하는 것을 드러내면 사람들은 그것을 숨기고자 한다고 하면서, 오직 군주는 무위만을 가져야 한다고 주장한다.[21]

"말을 신중히 해야 한다. 사람들이 너를 알려고 하기 때문이다. 행동을 신중히 해야 한다. 사람들이 너를 따르려고 하기 때문이다. 알고 모름을 드

---

17 『韓非子』「外儲說右上」, "明主之道 在申子之勸獨斷也."
18 『韓非子』「定法」, "申不害言…術者…操殺生之柄, 課群臣之能, 此人主之所執."
19 조천수, "前期 法家의 법사상 -商鞅, 申不害, 愼到를 중심으로-", 「안암법학」 제19호, 안암법학회, 2004, 171면.
20 『申子』「逸文」, "獨視者謂明, 獨聽者謂聰, 能獨斷者, 故可以爲天下主."
21 『申子』「逸文」, "上明見 人備之, 其不明見, 人惑之, 其知見, 人飾之, 其不知見, 人匿之, 其無欲見, 人何之, 其有欲見, 人餌之, 故曰, 吾無從知之, 惟無爲可以規之."

러내기 시작하면 사람들은 숨기려 하고, 이를 드러내지 않으면 너에게 뜻을 보이려고 한다. 알고 모름을 보이면 너에게 감출 것이고, 알고 모름을 보이지 않으면 사람들이 너에게 행동을 보일 것이다. 오직 무위만이 사람들을 통제할 수 있다."[22]

　신불해는 술치를 위한 군주와 신하의 역할분담을 명확히 하고 그것을 정당화하였다. 신불해가 말한바 대로, 명군은 신체와 같고, 신하는 신체의 두 손에 비유할 수 있다. 군주는 소리와 같은 것이고, 신하는 그 메아리에 해당한다고 볼 수 있다. 군주가 나라의 기본 토대를 세우고 신하는 세부사항을 집행한다. 군주는 권위와 세력을 장악하고 신하는 주어진 업무에 종사한다. 군주는 부계(符契)를 잡고 신하에게 그 명에 따른 책임을 묻는다. 명(名)이란 하늘의 강령(綱領)이며 성인의 부신(符信)이다.[23] 신불해가 말하는 무위이술(無爲而術)과 구별해야 할 사항은 노자의 무위자연(無爲自然)이다. 노장의 무위론의 주체는 모든 사람이다. 하지만 신불해가 의미하는 무위이술은 군주만을 그 대상으로 한다. 신불해의 무위이술은 군주가 신하에게는 적극적으로 말을 하도록 하나, 군주는 자신의 의중을 드러내지 않고 일체의 말과 행위를 하지 않는 것을 의미하는 것이다.[24]

　신불해의 술치는 당시 관료제도와 함께 이해되어야 하는데, 군주는 관료의 선발과 임명의 난관, 또 임명 후 신하와 관리에 대한 감시 필요성,

---

22　『申子』「逸文」, "愼而言也, 人且知女, 愼而行也, 人且隨女, 而有知見也, 人且匿女, 而無知見也, 人且意女, 女有知也. 人且臧女, 女無知也, 人且行女, 故曰, 惟無爲可以規之."

23　『申子』「大體」, "明君如身, 臣如手, 君若號, 臣如響, 君設其本, 臣操其末, 君治其要, 臣行其詳, 君操其柄, 臣事其常, 爲人君者, 操契以責其名, 名者, 天地之綱, 聖人之符."

24　조천수, "前期 法家의 법사상 -商鞅, 申不害, 愼到를 중심으로-", 「안암법학」 제19호, 안암법학회, 2004, 173면.

충성스런 관료와 간사한 관료의 구별 등의 고도의 용인술으로 인하여 군
주의 술치가 필요했던 것이다. 하지만 신불해의 술치는 군주의 입장에서
군주가 신하와 관료들을 다루고 통제할 수 있는 기술을 개발·발전시킨
것으로 군주권의 강화를 위한 기능을 하였지만, 추구한 목적에 비하여
세부적인 내용이 없어 빈약하고 체계적이지 않다는 한계가 있다.

3. 한비자 술치론의 전개

술과 술치에 대한 한비자의 인식은 신불해가 주장한 술치와 유사한
면이 있다. 신불해가 주장한 술치는 군주 주변의 신하와 관료들을 통제하
고 관리하는 목적을 둔 군술(君術)에 국한된 것이고 술치의 목적과 기능
에 초점을 둔다. 신불해는 법과 다른 통치기술로서 술치를 수용하였지만,
한비자는 신불해의 술치보다도 정교하면서 치밀하고도 다양한 술치가
필요했다. 한비자는 신불해 술치사상의 한계와 결함을 보완하고 보다 발
전된 자신의 술치론을 전개한다.

행위에 따른 결과를 보고, 그 결과에 대하여 대가를 확실하게 주는
것이 한비자의 신하 다스림에 대한 기본원칙이다. 그는 군주가 신하를
관리하는 방법으로서 일곱 가지를 제시한다. 군주가 써야 하는 술책은
일곱 가지이며 살펴야 하는 기미는 다섯 가지이다.

첫째, 여러 가지를 참고하여 살펴야 한다. 관리들의 말과 행동은 매우
중요하다. 군주는 여기서 드러나는 여러 가지 실마리를 마음속으로 비교
하고 검토하여야 한다. 관리의 말만 믿고 사실을 확인해 보아야 한다. 그
렇지 않으면 참된 것을 알 수 없게 된다. 반드시 관리의 말을 사실과 대조
하여야 한다. 또한 다른 사람의 말을 들을 줄 알아야지, 한 사람의 말에

경도되면 군주의 눈과 귀는 닫혀 있는 것과 같다. 한비자는 여러 관리들의 말을 경청할 것을 강조한다.[25]

둘째, 누군가 죄를 지었다면 군주는 반드시 벌을 주어야 할 것이다. 죄를 범하고도 벌을 받지 않는다면 아랫사람이 윗사람을 우습게 알 것이므로, 형벌을 엄격히 하여야 한다는 것이다. 한비자는 엄형중벌을 신봉하여 죄를 범한 경우에는 반드시 엄격한 벌이 뒤따라야 한다고 하였다.[26]

셋째, 상을 주어야 하는 경우에 반드시 상을 후하게 주어야 한다. 그래야만 백성들은 자신의 능력을 충분히 발휘한다. 상과 칭찬을 아무런 기준 없이 내리게 되면 아랫사람은 일을 하지 않게 된다. 상과 칭찬을 후하게 할 경우에는 아랫사람이 자신의 목숨을 아끼지 않는다.[27]

넷째, 한 사람 한 사람 각자의 의견을 듣고 판단해야 한다. 개별적인 사람의 의견을 경청하지 않으면, 어떤 것이 옳고 어떤 것이 옳지 않은 것인가를 구별할 수 없게 된다. 관리들 각자가 능력이 있는가를 판단하기 위해서는 겸직할 수 없도록 하고, 관리가 행한 결과에 대하여 그 자신이 책임을 지도록 한다.[28]

다섯째, 의심이 있을 수 있는 사안에 대하여 명령을 하고, 신하를 속여서 어떠한 일을 시킨다. 군주는 신하들을 다스림에 있어 다소 예상할 수 없거나 엉뚱한 질문을 통하여, 신하가 군주를 속이지 못하도록 해야 한다. 자주 보고 오랜 기간 기다리게 하고 임무를 부여하지 않으면 간사한 자는

---

25 『韓非子』「內儲說上」, "觀聽不參則誠不聞, 聽有門戶則臣壅塞.": 김원중 역, 『한비자』, 휴머니스트, 2018, 440면.
26 『韓非子』「內儲說上」, "愛多者, 則法不立, 威寡者則下侵上. 是以刑罰不必則禁令不行."
27 『韓非子』「內儲說上」, "賞譽薄而謾者下不用, 賞譽厚而信者下輕死."
28 『韓非子』「內儲說上」, "一聽則愚智不分, 責下則人臣不參."

바로 사슴처럼 뿔뿔이 흩어지고, 일을 시키되 엉뚱한 질문을 하게 되면 사적인 일로 팔지 못한다.[29]

여섯째, 아는 것을 숨기고 질문한다. 군주가 알고 있는 일이라 할지라도, 능청스럽게 관리에게 물어봄으로써 군주가 알지 못한 사실까지 알 수 있게 된다. 하나를 알게 되면 숨어 있는 것까지도 연차적으로 알게 된다.[30]

일곱째, 거꾸로 말하고 반대로 일한다. 관리의 간악한 일의 실정을 파악하기 위하여 군주는 말과 행동을 달리 해본다. 즉, 관리의 수상한 점을 시험하여 신하에게 숨겨져 있는 악한 습성을 파악하게 된다. 의심스러운 것을 물어봄으로써, 간사한 신하의 업무 상태가 드러나게 된다.[31]

한비자는 국가의 안전운영을 위한 방책으로서 일곱 까지 술을 제시하는데, 군주의 통치술에 해당하는 것으로 당시의 문제를 해결하기 위한 방안에 해당한다. 그러므로 법을 백성들에게 시행하기 위한 방편이 바로 술치이다.

> "첫째, 상과 벌은 업무의 옳고 그름에 따라 행해지는 것
> 둘째, 화와 복이 행동하는 것의 선이나 악에 대응하는 것
> 셋째, 살리고 죽이는 것을 법도에 따라 실천하는 것
> 넷째, 현이나 불초의 판단에 따라 애증의 구별이 없는 것
> 다섯째, 어리석은 것과 어진 것의 분별에 흠담이나 칭찬이 개입하지 말 것

---

29 『韓非子』「內儲說上」, "數見久待而不任, 姦則鹿散. 使人問他則不鬻私."
30 『韓非子』「內儲說上」, "挾智而問, 則不智者至; 深智一物, 衆隱皆變."
31 『韓非子』「內儲說上」, "倒言反事以嘗所疑則姦情得."

여섯째, 일정한 기준으로 삼아서 일이 처리되어야지, 임의로 처리가 되어서는 안 되는 것

일곱째, 신뢰와 의리가 지켜져 속임수가 없는 것"[32]

술의 시행에 있어 가장 큰 목적 중의 하나는 신하의 적절한 통제라고 할 수 있다. 한비자는 통치를 함에 있어 문제가 되는 것은 신하라고 하는 점에 문제의식을 두고 있다. 군주가 만약에 성인이 정한 법과 술 이론에 밝아서 신하들의 사적인 의견에 따르지 않고 명목과 실제가 맞는지를 따져 보고, 옳고 그름의 판정 후 증거를 대조해서 언론을 살피면, 이로 인하여 좌우 측근의 신하들은 거짓을 가지고 자신의 안전을 도모할 수 없다는 것을 알게 된다. 이제 신하들은 자신의 지혜를 가지고 임금을 모시기에 힘을 다하지 않고, 서로 무리지어 헐뜯거나 칭찬하는 것으로 편안함을 구한다면, 천균(千鈞)의 무게를 짊어지고 깊은 연못으로 뛰어든 채 목숨을 구걸하는 것과 같은 것이다.[33]

한비자는 술(術)에 대하여 드러내지 말아야 함을 강조한다. 일단 술(術)은 군주가 간직하여야 한다. 능력에 따라 관직을 배분 받은 관리에 대하여 군주는 명분에 따라 실적을 추궁하며, 생명을 좌지우지하는 권력을 조정하고 백관의 능력을 평가하는 것은 군주가 소유하고 장악하는 것

---

32 『韓非子』「安危」, "安術有七, 危道有六. 安術: 一曰, 賞罰隨是非; 二曰, 禍福隨善惡; 三曰, 死生隨法度; 四曰, 有賢不肖而無愛惡; 五曰, 有愚智而無非譽; 六曰, 有尺寸而無意度; 七曰, 有信而無詐."

33 『韓非子』「姦劫弑臣」, "人主誠明於聖人之術, 而不苟於世俗之言, 循名實而定是非, 因參驗而審言辭. 是以左右近習之臣, 知僞詐之, 不可以得安也, 必曰: "我不去姦私之行, 盡力竭智以事主, 而乃以相與比周妄毀譽以求安", 是猶負千鈞之重, 陷於不測之淵而求生也, 必不幾矣."

이며 이것이 술이다.[34] 그는 군주의 권한을 해치는 다섯 가지의 장애를 둔다. 모든 신하들에 의해서 조성되는 것들이다. 신하가 군주의 눈과 귀를 닫아버리는 것, 신하가 재물과 이익을 만드는 것, 신하가 임의대로 명령을 지시하는, 신하가 군주의 허락 없이 상과 벌을 행하는 것, 신하가 사적인 이익을 작당하는 것이 그 다섯이다. 이것들이 군주의 권한을 해치는 까닭인 것이다.

신하가 군주의 눈과 귀를 보지 못하고 듣지 못하도록 하면, 그 군주의 자리를 잃게 된다. 신하가 국가의 부를 마음대로 장악하게 되면 그 군주는 백성에게 자신의 은덕을 베풀 수 없게 된다. 신하가 마음대로 내리는 명령은 군주로 하여금 통제력을 잃게 하고, 신하에 의한 상벌 행사는 군주의 권위를 잃게 한다. 이런 현상을 막아낼 수 있는 것은 군주 한 사람만이 할 수 있다. 남의 신하된 자가 할 수 없는 것이다.[35]

한비자는 신불해의 술에 대한 문제점을 제기한다.[36] 신불해는 일을 처리할 때 월권하지 말아야 하며, "비록 신하가 알고 있는 것이 있다고 할지라도 말하지 말라"고 한다. 일 처리를 월권하지 않는 것은 직분을 지키라는 것이므로 좋은 것이지만, 한비자는 알고 있는 사실이 있더라도 말하지 말라고 하는 신불해의 주장은 타당하지 않다고 한다. 군주는 온 나라의 눈을 빌려서 보게 되고, 온 나라의 귀를 빌려서 보다 더 많은 것을

---

34 『韓非子』「定法」, "術者, 因任而授官, 循名而責實, 操殺生之柄, 課群臣之能者也, 此人主之所執也."

35 『韓非子』「主道」, "是故人主有五壅; 臣閉其主曰壅, 臣制財利曰壅, 臣擅行令曰壅, 臣得行義曰壅, 臣得樹人曰壅. 臣閉其主, 則主失位; 臣制財利, 則主失德: 臣擅行令, 則主失制; 臣得行義, 則主失名; 臣得樹人, 則主失黨. 此人主之所以獨擅也, 非人臣之所以得操也."

36 『韓非子』「定法」, "申子未盡於法也."

들을 수 있는 것인데, 알고 있다고 할지라도 군주에게 말하지 말라고 한다면 군주는 보고 들을 수 있는 길이 막히게 된다는 것이다.[37] 그러므로 한비자는 군주가 알지 못하는 사실을 신하가 말을 할 수 있도록 해야 한다고 주장한다. 이 점에서 있어서 한비자와 신불해의 차이점이 있다.

4. 형명참동(形名參同)과 법술지사(法術之士)

한비자는 신불해와 달리 신하의 제안을 중요시하였다. 한비자는 신불해의 술이 말의 중요성을 무시했다는 점을 지적한다. 한비자가 말하는 술은 관자나 신불해가 말한 허정·무욕을 군주의 통치의 근본으로 삼고, 그 근본으로 신하와 백성들을 허정(虛靜)과 무위(無爲)의 정치로 추급하는 방법이다.[38] 그러므로 정치의 목적이 법치(法治)라고 한다면, 당시의 사회 정치 상황을 전제로 법치의 현실적 실현을 위해 제시된 정치기술이 술치(術治)이다.[39]

한비자에게 있어서 신하는 군주를 위태롭게 할 수 있는 자로서 경계의 대상으로 보고 있다. 한비자는 신하가 군주의 마음을 이용하는 것을 매우 위험한 것으로 보았다. 이는 군주가 신하에게 마음을 드러내면 신하는 군주의 뜻을 알고서 신하의 욕망을 채우는 기회가 될 수 있고,[40] 사랑

---

37 『韓非子』「定法」, "申子言: 治不踰官, 雖知弗言. 治不踰官, 謂之守職也可; 知而弗言, 是謂過也. 人主以一國目視, 故視莫明焉; 以一國耳聽, 故聽莫聰焉. 今知而弗言, 則人主尙安假借矣?"

38 심우섭, "한비의 정치철학 사상에 관한 연구", 「유교사상연구」 제10집, 한국유교학회, 1998, 342면 이하.

39 김예호, "한비자 술치론의 입론 사유 분석", 「한국철학논집」 제35집, 한국철학사연구회, 2012, 365면.

40 신주호, "한비자의 법치사상에 대한 현대적 고찰", 「경희법학」 제52권 제3호, 경희대학교 법학연구소, 2017, 496면.

하는 신하를 지나치게 가까이 두는 것 역시 군주의 자리가 몹시 위험하다고 경고한다. 그러므로 군주는 자신의 내적인 마음을 표출하지 말아야 하고 좋아하거나 싫어하는 표정 역시 외부로 노출되어서는 안 된다.

군주는 신하를 다스릴 줄 아는 능력이 있어야 할 것이다. 한비자가 신하를 극도로 경계하게 된 것은 당시 신하들에 의하여 권력이 찬탈당하는 시대적인 상황에 기인한 것인데, 그는 상(商)의 마지막 왕 주(紂)가 망한 것, 천자국 주(周)나라가 패자나 웅자들에게 비굴(卑屈)해진 것은 모두 그들의 신하인 제후(諸侯)들이 박대(博大)해진 때문이며, 진(晉)나라가 분열되고 제(齊)나라가 탈취 당함은 모두 여러 신하들이 크게 부유해진 탓이라고 분석하였다.[41]

신불해는 먼저 군주가 신하의 능력에 따라 임무를 부여해야 한다고 주장한다. 그리고 신하의 공적의 결과를 보고 상을 부여하면 된다고 보았다. 이와 같은 선 임무 부여 후, 공적 결과를 자동적으로 따져보는 관료제도로 충분하다고 보았다. 하지만 한비자는 신불해의 술 이론은 정교하지 못하다고 하면서 자신의 술 이론을 제시한다.

한비자는 형명참동(形名參同)[42]을 주장하는데, '명(名)'은 신하가 진술한 말을 가리키며, '형(形)'은 신하가 실제 일한 성과를 의미한다. 군주는 진술에 걸 맞는 일을 신하에 주고, 오로지 그 일의 결과에 따른 성과를

---

41 『韓非子』「愛臣」, "昔者紂之亡, 周之卑, 皆從諸侯之博大也, 晉之分也, 齊之奪也, 皆以
    群臣之太富也."
42 형명참동이란 상벌을 밝히는 통치법술이다. 곧 군주는 신하의 言行에 근거하여 명
    분에 따라 그 실질을 책임을 지어 그 직책을 맡게 하는 것이다. 『韓非子』「主道」,
    "有言者自爲名, 有事者自爲形, 形名參同, 君乃無事焉, 歸之其情.": 『韓非子』「揚權」,
    "君操其名, 臣效其形, 形名參同, 上下和調也."

고려한다. 일의 성과가 그 일에 상응하여 들어맞으면 군주는 상을 주고, 그렇지 않으면 벌을 내리면 된다. 그러므로 군주가 지켜야 할 도리는 조용히 물러앉는 것을 귀중한 보배로 여겨야 한다. 군주는 스스로 정사를 처리하지 않고 신하에게 일을 맡기며 그 일이 잘되었는가, 또는 잘 되지 않았는가를 구분하여 복과 재앙의 징조만을 알아내면 된다는 것이다. 그러므로 군주는 아무런 말을 하지 않는다 하여도 신하가 잘 응하게 되며 약조를 하지 않았다 할지라도 일은 잘 진척될 것이라고 한다.[43]

신하가 제안을 하면 군주는 그 제안에 따라 계(契)를 작성한다. 신하가 그에 따른 일을 잘 수행하면 군주는 부(符)를 작성한다. 계와 부가 일치하면 군주는 상을 하사하고 일치하지 않으면 처벌을 내린다. 즉, 군주의 도는 조용히 뒤로 물러나서 형명참동 여부를 보고 상벌에 대한 판단을 내리는 것이다. 이때 형명참동은 군주가 재능 있는 인재를 선발할 때 적용된다. 형명참동 과정에서 중요한 것은 신하의 제안이다. 그 과정을 주도하고, 후에 실제 업무로써 드러나며, 상벌을 부여하는 기준은 군주의 명령에 있는 것이 아니다. 신하들의 제안과 부여된 임무에 따른 성과가 얼마나 일치하는가에 달려 있다.[44]

한비자는 신하들이 저지를 수 있는 간사한 음모와 수단을 열거하면서 군주의 곁에 있는 처와 첩, 측근, 친족, 더 나아가 이웃 나라까지 관리해야 할 필요성을 강조한다. 특히, 정보의 통로를 통제하는 중진 세력을 견제해야 한다고 하면서 이를 예방하기 위한 방안으로 법술(法術)에 능한 선

---

43 『韓非子』「主道」, "人主之道, 靜退以爲寶. 不自操事而知拙與巧, 不自計慮而知福與咎. 是以不言而善應, 不約而善增."
44 양순자, "한비자의 통치술: 마음 '비움(虛)'과 '고요함(靜)'을 중심으로", 「범한철학」 제75집, 범한철학회 논문집, 2014, 28면.

비의 필요성을 역설한다. 술은 아는 선비, 지술지사는 반드시 미래를 내다보면서 일을 명확하게 통찰한다. 그렇지 않으면 사적인 획책을 알아낼 수 없게 된다. 법을 능숙하게 처리하는 선비는 의지가 강하여 일처리에 엄격성을 가진다. 일이 엄격하게 처리되지 않으면 사악한 짓이 바로잡히지 않는다.[45] 한비자는 군주의 명령을 받지도 않고 제멋대로 행동하며 법을 인정하지 않으면서 사익을 취하고 국가 재정을 빼돌려 자신의 편의를 도모하는 중인(重人)을 경계하면서, 현명한 군주는 법을 능숙하게 다룰 줄 아는 선비를 등용해야 한다고 주장한다. 한비자는 화씨의 옥을 법술로 들면서 평범한 돌에 지나지 않는 것처럼 보이지만 실제로 귀한 보물임을 밝힌다.[46] 이야기는 첫 단계에서 화씨가 옥을 바치려다가 다리가 잘린 이야기를 통해 법술지사가 법을 시행하면서 겪게 되는 어려움을 제시하면서, 법술지사가 나라에 임용되지 못하고 죽음에 이르게 되는 과정을 설명한다. 두 번째 단계에서는, 화씨 이외에도 법이 올바르게 시행되도록 제안했는데도 불구하고 사지가 찢긴 오기(吳起)와 상앙(商鞅)의 사례를 들어 군주가 패왕이 되도록 노력하는 법술지사를 설명하고 있다.

「고분(孤憤)」에서 한비자는 중인(重人)에 대한 반감을 강하게 드러낸다. 군주는 신하들의 능력을 판단하기 위하여 충분한 정보를 획득할 수

45　『韓非子』「孤憤」, "智術之士, 必遠見而明察, 不明察, 不能燭私 能法之士, 必强毅而勁直, 不勁直, 不能矯姦."

46　『韓非子』「和氏」, "楚人和氏得玉璞楚山中, 奉而獻之厲王. 厲王使玉人相之. 玉人曰 石也. 王以和爲誑, 而刖其左足. 及厲王薨, 武王卽位. 和又奉其璞而獻之武王. 武王使玉人相之. 又曰 石也. 王又以和爲誑, 而刖其右足. 武王薨, 文王卽位. 和乃抱其璞而哭於楚山之下, 三日三夜, 泣盡而繼之以血. 王聞之, 使人問其故, 曰 天下之刖者多矣, 子奚哭之悲也? 和曰 吾非悲刖也, 悲夫寶玉而題之以石, 貞士而名之以誑, 此吾所以悲也. 王乃使玉人理其璞而得寶焉, 遂命曰 和氏之璧."

있어야 한다. 중인들은 군주에게 전달될 수 있는 정보를 차단하면서 군주의 판단력을 방해한다. 한비자는 중신들을 견제할 수 있는 정치 세력으로서 지술(智術)과 능법(能法)을 갖춘 법술지사(法術之士)를 등용할 것을 요청한다.

"군주가 술을 사용하면 대신들은 함부로 독단하지 못할 것이며, 가까이 있는 신하들도 감히 군주의 권세를 팔아먹을 수 없을 것이다. 관청에서 법으로 행사하면 떠돌던 백성들은 경작을 하게 되고, 떠돌던 협객들은 전쟁터로 나가 위험을 무릅쓰게 된다. 그러므로 법술이란 곧 신하와 백성들에게 화근으로 여겨지는 것이다."[47]

지술지사나 능법지사와 같은 법술지사를 등용하게 되면 중신 세력들이 휘두르는 무소불위의 권력을 견제할 수 있다. 한비자는 언변이 뛰어나고 문장을 잘 구사하는 자는 현실에 도움이 되지 않고 공리공담을 주로 하는 사람들이라고 비판한다. 지술지사나 유술지사는 어떠한 상황에서 문제점을 파악하고 그에 대한 해결책을 제시할 수 있는 관료를 의미한다.[48] 유술지사는 이치에 맞는 말을 할 수 있어, 군주의 법을 밝히고 간사한 신하들을 통제하여 군주를 보좌하고 나라를 안전하게 한다.[49]

이와 같이 한비자는 신불해가 주장한 술치사상을 수용하였지만, 군주

---

47 『韓非子』「和氏」, "主用術, 則大臣不得擅斷, 近習不敢賣重 官行法, 則浮萌趨於耕農, 而遊士危於戰陳 則法術者乃群臣士民之所禍也."
48 양순자, "한비자(韓非子)의 법(法)과 술(術)의 관계 재조명", 「동양철학」 제34집, 한국동양철학회, 2010, 579면.
49 『韓非子』「姦劫弑臣」, "夫有術者之爲人臣也, 得效度數之言, 上明主法, 下困姦臣, 以尊主安國者也."

주변의 신하와 관료들의 관리와 통제에만 목적을 군술(君術)의 영역에 한정되었던 신불해 술치를 군주가 술치 활용 시 원칙이나 운용 방법 등을 세부적으로 제시함으로써 술치의 체계를 정비하는 역할을 하였다.

II. 한비자의 세치(勢治)

1. 위(位)와 세(勢)

한비자의 또 다른 통치술로 신하에 대한 군주의 세치가 있다. 이 세치는 신도(愼到)가 사용하였던 개념을 한비자가 수용한 것이다. 세는 '힘'이나 '세력(勢力)'의 의미로 사용되기도 하고, 취향(趣向)이나 추세(趨勢)의 의미로 사용되며, 형태(形態) 또는 양식(樣式)의 뜻으로도 사용된다.[50] '세(勢)'는 중국 고대 『손자병법』에서 발견되는 것으로, 끊임없이 움직이면서 변화하는 개념으로 사용되었다. 즉, 군대에서 병력의 수나 양의 고정적인 의미보다는 전투가 벌어지는 상황에서 발생하는 가변적인 상황을 고려한 개념이 바로 이 '세'이다. 『손자병법』에서 세는 여러 가지 의미로 분류할 수 있으나, 한비자의 세와 관련하여 의미를 주는 것은 '기세'와 '변화의 세'이다.[51] '기세'라 함은 전쟁 중에 유리한 상황으로 형성되도록 하는 일종의 정신적인 힘을 의미한다.

---

50 林海, 『論「孫子兵法」 중 "勢" 理論與方法』, 陝西理工學院學報, 漢中, 2015년; 재인용, 전명용, "손자병법 '세(勢)' 연구", 「중국연구」 제70권, 한국외국어대학교 중국연구소, 2017, 406면.

51 전명용, "손자병법 '세(勢)' 연구", 「중국연구」 제70권, 한국외국어대학교 중국연구소, 2017, 410면.

"군대는 싸움이 시작될 때 사기가 왕성하다가 어느 정도 시간이 흐르면 사기가 점점 느슨해지며, 싸움이 끝날 때에는 군사들의 사기가 크게 떨어져 군영으로 돌아갈 생각만 한다. 그러므로 용병에 뛰어난 장수는 항상 적군의 날카로운 예기를 피하고 적군이 해이해지거나 나태해졌을 때 공격한다. 이것이 군대의 사기를 다스리는 방법이다."[52]

'변화와 세'도 중요한 의미가 있는데, 이 세는 유리한 태세로서 형세의 변화에 따라 만들어진다. 적의 실수나 위험 직면의 상황을 이용하여 만들어내는 유리한 세가 바로 변화의 세다. 전쟁을 이기고자 하는 자는 "적의 정황을 수집하고 분석하여 적의 의도를 정확히 판단하며, 적을 자극시켜서 작전 행동의 일정한 방식을 알아내고, 적에게 거짓으로 아군의 형세를 드러내어 그들이 포진한 지형과 진지의 장단점을 알아내고, 적황을 탐색하기 위한 국지적인 도발을 시행함으로써 병력 및 편제의 허실과 강약을 파악해야 한다."[53] 이와 같이 세는 주로 군사적인 상황에 주로 사용되었다.

『손자병법』은 전쟁에서 어떻게 적을 누르고 승리를 거둘 것인가를 다룬 병서로서 세에 대하여 자세히 논하고 있다.

"전쟁을 잘하는 자는 세에서 승리를 찾고 병사들을 탓하지 않는다. 기세에 맡기기에 능한 장수는 장병들을 지휘하여 싸울 때 마치 통나무나 돌을 굴리는 것처럼 한다. 돌과 통나무는 평안하면 가만히 있고 위태로운 곳에

---

52 『孫子兵法』「軍爭」, "是故朝氣銳 晝氣惰 暮氣歸, 故善用兵者 避其銳氣 擊其惰氣 此治心者也."

53 『孫子兵法』「虛實」, "故曰 勝可爲也 敵雖衆 可使無鬪 故策之而知得失之計 作之而知動靜之理 形之而知死生之地 角之而知有餘不足之處."

두면 쉽게 굴러나간다. 모나면 멈추고 둥글면 구르기 마련이다. 그러므로 전쟁을 잘하는 장수의 세는 마치 천 길 높은 산에서 둥근 돌을 굴리는 것처럼 한다. 이것이 곧 세이다."[54]

뛰어난 장수는 병사들의 능력에 의존하는 것이 아니라 '세'를 이용하는데, 이 '세'라는 것은 전쟁터에서 이로운 상황을 만들어 상대방보다 우위를 점하는 것을 의미하는 것이다. 그러므로 이 '세'를 가지면 전쟁에서 쉽게 승리할 수 있게 된다.[55]

신도가 군사적인 용어로 사용된 세의 개념을 정치적 의미로 수용한 것이다.[56] 『손자병법』에서는 이해득실을 따져 판단해서 세를 만들고, 이 세는 외부적인 상황을 보좌하는 역할을 한다. 그러므로 이 '세(勢)'는 이로움으로써 권능을 다스리게 된다.[57] 신도의 신자일문에서 나타나고 있는 세는 손자병법의 의미와 비슷한 면이 있다. 『신자일문(愼子逸文)』에는 세에 대한 언급이 있다. 여기서 신도는 사람들이 군주에게 복종을 하는 이유는 군주라는 자리에 있기 때문이라고 한다. 군주가 도덕적으로 뛰어나서가 아니라는 것이다. 위로 오르는 뱀은 안개 속에 놀고 날아다니는 용

---

54 『孫子兵法』「兵勢」, "故善戰者, 求之於勢, 不責於人, 故能擇人而任勢. 任勢者, 其戰人也, 如轉木石, 木石之性, 安則靜, 危則動, 方則止, 圓則行. 故善戰人之勢, 如轉圓石於千仞之山者, 勢也."
55 병가에서 말하는 세는 전략적 이로움이라는 'strategic advantage'로 번역되거나 상황이라고 하는 'situation'으로 번역되기도 한다. 전자는 Roger Ames, "The Art of Rulership", p. 65, 후자는 Samuel B. Griffith, "The Art of War", Newyork: Oxford university Press, 1963, p.66.
56 양순자, "중국 고대의 勢 개념: 『孫子兵法』, 『愼子逸文』, 『韓非子』를 중심으로", 「도교문화연구」 제36집, 한국도교문화학회, 2012, 166면.
57 『孫子兵法』「始計」, "計利以聽, 乃爲之勢, 以佐其外, 勢者, 因利而制權也."

은 구름을 타는데, 안개가 걷히면 나는 용과 위로 오르는 뱀은 지렁이나 개미와 같다. 이들이 지렁이나 개미처럼 약해진 이유는 탈 것을 잃어버렸기 때문이라는 것이다. 현명한 자가 어리석은 자에게 굴복하는 이유는 권(權)이 가볍기 때문이고, 불초한 자가 현명한 사람을 굴복시키는 것은 바로 지위를 가지고 있기 때문이다. 효가 필부였다면 이웃집에 사는 사람조차 부릴 수가 없었겠지만, 왕의 자리에 있기 때문에 그의 명령이 행할 수 있게 된다. 현명함은 불초함을 굴복시키지 못하지만, 세위는 현명함을 굴복시킬 수 있다.[58] 신자는 다른 사람을 굴복시키기 위해서 세가 필요한 것이지, 개인의 인격이나 능력이 할 수 있는 것이 아니다. 사람들이 군주를 따르는 것은 도덕적인 현을 가지고 있어서가 아니라 세를 가졌기 때문이다. 이제 이 세는 손자병법에서 사용되는 군사적인 의미에서 정치적인 권력을 갖는 뜻을 내포하게 된다.[59]

이러한 내용은 『한비자』「난세(難勢)」에서도 신도(慎到)의 목소리를 통하여 유사하게 등장한다. 무릇 화살이 약함에도 불구하고 화살이 높이 날라 가는 것은 바람의 힘이 있기 때문이고, 군주가 비록 잘나지 못했다 할지라도 그의 명령이 행해지는 것은 백성들의 도움을 받기 때문이다. 요임금이라도 노예에 예속되어 명령을 하면 백성이 듣지 않지만, 군주의 자리에 있게 되면 명령은 내려지고 금령이 멈추게 된다. 이는 현명함과 지혜가 백성을 복종시키는 것이 아니라 권세와 지위가 사람을 다스리도

---

58 『愼子逸文』「威德」, "故騰蛇遊霧, 飛龍乘雲, 雲罷霧霽, 與蚯蚓同, 則失其所乘也. 故賢而屈於不肖者, 權輕也; 不肖而服於賢者, 位尊也. 堯爲匹夫, 不能使其隣家. 至南面而王, 則令行禁止. 由此觀之, 賢不足以服不肖, 而勢位足以屈賢矣."

59 양순자, "중국 고대의 勢 개념: 『孫子兵法』, 『愼子逸文』, 『韓非子』를 중심으로", 「도교문화연구」 제36집, 한국도교문화학회, 2012, 167면.

록 한다는 것이다.[60]

하지만 익명의 유자는 신도의 세가 가지고 있는 문제점을 제기한다. 유자가 신도에게, 날아다니는 용과 뱀이 구름과 안개의 세에 의탁하지 않는 것은 아니지만, 비록 현자를 두고 오로지 세만을 통하여 나라를 다스리기는 타당하지 않다고 한다. 왜냐하면 구름이나 안개라도 세가 있어서 능히 그것을 타고 놀 수 있다는 것은 용과 뱀의 재능이 뛰어나기 때문이라는 것이다. 구름이 성하게 일고 있다고 할지라도 지렁이는 능히 구름을 탈 수 없고 안개가 짙게 깔리더라도 개미는 그 안개를 놀 수 없다는 것이다. 이는 비록 구름과 안개라고 하는 세가 있다고 할지라도, 재능이 없는 개미나 지렁이는 구름이나 안개를 탈 수 없다고 한다.[61] 유자는 성한 구름과 짙은 안개와 같은 세가 있다고 할지라도 사람이 현명하지 않으면 다른 사람을 굴복시키지도 못하고 나라를 다스릴 수 없다고 본다. 도덕적 덕과 지혜를 가진 현자만이 나라를 다스릴 수 있다는 주장이다.

2. 자연의 세의 한계

자연적 영역에서 세의 의미는 신도의 『신자일문(愼子逸文)』에서도 나타나고 있는데, 신도는 '세'의 개념을 정치적 영역으로 확대하였다. 『신자

60　『韓非子』「難勢」, "夫弩弱而矢高者, 激於風也　身不肖而令行者, 得助於衆也. 堯教於隸屬而民不聽, 至於南面而王天下, 令則行, 禁則止. 由此觀之, 賢智未足以服衆, 而勢位足以缶賢者也."

61　『韓非子』「難勢」, "應愼子曰 飛龍乘雲, 騰蛇遊霧, 吾不以龍蛇爲不託於雲霧之勢也. 雖然, 夫釋賢而專任勢, 足以爲治乎? 則吾未得見也. 夫有雲霧之勢而能乘遊之者, 龍蛇之材美之也　今雲盛而螾弗能乘也, 霧醲而螘不能遊也, 夫有盛雲醲霧之勢而不能乘遊者, 螾螘之材薄也. 今桀・紂南面而王天下, 以天子之威爲之雲霧, 而天下不免乎大亂者, 桀・紂之材薄也."

일문』에서도 병가에서 말하는 외부적 요인으로 인한 '상황적 이로움'이란 의미가 유지되고 있다.

> "이주(離朱)의 밝음은 백보의 밖에서도 가는 털끝을 볼 수 있지만, 물 아래로 한 척만 내려가면 물의 깊이를 알 수 없다. 이것은 그의 눈이 밝지 않아서가 아니라 세가 보는 것을 어렵게 하기 때문이다"[62]

전설상의 인물로 이주(離朱)는 시력이 매우 좋은 것으로 알려져 있다. 눈이 아주 좋아서 아주 먼 거리에서도 가느다란 털끝을 볼 수 있다. 하지만 물 속 아래로 내려가면 물의 깊이를 알 수 없게 된다. 눈이 좋지 않아서가 아니라, '세'에 그 원인이 있는 것이다. 이주가 가지고 있는 능력은 바깥 상황에 따라 달라질 수 있고, 여의치 않으면 그의 능력은 아무런 힘을 쓰지 못한다. 그러므로 여기서의 '세'는 손자병법의 의미와 큰 차이가 없는 것이다.[63] 주변 상황으로 인해 만들어지는 이로움이라는 의미가 내포되어 있는 것이다. 하지만 '성덕'에서는 정치적인 의미가 내포되어 있음을 알 수 있다.

날아다니는 용은 구름을 탄다. 위로 오르는 뱀은 안개 속에 놀고, 날아다니는 용은 구름을 탄다. 구름이 흩어지고 안개가 사라지면 용과 뱀은 지렁이나 개미와 같아지는데, 탈 것을 잃었기 때문이다. 그러므로 현명하면서도 어리석은 자에게 굴복하는 이유는 권(權)이 가볍고 지위가 낮기

---

62   『愼到』「愼子逸文」, "離朱之明, 察秋毫之末于百步之外, 下于水尺, 而不能見淺深, 非目不明也, 其勢難睹也."

63   양순자, "중국 고대의 勢 개념:『孫子兵法』,『愼子逸文』,『韓非子』를 중심으로", 「도교문화연구」 제36집, 한국도교문화학회, 2012, 166면.

때문이다. 불초하면서도 현명한 사람을 복종시키는 것은 권(權)이 크고 높은 지위를 가지고 있기 때문이다.[64] 요(堯)가 필부였다면 세 사람도 다스리지 못했을 것이다. 남면하면서 왕이 되는 데에 이르렀기 때문에 그가 명령하는 것이 행해지고 금지하는 것이 그친 것이다. 이로부터 보면, 현명함은 불초함을 굴복시키기에 부족하지만 '세위'는 현명함을 굴복시키기에 족하다.[65]

신도에 따르면, 천하에 천자가 없으면 정치적 권력의 중심이 없기 때문에 나라가 혼란스럽게 되고, 그러므로 천하 사람들이 천자를 옹립하게 된다는 것이다. 이와 같이 신도는 군주의 통치 근거를 초월적인 존재로서 찾는 것이 아니라 백성들의 추대와 옹립에 두었다. 결국 백성을 이롭게 하는 것이 군주의 역할로 볼 수 있게 된다.

이와 같이 『신자일문』에서 보이는 '세' 개념은 『손자병법』에서 보이는 '상황적 이로움'이라는 의미를 유지하면서, 정치적 영역에서의 '권력'이나 '권위'의 의미로 확장되고 있다.[66] 한비자는 신도의 세 개념을 계승하는 동시에 자신만의 독특한 세 개념을 형성하였다.

여기서 신도의 '세'에 대한 정치적인 의미를 부여할 수 있는데, 사람들이 군주를 따르는 이유는 바로 군주가 세를 가질 수 있는 위치에 있기 때문이지, 도덕적인 덕으로서 '현(賢)'을 갖추고 있기 때문이 아니다.[67] 신

---

64 『韓非子』「難勢」, "愼子曰: 飛龍乘雲, 騰蛇遊霧, 雲罷霧霽, 而龍蛇與蚓螘同矣, 則失其
    所乘也. 賢人而詘於不肖者, 則權輕位卑也; 不肖而能服於賢者, 則權重位尊也."
65 『韓非子』「難勢」, "堯為匹夫不能治三人, 至於南面而王天下, 令則行, 禁則止. 由此觀之,
    賢智未足以服眾, 而勢位足以詘賢者也."
66 양순자, "중국 고대의 勢 개념: 『손자병법』, 『愼子逸文』, 『한비자』를 중심으로", 「도교
    문화연구」 제36집, 한국도교문화학회, 2012, 158면.
67 류웨이화·먀오룬티엔 저, 곽신환 역, 『직하철학』, 철학과 현실사, 1995, 252면.

도에 의하면, '세위(勢位)'는 다른 사람을 복종시키기에 필요하지만, 개인의 인격이나 능력은 정치적 영역에서 결정적 작용을 하지 못한다. 한편, 신도는 군주가 어리석은 데도 명령이 행해지는 것은 백성들의 도움을 받았기 때문이라고 하는데, 이러한 신도의 사고는 왕권의 기원에 대하여도 동일하게 적용된다. 천자를 세운 것은 천하를 이롭도록 하기 위함이지, 천자를 이롭게 하기 위하여 천자를 세운 것이 아니다. 나라에 군주를 세운 것은 나라를 위해 하는 것이지, 군주를 위해서 나라를 세운 것은 아니다.[68]

한비자는 중급의 군주면 나라를 다스리는 데 문제가 없다고 한다. 법을 시행함에 있어서 엄격하게 하고 통치술을 통하여 관리를 잘 다스린다면 중급의 군주면 가능하다는 것이다.

"내가 말하려고 하는 권세는 중급 정도가 되는 군주의 경우이다. 중급 정도란 위로는 요임금·순임금에 미치지 못하지만, 아래로도 걸왕·주왕이 되지는 않을 경지로서 법을 지키고 권세에 처하면 다스리게 되고, 법을 어기고 권세를 버리면 어지럽히게 된다. 지금 권세를 버리고 법을 어기면서 요임금이나 순임금을 기다렸다가 요임금·순임금이 이르게 되면 곧 다스려지지만, 이는 천 세대 동안 어지러웠다가 한 세대 만에 다스려지는 것이다."[69]

한비자는 이제 반드시 요·순을 기다릴 필요가 없게 된다. 요나 순과

---

68 『愼子』「威德」, "故立天子以爲天下也 非立天下以爲天子也 立國君以爲國也 非立國 以爲君也."

69 『韓非子』「難勢」, "吾所以爲言勢者, 中也. 中者, 上不及堯·舜, 而下亦不爲桀·紂. 抱法處勢, 則治; 背法去勢, 則亂. 今廢勢背法而待堯·舜·堯·舜至乃治, 是千世亂而一治也."

같은 군주가 아니라 할지라도 법에 따라 시행하고 술과 세에 따라 통치를 한다면, 군주는 천하를 다스림에 문제가 없다고 본 것이다. 어떤 이가 신도에게 응답하기를, 나는 용과 구름을 타고 오르는 뱀이 구름과 안개의 세에 의탁하지 않다고는 생각하지 않는다. 그러나 비록 그렇다 하더라도 현자를 높이 두고 오로지 세에만 맡긴다면 잘 다스릴 수 있다는 것을 보지 못하였다고 한다. 대저 구름이나 안개라는 세가 있어서 능히 그것을 타고 놀 수 있다는 것은 용과 뱀의 뛰어난 재능이 있기 때문이다. 지금 구름이 성하게 일더라도 지렁이는 도저히 탈 수 있지 않고 안개가 짙게 끼더라도 개미는 놀 수 있는 재능이 없다. 성한 구름과 짙은 안개의 세가 있더라도 타고 그것을 이용할 수 없는 것은 지렁이나 개미의 무능한 재능 탓에 때문이라고 한다.[70]

3. 선양(禪讓)이론의 문제점

유자는 신도를 비판하면서 세만으로는 나라를 다스릴 수 없다고 한다. 성한 구름과 짙은 안개와 같은 세가 있더라도 지렁이와 뱀이 재능이 없으면 그것들을 이용할 수 없는 것처럼, 어떤 사람이 현명함이 없으면 그 지위를 이용해 다른 사람을 복종시키고 나라를 다스릴 수 없다고 보았다. 즉, 안정된 통치를 위해서는 세보다는 현이 먼저 필요하다는 것이다.

한비자는 신도와 유가를 동시에 비판한다. 신도의 세는 자연의 세이며, 사람이 설정해낸 것은 아니다. 한비자가 논하는 바와 같은 세는 사람

---

70   『韓非子』「難勢」, "應愼子曰: 飛龍乘雲, 騰蛇遊霧, 吾不以龍蛇爲不託於雲霧之勢也. 雖然, 夫釋賢而專任勢, 足以爲治乎? 則吾未得見也. 夫有雲霧之勢而能乘遊之者, 龍蛇之材美之也; 今雲盛而蚓弗能乘也, 霧醲而螘不能遊也, 夫有盛雲醲霧之勢而不能乘遊者, 蚓螘之材薄也."

이 설정해낸 것을 가리키는 것이다.[71] 신도와 마찬가지로 한비자는 세가 갖추어져 있다면 현명함이 없더라도 군주가 백성들을 부릴 수 있다고 본다. 기본적으로 한비자는 유자를 비판하고 신도의 의견에 동조한다. 그러나 한비자는 신도의 세를 '자연의 세'로 규정하면서, 항상 한정된 정치를 보장할 수 없음을 주장한다. 즉, 세를 통해 현을 억눌러야 한다는 것을 신도는 알고 있었지만 그것의 구체적인 방법은 알지 못한 것으로 한비자는 보고 있다. 신도는 군주의 지위가 현자를 복종시킬 수 있는 세를 군주에게 부여한 것으로 본다. 그러나 한비자는 군주의 지위는 세를 가질 수는 있지만 반드시 그것이 안정된 통치를 보장하는 것은 아니라고 한다. 이 점에 있어서 한비자와 신도는 차이가 발생한다.[72] 요순 같은 사람이 군주의 지위에 있으면 국가는 다스려지지만, 걸주(桀紂) 같은 인물이 군주의 자리에 있으면 혼란을 초래할 수 있다. 국가의 치란(治亂)은 군주의 지위에 있는 개인의 자질에 달려 있게 된다. 신도의 세 이론은 항구적인 안정된 통치를 기약할 수 없다는 한계가 노출된다. 만약 걸주 같은 폭군이 자신의 세를 가지고 국가를 혼란스럽게 해도 어찌할 수 없는 것이다. 이런 점에서 신도의 세 이론은 진정으로 현자나 백성들의 복종을 끌어낼 수 없는 것이다. 백성들이 걸주에게 복종은 하지만 진정으로 그들을 존경하거나 따르는 것은 아니기 때문이다.

신도는 백성들이 정치적 지도자를 따르는 것은 현(賢) 때문이 아니라 세(勢) 때문이라고 보았다. '현(賢)'은 현대적 의미에서 본다면 도덕적인

---

71 『韓非子』「難勢」, "勢治者則不可亂, 而勢亂者則不可治也. 此自然之勢也, 非人之所得設也. 若吾所言, 謂人之所得設也. 若吾所言, 謂人之所得勢也而已矣, 賢何事焉?"

72 이춘식, 『춘추전국시대의 법치사상과 세(勢)·술(術)』, 아카넷, 2001, 237면.

덕을 대변하는데, 한비자 당시 유가들은 군주가 도덕적 덕을 갖출 것을 강조했다. 또한 한비자가 살았던 당시 선양(禪讓)을 주장한 유가들도 있었다. 선양 이론에 따르면, 군주는 자신보다 뛰어난 도덕적 덕을 갖춘 신하에게 왕위를 넘겨주어야만 한다. 이른바 유가들은 존현(尊賢) 또는 상현(尚賢)을 주장한 것인데, 선양이론은 상현론(尚賢論)이 현실 정치 속에 구체화된 것이다. 한비자는 존현 사상이 선양이론과 밀접하게 관련되어 있고 결과적으로 왕권을 위태롭게 할 수 있다고 생각한다. 그런 측면에서 본다면 한비자는 세와 현의 대립이 이런 유가들의 이론을 잠재울 수 있는 것으로 본 신도의 입장이 타당한 것으로 보았을 것이고, 세와 현의 대립을 일찍이 주목했던 신도의 이론을 받아들여 자신의 정치철학을 완성하고자 한 것으로 볼 수 있다. 다만, 신도의 세를 '자연(自然)의 세(勢)'라고 한다면 한비자의 세는 '인위(人爲)의 세(勢)'로 구별할 수 있고, 신도가 주장한 자연의 세의 한계점을 보완한 것이다.

한비자는 익명의 유가와 신도를 비판한 뒤 사람이 설정할 수 있는 세로서 '인위의 세'를 주장한다. 그는 군주가 뛰어난 도덕적 덕이나 지혜를 갖출 필요가 없다고 하였다. 이런 관점은 한비자의 현실적의 현실 인식으로부터 비롯된 것인데, 그는 대부분의 현실 속의 군주는 요순처럼 성인도 아니며 걸주처럼 폭군도 아니라고 생각했다. 그러므로 한비자는 평범한 능력을 갖춘 대부분의 군주가 항구적으로 안정된 통치를 할 수 있는 가능성을 제공하는 것에 초점을 맞추고 있다. 군주는 현자가 될 필요도 없고, 또한 그 자신도 현자의 덕목을 갖출 필요가 없었다. 이와 같은 방식을 택하게 된다면, 유가들이 주장하는 존현 또는 상현은 정치적인 영역에서 불필요하게 된다. 그렇다면 중질의 능력을 갖춘 군주가 어떻게 안정된 통치를 가능하게 할 수 있을지 궁금함이 생긴다.

한비자는 한정된 통치는 법이 보장해줄 수 있는 것이라고 하였다. 법은 중질의 군주도 충분히 사용할 수 있는 것이며, 법에 의해 세가 만들어질 수 있다고 생각하였다. 한비자는 『이병(二柄)』과 『판결(八經)』에서 법이 어떻게 세를 형성하는지 잘 나타내 주고 있다. 법의 두 가지 기능인 상(賞)과 벌(罰)을 통해 세가 형성되는 것을 볼 수 있다. 한비자는 군주가 세를 통하여 국가의 정사를 처리해야 할 것이라고 주장한다. 이런 측면에서 세는 한비자 사상의 핵심적인 요소에 해당한다. 한비자는 권세(權勢), 이른바 세력(勢力)과 자리의 중요성을 강조한다.

"군주는 가려져서 진실을 들을 방도가 없으며 군주라는 명목만 있고 실질이 없으면, 신하가 법을 독차지하여 집행하게 된다, 주나라 천자가 바로 그렇다. 군주의 권세를 한쪽에 빌려주게 되면 상하자리가 바뀔 것이다, 이것이 신하에게 권세를 빌려주면 안 된다는 것이다."[73]

한비자에게 있어서 세는 통치의 필요적인 요소이다. 한비자는 군주가 위세를 가지고 있어야 할 뿐만 아니라 반드시 자신만이 가지고 있어야 함을 강조한다. 그래서 그는 "권세는 타인에게 빌려줄 수 없는 것이다. 군주는 그 하나를 잃으면 신하는 백이 된다"라고 하거나 "무릇 현명한 군주의 나라 다스림은 그 권세에 달려 있다"라는 주장은 한 군주에게 있어서 중요한 것은 재능이 아니라, 세력과 지위라는 것이다.

---

73   『韓非子』「備內」, "人主掩蔽, 無道得聞, 有主名而無實, 臣專法而行之, 周天子是也. 偏借其權勢, 則上下易位矣, 此言人臣之不可借權勢."

4. 인위의 세와 형(刑)·덕(德)

한비자는 세(勢)를 갖지 못한 군주는 그 지위가 유명무실하고, 세는 세습에 의하여 전해지는 자연지세가 아니라 군주가 권력을 유지하는 데 필수적인 요소인 인위지세를 의미한다. 국가를 다스리는 근간이 법(法)에 있다고 한다면, 세는 그러한 법을 효과적으로 실현할 수 있는 군주의 힘에 해당한다. 단지 법과 술만 있고 세가 없다면 군주는 신하를 제어하지 못하게 된다. 한비자에게 있어서 권세는 법률상 군주에게 주어진 권한과 실권을 의미한다. 그러므로 군주의 수레가 국가라고 하면, 군주의 말은 권세에 해당한다.[74] 군주의 세는 불가침의 권리로서 어느 누구도 침범할 수 있는 성질을 가지고 있으며, 군주는 이러한 세를 독점하며 절대적인 가치를 가져야 하며, 타인에게 양도해서는 안 된다. 현명한 군주는 신하를 제어하기 위하여 두 개의 권병에 의지한다. 이 두 개의 권병은 형과 덕이다. 처벌하여 죽이는 것은 형(刑)이라고 하고, 칭찬하여 상을 부여하는 것을 덕(德)이라 한다.[75]

"군주는 형과 덕으로 신하를 통제하는 자이다. 그런데 지금의 군주가 형과 덕을 신하에게 주어 사용하게 한다면 군주는 도리어 신하에게 통제될 것이다."[76]

---

74 윤대식, "선진 법가철학의 내적 발전경로: 상앙에서 한비자로", 「동양정치사상사」 제8권 제1호, 한국동양정치사상사학회, 2009, 120면.

75 『韓非子』「二柄」, "明主之所導制其臣者, 二柄而已矣. 二柄者, 刑德也."

76 『韓非子』「二柄」, "人主者, 以刑德制臣者也, 今君人者釋其刑德而使臣用之, 則君反制於臣矣."

한비자는 법치를 실현하는 통치설의 차원에서 술치와 세치를 말하고 있다. 술치를 터득한 군주만이 법치의 방법으로서 상벌을 시행할 수 있고, 신하보다 강한 세를 가진 군주만이 법치의 원칙을 관철시킬 수 있다는 것이다.[77] 춘추시대에 신하가 군주의 이름을 빌어서 대신 그 권한을 행사 하던 시대였고, 군주는 신하에 죽임을 당하였던 사례가 다반사였다. 군주 의 세로서 행사되는 수단이 바로 상과 벌이다. 상과 벌에 대한 결정권은 반드시 군주가 지니고 있어야지, 어느 하나라도 신하에게 넘겨주어서는 안 된다. 한비자에 의한 세치는 법치와 같이 해야 그 효력을 발휘한다. 법치의 실현은 세치가 확보될 때 그 현실성을 지니며, 또한 세치도 법치 를 벗어나지 않은 범위에 있을 때 법치를 실행하는 과정에서 새롭게 창출 되는 현실적인 정치역량을 갖게 된다.[78]

유가는 요순과 같은 성군을 이상으로 한다. 그러나 세습제도하에서 현실적으로 성군을 얻는 것은 용이한 것이 아니다. 그러므로 한비자는 법치를 통하여 유가의 성군을 상정한 것이다. 비록 유가의 성군정치에 이르지 못한다 할지라도 법을 제정하고 법에 따른 강력한 통치를 해나갈 수 있다면, 군주의 자질이 중간 정도에 이른다 할지라도 국가 통치는 잘 될 수 있을 것이라는 사고에 있다.[79]

한비자는 세의 중요성을 일찍이 간파하여 세가 있어야 인간의 욕망을 억제할 수 있을 뿐만 아니라 치국을 할 수 있다고 생각하였다. 한비자에

---

77 한도연, "한비자의 법치사상 연구", 「열린정신 인문학연구」 제9집 제1호, 원광대 인문학연구소, 2008, 22면.
78 김예호, 『고대중국의 사상문화와 법치철학』, 한국학술정보, 2007, 414면.
79 이원택, "법가사상과 리더쉽", 「오늘의 동양사상」 제17호, 예문동양사상연구원, 2007, 122면.

게 있어서 세는 군주만이 가지고 있어야만 하며, 그래야만 절대적인 힘을 발휘할 수 있다고 하였다. 한비자가 세를 통하여 얻고자 했던 것은 첫째, 임금을 존경하도록 하는 존군(尊君)이다. 군주는 세를 토대로 하여 이병(二柄)인 상과 벌을 잘 다루어야 한다. 군주는 세를 바탕으로 하여 현자를 굽힐 수 있으며,[80] 상과 벌이라는 두 개의 무기를 손에 쥐고 신하를 제어하지 않으면 오히려 신하가 군주의 눈과 귀를 막아버린다. 또한 백성은 군주의 세에 굴복할 수밖에 없으므로 군주는 세를 통하여 백성을 복종하도록 할 필요가 있다.[81] 현자를 굴복시키고 신하를 제압하며 백성이 군주를 공경하도록 하는 것이 바로 세의 목표에 해당한다.

둘째는 나라를 편안하게 하는 안국(安國)이다. 군주는 세를 바탕으로 하여 상과 벌의 이병을 잘 이용하여 위세의 포악을 금지할 수 있게 된다. 한비자는 후한 덕으로 나라의 혼란을 막을 수 없다고 생각하고, 군주의 위세만이 나라의 포악함을 막을 수 있다고 판단한다. 나라의 간사한 싹은 조기에 잘라버려야 하는데, 군주의 권세만이 이 간사함을 예방할 수 있다고 본다.[82]

셋째는 나라를 잘 다스리게 하는 치국(治國)이다. 치국에서 세는 법과 밀접한 관련을 가지고 있다. 법을 행하는 것은 나라를 다스림에 있어서 기본이 된다. 세는 나라의 법을 행할 수 있도록 만족할 만한 기능을 해야 한다.[83] 세를 토대로 한 법을 집행함으로써 치국의 단계에 이를 수 있게 된다.

---

80   『韓非子』「難勢」, "勢位足以屈賢."
81   『韓非子』「五蠹」, "民者固服於勢, 勢誠易以服人."
82   『韓非子』「外儲說右上」, "善持勢者 蚤絶姦之萌."
83   『韓非子』「八經」, "勢足伊行法."

군주가 신하의 욕망을 억제하기 위해서 군주의 권위인 세가 필요함은 두말한 나위가 없다. 이 세는 현실적으로 법과 술을 시행하기 위한 전제 조건이 되며, 이는 군주만이 장악하며 군주 자신의 존재근거가 된다. 이 때 중급의 군주이면 충분하다고 한다. 한비자에게 있어서 성인의 정치란 덕을 기초로 하는 다스림을 주장하는 유가와는 다른 입장이다. 그는 신하를 다스리는 세부적인 방법을 제시한다. 현명한 군주는 신하를 이끄는 두 가지 방법을 가지고 있어야 한다. 이 두 가지는 형(刑)과 덕(德)을 들 수 있는데, 죽이는 것을 형이라고 한다면 상을 주는 것은 덕에 해당한다. 신하된 자는 벌을 받는 것을 두려워할 것이고 상을 받는 것을 이득으로 생각할 것이기 때문에, 군주는 그 자신이 형과 덕을 통하여 신하들은 군주의 위세를 두려워 할 것이다.[84]

전한(前漢)의 가의(賈誼) 이후로 법가의 통치를 잔혹하고 엄격한 통치 또는 강압에 의한 통치로 오해해왔던 것이 사실이다. 호혜성을 토대로 한 군주의 권위 정당화는 기존의 법가에 대한 부정적인 평가를 불식시킬 수 있다고 생각된다. 법가의 통치는 강압에 의한다거나 군주 개인의 독단적인 의지에 의한 정치가 아닌 것이다.

84　『韓非子』「二柄」, "明主之所導制其臣者, 二柄而已矣. 二柄者, 刑德也。何謂刑德? 曰: 殺戮之謂刑, 慶賞之謂德. 爲人臣者畏誅罰而利慶賞, 故人主自用其刑德, 則群臣畏其威而歸其利矣."

PART 04

유상과
기업의 사회적 책임

Chapter 01

상인의
의리와 이익

I. 유가사상을 무장한 상인

1. 관중

　예악(禮樂)의 질서가 붕괴되어 정치, 경제, 사회, 문화면의 급격한 변화 과정의 시기인 춘추전국시대에 제자백가들이 사상의 꽃을 피웠다. 유가의 정신을 잃지 않으면서 상업에 종사하여 경제활동을 한 상인들이 있었다. 그들의 원조를 누구로 보아야 할지에 대한 의문은 있지만, 관중(管仲 ?~기원전 645)은 그 출발점에서 배제될 수 없다. 제나라가 중도에 쇠락해졌으나 관자가 바로잡아 화폐를 관장하는 아홉 부서를 설치하고, 환공은 이로서 패권을 잡아 천하를 바로잡았고 관씨는 열국의 임금보다도 부유하였다.[1]

---

[1]　『史記』「貨殖列傳」, "其後齊中衰 管子修之 設輕重九府 則桓公以霸 九合諸侯 一匡天下 而管氏亦有三歸 位在陪臣 富於列國之君.": 장세후 역, 『사기열전』, 연암서가, 2017, 755면.

상업과 경제 문제에 관심을 두었던 제나라 관중은 중국에서 최초로 경제의 중요성을 인식하고 이를 정책에 반영하여 나라의 경쟁력을 끌어 올린 상인 출신 정치지도자이다. 관중(管仲)과 포숙아(鮑叔牙)는 젊은 시절 함께 장사를 하며 우정을 맺었다.[2] 관중의 오랜 친구인 포숙아는 훗날 명대 휘주상인(徽州商人)의 주역 하나인 포씨 집안의 시조로서 존경을 받은 인물이다.

2. 춘추전국시대

춘추전국시대 상업에 종사하면서 경제활동을 한 상인으로는 기원전 5세기경 월(越)나라 재상 범여(范蠡), 공자(孔子)의 수제자인 자공(子貢 기원전 520~기원전 456), 기원전 5세기경 전국시대의 거상 백규(白圭) 등을 꼽을 수 있다. 이들은 사마천의 화식열전에서 상업 활동에 있어 마땅히 본받아야 할 모범으로 평가받고 있는 인물들이다.

1) 범려

범려는 기원전 5세기경 월나라 재상으로 나중에 '말가죽으로 만든 술 부대'라는 뜻의 '치이자피(鴟夷子皮)'로 개명하고 제(齊)나라에 망명, 평공(平公)의 재상이 되었다.[3] 제나라 도산(陶山)에서 목축업을 하여 거금을

---

2 관중(管仲)과 포숙아(鮑叔牙)는 함께 장사를 하였지만 관중은 포숙아를 자주 속여 이익을 많이 취했지만 그의 곤궁함을 알고 이를 따지지 않았고, 이들의 우정은 나이가 들어도 변함이 없었다. 관중과 포숙아처럼 변하지 않는 친구 사이를 관포지교(管鮑之交)라 한다.

3 박건주, "中國 古代 國家 商業 經營의 傳統", 「중국사연구」 제81집, 중국사학회, 2012, 18면. 중국 고대 시기부터 근대에 이르기까지 중국에서 많은 사람들은 '陶朱事業'이나 '端木生涯'라고 하면서 그를 존경하면서 일종의 신앙처럼 숭배한다.

벌어들이는 탁월한 이재(理財)와 경영 능력을 발휘하였고, 때를 맞추어 좇았으며 시세를 잘 파악하여 적절한 행동을 취하였다.[4] 세상의 모든 만물의 변화와 시세의 흥망성쇠를 관찰하여 때를 기다려 행동하는 이재술(理財術)은 널리 회자되고 있다.

2) 자공

공자의 제자 중에 위나라 출신인 단목(端木) 사(賜)는 자공(子貢, 기원전 520~456년)을 일컫는 인물로 호불호가 분명하고 주관이 뚜렷했으며 언변이 뛰어났다. 자공은 관직이나 정치보다 물건을 사고파는 장사에 관심을 가지고 조(曹)나라와 노(魯)나라를 오가며 많은 돈을 벌었다.[5] 자공은 값이 쌀 때에 물건을 미리 사두었다가 값이 오르면 다시 파는 방식으로 큰 부를 축적할 수 있었다. 각국의 제후에게 거액의 금액을 지원하며 교류하였고, 방문하는 곳마다 군주들과 교유를 맺었다.[6]

3) 백규

백규는 위(魏)나라 혜왕의 대신으로서 숫자에 밝아 뛰어난 치수 능력을 바탕으로 하여 대량의 홍수 피해를 막아냈다. 백규는 때가 변화하는 것을 잘 살폈으며 다른 사람들이 버리면 그는 취하고, 사람들이 취하면

---

4   『史記』「貨殖列傳」, "諸侯四通 貨物所交易也 及治産積居 與時逐而不責於人 故善治生者 能擇人而任時."
5   『史記』「貨殖列傳」, "子贛既學於仲尼 退而任於衛 廢著鬻財於曹‧魯之閒 七十子之徒 賜最爲饒益."
6   『史記』「貨殖列傳」, "子貢結駟連騎 束帛之幣以聘享諸侯 所至 國君無不分庭與之抗禮 夫使孔子名布揚於天下者 子貢先後之也."

그는 주었다.[7] 특히 그는 장사를 할 때 이윤(伊尹)이며 여상(呂尙)의 계획, 손무(孫武)와 오기(吳起)가 군사를 사용하는 것, 상앙이 법을 집행하는 것과 같다고 하면서, 용기나 결단이 부족하거나 인(仁)하기가 주고받을 수가 없으며 강(彊)하기가 지킬 수 없으면 비록 방법을 배우고자 하여도 끝내 알려주지 않았다.[8]

범려, 자공, 백규는 상인이라는 신분을 통하여 세상에 명성을 알린 인물들이다. 그들은 중국 고대 시대의 혼란 속에서 자기만의 재능과 지략을 가지고 물자를 사고파는 능력을 발휘하여 재물을 획득한 상인이고, 이들은 유가적 사상을 가진 최초 유상(儒商)의 원형(元型)으로 평가할 수 있다.

II. 상인의 이(利)와 유가의 의(義)

1. 사마천과 상인

1) 화식열전

사마천은 『화식열전(貨殖列傳)』에서 상업이야말로 가난한 사람들이 부자가 될 수 있는 가장 중요한 방법이라고 하면서 52명의 상인을 등장시킨다.[9] 52명 가운데 10여 명은 상세하게 기록되어 있지만 약 30명은 비교

---

7   『史記』「貨殖列傳」, "而白圭樂觀時變 故人棄我取 人取我與.": 장세후 역, 『사기열전』, 연암서가, 2017, 763면.

8   『史記』「貨殖列傳」, "吾治生産 猶伊尹呂尙之謀 孫吳用兵 商鞅行法是也 是故其智不足 與權變 勇不足以決斷 仁不能以取予 彊不能有所守 雖欲學吾術 終不告之矣."

9   양중석, "『史記·貨殖列傳』의 창작목적", 「중국문학」 제38집, 한국중국어문학회, 2015, 7면. 화식열전에 등장하는 대표적인 상인으로는 경제이론가로 알려진 춘추시대 월(越)나라 사람으로 상품가격과 수급 간의 건전한 관계와 규칙을 제기하였

적 간단하게 기술되어 있다.

'화식(貨殖)'은 '재산을 늘린다'는 의미도 있지만 '상공업을 경영한다'라는 의미도 포함하고 있다. 즉, '화식'은 자원의 생산과 교환을 이용해 상업 활동을 진행함으로써 재물의 이익을 추구하는 것으로 파악된다. 하지만 여기서 화식은 농업과 어업 및 목축업 등의 경영을 포함하는 개념에 해당하고, '화식가(貨殖家)'란 상품 교환에 전문적으로 종사하거나 상품의 생산과 교환을 동시에 경영하거나 서비스업에 종사하거나 임대업에 종사하는 등 상품과 관련한 있는 직업군을 말한다. 화식가, 즉 상인은 재물의 이익이라고 하는 보상을 추구하는 존재라는 특성이 가장 잘 드러나 있다는 점에서, 한비자가 말하는 이익 추구 행위가 가장 잘 반영된 직업군으로 볼 수 있다.

2) 상인의 유형

이 직업군은 종사하는 종류에 따라 다음과 같은 세 가지 형태로 분류될 수 있다.[10] 첫째, 상업과 무역에 종사한 이들이다. 사고파는 일을 전문

던 계연(計然), 목축업을 통해 변방 이민족과 교역하여 치부한 진나라 倮, 대부분 한(漢)나라 상인들인데 대장장이로 행상을 거쳐 고리대금업으로 치부한 병(邴)씨, 대규모 수레로 이동식 기업을 차려 치부한 사사(師史), 천한 일이라고 무시하는 행상으로 치부한 옹낙성(雍樂成), 말을 고치는 의술로 치부한 장리(張里) 등이 있다. 진나라 과부 청은 채광을 해서 상품 생산에 종사한 인물이고, 소금과 제철로 치부하여 왕과 대등한 부를 누렸던 전국시대 의돈(猗頓)과 곽종(郭縱)이 있으며, 한나라 탁(卓)씨는 지역의 특성과 값싼 노동력에 주목하여 성공한 상인이다. 또한 농업과 목축이라는 기초산업에서 충실하게 매진하여 크게 성공한 임(任)씨 등이 있고, 그 외에도 한나라 시대에 활동했던 인물들로 연지 등 화장품과 관련된 물건을 팔아 치부한 옹백(雍伯), 주류업인 술장사 장(張)씨, 칼 갈기 사업으로 화식열전에 등장하는 상인이다.

10   리샤오 저, 이기홍 역, 『중국 옛 상인의 지혜』, 인간사랑, 2015, 31면 이하.

적으로 행하였던 상인에 속한다. 역사에 이름을 남긴 범여, 공자의 수제 자인 자공, 전국시대의 거상 백규 등이 여기에 속한다. 둘째, 주로 대규모 상품 생산에 종사한 이들로서, 진시황 때 채광을 해서 상품 생산에 종사한 과부청과 소금 생산, 광산업, 목축업 등으로 거금을 벌어드린 부자가 여기에 속한다. 셋째, 기타 서비스업에 종사한 자들이다. 금융임대업, 음식점 경영 또는 수의사로 일한 이들이다.

3) 상인의 특징

사마천의 상인을 칭송하는 전기에서 알 수 있는 것은 첫째, 상품을 생산하고 관리하여 부자가 되었던 자들은 평범한 백성들이었다는 점이다. 이들은 조정의 관리들이 아니라 자신의 재능과 지혜로 부자가 된 것이지, 정치적인 권력을 이용하여 부자가 된 것이 아니다. 둘째, 이들은 정치에 아무런 해를 끼치지 않고 백성들에게도 아무런 방해를 주지 않았다. 법률을 어기면서 돈을 벌고자 했던 것이 아니라 합법적인 방법을 통한 재산 증식을 하여 국가의 이익에 손해를 끼치지 않았고, 백성들을 속이거나 곤경에 빠뜨려 사회에 손해를 끼치지 않았다.

2. 상인에 대한 부정적 인식

1) 법가사상

한비자는 인간을 선천적으로 "이익을 좋아하고 해를 싫어하는" 이기적인 존재일 뿐만 아니라 또 물질적인 것으로 이해하였다. 한비자는 인간은 최소한의 물질적인 요건이 갖추어져야 생존이 가능하고 정상적인 생활을 영위할 수 있는 물질적 존재임을 밝히면서, 인구 증가와 물자 부족에서 야기되는 쟁탈을 인류의 불가피한 현상으로 받아들이고 있다. 이와 같은 여러 요인에 의해 죄악 중에 생활하도록 강요당하고 있으며 따라서 인성은 간악해질 수밖에 없는 것으로 파악하였다. 법가 생존시대는 농업 중심주의 사회였다는 점에서 상인의 이익활동을 부정시 여겼던 것으로 판단할 수 있다.

2) 유가사상

진나라의 가혹한 법가정치를 경험한 한나라는 초기부터 법가사상에서 벗어나 유학을 근간으로 하는 유가사상을 통치이념으로 삼고자 하였다. 당시 백성의 대다수가 농민이라는 점에서 유가사상은 "농민은 천하의 근본이다"라는 인식에서 출발하였다. 농민의 삶은 돈과 이익을 내세운 사치스러운 생활이 아니라 소박한 삶을 의미하게 된다. 그러므로 이익을 추구하는 상인 대신에 농업을 중시하는 농민을 중시하는 정치를 내세운 것이 바로 한대의 역사라고 볼 수 있다. 상인에 대한 당시의 태도를 보면, "모든 상인은 간사하다"라거나 "오직 이익만을 탐하는 무리" 또는 "이익에 끌려 의리를 잊는다"는 등의 부정적인 시각이 팽배하였다.

3) 조착과 반고

문제 때 사상가 조착(晁錯)은 상인들의 폐해에 대한 문제점을 제시한 바 있고, 반고(班固)는 "자본이 많은 상인들은 돈 장사로, 또 자본이 적은 상인들은 온갖 방법으로 이익을 챙긴다. 이들은 온종일 시장을 빈둥거리며 돌아다니다 사정이 급한 사람들을 이용하여 이익을 얻는다. 남자들은 농사를 짓지 않고 여자들은 베를 짜지도 않지만, 좋은 옷에 고기만 먹고

산다. 농부들처럼 고생하지 않고도 전답에서 얻은 이익이 모두 그들에게
돌아간다. 그 돈으로 왕이나 귀족들과 교류하며 권세를 이용해 재산을
더 많이 불리고, 좋은 가마를 타고 비싼 신발을 신고서 멀리 놀러 다닌다.
상인들이 농민들의 땅을 빼앗으니 농민들은 떠돌 수밖에 없다. 오늘날
법률은 상인들을 천시하지만 그들은 이미 부귀를 누리고 있고, 농민을
대우하려 하나 농민들은 가난하고 천한 존재가 되었다. 존경받아야 할
가치는 무시되고 속물은 귀한 존재가 되었으니 모든 것이 거꾸로 된 것
이다. 나라를 부강하게 하고 법을 세우기 위해 이래서는 안 될 것이다.
지금 시급한 것은 백성들이 농업에 힘쓰도록 하는 것이다"라고 말하고
있다.[11]

3. 의(義)와 이(利)의 융합

1) 유가는 이익을 추구해서는 안 되는가?

의(義)가 기반이 된 이(利)의 추구가 가능할까에 대한 물음이 제기될
수 있다.[12] 일반적으로 '벼 화'와 '칼 도'자 결합되어 있는 이(利)라는 글자
가 가지고 있는 의미는 '칼을 가지고 벼를 벤다'는 의미로 이해된다. 여기
서 이(利)는 '결과적으로 얻게 되는 이익'의 의미로 이해되고, 의(義)는 어
떤 일을 하게 되는 동기적인 의미를 갖기 때문에 과정의 적합성을 뜻한
다.[13] 그래서 이러한 이(利)는 부정적인 의미로서 사리, 이기 등의 의미로

---

11   『漢書』 제24권, 食貨志, 臺北 鼎文書局, 1979.
12   신정근, "사익 추구의 정당화: 원망의 대상에서 주체의 일원으로 -『논어』·明淸 시
     대의 상업서를 중심으로-", 「동양철학」 제32집, 한국동양철학회, 2009, 385면.
13   임헌규, 『소유의 욕망 이(利)란 무엇인가』, 글항아리, 2013, 32면.

사용된다. 한편 의(義)와 이(利)의 문제는 유교문화의 사익추구의 정당성 문제와 관련하여 의리관(義利觀)과 치생론(治生論)의 논쟁으로 발전하게 된다. 유교에서 이(利)와 부(富)를 추구하는 것은 언제나 부정적으로 보고 있는 것은 아니다. 의로움에 어긋나는 부를 탐하는 것은 바람직한 것이 아니다. 정의롭지 못한 방법으로 부나 이를 추구하면 안 되지만, 의롭고 떳떳한 부(富)와 이(利)를 위해서는 어떤 하찮은 일이라도 하찮은 것으로 볼 수 없다. 떳떳한 부의 추구는 비난으로부터 벗어날 수 있는 것이다. 보통 유교에서는 이익을 부당하다고 여기며 의(義)에 대립하는 것으로 판단하였다. 즉, '이익을 추구하는 사람은 소인배에 해당하고, 먹고 사는 일이 쉽지 않더라도 군자라고 하는 자는 이익을 취하는 행위를 하지 말라' 는 의미로 오해되어 왔던 것이다.

2) 의(義)와 이(利)는 항상 대립하는 것인가?

공자에게 있어서 '利'라는 개념은 가치가 낮은 것으로 평가되거나 그 가치가 없는 것으로 이해될 수 있는 내용이 없는 것은 아니다. 예컨대 "이익을 좇아 달려가면 이런저런 원망의 소리를 많이 듣게 된다"[14]라든가 "군자는 의에 투철하고 소인은 이익에 투철하다"라는 구절이 있다.[15] 이 문구를 보면 이(利)는 인간 사이의 갈등을 야기하여 사회문제를 일으킬 수 있는 원인으로 작용할 수 있는 것으로 이해될 수 있다. 하지만 이를 근거로 공자는 군자가 자신의 이익을 추구하는 행위를 해서는 안 되는 것으로 이해하는 것은 바람직하지 않다. 오히려 의에 투철해야만 군자가

---

14   『論語』「里仁」, "放於利而行, 多怨."
15   『論語』「里仁」, "君子喩於義, 小人喩於利."

될 수 있고, 이익에만 투철하면 소인이 될 수 있기 때문에, 이익에만 탐해서는 안 된다는 의미로 이해하는 것이 타당하다.[16] 이처럼 의(義)와 이(利)는 서로 대립적인 관계로 볼 수 없는 것이다.

3) 의로움 바탕속에서 이로움의 추구는 정당하지 않은가?

공자는 "부를 만일 구해서 될 수 있다면, 내 말채찍을 잡는 자의 것이라도 내 또한 그것을 하겠다. 그러나 만일 구하여 될 수 없는 것이라면, 내가 좋아하는 바를 잡겠다"라고 말한다.[17] 이를 달리 해석하면, 의로움에 반하지 않은 이익을 추구하는 것은 부정하지 않아도 된다는 의미를 담고 있다. 이러한 뉘앙스는 이미 주역에서도 엿볼 수 있는데, "이익은 의의 총화이다."[18]라고 하면서 의가 이를 완전히 압도한다 할지라도 물질적인 생산의 부족은 가난한 도덕적 생활을 야기할 수 있고, 이(利)가 의(義)의 통제를 벗어나서 물질적인 생산에서 충족된다 할지라도 부패할 수 있다는 것이다. 유교사상에서 의로움이 바탕이 되는 이로움의 추구는 얼마든지 가능하다. 다만, 물질에 대한 욕심으로부터 초연한 군자로서의 삶을 유지하되 이기적인 욕심을 추구하는 것을 꺼리고 있는 것이다.

---

16 신정근, "사익 추구의 정당화: 원망의 대상에서 주체의 일원으로 -『논어』·明淸 시대의 상업서를 중심으로-", 「동양철학」 제32집, 한국동양철학회, 2009, 387면.

17 『論語』 「述而」, "富而可求也 雖執鞭之士 吾亦爲之 如不可求 從吾所好."

18 『周易』 「文言傳」, "利者義之和."

III. 상인의 표본으로서 휘주상인(徽商)과 산서상인(晉商)

1. 지역을 거점으로 한 상인문화: 휘상과 진상

상인의 사회적 책무가 중국에서 크게 부각된 시기는 명대시기로 볼수 있다. 이 시기에는 특정 지역을 연고로 한 지역상인이 출현하여 그들의 자본이 왕공(王公), 대감(大監), 도독(都督)과 나란히 하면서 그들의 부(富)가 국가에 필적하는 정도까지 이르게 되었다. 지역을 거점으로 하여하나의 상인문화를 형성했던 이 시기의 대표적인 상인으로는 '휘상(徽商)'이라 불리는 휘주상인(徽州商人)과 '진상(晉商)'이라 불리는 산서상인(山西商人)을 들 수 있다.[19] 당시 지역상인의 사회적 책임은 성신(誠信), 불사(不邪)라고 하는 상인 윤리를 덕목으로 하여 지역사회에 기여하고 중앙정부를 원조하는 것을 중요한 활동으로 삼았다.[20]

2. 주희와 휘상

1) 주희

명나라 때 휘주부(徽州府)는 절강, 안휘, 강소가 만나는 지역이고, 동부의 양자강과 회하에 걸쳐 있는 작은 산골마을이었다. 이 마을은 고개들과구릉지로 둘러싸여 농경지 부족으로 인한 식량문제가 심각했었다. 부족한 식량은 인근 지역에서 조달하는 것이 가능했지만, 험준한 고개를 피하기 위해 신안강을 따라 외부로 나갈 수밖에 없었다. 이 강줄기는 강남의

---

19 조영헌, 『대운하와 중국 상인』, 민음사, 2011, 21면. 특히 저자는 휘주상인의 성장에 관한 설명을 하고 있다.

20 김용준·홍성화·김주원, "중국전통상인과 현대기업의 사회적 책임에 관한 연구", 『경영사학』 제26집 제3호, 한국경영사학회, 2011, 376면.

항주까지 연결되어 있어 휘주지역 사람들은 이 강을 따라 외부에서 장사를 하게 시작하였는데, 이들을 사람들은 '휘주상인'이라고 불렀다.[21] 산골지역에 거주하는 휘주상인들은 운하와 동부 연안의 해로를 이용하여 소금, 양곡, 비단, 차, 도자기를 전국 곳곳에 가져다 팔았다. 휘주는 주자학의 선구자 주희의 고향이기도 하다. 주희의 고향 후손으로 알려진 휘주 사람들은 유가사상의 핵심인 종족을 중심으로 단단하게 합심하여 가문의 단결을 강조하였다.

2) 덕목

휘주의 상인들은 유가적 문화 속에서 자라고 성장한 탓에 그들의 상업 활동에 유가적 성향이 그대로 드러나고 있다.[22] 첫째, 휘상은 '충(忠)'과 '성(誠)'이라는 글자를 강조하면서 일반적인 상인들이 행동하는 나쁜 지혜를 동원하는 '지(智)', 교활한 영업 활동을 하는 '교(巧)', 기회만을 노리는 '기(機)', 상대를 기망하는 '사(詐)' 등의 행위를 멀리하였다. 둘째, 휘상은 신의를 존중하였다. 그들은 진짜가 아닌 물품을 판매하거나 조악한 상품을 제공하지 않았으며, 시장 상황에 따른 상품 가격을 달리하지 않았으며, 상품의 품질이나 양을 속이지 않는 고객에게 신뢰를 저버리는 행동을 하지 않았다. 셋째, 휘상은 지역사회에 대한 기여를 중요시하였다.[23] 사당을 통하여 조상들에게 제사를 지내는 일이나 빈민구제와 교육, 토목사업 등을 벌이며 상인 자신과 종족의 관계를 돈독하게 하는 한편, 외부

---

21   신안강 줄기를 따라 장사를 하다 보니 '휘주상인'들을 '신안상인'이라 부르기도 했다.
22   김미랑, "명청시대 유상의 경영이념 연구", 중앙대학교대학원 박사논문, 2013, 61면.
23   김용준·홍성화·김주원, "중국전통상인과 현대기업의 사회적 책임에 관한 연구", 「경영사학」 제26집 제3호, 한국경영사학회, 2011, 372면.

에도 자기 종족의 힘을 널리 알리기도 하였다. 그 밖에 상품 질이 불량하거나 수량 부족 시 반드시 보상을 하여야 한다는 정신은 이익(利益)보다는 의리(義理)가 우선시하는 휘상의 상인정신을 잘 드러내주는데, 이는 유가사상에서 중요시하는 의(義)로서 이(利)를 추구하는 덕목을 의미하는 것이다.

3. 관우와 진상

1) 관우

휘상이 '주희'를 정신적 지주이자 생활의 기준으로 삼고 있다면, 진상은 절개와 호방함, 유비에 대한 신뢰 때문에 산서에서 태어난 관우(關羽)를 숭배한다. 유가사상과 용맹성을 겸비한 관우는 산서상인들이 숭배하는 대상이 되었고, '관우정신' 또는 '관공신앙(關公信仰)'이라고 표현하여 '의리', '믿음', '충성'을 자신들의 직업가치로 삼고 타 지역에서 생존할 수 있는 하나의 표상이 되었다. 산서상인은 '의를 행해야 재물이 생긴다'거나 '의롭지 않은 부를 탐하지 않는다'는 이념을 가지고 상업 활동에 종사하였다.[24] 산서(山西) 지역은 황하 중류 지역에 자리를 잡고 있는데, 북부 지역은 기후 변화가 심하고 별다른 지역 특산물을 생산하지 못해 주로 상업 활동에 매진하게 되었다. 산서지역은 춘추시대 오패(五覇) 중 하나인 진(晉) 문공(文公)이 패권을 잡았던 지역 탓에 이 지역 상인들이 다른 지역으로 가서 장사를 하는 사람을 진상(晉商)이라 부르게 되었다. 진상은 북방 지역에 머물면서 상권을 형성하였는데, 두부나 잡화를 팔기도 하고 기름집을 운영하면서 부를 축적했다.

---

24 이화승, 『상인 이야기: 인의와 실리를 좇아 천하를 밟은 중국 상인사』, 행성, 2013, 217면.

2) 덕목

상인들은 자신들만의 방식으로 유가사상의 지표인 '인, 의, 예, 지, 신'이라고 하는 오상(五常)을 상업 활동에 접목시켰다.[25] 진상은 산이 많고 하천이 적은 지리적 환경 때문에 근면하고 성실하며 검소의 정신을 갖추고 있었다. 특히 그들은 '진의 풍속은 근면'이고 '신의를 지켜 사람을 속이지 않는다'는 원칙으로 삼았다. 또한 휘상은 시장에서 사대부와 같은 마음으로 높은 수양을 발휘하여야 하고, 이익을 얻더라도 수치스러운 것이 아니라는 점을 강조한다. 또한 진상은 혈연이나 지연간의 결속력을 중요시 하여 공동경영을 선호하였다. 처음에는 단독으로 경영을 하다가 능력이 있다고 판단되는 친지가 있으면 경영에 참가시켜 함께 영업활동을 도모하였다.[26]

4. 소결

휘상(徽商)과 진상(晉商)은 명청시대에 유가적 사상을 갖춘 상인의 사회적 책무를 이행한 대표적인 사례에 해당한다. 인치와 관련이 깊은 것은 덕치이다. 덕으로 공장을 다스린다는 '이덕치창(以德治廠)'은 전형적인 유가의 관리방식에 해당한다. 휘상과 진상은 충과 성(誠), 신의(信義)를 근본으로 삼고 특정 지역을 거점으로 하여 사회적 책무를 이행한 유상으로 평가할 수 있다.

---

25 이화승, 『상인 이야기: 인의와 실리를 좇아 천하를 밟은 중국 상인사』, 행성, 2013, 215면.
26 김미랑, "명청시대 유상의 경영이념 연구", 중앙대학교대학원 박사논문, 2013, 71면.

Chapter 02

유상의
등장과 전개

I. 서론

16세기 이후 상업이 발전하게 된 것은 상인의 사회적 지위 변화와 관계를 가지고 있다. 특히, 왕양명(王陽明, 1472~1528)에 의한 치양지(致良知)의 심학(心學)이 관학인 주자학을 비판하면서 민간에 널리 퍼지기 시작한 것도 주목할 만한 사항이다. 나무꾼, 도공, 상인 등이 치양지를 그들의 생활 속에서 실천함으로써 양명학은 민학(民學)으로서 명대 사상의 주류를 형성하게 되었고, 사민에 대한 새로운 해석과 더불어 상인 또한 사회적 지위가 새롭게 평가받는 계기가 되었다. 시간이 지나면서 이제 상인과 선비는 방법을 달리하면서도 마음을 같이한다는 의미로 발전하게 되었다.

"방법을 달리하면서도 마음을 같이한다"라고 하는 이술동심(異術同心)은 왕양명이 주장한 이업동도(異業同道)와 같은 취지에 해당한다. 삶을 살아가는 방법을 달리하면서도 도덕적인 마음을 같이한다는 취지이다. 명청(明淸)시대의 사회적 분위기는 상인의 사회적 가치를 다시 평가하기에 이르렀다. "상인은 농부, 공인보다 크고, 선비는 상인보다 크며 성현은 선비보다 크다"고 하심은(何心隱, 1517~1579)의 언급 또한 의미가 있는데, 여기서 사민의 배열이 사상농공(士·商·農·工)으로 바뀐 것을 알 수 있다.[1] 이것은 실로 획기적인 변화로 상인의 도덕성과 자부심이 그만큼 확보된 셈인 것이고, 이른바 신사민론(新四民論)에 의하여 상업은 농업 못지않게 중시되어 본업의 지위로 상승된 것이다.

명청시기는 이전 시대와 달리 상품유통(商品流通)과 상인자본(商人資本)의 의미 있는 발전이 이루어지면서, 일찍이 중국자본주의 맹아(萌芽)의 출현 시기로 평가받고 있다. 그것은 명나라 시대에 시장이 확대되었다는 것을 뜻한다. 명대 영락은 북경으로 천도한 뒤 대운하를 중시하여 영락 9년(1411년) 다시 운하를 개통하였다. 따라서 운하 가까이 상고(商賈)들이 개미떼처럼 모여들어 이윤을 획득하였다. 명청시대에는 번영한 도시에서 공상업의 발전에 따라 점차 새로운 시민계층이 형성되기 시작하였다. 여기서 우리는 두 가지 점에 주목해야 하는데, 하나는 선비와 상인이 서로 섞여 '사상상잡(士商相雜)'의 현상과 유학을 버리고 상업으로 나가는 '기유취상(棄儒就商)'의 경향이다.

한대(漢代)에서 명청(明淸)까지 사민(四民)의 구분이 엄격하여 사(士)의 사회적 지위는 높아서 사민의 우두머리가 되었고, 한무제 이래로 관리가 상업 활동을 하는 것도 금지되었다. 당나라 개국 초기에는 시장 접근에

---

1   『何心隱集 券 3. 答作主』, "商賈大於農工 士大於商賈, 成賢大於士". 재인용. 정인재, "中國의 天下 思想 -儒商의 世界化를 中心으로-", 「동아연구」 제35집 서강대학교 동아연구소, 1998, 285면.

제한을 두기도 하였다. 그러나 명청시대에는 신사민론의 영향으로 선비들의 '치생론(治生論)'이 일어났고, 관리와 선비들이 공상을 겸하여 운영, 이윤을 도모함에 따라 사상상잡(士商相雜)의 현상이 점차 두드러지게 나타났으며, 생계유지를 위하여 기유취상(棄儒就商)하는 사례가 많이 생겨났다. 명청시대 관리나 선비들이 상업을 하는 구체적 동기는 천차만별이어서 어떤 이는 치생의 필요에서 나왔고, 어떤 이는 벼슬하는 길의 좌절에서 나왔으며, 정치방면의 원인으로부터 나오기도 하였지만, 그 기본적 동기는 오직 이윤추구에 있었다.[2] 반대로 부상대고(富商大賈)는 그들의 재산을 이용하여 관리의 권세와 선비의 유아(儒雅)를 넘겨보아, 마침내 유림에 올라갈 수 있었다. 옛날에는 선비의 아들은 항상 선비가 되었으나, 후세에는 상인의 아들이 비로소 선비가 될 수 있었던 것이다. 이것은 당시의 사회적 변화를 대변해주고 있다.[3]

II. 중국의 유상

1. 중국 근대화와 유가사상

근대의 '사상(士商)'은 전반적으로 명청시대의 '유상'의 전통과 특성을 계승하여 근대 역사적 조건하에서 새로운 내용이 첨가되어 자기의 독특

---

2   余英時 저, 정인재 역, 『中國近世宗敎倫理與商人精神』, 대한교과서주식회사, 1993, 190면. 귀장은 명나라 유민이며, 그가 상업을 권고하고 선비가 되지 말라고 권고한 것은 정치적 동기에서 나온 것이다. 한인 사대부들이 청 정권에 투항한 것을 방지하기 위한 것이다.
3   沈垚, 「落帆樓文集」 제24권. 唐力行, "좋은 상인이 어찌 거유를 저버리겠는가?-상업에 종사하면서도 유학을 애호한 명청시대 휘상의 신사적 풍격", 「성균관대 사림」 제22호, 수선사학회, 2004, 101면.

유상의 등장과 전개   197

한 특성을 갖게 되었다. 명·청시대의 유상은 비록 상인이 되었으나, 모두 선비 기풍에 가까웠다. 어떤 유상은 학술상(學術上)에도 상당한 조예를 가지고 있었다. 유상은 경전에 대한 이해가 깊어 유가 윤리도덕을 내면에 깊이 간직하였을 뿐 아니라 외적으로도 자신의 명예와 수양을 중시하였다. 유상은 커다란 뜻을 가지고 있고, 자질구레한 이익을 탐하는 것이 아니라 유가사상의 기품을 소유하고 있었다. 뿐만 아니라 의로운 행위를 통해 재산으로 가난한 사람들을 구제하거나, 가족과 친척에 대하여 책임감과 의무감을 가지고 있었다. 명·청시대 유상들은 유가윤리에 바탕을 두고 상업 활동을 하여 이른바 '고도(賈道)'라는 직업윤리를 형성하였던 것이다.[4] 중국에서 근대는 서세동점(西勢東漸)의 현상으로 어느 때보다 통상의 중요성이 고조되는 시기였다. 이제 상무라고 하는 것은 국가의 중요한 원천이고, 국가 간의 통상은 그 혈맥을 소통시켜줄 수 있는 것에 해당하였다. 이는 상업의 중요성을 일깨우면서도 교육기관도 구식 서원교육에서 서양식 학당으로 바꾸어 전문가를 양성해야 한다는 논리로 발전하게 된다.

공자의 정신에 따라 도에 근거하여 기업을 경영하여 재부를 획득한 유상이 본격적으로 등장한 것은 중국의 개방화 시기이고, 다시 90년대 들어와 대만, 홍콩, 싱가포르 등의 급속한 경제발전의 배경을 유교적 자본주의로 설명하고자 하는 시도들이 등장하였다.[5] 실제로 "인류가 새로

---

4   유상들은 인·의·예·지·신·성 등 유가 윤리규범을 그 핵심으로 삼고 상업 활동을 하는데, 지성으로 사람을 대접하고 신용을 제일로 삼으며 의를 이보다 앞세우고 견상원칙을 세웠다. 이것이 바로 '고도(賈道)'이다.
5   정인재, "中國의 天下 思想 –儒商의 世界化를 중심으로–",「동아연구」제35집, 서강대 동아연구소, 1997, 269면.

운 기원, 새로운 세기, 새로운 천년의 시작을 맞이하게 되었다. 신세기의 중국은 신일대(新一代)의 상인을 필요로 한다. 즉, 현대 과학기술을 장악하고 또, 중국 전통문화 정수를 깊이 이해하는 신일대(新一代)의 유상을 필요로 한다. 중국 상인의 정영(精英)인 유상은 중국시장경제발전의 부름이며, 또한 거인을 필요로 하는 동시에 거인을 만들어내야 하는 시대적 사명이다"라는 주장은 그 일면을 보여준다.[6]

2. 근대의 유상

1) 신사계층

근대의 유상을 이해하고자 한다면 선비와 상인이 융합되는 신사(紳士) 계층을 이해해야 할 필요가 있다. 한대에서 명대에 이르는 사회는 사민의 구분이 비교적 뚜렷하여 선비의 지위가 높았고 상인은 신분상 천대 받는 지위에 있었다. 시대가 변화면서 상인이 선비가 될 수 있는 길도 발생하게 된 것이다.[7] 상인이 관료나 퇴직한 관리 계층에 들어가는 길은 두 가지 방법이 있었다. 하나는 과거시험에 합격하는 것이고, 또 다른 하나는 재산을 헌납하고 벼슬하는 것이었다. 명청시대에는 적지 않은 상인들이 부를 얻은 뒤 자기의 후손을 고려하여 유학을 업으로 삼아 벼슬길로 나아갔다. 중국 근대시기에 선비와 상인이 융합하는 신사(紳士)계층이 발생하였다. 신사(紳士)와 상인이 명청시대에 서로 합류되는 현상의 발생 후, 19세기 말에서 20세기 초에 신사(紳士)이라고 하는 새로운 계층이 발생한 것

---

6   鮑健强/蔣曉東, 「儒商之道」, 浙江人民出版社, 1997, 2면.
7   정인재, "양명학 관점에서 본 청암의 유상(儒商) 정신", 「유교문화연구」 제18집, 성균관대학교 유교문화연구소, 2011, 319면.

이다. 이들은 신(紳)과 상(商)을 겸한 신분으로서 위로는 관부(官府)와 통하고 아래로는 공상(工商)에 영향을 미쳐 관(官)과 상(商) 사이의 완충과 중개역할을 하게 되었다.

2) 사상과 민상

교육을 받은 정도와 유교 문화와의 관계가 깊고 얕음에 따라 신상(紳商)계층은 선비형의 사상(士商)과 보통형의 민상(民商)으로 구분된다.[8] 전자가 유교문화에 깊이 젖어 있어 상인이라기보다는 유사(儒士)에 가깝다고 한다면, 후자는 이윤추구와 재산형성에 역점을 두면서 신사(紳士)보다는 명패 소유에 대한 욕구를 갖는 습성이 있다. 특히 이들은 유가경전이나 상인윤리에는 관심이 없다. 근대의 사상(士商)은 바로 명청시기의 상업을 하면서 유학을 좋아하는 유상의 맥과 연결된 것이고, 현대에 이르러서는 유가의 정신하에 기업을 경영하는 현대의 기업가들이 계승한 것이다. 신분사회에서 시장경제로 변화하는 사회적 조건하에서 의리(義理)문제가 치열하게 논의되었다. 그리고 의리병중(義理竝重)은 시장경제로 나아가는 가치문명의 기초가 되었다고 볼 수 있다.

3. 유상의 현대 계승

서양이 기독교적 윤리를 바탕으로 자본주의를 발전시킨 경우라고 한다면, 동양은 유가적 사상을 바탕으로 유교적 자본주의를 발현시킬 수 있는 것이다. 현대적 유상은 명청시대의 유상과 근대의 사상과 달리 유교

8　정인재, "中國의 天下 思想 -儒商의 世界化를 中心으로-", 「동아연구」 제35집, 서강대 동아연구소, 1997, 288면.

문화의 바탕 위에서 현대 과학기술과 경영방식을 터득한 선비(士), 이른 바 지식인이라 할 수 있다. 유상은 동서양 문화의 교차점에서 새로운 기업문화, 상고문화를 만들어내고 실천하는 지식형 상인, 기술형 상인, 문화형 상인으로 등장할 수 있다.

과학기술을 가지고 있는 지식인들이 업무 외 시간을 이용하여 기업의 기술개발, 자문 생산품 설계 및 교학 등에 종사하다가 어떤 이들이 위험을 무릅쓰고 겸직에서 하던 일을 본업으로 삼아서 전적으로 자기가 직접 기업을 운영하는 사례가 등장하였다. 이는 바로 근대 중국에서 발견되는 하해(河海)[9]와 같은 현상이다. 그들은 시장경제 체제에서 남을 속이거나 해치면서 무조건적으로 돈을 벌기 위한 것은 아니었다. 자금만능주의에 타락한 시정잡배와 달리 그들은 믿음, 명예, 책임감, 상호이익 등을 목표로 행동하고, 과학기술을 거대한 생산력으로 전환시켜 경제적인 효율과 이익을 창출시키고 있다. 바로 윤리의식이라고 하는 의(義)와 개인적 영리인 리(利)가 훌륭하게 결합하여 바로 이 유상이 발현되는 것이다. 이는 천민자본주의를 경계하고 자본주의를 동아시아에서 유교적 가치로 발전시켜 현대에 되살리고자 하는 노력의 일환이다.

---

9   河海라 함은 바다에 뛰어든다는 뜻으로, 근대 중국의 일부 지식인들이 위험을 무릅
     쓰고 사업에 진출하는 의미를 담고 있다. 정인재, "中國의 經濟發展과 儒商", 「동아
     연구」 제34집, 서강대학교 동아연구소, 1997, 86면.

III. 우리나라의 유상(儒商)

1. 상인의 추구덕목

상인의 기능과 사명의 정신, 상인이 지향해야 할 최고의 목표, 당면한 경영신조 등의 형성은 고려시대에서도 볼 수 있었다. 조선시대에 이르게 되면 억불숭유 정책으로 말미암아 수신제가치국평천하(修身齊家治國平天下)가 사회의 지도원리가 되고, 학문을 함으로써 덕을 쌓고 지도자가 되는 수기치인이 최고의 가치로 간주되던 사회가 되었다. 직업의 우선순위가 선비가 첫째이고 상업은 비생산적이라 하여 농업보다 천시되었다. 조선시대에도 악덕상인이 없었던 것은 아니지만 일반적으로 상인은 근면하고 합리적인 행동의 선구자였다고 평가받고 있다.[10] 상인은 극심한 천대를 받았고 관원의 가렴주구와 불량배의 약탈을 협동으로 극복하면서 근면하게 자기의 생업에 종사하였다. 이러한 어려움에도 불구하고 조선시대 상인은 삼도훈인 의(義), 신(信), 실(實)과 오행으로서 족(足), 구(口), 친(親), 신(信), 상(商)을 행동원칙으로 하며 상업 활동을 의연히 이어나갔다. 의(義)란 일하는 사람끼리 의리가 있어야 한다는 의미이고, 신(信)이란 고객에게 항상 믿음을 주면서 장사를 해야 한다는 뜻이며, 실(實)이란 상인을 영리를 추구하되 실리가 명분에 앞서야 한다는 의미를 가지고 있다. 족(足)이라 함은 발을 의미하는데, 이는 사람들을 열심히 만나야 한다는 의미이다. 구(口)란 사람의 입을 의미하는 것으로 사람들과 만나서 말을 많이 해야 한다는 의미이다. 친(親)이란 많은 사람들과 만나되 서로 친근

---

10   박평식, "朝鮮前期 開城商人의 商業活動", 「조선시대사학보」 제30집, 조선시대사학회, 2004, 8면.

해져야 한다는 뜻이다. 신(信)이라 함은 사람들과 친해지면 외상을 주더라도 믿음을 얻도록 하라는 뜻이고, 상(商)이란 다른 사람의 신뢰를 얻은 후에 장사를 해야 한다는 의미이다.

2. 보부상 활동과 상업 천시

이 시기의 상인 가운데 가장 활달하게 움직인 것은 보부상이었다. 이 보부상은 전국의 시장을 주름잡고 있었으며, 개성상인을 중심으로 상인조합을 형성하여 독점적 상권을 수호하고 상부상조와 협동정신으로 신의를 지키며 하나의 상인정신을 가지고 있었다.[11] 개성상인은 신용을 생명처럼 존중하고 근검절약하기로 유명하며, 시장적 기회의 포착과 창의성 발휘에 있어서 우수하며 상업 활동에 합리적 요소를 가장 우선시 하였다.[12] 고려시대와 조선시대를 비교해 보면, 고려시대에도 지배층에는 농업을 중시하고 상업을 말업(末業)시하는 사상이 있었으나 조선시대에 비하여 고려시대는 상업을 천시하지는 않았다. 고려가 멸망한 뒤 많은 개성인(開城人)들이 상업에 진출한 이면에는 그들의 반조선적(反朝鮮的) 사상도 있지만 긍정적(肯定的) 상업관(商業觀)이 그 영향을 준 것으로 볼 수 있다.

고려시대의 경우도 지배층은 농업을 중시하고 상업을 말업(末業)시하는 사고가 있었다.[13] 조선시대에는 부의 추구를 터부시하고 상인을 멸시

---

11   김성수 외, 『한국의 시장상업사』, 신세계백화점출판부, 1992, 103면.
12   고승희, "송도치부법에 투영된 개성상인의 경영사상", 「기업경영연구」 제12권 제2호, 한국기업경영학회, 2005, 35면.
13   김성수, "개성상인정신 발달사 연구 -개성상인정신연구-", 「경영사학」 제17집 제2호, 한국경영사학회, 2002, 23면.

유상의 등장과 전개   203

하는 태도가 고려시대에 비하여 보다 더 뿌리 깊게 유지되었다. 유학은 개인이 사적 이익이나 물욕을 추구하는 것을 경계하였고, 유학의 이념을 실생활에서 실천한 양반 사대부들은 상업 거래를 동반하는 이윤을 추구할 수 없었다. 하지만 18세기에 들어서면 군자가 이익을 추구하지 않을 이유가 없다고 하고, 상인의 수완을 잘못이라 책망할 이유가 없다고 하는 주장이 제기되었다.[14]

3. 실학과 상업 중시

1) 반계 유형원

의리를 절대시하고 이익추구를 부정적으로 인식하던 유학의 풍조가 실학자들에 의하여 조금씩 변화하기 시작한 것은 17세기이다. 그 대표적 인물로 반계(磻溪) 유형원(柳馨遠, 1622~1673)을 들 수 있다. 반계의 사상은 전통적 성리학에 바탕을 두면서 실리를 내세움으로써 실사(實事)를 추구하는 학문적 기틀을 마련하였는데, 공과 사는 천리와 인욕이 나누어지는 길머리라고 하면서도 이익추구의 인정을 자명의 전제로 받아들였으며, 국가를 경영하고 법제 수립에 있어서는 '사(私)'가 털끝 만큼이라도 용납되어서는 안 된다고 주장하면서, 특히 관료층에게 사리억제의 윤리가 필요함을 역설하였다.[15] 이는 역설적으로 일반 백성은 이익추구가 정당화될 수 있음을 의미한다.

---

14   이재운 저, 안대회 역, 『해동화식전』, 휴머니스트, 2019, 20면.
15   『磻溪隨錄』 권19 祿制 外方官祿; 권3 田制後錄上.

2) 홍대용과 박제가 그리고 최한기

홍대용(1731~1783)은 경세치용과 이용후생을 논하면서 의리학에 근본적 의의를 부여하지만 농업과 상공업 등의 경세학 영역에 치중하였다.[16] 박제가(1750~1805)는 양반 가문의 서자 출신으로 봉건적인 신분제도를 반대하면서 농업 정책의 개선 대신에 상공업의 발전에 역점을 두었다. 농업 중심의 조선사회에 대하여, 시장 친화적인 정책 수립과 상업의 진흥, 상인 우대와 부를 긍정해야 한다는 당시 박제가의 주장은 상당한 반향을 일으켰다.[17] 19세기 중후반에는 최한기(1803~1877)가 이윤 추구를 긍정하는 논지를 펼치게 되는데, 정적인 사민의 신분제도에서 수공업자나 상인에 대한 차별을 반대하고 상공업을 발전시켜야 한다고 주장하였다.[18]

3) 해동화식전

1740년대 후반에 저술된 『해동화식전』에서는 조선의 일반 백성들이 생각하는 경제관이나 상인관과는 다른 중상주의적 사고를 드러내는 면을 볼 수 있다.[19]

---

16 홍대용의 우정론에 대하여는 심의용, "홍대용의 천애지기와 근대성 고찰", 「인문사회 21」 제10권 제1호, 아시아문화학술원, 2019, 363면.

17 정영근, "박제가의 직업상 –이익을 보는 관점을 중심으로–", 「한국사상과 문화」 제55집, 한국사상문화학회, 2010, 388면. 영조 치세 중후반에 유수원은 『우서』(1737년)에서 부국안민을 이루기 위하여 신분제 질서의 파기를 통한 국민 평등과 일원화를 우선 과제로 제시한 바 있다. 이중환의 『택리지』(1751년) 등은 박제가의 『북학의』(1778년)와 함께 기존 유학과는 다른 사고가 존재했음을 보여주고 있다.

18 김병규, "혜강(惠岡) 최한기(崔漢綺)의 사회사상", 「동양철학연구」 제18집, 동양철학연구회, 1998, 152면.

19 이재운 저, 안대회 역, 『해동화식전』, 휴머니스트, 2019, 20~21면.

"나면서부터 잘 아는 사람이든 아니면 배워서 잘 아는 사람이든 부유하기를 구하고 재물을 모으는 일보다 더 앞세우는 것은 아무것도 없다. 부와 재물을 알게 되면 그것을 얻기 위해 계획을 짜내지 않을 수 없고, 계획을 짜내면 솜씨 좋게 얻지 않을 수 없다. 귀와 눈, 입과 코, 팔과 다리가 좋아하는 것이라면 그것이 무엇이든 마음으로 흠모하고 정신을 쏟아 부을 수밖에 없다."[20]

북학파는 실학의 틀 속에서 상공업을 지향하는 국가 재편성에 관심을 두었기 때문에, 경제활동의 윤리성이라든가 이윤추구의 합리성 측면을 고려하기보다는 상업의 중요성, 해외 통상, 상인의 지위 향상 등을 고민하였다. 유교 사상의 도의(道義)와 이익(利益)을 함께 고려하는 유상이 한국에서 크게 발현된 것은 1950년대 이후로 볼 수 있다. 1950년대 수입대체전략, 1960년대 수출주도의 외향적 정책 등은 20세기 자본주의적 모델을 참고로 하여 유상 문화를 비판 계승하고 변형·발전시켜 충성(忠誠), 신의(信義), 견리사의(見利思義) 등의 덕목을 통해 중국 유상문화를 한국에 접목시킨 것이다. 예의에 입각한 경영활동과 기업의 사회적 명예를 유지하고자 하는 기업가의 철학은 유가사상의 선의후리(先義後利)의 정신과 이이위본(以人爲本)의 가치가 반영된 것으로 볼 수 있다.

---

20 이재운, 『해동화식전』1820년 전후 필사 사본 2면. "惑生而知之, 亦學而知之者, 莫先於求富而萃貨也, 知無不謀, 謀無不工, 耳目口鼻四肢之所好, 靡不心慕而神馳.": 안대회, "이재훈의 海東貨殖傳과 巨富列傳", 「한국실학연구」 제37호, 한국실학회, 2019, 314면.

Ⅳ. 일본의 유상(儒商)

1. 호리 게이잔과 야마가 소코

　　일본에서 유상을 논하기 위해서는 이(利)와 관련된 인정의 문제로부터 출발한다. 인정의 문제는 자연히 현실적 인간의 욕망으로서의 이(利)가 긍정된다. 호리 게이잔(堀景山: 1688~1757)은 욕망은 인정이라고 하면서 욕망이 없다면 인간이라 할 수 없다고 하면서, 인간의 욕망을 음지에서 양지로 부상시켰다. 야마가 소코(山鹿素行: 1622~1685)²¹ 역시 인간은 이(利)를 근본으로 하고 있지 않은 것은 없다고 하면서, 인간은 이(利)를 바탕으로 존재하고 있다고 주장한다. 인간의 이러한 이익 때문에 군주는 군주다운 면모를 갖출 수 있고, 신하는 신하다운 자세를 갖출 수 있다고 한다. 이(利)의 마음을 잃어버리면 임금과 신하는 상하의 도가 사라진다는 것이다. 이러한 흐름 속에서 이윤추구의 행위는 인간의 자연스런 감정으로 인정되었다. 17세기 후반 일본은 체제적으로 무가(武家)가 지배하는 사회였지만 구조적으로 자본이 지배하는 사회로 진입하고 있었다. 화폐는 주조되어 시장에 분포되어 있었고 부의 분배와 소비 등의 결정에 있어서 정치적 권위가 시장이 주도하고 있는 모습이었다. 상인들이 부를 축적하며 사회 주도 세력으로 성장하였지만 사농공상에 토대를 둔 재래의 신분 관념에서는 상인들이 여전히 최하급 계층으로 간주되고 있었던 것이다.

21　야마가 소코. 일본 군사학에 크게 기여한 인물로 무사 계급의 사명과 의무를 크게 강조한 바, 그의 사상은 무사도(武士道)의 핵심이 되었다. 야마가 사상은 도쿠가와 시대(德川時代, 1603~1867)를 지나 제2차 세계대전의 종료 때까지 일본 군대의 지침이 되었다.

2. 에도시대와 이시다 바이간

에도시대의 상업 역시 마찬가지였다. 상인들은 눈앞의 이익을 챙기기에 혈안이 되었고, 사회적 지위가 낮아 명예와는 거리가 먼 처지였다. 상인의 지위와 역할에 대한 새로운 사상의 조류는 18세기 초반에 태동한다. 그 선구자는 이시다 바이간(石田梅岩, 1685~1744)을 들 수 있는데, 교토의 포목점에 견습생으로 판매업의 일선을 지키는 동안 현장 경험을 통해 상업은 "세상을 이롭게 하는 일"이라는 신념을 품게 된다. 이시다 바이간은 사농공상이라는 신분적 차이가 엄연했던 당시 일본에서 가장 분명하고 철저하면서도 합리적으로 상인철학을 제창한 인물로서 평가받는다.[22] 당시에는 부흥하지도 않았던 상업을 일으키기 위하여 노력하였고, 상업을 담당하는 자들에게 자긍심을 깨우쳐 주고자 하였다. 상업의 진흥을 위하여 사회적 책임을 자각한 주체적 상인을 양성하고자 하였고, 상인의 이윤추구가 정당하다는 논거를 제시하기 위한 다각적인 노력을 기울였다.

이시다 바이간은 사회에 존재하는 여러 계층은 각자가 자신의 형체에 따른 본성을 추구하는 과정에서 성립하는 것으로 보았다. 그런데 상인이란 물건을 사고파는 직분을 담당하면서 도시의 신하로 존재한다고 한다. 상인은 물건을 필요로 하는 자에게 해당 물건을 공급하여 주는 직무를 수행한다. 이시다에 의하면, 상인은 천하의 재보를 통용시켜 만인의 마음을 평안할 수 있도록 하는 자로 상인은 매매를 통하여 천하를 도울 수 있다고 보았다. 따라서 상인은 만인의 사람들을 이로움을 줄 수 있는 자

---

22 정지욱, "이시다 바이간(石田梅岩)의 상인철학-이익추구의 정당성", 「양명학」 제31호, 한국양명학회 논문집, 2012, 4면.

로 자긍심을 가져야 하고, 인간이 진정한 자유를 얻는 것은 물질적인 조건이 충족되는 상태에서 이루어진다고 보았다.[23]

3. 이시다와 상고

이시다는 상인의 이윤은 마치 지배층인 무사들이 일하는 대가로 받는 봉록과 같은 것으로 보았다. 즉, 상인의 이윤은 도덕적인 것으로부터 벗어난 것으로 볼 수 없고, 힘써 노력한 근로의 대가이며 상인의 이자를 매우 긍정적으로 평가하였다. 재보 유통을 통해 천하에 참여한 상인이 그 대가로 보상을 받은 것이 바로 이윤이라는 것이다. 그는 상인의 도로서 상고(商道)를 주장한다. 상인이란 재보를 통용시켜 만민을 돕는 것이다. 또한 세상 사람들에게 이로움을 제공하는 중요한 역할을 하는 자가 바로 상인이므로, 판매자와 구매자 양자가 모두 이익을 얻을 수 있는 역할을 담당하는 것이 올바른 상도(商道)라는 것이다.

전후에 일본 일대의 유상이 우뚝 일어난 원인으로 유상의 모범을 보여 일생동안 의(義)와 이(利)가 합일되는 유상의 도를 실천한 면과 일본 상인은 유가윤리에서 중시되는 '중의경리(重義輕利)'의 전통적 고정관념을 지양하고, '의리병중(義利幷重)'의 새로운 해석을 함으로써 경제번영의 활력을 불어 넣은 면, 일본 상인은 이익을 추구하는 경쟁과정에서 정신적 수양이나 도덕적 소질을 중시하지 않으면 물욕(物慾)에 오염되거나 파멸할 수도 있다고 의식한 면 등은 전후 일본이 급속도로 성장한 정신적 배경이 되었다.

---

23 고영란, "이시다 바이간(石田梅岩)의 상업관에 관한 소고(小考)", 「한문학논집」 제48집, 근역한문학회, 2017, 88면.

V. 소결

　　상인이 경제활동을 하는 것과 마찬가지로 유상 역시 경제생활에 적극적인 활동을 한다. 이 점에서 양자는 다를 바가 없다. 하지만 유상의 최종적인 목표는 단순히 자산을 확충하여 부유함에 그치는 것이 아니라 사회와 민족, 그리고 국가에 대해 책임감과 사명감을 가지고 있다. 기업 경영을 통해 사회의 이익을 도모하는 것을 자기의 소임으로 생각한다. 아시아의 유상은 유교적인 가치관을 가지고 도덕을 입신(立身)의 목표로 삼고, '利'와 '義'가 결합된 가치관을 유지하고자 하였다는 점에서 공통적인 특징이 있다. 이처럼 유교 사상의 핵심 이념이 경제사상과 결합하여 중국의 전통적인 유상 사상을 수립하였고, 오랜 역사를 지닌 유교사상을 수용한 한국과 일본에도 상인의 이상적인 모습으로 자리매김하고 있다.

Chapter 03

기업의 사회적 책임

I. 고도(賈道)와 기업의 사회적 책무

1. 상인과 동도

1525년 왕양명은 상인 방린(方麟)을 위하여 '절암방공묘표(節庵方公墓表)'라고 하는 한 편의 묘표를 쓴다. 이 묘표의 주인공 방린은 초년에 유가교육을 받은 선비 출신으로 상인이라는 직업에서 유교의 가치관을 발현시킨 인물이다. 왕양명은 "옛날에는 사농공상이 직업을 달리 하였으나 도는 같이 하였으며, 그들 마음은 한 가지였다. 선비는 도를 가지고 수양하고, 농부는 도를 가지고 봉양을 하였으며, 공인은 도를 가지고 도구를 이롭게 하였고, 상인은 도를 가지고 재화를 유통시켰다. 그들은 각각 힘이 미치는 곳에서 생업을 삼아서 그 마음을 극진히 발휘하였다. 사람을 살리는 길에 유익한 것은 한결 같은 것이다"[1]라고 하면서 사민은 직업을 달리하면서도 길을 같이 한다고 주장하였다. 즉, 선비와 마찬가지로 상인은 자신의 직업인 도를 지키는 것이라는 자부심을 가져야 한다는 것이다.

2. 고도의 원형

1) 선비의 풍치

사농공상(士農工商)의 유구한 역사와 함께 중국 상인은 자기 나름의 아름다운 길인 이른바 고도(賈道)를 창조하였다. 고도(賈道)란 '상인의 도(道)'이면서 '뛰어난 도리(道理)'를 의미하며, 이는 상인들 나름의 자부심의 표현이라고 볼 수 있다. 이런 고도(賈道)는 중국 역사에서 오랜 전통을 가지고 있다. 춘추전국시대 범려(范蠡), 자공(子貢), 백규(白圭)는 일반적인 상인과는 다른 모습을 보여주었다. 자신들의 지략을 활용하여 거부가 되었지만 거액의 돈을 모은 후 선비의 풍치를 보여준 것이다.[2]

범려(范蠡)는 19년 동안 세 번 천금을 모아 큰 부를 얻었다. 재상 자리를 마다하며 가난한 이들과 소원한 형제들에게 모은 재산을 돌려주고 유유자적하면서 세상을 살았던 인물로서, 그의 행동은 '호행기덕(好行其德)'이라고 하는 군자의 풍모를 보여주었다.[3] 유가사회에서 추구하는 최고 가치인 '군자의 길'로서, 범여는 후세 상인들이 추앙하는 모델이 되었다.

---

1   『陽明全書』 제25권, "古者四民異業而同道, 其盡心焉, 一也. 士以修治, 農以具養, 工以利器, 商以通貨, 各就其資之所近, 力之所及者而業焉, 以求盡其心, 其歸要在於有益於生人之道, 則一而已."

2   김정호 · 조대우, "儒家 內聖外王의 道가 中國企業家 品性과 經營成果에 미치는 影響", 충남대학교대학원 박사논문, 2011, 23면 이하.

3   『史記』 「貨殖列傳」, "十九年之中三致千金, 再分産與貧交流昆弟, 此所謂富好行其德子也."

2) 자공

상인 집안에서 태어난 자공(子貢)은 공자를 따라 학문을 익히면서 상업을 하여 큰돈을 벌었다. 자공은 스승인 공자의 성인됨을 깊이 인식하고, 공자의 사상을 세상에 전파하는 역할을 하였다. 자공은 재물을 사랑했지만 그것을 취함에 있어서 도(道)를 지니고 있었다. 이런 자공은 이(利)로써 의(義)를 취하고 이(利)로써 세상을 구한다는 유상(儒商) 이념을 가지고 실천한 인물로 유상(儒商)의 비조(鼻祖)로 평가받고 있다.

3) 백규

백규(白圭) 역시 상인의 정도(正道)를 벗어나지 않았다. 시세(時勢)의 변화를 예측할 수 있는 혜안과 다른 사람이 내다 팔면 사들이는 전략을 가지고 전국시대 거상의 자리를 차지하였던 백규는 근검절약하는 생활로 다른 상인에게 모범을 보여주었다. 또한 그는 돈을 벌기 위해 잔꾀를 부리지 아니하고, 소박하면서도 성실한 경영인으로서의 도덕인 상도(商道)를 갖추고 있었다.

II. 기업의 사회적 책무

1. 새로운 자본주의 문화

오늘날 기업은 재화나 서비스 등을 제공함으로써 일반 국민에게 편리함과 유익함을 제공하고 있다. 더불어 기업의 활동으로 인한 이익은 기업 자신만의 것이 아니라 기업의 이해관계자와 사회 일반인에게 그 부를 환원해주어야 한다는 기업의 사회적 책무를 요구하는 목소리가 높다.[4] 사회적 책무 가운데 기부 문화는 지금까지 무한 경쟁과 절대 이익에만 몰두해온 자본주의 사회로부터 베풂과 나눔의 공동체로 변모해야 한다는 새로운 자본주의 문화의 변화라고 볼 수 있다.

2. 기업의 사회적 책무 요청

기업의 사회적 책무는 기업의 규모에 관계없이 논의될 수 있다. 주식회사는 오로지 구성원인 주주의 이익만을 고려하기보다 채권자, 소비자, 지역사회, 나아가 일반 공중의 이익도 균형 있게 바라보는 시각이 필요하다. 즉, 기업이 얻은 축적된 부는 주주의 이익뿐만 아니라 기업 이해관계자의 이익도 돌아볼 줄 알아야 한다. 기업을 주주의 이윤추구의 수단으로 보는 것은 기업의 규모가 거대화되고 사회적 영향력이 막대해진 오늘날의 현실에서 더 이상 수용하기가 어려워졌다. 이제 기업의 경영자는 회사의 주인인 주주만의 이익을 보호하는 것에서부터 기업이 큰 성과를 낼 수 있도록 기여한 소비자, 노동자, 채권자, 지역주민 등을 고려할 필요가 있다. 기업이 고려해야 할 사회적 책무가 논의되기 시작한 것은 오래 전의 일이지만, 기업의 글로벌화와 경쟁의 심화, 정부역할의 축소 또는 재조정, 기업들의 전문가 확보를 위한 경쟁과 시민활동의 증대 등으로 말미암아 기업의 사회적 책무는 이제 기업이 더 이상 외면할 수 없는 기업 환경의 변화에 따른 필연적인 결과라고 볼 수 있다.

---

4   법적인 관점에서 안택식, "기업의 사회적 책임론과 회사법의 변화", 「재산법연구」 제28권 제3호, 한국재산법학회, 2011, 394면. 여기서 필자는 '기업의 사회적 책임'이라는 용어를 사용하면서 실정법 도입 필요성을 주장한다.

3. 대기업과 중소기업의 사회적 책무

사회적 책무를 접근하는 방법은 대기업이나 규모가 비교적 작은 중소기업에 있어서 크게 다를 바는 아니지만, 중소기업은 기업 환경 및 규모에서 대기업과 다르므로 사회적 책무 역시 조금 다른 관점에서 바라보아야 한다. 일반적으로 중소기업은 소유와 경영이 분리되어 있지 않고, 중소기업의 경영자는 여러 기능을 동시에 수행하기 때문에, 시간에 쫓기며 전문적 지식이 결여되는 모습을 띤다. 중소기업은 대체적으로 자금이 부족하며, 조직적인 관계보다 개인적 관계를 더 중요시하는 특성이 있다. 대기업에 비하여 소수의 이해관계자가 존재하고 사회 전반에 대한 사회적 책무보다는 지역사회의 사회적 책무를 우선적으로 인식하게 된다. 중소기업의 사회적 책무는 이해관계자에게 가시적으로 인식될 경우에 한해서 구체적 행위로 이어진다. 기업의 사회적 책무가 기업의 이익에 긍정적으로 영향을 미치며, 기업의 사회적 책무 결여는 기업 경영에 부정적인 영향을 미칠 수 있음을 지속적으로 알려야 할 필요성이 있다. 중소기업은 대기업과 달리 소유자가 경영자를 겸하는 지배구조를 가지게 되므로 기업의 사회적 책무의 여부는 개인 경영자의 가치관에 크게 좌우될 수 있다.

4. 기업윤리와의 차이

기업의 사회적 책무와 더불어 기업윤리 역시 상인이 유념해야 할 범주이다. 기업윤리는 기업가들이 어떠한 행위나 일정한 의사 결정 과정을 함에 지니고 있어야 하는 규범이나 규칙을 말한다.[5] 기업의 사회적 책무

---

5   홍용희, "기업의 사회적 책임과 한국의 기업윤리", 「윤리연구」 제79호, 한국윤리학회, 2010, 24면. 기업의 사회적 책임과 구분하여 기업윤리의 중요성을 강조하고 있다.

가 기업과 일반 국민 사이 또는 기업과 이해관계자 사이에 관심을 두고 있다면, 기업윤리는 기업을 운영하고 있는 구성원이라는 인적 차원을 강조한다. 오늘날의 기업을 운영하는 기업가는 윤리성과 도덕성을 갖추는 것이 매우 중요하다.[6] 기업윤리는 기업 경영의 본질이나 기업의 목적과 밀접하게 관련된다. 기업은 재화나 서비스를 제공해야 한다는 기업의 본질적인 면만을 고려한다면, 기업윤리의 개입 여지는 크게 줄어들게 된다. 산업화 초기와 달리 현대사회에서 우리나라 기업을 바라보는 시각은 단지 기업의 경제적 기능 측면으로만 인정될 수 없게 되었다 사회 속에서 기업이 해야 할 책무는 무엇인지를 재고해야 할 필요성이 있다. 기업이 성립되고 존속하며 발전하기 위해서는 기업 내부의 폐쇄적 경영활동만으로 충분하지 않고, 기업을 둘러싸고 있는 벌어지는 여러 가지 환경적 변화 속에서 기업과 기업인이 지녀야 할 기업윤리의 비중은 점점 더 높아지고 있다.

III. 기업의 사회적 책무와 상법의 역할

1. 기업의 사회적 책무와 주주행동주의

1) 기업의 사회적 책무와 이윤의 극대화

기업의 사회적 책무가 등장한 시기는 1960년대 중반에 들어서이다. 당시는 환경문제와 도시에서 발생하게 되는 인간의 질환, 베트남 전쟁

---

6 성용모, "기업가정신과 유교적 가치의 조율", 「산업경영연구」 제29권 제4호, 청주대 산업경영연구소, 2006, 197면.

반대 운동 등이 큰 이슈였다. 이 시기에 기업들은 실업과 주거, 인종 등과 관련된 사회적 문제 등을 치유하고자 하는 계획들을 발표하게 된다. 이제 기업은 이윤 추구의 집단으로서만 인식되기 보다는 사회에서 발생하는 다양한 문제들에 관심을 갖고, 이를 대처해야 하는 의무를 담당해야 한다는 주장이 제기된 것이다.[7] 기업은 일반 국민이 있는 사회를 위한 계획을 마련해야 하고, 이러한 기업의 사회적 책무는 기업의 이윤극대화와 양립할 수 없는 것이 아니라는 것이다.

2) 주주행동주의와 주주제안권

1970년대에 들어서게 되면 기업에 대한 요구는 더욱 강해지는 것을 볼 수 있는데, 영리추구를 하는 기업이 정치적인 권력 또는 사회적인 힘을 가진 집단으로 간주되어 소비자와 시민을 보호하는 조치가 마련되어야 한다는 주장이 더해 갔다. 그 대표적인 법적 조치는 바로 주주들의 행동주의라고 볼 수 있다. 주주행동주의란 회사의 영업방침에 대해 적극적으로 영향력을 행사하려는 소수주주들의 행위 양태를 의미한다.[8] 주주행동주의의 대표적인 예로는 회사 정책상 공공을 위한 주주제안권 (shareholder proposal) 행사를 들 수 있다. 이러한 주주제안권은 영국 회사법(제376조), 독일 주식법(제126조, 제127조), 일본 상법(제232조의2), 미국 증권거래위원회 규칙(제14a-8조) 등에서 인정되고 있고, 우리나라는

---

7   최준선, "기업의 사회적 책임론", 「성균관법학」 제17권 제2호, 성균관대학교 비교법연구소, 2005, 481면. 본 서에서는 '사회적 책임' 대신 '사회적 책무'라는 용어를 사용한다.

8   정대익, "주주행동주의의 법적 한계", 「경영법률」 제27권 제2호, 한국경영법률학회, 2017, 235면.

1998년 상법 개정 시 제363조의2에 주주제안권을 도입하였다. 이는 소수 주주가 회사에 대하여 일정한 사항을 주주총회의 의제와 의안으로 할 것을 제안할 수 있는 권리에 해당한다.[9] 이 제도를 통하여 회사의 이윤 추구 외에 사회적 활동을 하도록 촉구하는 도구로 이용할 수 있다.

2. 기업의 사회적 책무와 입법론

1) 긍정론

기업의 사회적 책무를 실정법에 명시적으로 규정을 두는 것이 타당한 가에 대하여는 논의가 전개되고 있다. 회사의 임원은 주주 이외의 회사의 이해관계자 이익을 위하여 새로운 의무를 부담해야 하는 내용을 골자로 한다. 기업의 사회적 책무를 상법에 규정해야 한다는 입장은 회사의 주된 활동을 하는 것은 회사의 주인인 주주만이 참여하는 것이 아니라 근로자와 경영자 등 이해관계자들도 참여가 배제되는 것이라 볼 수 없으므로, 이들의 이익도 고려되어야 한다는 주장을 한다.[10] 오늘날 자본주의 경제는 기업으로 하여금 큰 부를 축적할 수 있도록 하였고, 그러한 기업은 막대한 부 외에 국가의 정책이나 사회 제도에 영향력을 행사하는 큰 권력자의 임무를 맡고 있다. 기업이 가지고 있는 사회적 지위와 비중을 고려하여 지역사회와 근로자 등에 대하여는 공공의 책임을 부담하여야 하며, 획득된 부의 일부는 사회에 환원하여 기업도 사회의 일원으로서 일정한 역할을 해야 할 필요가 있다는 것이다. 기업의 사회적 책무에 대하여는

---

9   이철송, 『회사법』 제22판, 박영사, 2014, 495면.
10   안택식, "기업의 사회적 책임론과 회사법의 변화", 「재산법연구」 제28권 제3호, 한국재산법학회, 2011, 394면.

긍정론이 우세하다. 특히, 오늘날 공해와 같은 환경 문제, 한 기업의 독점이나 과점 등 불공정한 행위 등 대기업의 경영자는 사회적 책임을 부담하지 않으면 안 된다는 것이다.[11]

2) 부정론

기업의 사회적 책무를 인정할 필요성에 대하여는 공감하지만, 다수 학자들은 이러한 책무를 상법에 명시적으로 규정해야 한다는 주장에 대하여는 우려를 표시한다. 회사의 사회적 책무라는 개념이 추상적이고 모호하여 그 내용이 불명확하다는 점과 이 문제는 기업윤리에 관한 사항이지 법률적 대상이 아니라는 점을 든다.[12] 대신 공해, 대기오염이나 수질오염 등 기타 사회적 해악으로 발생하는 문제들은 관계되는 특별법에서 규정하면 된다는 것이다.[13]

회사가 자선사업을 한다든지 교육, 문화 사업에 대한 기부, 지역사회에 대한 봉사 활동 등의 내용으로 하는 기업의 사회적 책무를 인정해야 한다는 공감대에는 동의하지만, 기업의 사회적 책무를 기업의 일반적인 의무와 책임으로 규정하는 것은 용이하지 않은 면이 있다.[14] 기업의 사회적 책무에 대한 주체와 내용의 불분명성은 상법이 추구하는 법적 명확성과 안정성을 해할 가능성이 발생한다. 기업의 사회적 책무는 법적 책무라

11   이상민, "기업의 사회적 책임과 주주행동주의 –미국과 한국의 소액주주운동 비교–",
      「한국사회학」 제40집 제5호, 한국사회학회, 2005, 106면 이하.
12   서돈각, "상법개정시안에서의 기업의 사회적 책임과 관련하는 규정에 관한 고찰",
      「법정논총」 제5집, 국민대학교 법학연구소, 1983, 9면.
13   손주찬, "기업의 사회적 책임", 「법조」 제25권 제11호, 법조협회, 1976, 21면 이하.
14   최준선, "기업의 사회적 책임론", 「성균관법학」 제17권 제2호, 성균관대학교 비교
      법연구소, 2005, 502면.

기보다는 기업이 스스로 사회적 책무임을 인정하고 자발적이면서 자율적인 노력으로 해결해야 할 영역인 것이다.

IV. 상인과 거래 안전

1. 민법과 외관주의

일반인들 사이의 법률관계를 규율하는 민법의 경우 일반적인 법률행위를 규정한다. 즉, 청약의 의사표시와 승낙의 의사표시를 교부하고, 양 당사자의 의사가 합치되면 계약이 성립하게 된다. 하지만 법률행위가 본인과 거래상대방 사이에서만 성립되는 것이 아니라, 본인이 지정한 대리인과 상대방 사이에 체결되는 경우가 발생할 수 있다. 이 경우 본인의 대리권한이 없이 체결된 대리인과 상대방 사이에 체결된 계약은 본인이 책임이 부담하지 않는 것이 원칙이다. 하지만 민법은 예외적으로 제3자에 대하여 타인에게 대리권을 수여하였다는 표시를 한 자는 그 대리권의 범위 내에서 그 타인과 제3자 사이에 체결된 법률행위에 대하여 책임을 진다고 규정하고 있다.[15] 다른 유형으로는 본인이 타인인 대리인에게 대리할 수 있는 권한과 그 범위 및 일시를 지정해주었으나, 그러한 권한 사항을 어기고 상대방과 법률행위를 한 경우에도, 원칙적으로 본인은 대리인의 법률행위에 대하여 거래상대방에게 책임을 부담하지 않지만, 대리인의 대리권의 범위 내의 행위로 믿을 만한 정당한 이유가 있다면, 거래상대방은 본인에게 책임을 물을 수 있게 된다. 이를 '권한을 넘은 표현

---

15   민법 제125조(대리권수여의 표시에 의한 표현대리) 참조.

대리'라고 한다.[16] 나머지 한 유형은 본인이 타인에게 대리권을 부여한 후 일정한 기간이 지나 대리권이 소멸한 경우에, 대리권이 소멸된 사실을 알지 못한 제3자가 그 대리인과 법률행위를 한 경우를 들 수 있다. 이 경우에도 본인은 거래상대방인 제3자에게 대리인과 제3자 사이의 법률행위에 대한 책임을 부담하지 않는 것이 원칙이지만, 예외적으로 본인이 책임을 지는 경우가 있다.[17] 이와 같이 민법은 특정한 사항에 대하여 외관의 원칙이 존재하고 있음을 알 수 있다.

2. 상법의 외관 원칙 확대

1) 외관주의

상거래는 주로 불특정 다수인 간에 행해지므로 당사자가 상대방에 대한 정확한 정보를 가지고 있지 않은 상태에서 외부에 나타난 사실만을 믿고 거래하는 경우가 빈번하게 된다. 일반적인 거래에서 외관과 진실이 일치하지 않을 수도 있지만, 상법상의 거래에서는 더욱 빈번하게 발생할 수 있다. 그러나 대량적으로 거래가 이루어지고 거래당사자의 개성이 중요하지 않은 상법상의 거래에서 발생한다면, 거래의 상대방은 안심하고 거래를 할 수 없는 상황이 나타나게 된다. 진실에 반하는 외관(外觀)이라 할지라도 일정한 요건을 갖추고 있다고 한다면 그 외관을 신뢰한 자를 보호하고자 하는 것을 신뢰의 원칙(신뢰의 원칙) 또는 외관의 원칙(외관의 원칙)이라고 한다.[18]

---

16   민법 제126조(권한을 넘은 표현대리) 참조.
17   민법 제129조(대리권소멸후의 표현대리) 참조.
18   정찬형, 『상법강의(상)』 제18판, 박영사, 2015, 32면 이하.

2) 거래상대방 보호

상법상 외관의 원칙은 영업주체에 관한 규정, 기관에 관한 규정, 영업 보조자에 관한 규정 및 영업재산의 주체 교체에 관한 규정 등이 있다. 이러한 규정들의 공통적인 사항은 영업조직의 외관적 관계를 일정한 자에 대한 관계에서 영업조직의 법률관계로서 인정한다는 점에 있다. 영업의 조직형성행위는 영업주의 자유에 맡겨져 있지만, 영업을 담당하는 자가 대표이사인지 아니면 지배인인지 등 영업조직관계는 거래의 상대방에게 중대한 이해관계를 생기게 한다. 이러한 영업조직관계에 있어서 거래의 상대방 및 채권자의 보호를 위하여 일정한 외관적 기준에 의하여 영업조직의 외관적 법률관계를 인정하는 것이 외관신뢰보호(外觀信賴保護)의 규정에 해당한다.[19]

3) 거래안전

외관책임의 요건이 성립되면 거래상대방인 제3자는 은폐된 사실에 의하지 않고 외관(外觀)대로의 법률효과를 주장할 수 있게 된다. 권리외관과 사실을 동일시 할 수 있는 법률효과가 발생하므로 제3자는 마치 자신이 인정하는 법상태가 정말로 존재하는 것 같은 지위를 갖게 된다. 기본적으로 거래상대방을 보호하기 위하여 상법의 예외적 인정으로 볼 수 있다. 거래를 함에 있어서 외관과 진실이 일치하지 않는다 할지라도 상거래의 경우 법률효과가 외관에 따라 결정되어야만 거래상대방은 안심하고 거래를 하게 된다. 일정한 요건하에서 그 외관을 신뢰한 자를 보호하여야

---

19   이기수·최병규, 『상법총칙·상행위법(상법강의 I)』 제7판, 박영사, 2010, 22면 이하.

거래의 안전(거래의 안전)이라고 하는 상법의 이념이 지켜지게 될 것이다.

3. 기업과 책임 형태

1) 합자회사와 익명조합

　기업의 규모가 크면 클수록 그 위험도가 클 것이다. 이 위험을 개인이 단독으로 부담한다는 것은 쉬운 일이 아니다. 따라서 거대한 자본집중의 요청은 기업위험의 분산을 의미하게 된다. 기업의 위험분산은 각 회사제도를 통해 기본적으로 구현된다. 오늘날 상사회사의 기원은 10세기 이후 해상무역이 발달한 중세 도시국가에서 찾아볼 수 있다. 당시 해운업의 형태로 선박공유와 코멘다(commenda)계약이 자주 이용되었다. 선박공유는 상속에 의해 자동적으로 발생하기도 하지만 자본조달과 위험분산을 위해 수인이 특별한 계약을 체결함으로써 발생하기도 하였다. 그리고 코멘다는 자본주가 선주에게 자본 또는 상품을 위탁하여 이를 운용하게 하고 이윤을 분배하기로 하는 계약이었다. 따라서 두 가지 다 일시적인 계약관계에 지나지 않았고, 기업의 독립성과 영속성을 전제로 하는 오늘날의 회사와는 거리가 먼 것이었다. 그러나 코멘다가 'accommendita'와 'participatio'로 분화되어 각각 합자회사와 익명조합의 기원이 되었다.[20]

2) 합자회사와 합명회사

　합자회사는 10세기경부터 지중해의 해상무역을 위해 체결했던 코멘다 계약에서 비롯된 것이다. 이 계약은 자본가(commendator)가 상품이나 금

20　이철송, 『회사법강의』 제22판, 박영사, 2014, 5면.

전을 제공하여 영업자(tractator)가 그의 이름으로 무역 활동을 할 수 있도록 하고 그 대가로 이익의 일정 부분을 분배받은 것이었다. 그 후에는 영업자가 노무만이 아니라 자본의 일부를 출자하기도 하였다(sociatas collegantia). 15세기에 이르러 그 형태는 자본가가 공동기업자로서 외부에 나타나는 'accommendita'와 자본가는 내부에 숨어 있고 영업자가 대외적인 권리와 의무의 주체로 등장하는 'participatio'로 구분되었는데, 전자는 합자회사로 발전하게 되었고 후자는 익명조합(匿名組合)의 기원이 되었다. 이와 유사한 형태를 가진 회사로 합명회사를 들 수 있다.

합명회사는 가족 공동체에서 주로 발생한다. 부모가 사망한 경우 자녀들이 상속을 하는 경우에 흔히 볼 수 있는 상황이다. 중세 이탈리아와 독일의 도시에서 주로 볼 수 있었다. 아버지의 사업을 수인의 아들이 공동으로 상속한 경우에 각 상속인은 무한책임을 부담하게 되는데, 이러한 형태가 오늘날 합명회사의 기원에 해당한다.

3) 주식회사

주식회사의 기원은 17세기 초 서구의 식민회사, 즉 당시 식민지를 공략하기 위하여 영국(1600), 네덜란드(1602), 프랑스(1604)에 각각 설립된 동인도회사에서 비롯되었다.[21] 당시 이 회사들은 사원의 유한책임제도와 기관을 통한 운영, 주식의 활용 등을 갖추고 있었다는 점에서 현재의 주식회사와 유사한 면이 있다. 주식회사와 마찬가지로 유한책임제도와 자

---

21 주식회사의 기원에 대하여는 정설이 없다. 1407년 이탈리아의 제노바에서 설립된 산 지오르지오(S. Giorgio)은행을 효시로 볼 수 있고, 밀라노에서 설립된 산 암브로지오(S. Ambrogio)은행은 출자의 분할과 유한 책임 및 지분의 자유로운 양도를 허용한 점에서 오늘날의 주식회사와 유사한 면이 있다.

본을 활용하고 있는 회사 형태는 유한회사이다. 유한회사는 1892년 독일에서 기존의 각종 회사의 특질을 종합·선택하고 특히 주식회사 제도의 장점을 따서 설립할 수 있는 회사이다. 주식회사에 비하여 규모가 비교적 작고, 주식회사에 비하여 유연한 회사 운영이 장점이다.

V. 기업과 상법

하나의 기업에 다수인의 자본과 노력이 참여하고 다수인이 위험을 상호 분담하는 체제로 공동기업을 운영하게 된다면 개인기업에 발생하는 단점은 크게 해소된다. 개인기업의 경우 상대방과 발생한 거래에 대하여 전적으로 개인이 책임을 부담해야 한다. 하지만 기업주가 원하는 경영조직과 자본집중의 유형, 그리고 기업의 규모와 위험의 분산에 따른 형태를 자유로이 선택할 수 있다면, 회사를 설립하고자 하는 사람들이 유용하게 이용할 수 있다.

하나의 동업조합으로서 자본가와 영업자가 결합하여 영업자가 상인으로 등장할 수 있는 익명조합이 있다. 여기서 자본가와 영업자의 약정에 따라, 금전이나 현물을 투자한 자본가는 거래상대방에게 드러나지 않고 단지 영업자만이 외부로 드러난다는 점에서 운영의 묘가 있다. 합명회사와 합자회사는 출자를 한 사람들의 책임에 따른 분류이다. 구성원 모두가 출자한 범위 이상의 책임을 부담하도록 하는 회사를 운영하고자 한다면 합명회사를 선택할 것이다. 무한책임을 부담하기 때문에 출자자 각자는 업무를 집행할 수 있는 권한과 회사를 대표할 수 있는 권한이 있다. 반면, 합자회사는 어떤 이는 출자한 것만으로 책임을 부담하고, 또 어떤 이는 출자한 것 이상의 책임을 부담해도 되는 경우가 있다. 물론 후자는 무한책임을 부담하기 때문에 업무집행권과 회사대표권을 행사할 것이지만, 전자는 유한책임을 부담한다는 점에서 그러한 권리는 배제된다. 주식회사와 유한회사는 구성원 모두 출자한 만큼만 책임을 부담하는 구조이다.[22]

다양한 회사제도를 인정하고 있는 상법은 회사를 설립하고자 하는 자들에게 회사 형태를 자유로이 선택할 수 있는 권리를 부여하고 있다. 합명회사를 선택하든지, 합자회사를 선택하든지 회사를 설립하고자 하는 자들의 자유에 있다. 주식회사와 유한회사를 설립하는 경우도 마찬가지이다. 다만, 상법은 다양한 회사의 형태를 설립할 수 있는 여지를 제공하면서, 회사를 설립하고자 하는 자들로 하여금 자신들이 원하는 회사를 자유롭게 설립할 수 있는 가능성을 부여하기도 하고, 회사의 형태를 변동시킬 수 있는 여지를 제공하기도 한다. 즉, 규모가 작은 유한회사를 규모가 큰 주식회사로 변동시킬 수도 있고, 규모가 큰 주식회사를 규모가 작은 유한회사로 변경시킬 수 있는 여지도 제공하고 있다. 이는 기업을 운영하고자 하는 자들에 대한 다양성을 인정하여 운영의 틀을 제공한 것이다.

---

22 주식회사의 경우 자기자본보다 타인의 자본을 통하여 회사를 운영하는 특징이 있기 때문에 대규모의 주주들의 구성을 필요로 한다. 유한회사는 그 구성원이 유한책임의 특권이 진다는 면에서 주식회사와 동일하지만 그 자본이나 출자자의 규모면에서 주식회사보다 작다.

PART 05

시장의 자율과
정부의 역할

Chapter 01

환경침해에 대한
민영보험과 공영보험

I. 서론

천연자원과 자연 생태계는 한 국가의 국민에 대한 건강과 삶을 지탱하는 보편적인 복지의 필수적인 요소에 해당한다. 자연 생태계의 질서가 무너진다든가 자연환경이 오염되는 경우라면 국민의 건강과 생명은 심대한 위협을 받기 마련이다. 일반적인 사고와 달리, 환경오염과 관련된 사고는 그 피해범위가 매우 광범위하고 그 피해액을 산정하기 어려울 뿐만 아니라 그 액수도 상당히 높다는 특징을 가지고 있다.[1] 2012년 9월 27일 구미 가스 누출 사고가 발생하였다. 경상북도 구미시 산동면 봉산리 구미 제4국가산업단지에 위치한 화학제품 생산업체 휴브글로벌에서 플루오린화 수소 가스가 유출된 것이었다. 탱크로리에 실린 플루오린화 수

---

1   현대 환경문제의 특성에 대하여는 김홍균, 『환경법』 제3판, 홍문사, 2014, 8면 이하.

소 가스(일명 불산가스)를 공장 내 설비에 주입하던 중 근로자의 실수로 탱크로리의 밸브가 열리면서 가스가 유출되어, 공장 근로자 5명이 사망하고 18명이 부상을 당했다. 한편, 플루오린화 수소 가스 누출 이후 신속한 조치가 이루어지지 않아 산업단지 인근 지역까지 가스가 퍼지면서 농작물의 피해 및 가스 중독 증상을 보이는 가축 등 피해가 속출하였다. 많은 수의 사상자가 발생하고 공장 일대의 주민과 동·식물들에 대해 엄청난 피해를 준 사건으로 우리의 기억 속에서 사라지지 않고 있다.

1986년 스위스 바젤에 있는 Sandoz회사의 창고화재로 말미암아 라인강이 오염되는 사고발생이 계기가 되어, 독일은 이미 1990년에 환경책임법을 제정하고 담보제공 수단으로 환경배상책임보험제도를 도입한 바 있다.[2] 유럽연합은 2004년 환경배상책임지침을 채택하였고, 보험가입의 의무화 여부는 회원국이 자율적으로 결정하도록 하였다. 미국은 1970년에 들어서면서 환경배상책임보험의 필요성을 인식하였다.[3] 1986년 이후에 환경재난의 위험을 담보하는 독립된 보험상품이 등장하였다. 환경책임보험은 불의의 환경오염 등의 사고로 말미암아 피해를 당한 사회구성원에게 안전망을 확충하여 주고 잠재적으로 발생할 수 있는 오염인자들의 자발적인 리스크관리를 유인하는 기능을 한다.

이하에서는 2014년 12월 31일 법률 제12949호로 제정되어 2015년 1월 1일부터 시행되었으나 예외적으로 제17조는 2016년 7월 1일부터 시행되고 있는 '환경오염피해 배상책임 및 구제에 관한 법률'(이하 '환경오염피

---

2   박영준, "환경오염배상책임보험에 관한 법적 고찰", 「환경법연구」 제32권 제3호, 2010, 105면 이하.
3   한만주, "환경오염배상책임보험제도", 「강원법학」 제36권, 강원대학교 법학연구소, 2012, 11면 이하.

해구제법'이라 한다)의 주요내용을 고찰하고, 새로 도입된 환경책임보험에 관한 법적 쟁점을 검토한다.[4]

II. 환경오염피해구제법의 주요 내용

환경오염피해구제법은 환경오염피해에 대한 배상책임을 명확히 하고, 피해자의 입증부담을 경감하는 등 실효적인 피해구제 제도를 확립함으로써 환경오염피해로부터 신속하고 공정하게 피해자를 구제하는 것을 목적으로 한다. 환경오염피해구제법의 주요 내용은 다음과 같다.[5]

1. 무과실책임

책임대상시설 설치 및 운영 과정에서 발생하는 환경오염으로 인하여 타인에게 피해가 발생한 때에는 당해 사업자는 피해가 전쟁·내란·폭동 또는 천재지변, 그 밖의 불가항력의 사유로 인하여 발생한 경우를 제외하고는, 오염피해 발생 시 과실 여부를 불문하고 그 가해자가 피해에 대한 책임을 부담해야 하는 무과실책임의 법리가 도입되었다(동법 제6조 제1항). 환경오염피해구제법상 무과실책임은 민법 제750조는 "고의 또는 과실로 인한 위법행위로 타인에게 손해를 가한 자는 그 손해를 배상할 책임

---

4 2018년 10월 현재 환경부는 현 환경오염피해구제 체계에서는 생활화학제품 등 신규 환경피해에 대한 피해구제가 불가하여 사각지대 발생이 불가피한 문제가 발생하고 있다고 판단하여, 생활화학제품에 의한 피해를 포함하는 방향으로 피해구제법을 개정하고자 하는 방안을 마련 중에 있다.

5 유주선·정혁진, "환경오염피해구제법의 주요 내용", 「손해보험」(통권 제555호), 2015년 2월호, 6면 이하.

이 있다"고 인정하고 있는 과실책임에 대한 특칙에 해당한다.

2. 인과관계의 추정

불법행위로 인한 손해배상청구사건에 있어서 가해행위와 손해발생 간의 인과관계의 입증책임은 청구자인 피해자가 부담하는 것이 일반적이다. 그러나 대기오염이나 수질오염 등의 공해로 인한 손해배상을 청구하는 소송에 있어서는 기업이 배출한 원인물질이 간접적으로 손해를 끼치는 수가 많고 공해문제에 관해서는 현재의 과학수준으로도 해명할 수 없는 분야가 있기 때문에 가해행위와 손해의 발생 사이의 인과관계를 구성하는 사항의 다양한 고리를 자연과학적으로 증명한다는 것은 극히 곤란하거나 불가능한 경우가 대부분이다.

대법원은 피해자의 입증 곤란에 대한 문제를 피해자 책임을 완화하는 방식으로 판시한다.[6] 증명책임을 감경하는 방식이 반영된 환경오염피해구제법에서는 "시설이 환경오염피해 발생의 원인을 제공한 것으로 볼 만한 상당한 개연성이 있는 때에는 그 시설로 인하여 환경오염피해가 발생한 것으로 추정한다."고 하는 내용이 담겨 있다(동법 제9조 제1항).[7] 다만, 환경오염피해가 다른 원인으로 인하여 발생하였거나, 사업자가 대통령령

---

[6] 대법원 2002. 10. 22. 선고 2000다65666·65673 판결; 대법원 2004. 11. 26. 선고 2003다2123 판결; 대법원 2011. 9. 29. 선고 2008다16776 판결; 대법원 2013. 9. 26. 선고 2011다88870 판결 등을 참조.

[7] 일반 불법행위의 경우 피해자가 입증책임을 부담하는 경우와 달리, 환경오염피해 관련 소송에서 개연성 이론이 다수 인정되고 있었고, 이에 한 발짝 더 나아가 인과 관계의 입증을 추정한 점은 피해자 보호를 강화하고자 하는 입법자의 의도가 있다 고 평가된다. 입증책임 완화규정은 신속한 구제를 위한 핵심적인 규정이라고 평가 할 수 있지만, 민사소송의 원칙에 어긋난다는 반론 역시 제기될 수 있을 것이다.

으로 정하는 환경오염피해 발생의 원인과 관련된 환경·안전 관계 법령 및 인·허가조건을 모두 준수하고 환경오염피해를 예방하기 위하여 노력하는 등 제4조제3항에 따른 사업자의 책무를 다하였다는 사실을 증명하는 경우에는 제1항에 따른 추정은 배제된다(동법 제9조 제3항).[8]

3. 배상책임의 한도

과학문명이 발달한 현대 산업사회의 특성상 사고가 발생하게 되면 예측하기 어려운 거대재난이 초래될 수 있다. 동법은 거대재난의 발생과 무과실책임의 법리가 책임대상시설에 적용된다는 점을 고려하여 배상책임의 한도를 규정하고 있다.[9] 사업자의 환경오염피해에 대한 배상책임한도는 2천억 원의 범위에서 시설의 규모 및 발생될 피해의 결과 등을 감안하여 대통령령으로 정하게 된다(동법 제7조).[10] 동법에 이 규정을 둔 이유는 한 번의 사고로 기업 활동이 불가능해질 수 있는 상황을 막을 수 있다는 점, 그 기업 활동이 우리사회에 여전히 필요하다는 점, 자유로우면서도 창의적인 기업의 경제활동을 보장하도록 하기 위함에 있다고 할 것이다.

---

8   동법 제9조 제1항에 입증책임의 내용을 두고, 동법 동조 제3항에서 추정배제 조항을 둔 것은 피해자에 대한 이익이 강한 면에 비하여 사업자의 부담을 일부 감경에 주어야 한다는 산업계의 입장을 받아들인 것이라 하겠다.

9   무과실책임에 대한 내용을 규정하고 있음에도 불구하고 배상책임의 제한은 잠재적 책임 당사자의 도덕적 해이를 유발할 수 있다는 점, 책임자에게 면제부를 주는 결과를 초래할 수 있다는 지적이 제기된 바 있었지만, 사업자에게 무한책임을 지도록 하는 것은 당사자에게 지나치게 가혹할 수 있다는 점을 고려한 것이라 하겠다.

10   환경오염피해구제법 시행령 제4조는 배상책임한도를 규정하고 있다. 별표2에 따르면, 적용대상시설에 대하여 시설의 범위 및 배상책임한도 금액을 가군의 경우 2,000억 원, 나군의 경우 1,000억 원, 다군의 경우 500억 원으로 하고 있다.

4. 사업자의 신고의무

동법은 제8조에 사업자의 신고의무를 규정하고 있다. 시설에서 환경
오염사고가 발생한 경우 해당시설의 사업자에게 즉시 지방환경관서 등
관계 행정기관에 신고해야 할 의무를 부담하도록 하고 있다. 또한 사업자
는 관계 지역 안의 상시 근무자, 거주자에게 시설의 환경오염에 관한 정
보를 신속하게 제공해야 하며, 피해방지에 필요한 응급조치를 취하지 않
으면 아니 된다. 환경부장관 또는 지방자치단체의 장은 환경오염 사고의
중대성과 시급성이 인정된다고 판단되는 경우에는 해당 시설의 운영중
단을 명령할 수 있다.

5. 사업자의 연대책임

환경오염피해를 발생시킨 사업자가 둘 이상인 경우가 발생할 수 있다.
동법은 환경오염원인자로 추정되는 사업자가 둘 이상인 경우에, 어느 사
업자에 의하여 그 피해가 발생한 것인지를 알 수 없는 경우라면, 해당
사업자들이 연대하여 배상책임을 부담하도록 하고 있다.

6. 환경책임보험의 의무화

1) 개정 전

동법의 가장 핵심 사항 중 하나가 바로 환경책임보험의 의무화 규정
이다(동법 제17조 제1항).[11] 입법 당시 동법은 환경오염피해가 발생한 경
우에 피해자에게 그 피해를 배상할 책임을 보장하는 환경책임보험에 가

---

11   책임보험의 성질에 대하여는 양승규, 『보험법』 제5판, 삼지원, 2004, 348면 이하.

입하여야 하는 사업자를 명시하고(동법 제17조 제1항), 환경책임보험에 가입하거나 보장계약을 체결한 후가 아니면 시설을 설치·운영할 수 없도록 하고 있었고(동법 제17조 제3항), 예외적으로 사업자가 환경책임보험에 가입을 거절당한 경우나 환경책임보험이 개발·운용되지 아니한 경우 또는 해당 환경책임보험의 거래조건 등이 현저하게 공정성을 잃은 경우 등 환경부령으로 정한 경우에는 환경부령으로 정하는 바에 따라 운영기관과 보장계약을 체결하도록 하고 있었다(동법 제17조 제2항).[12]

2) 개정 후

2017년 12월 12일 환경오염피해구제법 일부 개정사항이 있었다.[13] 개정 전 법률은 유해물질을 배출하는 시설의 사업자에게 환경오염피해 배

---

12 여기서 운영기관이라 함은 한국환경산업기술원을 의미한다.

13 2017년 12월 12일 법률 제15201호로 환경오염피해구제법 일부 개정이 있었다. 개정된 내용은 2018년 6월 13일부터 시행되었다. 한편, 환경오염피해구제급여의 지급결정 및 지급의 주체를 환경부장관으로 정하고 있는 반면, 그 주체를 운영기관으로 규정하고 있어 배상청구의 대상이 모호해지는 등의 문제가 있으므로 환경오염피해구제급여 지급의 주체를 환경부장관으로 명확하게 하며 그 업무는 운영기관에 위탁할 수 있도록 하는 방안이 마련되었다. 그 결과 제23조제4항 중 "제2항의 사유로"를 "제2항에 따라 환경부장관이"로, "운영기관은"을 "경우로", 제24조제1항 중 "운영기관에"를 "환경부장관 소속으로"로 하고, 같은 조 제2항 중 "제1항"을 "환경부장관은 제1항"으로, "운영기관에 환경오염피해조사단"을 "환경오염피해조사단"으로, "설치할"을 "설치·운영할"로 개정되었다. 또한 제25조제1항 중 "운영기관에"를 "환경부장관에게"로 하고, 같은 조 제2항 본문, 같은 조 제3항, 같은 조 제4항 본문 및 제5항 본문 중 "운영기관"을 각각 "환경부장관"으로 개정되었다; 제26조제1항·제2항 및 제3항 중 "운영기관"을 각각 "환경부장관"으로 한다; 제28조제1항 각 호 외의 부분 중 "운영기관에"를 "환경부장관에게"로 한다; 제29조제1항 중 "운영기관에"를 "환경부장관 소속으로"로 한다; 제30조제1항 본문 및 같은 조 제2항 각 호 외의 부분 중 "운영기관"을 각각 "환경부장관"으로 한다; 제32조제1항 중 "제16조에 따른 위원회에"를 "환경부장관에게"로 한다.

상을 위한 책임보험 가입 또는 보장계약 체결을 의무화하면서, 해당 시설의 설치를 위한 인·허가 전에 환경책임보험에 가입하거나 보장계약을 체결하도록 하고 있어, 보험의 목적물이 없는 계획이나 설비단계에서부터 보험료를 납부하는 불합리한 점이 발견되었다. 이러한 면을 고려하여 개정 법률에서는 환경책임보험의 가입 시점을 '시설의 설치 이전'에서 '시설의 운영 이전'으로 변경하되, 운영시점을 특정하기 어려운 토양오염관리대상시설, 화학물질취급시설, 해양시설은 시설의 설치 이전에 환경책임보험에 가입하도록 하였다.

7. 환경오염피해 구제제도

환경부장관은 피해자가 ① 환경오염피해의 원인을 제공한 자를 알 수 없거나 그 존부가 분명하지 아니하거나 무자력인 경우, ② 제7조(동조는 사업자의 환경오염피해에 대한 배상책임한도를 정하고 있다)에 따른 배상책임하도를 초과한 경우 등의 사유로 환경오염피해의 전부 또는 일부를 배상받지 못하는 경우에, 피해자 또는 그 유족에게 환경오염피해의 구제를 위한 구제급여를 지급할 수 있다(동법 제23조).[14] 구제급여 지급에 관한 사항을 심의하고 결정하기 위하여 운영기관에 환경오염피해구제심의회를 두고, 구제급여의 지급에 관한 사항을 심의·결정하는 데 필요한 사항을 조사·연구하기 위하여 운영기관에 환경오염피해조사단을 설치할 수 있다(제24조). 피해자 등이 구제급여의 지급을 신청한 경우에,

---

14 유주선, "환경오염피해구제법상 구제급여에 관한 소고", 「기업법연구」 제30권 제3호(통권 제66호), 2016, 303면 이하. 구제급여제도는 자동차손해배상보장법에서 인정되고 있는 보장사업에서 그 모태를 발견할 수 있다.

운영기관은 신청을 받은 날부터 30일 이내에 피해자 등이 구제급여의 지급요건에 적합한지 여부를 조사(이를 '예비조사'라 한다)하여 그 결과를 피해자 등에게 통지해야 한다. 피해자 등의 선지급 신청이 있고, 운영기관은 예비조사 결과 지급요건에 적합하다고 인정되는 경우라면, 운영기관은 심의회의 심의와 의결을 거쳐 구제급여의 일부를 선지급할 수 있다.

III. 환경책임보험의 도입과 운영 형태

1. 책임보험의 원리

기업이 환경오염 사고로 타인에게 손해를 가한 경우가 발생할 수 있다. 이때 피해자에게 배상해야 하는 부담을 보험으로 돌리고 싶은 경우에, 기업은 보험계약자로서 보험자와 보험계약을 체결하게 된다. 가해자의 피해자에 대한 책임을 보험회사에게 전가하여 보험회사가 피해자에게 손해를 배상하는 책임보험을 가입하게 되는 것이다. 보험계약관계를 다루는 상법 보험편은 책임보험에 관한 내용을 규정하고 있다(상법 제719조). 책임보험은 피보험자가 보험기간 중의 사고로 인하여 제3자에게 배상할 책임을 진 경우에 보험자가 이에 대한 보상하도록 한다.[15] 책임보험 역시 보험의 원리인 대수의 법칙과 수지상등의 원칙 등이 적용되는 것이 일반적일 것이다.[16]

---

15 이기수·최병규·김인현,『보험·해상법(상법 IV)』제9판, 박영사, 2015, 287면.
16 박세민,『보험법』제4판, 박영사, 2017, 5면. 경험적 확률과 수학적 확률과의 관계를 나타내는 하나의 이치인 '대수의 법칙'은 표본의 관측 대상의 수가 많으면 통계적 추정의 정밀도 향상되는 것이 수학적으로 증명된 사항을 의미하고, '수지상등

환경오염피해구제법 제17조에 따라 일정한 시설을 설치·운영하는 자는 환경오염배상책임보험(이하 '환경책임보험'이라 한다)을 가입해야 한다. 환경책임보험이 도입하기 전에는 영업배상책임보험의 형태로 운영되고 있었다. 그러나 기업이 영업활동을 함으로써 발생할 수 있는 각종 위험에 대해 제3자에게 신체적이나 재산에 대한 손해를 야기하여 법률적으로 배상책임이 있을 경우에 이를 보상하는 영업배상책임보험의 특약 형태는 피해자 급부에 대한 한계가 있었다. 환경보호에 대한 국제적인 관심이 높아짐에 따라 우리나라 역시 국제적인 조류에 따라 이를 법률에 반영하여 환경오염으로 인한 피해자의 손실 등의 위험을 담보한 복지 측면에서 환경책임보험의 입법적 가치를 평가할 수 있다.

2. 운영 형태

책임보험은 입법 정책에 따라 다양한 운영 가능성이 발생한다. 보험은 운영주체에 따라 민영보험이나 공영보험으로, 가입 강제력 유무에 따라 의무보험이나 임의보험으로 운영하게 된다.[17]

사람의 생명이나 신체 상해에 대한 손해나 주택이나 건물 등 일반적인 재물에 대하여 사기업이 운영주체라면 민영보험의 영역에 해당한다. 반면, 공영보험은 국가나 지방자치단체 또는 공법인에 의하여 운영되는 보험으로 정책적인 목적이 강하다. 대표적인 예로는 국민건강보험, 산업

의 원칙'이라 함은 보험계약에서 장래 수입되어질 순보험료의 현가의 총액이 장래 지출해야 할 보험금 현가의 총액과 같게 되는 것인데, 보험계약자가 지급하는 보험료는 수지상등의 원칙에 의하여 계산된다.

17   한기정, 『보험법』, 박영사, 2017, 22면.

재해보상보험 등을 들 수 있다.

보험의 가입이 가입자의 자유로운 의사에 의하여 가입 여부를 결정하게 되는 보험을 임의보험이라고 한다면, 의무보험은 국가 기타 공공단체에 의해 의무적으로 가입되는 보험이다. 이를 강제보험이라고 하는데, 동 보험은 근로자나 사업자 등 일정한 범위에 있는 자에 대하여 직접 법률 규정으로 당연히 보험단체에 가입하도록 하여 국가의 정책을 실효적으로 운용하고자 하는 취지가 있다.

국가의 일정한 정책을 위하여 운영하게 되는 공영보험의 경우 당연히 가입하게 되는 의무보험의 성격을 띠고 있는 것이 일반적이지만 임의보험으로 운영되는 경우도 있다(예: 무역보험의 경우). 또한 민영보험으로 운영되고 있는 경우에도 의무보험으로 운영되는 경우도 있고(예: 자동차손해배상책임보험), 임의보험으로 운영되는 경우도 있다(예: 풍수해 보험, 농어업재해보험).

환경책임보험의 경우 우리나라는 운영주체를 일반 손해보험회사로 하여 민영보험의 성격을 가지고 있지만, 일정한 시설을 설치·운영하는 자는 반드시 환경책임보험에 가입해야 하는 의무보험의 형태로 운영되고 있다.

3. 환경책임보험 대상

환경오염피해구제법 제17조가 사업자에게 환경책임보험의 의무화를 규정하면서, 제1항 각호에 일정한 시설로 한정하고 있다. ① 대기환경보전법 제2조 제11호에 따른 시설로서 특정대기유해물질을 배출하는 시설, ② 수질 및 수생태계 보전에 관한 법률 제2조 제10호에 따른 시설로서

법 적용대상 및 보험 의무가입 대상 시설[18]

매체	법 적용대상(제3조)	보험 의무가입 대상(제17조)
합계	약 20만개소('16년)	13,891개소('17년도)
대기	대기오염물질 배출시설	특정대기(1~5종) 및 1종 대기 오염물질 배출시설
수질	폐수 배출시설·폐수무방류 배출시설	특정수질(1~5종) 및 1종 폐수 배출시설, 폐수무방류 배출시설
폐기물	폐기물 처리시설	지정폐기물 처리시설
토양	토양오염관리대상시설	저장용량 1천kL 이상 석유류 제조·저장시설, 위해관리계획서 작성·제출 대상 중 유해화학물질 제조·저장시설, 송유관 시설
유해화학	유해화학물질 영업자 위해관리계획서 제출자의 취급시설	위해관리계획서 작성·제출 대상 중 유해화학물질 취급시설
해양	기름·유해액체물질 저장시설, 오염물질저장시설 중 합계용량 300kL 이상인 해양시설	기름·유해액체물질 저장시설, 오염물질저장시설 중 합계용량 300kL 이상인 해양시설
건설 폐기물	건설폐기물 처리시설	–
가축분뇨	가축분뇨 배출시설	–
소음진동	소음·진동 배출시설	–
잔류성 유기 오염물질	잔류성 유기오염물질 배출시설	–

특정수질유해물질을 배출하는 시설, ③ 폐기물관리법 제2조 제8호에 따른 시설로서 지정폐기물 처리시설, ④ 토양환경보전법 제2조 제3호에 따른 대통령령으로 정하는 시설, ⑤ 화학물질관리법 제2조 제11호에 따른 대통령령으로 정하는 시설, ⑥ 해양환경관리법 제2조 제17호에 해당하는 시설, ⑦ 그 밖에 환경오염피해를 유발할 위험성이 높은 시설로서 대통령

---

18 정혁진, "환경책임보험제도 운영성과 분석 및 개선방안 연구 정책포럼", 한국환경 산업기술원 중간보고자료집, 2018년 9월 28일, 10면.

령으로 정하는 시설에 대하여, 환경오염 피해구제법은 반드시 환경책임보험을 가입하도록 강제화하고 있다. 환경책임보험은 환경오염 리스크가 있는 시설 가운데에서도 특별히 그 리스크가 매우 큰 시설을 대상으로 하고 있다. 동 시설들은 리스크가 상당 수준 이상이기 때문에 반드시 배상책임보험에 가입하도록 한 것이다. 물론, 제시되고 있는 시설이 아니라면 해당 사업자는 임의보험을 이용하든가, 아니면 다른 리스크 관리방안을 자체적으로 모색해야 할 것이다.

다만, 2017년 12월 12일 환경오염피해구제법이 개정됨에 따라 동법 제17조 제1항에 따른 사업자는 환경책임보험에 가입하거나 보장계약을 체결한 후가 아니면 시설을 운영할 수 없지만, 예외적으로 동법 제17조 제3항 각호의 어느 하나에 해당하는 시설은 설치 전에 환경책임보험에 가입하거나 보장계약을 체결하는 것으로 하였다. 결국, 2017년 12월 12일 동법 제17조 제3항이 개정되어 설치와 운영전의 보험가입의무가 아니라 원칙적으로 운영 전 가입, 예외적으로 설치 전 가입으로 변경된 것임에 유의할 필요가 있다.

4. 운영주체로서 보험자

환경오염피해구제법은 사업자에게 환경책임보험 가입의무를 강제로 부과함과 동시에 보험자는 환경오염피해구제정책위원회의 심의를 거쳐 환경부장관과 환경책임보험 사업의 약정을 체결하여야 하고(제18조 제1항), 환경부장관은 환경책임보험의 사업을 효과적으로 운영하고 위험을 분산하기 위하여 필요한 경우 다수의 보험자가 공동으로 책임을 지는 환경책임보험사업단을 구성할 수 있도록 하고 있으며(동조 제2항), 보험사

업단을 구성할 경우에는 대표 보험자를 선정하도록 하고 있다(동법 제5
항).[19] 현재 환경책임보험을 판매하고 있는 보험자는 2016년 환경부와 약
정을 맺은 DB손해보험회사, NH손해보험회사, AIG손해보험회사 등 3개
회사이고, 이 가운데 대표보험자는 DB손해보험회사이다. 환경부는 2019
년 초 환경책임보험을 판매하는 신규 보험사업자를 추가로 선정할 계획
이다. 3년 약정으로 2019년 6월 말 약정기간이 종료됨에 따라, 2018년 12
월 약정기간 등을 포함한 신규 사업자 선정방향을 결정하고 2019년 1월
모집공고를 통해 2월 중 신규 사업자를 선정한다. 신규 선정된 보험자는
기존 판매사들과 함께 2019년 7월부터 보험 상품을 제공하게 될 것이다.
한편, 보험자는 사업자가 환경책임보험에 가입하려는 때에는 조업중지
중인 경우 등 대통령령으로 정하는 사유가 있는 경우 외에는 계약의 체결
을 거부할 수 없고(동조 제3항), 환경책임보험 사업의 약정을 체결하는
데 필요한 사항, 보험사업단의 구성 및 제5항에 따른 대표 보험자의 선정
등에 필요한 사항은 환경부령으로 정하게 된다(동조 제6항).

IV. 환경책임보험의 운영상 문제점

환경오염피해구제법 제17조에 따라 2016년 7월 1일 의무보험이면서
민영보험인 환경책임보험의 전면 실시는 피해자가 신속한 피해배상을

---

19   대표보험자는 사업장 조사 및 현황조사표 작성, 환경책임보험 계약 체결 및 통보,
      사고처리 및 보험금 지급, 국가재보험 처리(보험료, 보험금 등), 보험 전산시스템
      및 보험 DB 관리, 보험사업비 관리 및 대차정리 등의 역할을 한다. 참여보험자는
      지분에 따른 공동책임을 부담하게 된다.

받을 수 있고, 기업 역시 지속가능한 경영 및 경영안정성을 도모할 수 있게 되었다. 그러나 환경책임보험의 운용과정에서 몇 가지 문제점이 발생되고 있다.

1. 손해율의 부적정성

환경책임보험 손해율이 매우 낮은 수준(0.3% 수준임)이며, 보험 수익이 국민이나 보험료 납부기업이 아닌 민영보험사로 편입되고 있다는 지적이 제기될 수 있다. 2018년 5월 현재 환경책임보험 가입대상은 13,891개소이며 가입률 98.4%에서 보는 바와 같이 매우 높은 가입률을 보여주고 있다. 2017년도 보험료는 총 700억 원 규모에 달하고 있다.[20]

환경책임보험 가입 현황

구분	총보험료 (백만 원)	평균 보험료 (만원)	가입 대상(A)	가입(B)	미가입		가입률 (B/A×100)
					정상 가동	휴·폐업 등	
'17년도	70,508	517	13,891건	13,667건	100건	124건	98.4%
'16년도	66,105	509	13,507건	12,993건	266건	248건	96.2%

환경책임보험 보험금 지급 현황

구분	사고 건수	지급 건수	보험금			개별추산액 (O/S Loss)*
			지급금액	부대비용	계	
합계	33건	5건	399백만 원	42백만 원	441백만 원	4,370백만 원
'17년도	16건	1건	220백만 원	14백만 원	234백만 원	4,370백만 원

*개별추산액(O/S Loss) : 보험사에 보고된 사고별로 보험금을 추산한 금액

20　정혁진, "환경책임보험제도 운영성과 분석 및 개선방안 연구 정책포럼", 한국환경산업기술원 중간보고자료집, 2018년 9월 28일, 11면.

그러나 2017년도 환경책임보험 관련 사고건수는 총 16건, 이 중 보험금 지급은 1건으로 234백만 원을 지급하여 손해율은 0.3% 수준에 달하는 것으로 나타나고 있다. 이는 환경책임보험 손해율이 매우 낮은 수준으로 보험 수익이 국민이나 보험료를 납부한 기업이 아닌 민영보험사로 편입될 수 있다는 비판에 직면하고 있다.

2. 피해증명의 불용이성

보험계약자의 보험료 비용이 고율로 지급되고 있음에도 불구하고 보험사고의 빈도수가 그리 크지 않아 수지상등의 원칙에 어긋나고 있다는 지적과 함께, 그 이유가 증명책임의 엄격성에 있다는 비판에 직면할 수 있다. 환경오염피해구제법 제9조는 인과관계를 추정하고 있다. 환경오염피해로 인한 피해자의 적극적인 보호를 도모하고자 한 입법자의 의도를 볼 수 있다. 그러나 다음과 같은 사례의 경우에는 입법자가 의도했던 목적과는 다른 방향으로 나타나게 된다.

■ 제시 사례

A, B, C사가 입주하여 있는 산업단지 인근에서 30년간 식당을 운영 중인 갑은 A, B, C사에서 배출되는 분진으로 중증폐질환이 발병되어 생업인 식당을 휴업하게 되었다.

"시설이 환경오염피해 발생의 원인을 제공한 것으로 볼 만한 상당한 개연성이 있는 때에는 그 시설로 인하여 환경오염피해가 발생한 것으로 추정한다"는 환경오염피해구제법 제9조 제1항이 인과관계를 추정하고 있다고 할지라도, 피해자 갑이 거주이력이나 사업자 정보 등의 노출사실뿐만 아니라 중증폐질환과 A, B, C사 분진 간의 인과관계까지 입증하는 사항에 부담을 갖지 않을 수 없다는 난점이 제기될 수 있다. 이는 비록 환경오염피해구제법이 인과관계를 추정하고 있지만, 동 규정에 따른 피해자의 환경오염피해 증명 부담으로 인하여 증명책임의 부담의 경감효과가 미비하게 되고, 본래의 피해자 보호에 만전을 기하고자 한 환경책임보험제도가 실질적인 효과를 발휘할 수 없는 결과를 초래하게 된다는 지적이 제기되고 있는 것이다.

3. 보험금 지급 관련 사항

환경책임보험약관은 보험자의 책임에 관한 사항을 면책과 부책으로 구분하여 정하게 된다.[21] 특히 환경책임보험약관 제3조는 부책에 관한 세부적인 내용을 규정하고 있다.

1) 환경책임보험약관 제3조

제3조(보상하는 손해) ① 회사는 보험증권에 기재된 시설의 설치·운영으로 인하여 발생되는 환경오염피해로 보험기간 중에 피보험자에게 손해배상청구가 제기되어 피해자에게 법률상의 배상책임을 부담함으로써 입은 아래의 손해를 이 약관에 따라 보상하여 드립니다.
1. 피보험자가 피해자에게 지급할 책임을 지는 법률상의 손해배상금
2. 계약자 또는 피보험자가 지출한 아래의 비용
가. 피보험자가 제16조(손해방지의무)제1항 제1호의 손해의 방지 또는 경감을 위하여 지출한 필요 또는 유익하였던 비용. 다만 사업장부지 내의 오염정화비용은 보상하지 아니합니다.
나. 피보험자가 제16조(손해방지의무)제1항 제2호에 따라 제3자로부터 손해의 배

---

21   보험약관에 대하여는 유주선, 『보험법』, 씨아이알, 2018, 25면 이하.

상을 받을 수 있는 그 권리를 지키거나 행사하기 위하여 지출한 필요 또는 유익
하였던 비용
다. 피보험자가 지급한 소송비용, 변호사비용, 중재, 화해 또는 조정에 관한 비용
라. 보험증권상의 보상한도액 내의 금액에 대한 공탁보증보험료. 그러나 회사는 그
러한 보증을 제공할 책임은 부담하지 않습니다.
마. 피보험자가 제17조(손해배상청구에 대한 회사의 해결)제2항 및 제3항의 회사의
요구에 따르기 위하여 지출한 비용
② 회사는 보험기간 중에 최초로 제기된 손해배상청구에 대하여 보상하여 드립니다.

2) 쟁점

책임보험에서 보험사고는 보험자의 보험금지급책임을 발생하게 하는
우연한 사고를 의미한다. 일반적인 손해보험의 경우 부보된 물건이 화재
로 인하여 소실되는 경우(화재보험), 또는 부보된 물건을 도난당한 경우
(도난보험)라고 하는 명확한 사실을 보험사고로 보기 때문에 다툼이 발생
하지 않지만, 책임보험의 경우 피해자의 손해가 피보험자의 손해에 직접
결합되지 않는 특수성이 있고, 환경책임보험약관 제3조 제1항과 제2항에
따르면, 환경책임보험에 의하여 보장되는 보험사고는 단순히 보험기간
중에 환경오염으로 인한 피해가 발생하는 것으로는 부족하고 그 피해자
가 피보험자에게 손해배상청구까지 제기하여야 하는 것으로 해석된다.
그런데 환경오염피해의 경우 보험기간에 경과된 후 그 피해의 사실을 알
았지만 보험기간에 그 오염으로 인한 피해사실이 있음에도 불구하고 가
해자의 시설이 더 이상 운영되지 아니한 경우라면, 피해자가 환경손해로
인한 보험금 수령의 혜택을 받지 못하는 경우가 발생할 수 있다.

A사 공장 인근에서 30년간 거주 중인 갑은 A사에서 배출된 분진으로 최근
진폐증을 확진 받았으나 3년 전 A사가 폐업하여 피해배상을 청구할 수 없
게 되었다.

현행 법률에 따른다면, 계약이 종료되고 사업장 폐쇄가 이루어지고 난 후
라면 피해자의 보험금 청구대상이 될 수 없다. 이는 보험의 원리상 타당한
것이다. 그러나 환경오염피해로 인한 피해자는 그로 인한 손해를 보상받
을 수 없는 사태에 직면하게 되고, 정작 환경으로 인한 피해자를 구제하고
자 한 환경오염피해구제법의 입법 목적이 퇴색되는 결과를 초래하게 되는
문제점이 발생한다.

4. 위험 평가 및 지속 가능한 경영여건 보장

민영보험의 운영으로 인하여 얻고자 했던 취지와 달리 시설에 대한
위험평가가 활성화 되지 않고 자발적 환경관리 강화, 지속가능 경영 여건
보장 등의 달성이 이루어지고 있지 않다는 문제점이 제기되고 이다.

▌ 제시 사례

A사는 법정 내구연한이 2년 정도 남은 오염물질 배출 방지시설의 성능이
최근 급격히 저하되어 적절한 교체시기 및 교체예산(최소 10억 원)을 고민
하고 있다. 현행 법률에 따르면, 법정 최소요건(내구연한)을 고려하여 오염
물질 배출방지시설 교체계획을 수립하게 된다. 만약 교체시기를 2년 후로
예정하고, 교체되는 예산을 10억 원이 소요되는 경우라면, 해당 회사는 오
염물질 배출 증가로 부담금은 물론 환경책임 보험료와 지역민원까지 증가
하게 된다. 자발적인 환경관리 강화를 유도하고, 지속가능한 경영 여건을
조성하기 위한 방안이 마련될 필요성이 제기된다.

V. 개선방안

환경책임보험 운영상 발생되는 문제점은 '실정법하에 민영보험을 유지하는 전제에서 구체적인 해결책을 모색하는 방안, 이른바 '단기적 개선방안'과 '실정법을 일부 개정하거나 독립적인 법률 제정을 모색하는 방안, 이른바 '중·장기적 개선방안'으로 구분해볼 수 있다.

1. 단기적 개선방안

1) 손해율에 대한 사항

일반적인 보험에 비하여 환경책임보험 손해율이 이례적으로 낮은 비율을 나타내고 있는 통계결과는 민영 보험사의 높은 수익구조를 야기하게 된다. 이러한 비정상적인 구조를 비판할 수는 있겠지만 보험의 원리에 따른 적용을 수용할 수밖에 없을 것이다. 또한 빈번하게 발생하는 것이 아닌 환경책임보험 보험사고의 특성을 고려하지 않으면 안 될 것이다. 비록 이 사고는 그 횟수가 적은 것은 사실이지만, 한 번 발생하게 되면 대형사고로서 상당한 금원이 지출될 수 있음에 유의할 필요가 있다. 아직 환경책임보험 시행 3년이 경과하지 않았다는 점에서 시기상조이기는 하지만, 보험료 다시 산정하는 작업을 통한 보험료를 인하하는 방안은 보험의 원리에 가장 합당한 방안이라 할 수 있다.

2) 증명책임의 완화 가능성

환경오염피해구제법 제9조 제1항에 규정되어 있는 '상당한 개연성'이라는 문구를 삭제하는 방안을 고려해볼 수 있다. 피해자 보호와 관련하여 인과관계의 추정을 두었지만, 피해자는 정작 '상당한 개연성'을 증명해야 하는 부담을 갖게 된다는 주장이 제기될 수 있다. 환경오염피해에 대한 이러한 증명 부담 감경효과의 미비는 실효적인 피해자 구제에 난점으로 작용할 수 있다. 이를 개선할 수 있는 방안으로는 환경오염피해구제법 제9조를 개정하여 해당 시설이 환경오염피해 발생의 원인인 경우에는 환경오염피해가 발생한 것으로 추정하는 방안으로 변경하는 방안을 모색할 수 있지만, 환경책임보험표준약관을 개선하여 활용하는 방안이 보다 합리적일 수 있다는 주장[22]이 있다. 이 방안은 법률을 개정해야 한다는 부담에서 벗어나 사업자인 보험계약자와 보험자 사이의 합의를 통해 증명책임의 완화를 실질적으로 보험금청구과정에서 반영토록 하게 된다. 양자의 합의만 가능하다면, 가장 합리적인 방안에 해당되는 것으로 볼 수 있다.

3) 피해자의 보험금청구권 확대 방안

보험금지급은 현행 체제상 보험계약을 유지한 상태에서 피해자의 보험금을 청구할 수 있다. 이를 개선하여 보험계약이 해지된 경우라도 사고 발생을 기준으로 하여 피해자가 보험금을 청구할 수 있도록 하는 방안을 고려해볼 수 있다.[23] 그러나 보험원리상 보험금의 지급기준을 '배상청구 기준'에서 '사고발생기준'으로 변경하는 것은 민영 보험 제도를 유지하는 한 그리 쉬운 일은 아니라고 본다. 만약 환경오염피해로 인한 손해를 보장해야 한다면, 민영 보험회사에 대해서는 '배상청구기준'을 유지하는 원

---

22 김대인, "환경책임보험 제1차 선진화포럼", 한국환경산업기술원 자료집, 2018년 9월 10일, 5면.

23 김대인, "환경책임보험 제1차 선진화포럼", 한국환경산업기술원 자료집, 2018년 9월 10일, 5면.

칙을 유지하되, 계약해지 등으로 민영 보험회사로부터 보험금 지급을 받지 못하는 경우에 한하여 국가가 책임을 지는 방안을 모색해볼 수도 있을 것이다.

4) 위험관리에 관한 사항

민영 보험회사의 위험평가가 미흡하여 자발적인 환경관리를 강화하고, 지속 가능한 경영여건을 개선하는 데에 한계가 있다는 점에 대하여는 민영 보험사의 위험평가정도에 대해서 감독청이 지속적으로 지휘·감독을 하는 한편, 각 보험회사의 위험평가수준에 따른 인센티브 제도를 운영하는 방안과 국가의 재보험에 따른 책임수준을 높여서 보험회사들이 보다 안정적으로 위험평가업무를 실시할 수 있도록 하는 방안을 검토해볼 수 있다.

5) 소결

위에서 검토하고 있는 내용과 별도로, 민간 보험회사를 통한 환경책임보험 운영의 불합리성을 해소하기 방안으로 민영화에만 맡겨두지 않고, 정부기관이 일정한 영역에 개입하여 발생하는 불합리성을 해소하는 공영화 방안이 모색될 수 있을 것으로 본다. 환경오염피해구제법 제18조 제2항은 보험사업단에 대한 내용을 규정하고 있다. 민영 환경책임보험제도의 한계점을 해소하고 공영화 기능을 강화하기 위하여 보험사업단 내에 정부기관이 일정한 역할을 담당하는 사무국을 두는 방안이다. 즉, 사무국은 피해자 지원을 확대하고, 사업장 위험 평가 관리 등의 공공성을 강화하는 일련의 역할을 할 수 있을 것이다.

2. 중·장기적 개선방안

중·장기적 개선으로 실정법 일부를 개정하는 방안과 독립적인 가칭) 환경책임보험법을 제정하는 방안을 모색해볼 수 있다. 환경책임보험 운영기간이 아직 3년이 채 지나지 않았다는 점을 고려하면, 새로운 법률을 제정하는 방안 대신에 환경오염피해구제법의 일부 규정을 개정하거나 하위 규정을 다듬어서 운영하는 방안이 합리적일 수 있다고 하겠지만, 중·장기적인 관점에서 그간의 운영성과의 평가 및 국내외 사례 비교·분석을 통하여 새로운 가칭)환경책임보험법을 제정하는 방안 역시 불가능한 것은 아니라는 주장은 설득력이 없지 않다. 한편, 양자는 모두 환경책임보험의 실효성·공공성 강화를 위한 방안에 해당되는 것으로, 어느 방안을 취하든 민영보험의 운영에서 발생하는 문제점을 예방하고 개선하는 것에 도움이 될 수 있을 것으로 본다.

Ⅵ. 결론

2014년 12월 31일 공포된 환경오염 피해구제법은 1년이 지나는 2015년 1월 1일부터 시행되었다. 다만, 사업자의 환경책임보험 가입의 의무적인 제도 시행은 2016년 7월 1일부터 시행되었다. 무엇보다도 환경오염피해구제법의 가장 중요한 특징은 환경오염사고의 위험도가 높은 시설에 대하여 환경배상책임보험의 가입을 의무화하고 있다는 점이라 하겠다. 환경배상책임보험을 임의보험으로 운영하게 된다면, 보험회사의 입장에서 보험가입률의 저조는 운영상 차질이 야기할 수 있고, 보험계약자인 기업 역시 환경책임보험에 대하여 자발적인 가입을 기피할 가능성이 있다는 점에서 의무화 방향은 바람직한 것으로 볼 수 있다.

환경책임보험이 시행된 지 2년이 지나가고 있다. 환경책임보험 역시 보험이라는 측면에서 대수의 법칙이나 수지상등의 원칙이 지켜져야 하는 것이 일반적인 것이라 하겠다. 그러나 환경사고라고 하는 것이 그리 빈번하게 발생하는 것이 아니라는 점에서 보험의 일반적인 원칙이 받아들여지기 어려운 면이 있다. 실제로 보험료 대비 보험금의 지급이 현저하게 낮게 나타나고 있다. 이러한 문제를 해결하기 위한 방안은 다양하게 고려해볼 수도 있을 것이다. 손해율이 낮아진다면 보험료를 재산정하는 작업이 요구될 수도 있고, 현재 정부가 민영보험의 영역에 개입할 수 있는 방안을 추진할 수 있을 것이다. 피해자청구 확대방안과 위험관리에 관한 사항 역시 개선해야 할 점은 분명히 발견되고 있다. 그러나 시행된 지 얼마 되지 않은 제도를 일부의 단점이 발생하고 있다고 해서, 이를 재빨리 교정해야 한다는 사고는 조급함과 경솔함을 피할 수 없을 것이라는 지적 역시 설득력을 잃지 않고 있다.

Chapter 02

주주평등의 원칙과
차등의결권주식

I. 서론

2013년 6월 14일 법무부의 주관하에 기업지배구조 상법 개정 공청회
가 여의도 한국거래소 국제회의장에서 개최되었다.[1] 공청회가 끝난 후
얼마 지나지 않은 7월 17일 법무부는 상법개정에 따른 의견을 청취하고
자 기업지배구조 관련 상법일부개정법률(안)을 입법예고(법무부공고 제
2013-162호)하였다. 법무부는 이사 및 감사위원회 위원의 선임 절차를 개
선하고, 이사회의 기능과 역할을 정비하는 한편, 경영진의 위법행위에 대
한 사법적 구제수단을 확대하며, 주주총회의 활성화를 도모하고자 하였
다. 동시에 투명하고도 건전한 경영 및 기업문화를 유도하기 위한 법적
기반을 구축하고자 상법의 일부에 대한 개정을 시도하고자 한 것이다.

---

1   법무부, 기업지배구조 상법 개정 공청회, 한국거래소 국제회의장 2013년 6월 14일.

법무부의 개정의도에 대한 업계의 반발도 작지 않았다. 무엇보다도, 업계는 개정내용들이 기업의 자율성을 침해하는 의무화 규정이나, 기업에 대한 규제를 강화하고자 하는 면에 중점을 두고 있다고 판단하고 개정안에 대하여 반대했던 것이다.[2] 법무부가 제시한 상법개정의 내용들은 반시장적, 반기업적이라는 비판과 경제민주화라는 이름으로 등장하는 대중 정치의 한 전형이라는 지적도 대두된 바 있었다.[3] 기업지배구조와 관련하여 다양한 주제들이 논의될 수 있을 것이지만, 지배구조는 자본조달의 영역과도 논쟁이 벌어질 수 있다. 종류주식과 관련하여 2012년 4월 15일 상법의 대폭적인 개정이 이루어졌다. 회사는 이익의 배당, 잔여재산의 분배, 주주총회에서의 의결권의 행사, 상환 및 전환 등에 관하여 내용이 다른 종류의 주식을 발행할 수 있게 되었다(상법 제344조 제1항). 하지만 차등의결권주식의 발행가능성에 대하여는 명시적인 규정이 존재하지 않은 실정이다.

이하에서는 자본조달의 유연성과 적대적 기업인수에 대한 방어수단으로서 제기되는 차등의결권주식의 도입에 관한 내용을 다루고 있다. 의결권에 차등을 두게 되는 차등의결권주식을 도입하는 것은 '1주 1의결권 원칙'이 지켜지고 있는 자본회사에서 '주주평등의 원칙'이 위반된다는 비판이 제기될 수 있다. 각국의 입법례를 고찰하여 도입에 대한 여부를 검토하기로 한다.

---

2   이사회의 업무감독 기능을 강화하고자 하는 내용(안 제415조의2 등), 집중투표제 단계적 의무화(안 제542조의7) 및 전자투표제 단계적 의무화 등이 이에 해당한다.
3   이의춘, "이젠 법무부까지 나서서 기업 옥죄기?", 2013년 7월 18일자, 데일리안.

II. 주주평등의 원칙과 차등의결권주식

1. 주주평등의 원칙

　인적회사로서 합명회사는 하나의 사원이 하나의 의결권을 행사하게 되는 두수주의를 따르고 있다. 합자회사 역시 두수주의를 기반으로 의결권행사가 이루어진다. 반면 주식회사는 주주가 가진 지분의 수에 따라 의결권의 수를 정하는 지분주의에 따라 1주 1의결권이 인정되는 주주평등의 원칙이 적용되고 있다. 주주평등주의 원칙이라 함은 주식회사의 구성원인 주주라는 사람의 평등대우를 의미하는 것이 아니라 주주가 가지는 주식의 평등대우를 의미한다. 이 점에서 주주평등주의의 원칙을 주식평등의 원칙이라고도 한다.[4] 상법은 주식회사의 경우 "의결권은 1주식마다 1개로 한다"(상법 제369조 제1항)고 하면서 이러한 원칙을 명시적으로 규정하고 있고, 대법원 역시 "상법 제369조 제1항에서 주식회사의 주주는 1주마다 1개의 의결권을 가진다고 하는 1주 1의결권의 원칙을 규정하고 있는바, 위 규정은 강행규정이므로 법률에서 위 원칙에서 대한 예외를 인정하는 경우를 제외하고, 정관의 규정이나 주주총회의 결의 등으로 위 원칙에 반하여 의결권을 제한하더라도 효력이 없다"고 하는 주주평등주의원칙을 인정하고 있다.[5] 대부분의 문헌 역시 대법원의 입장과 같은 형식을 취하고 있다.[6] 다만, 우리 상법은 의결권이 없는 종류주식이나 의결

4　김정호, 『회사법』 제2판, 법문사, 2012, 151면 이하; 유주선, 『회사법』, 청목출판사, 2013, 173면.

5　대법원 2009. 11. 26. 선고 2009다51820 판결.

6　이철송, 『회사법강의』 제20판, 박영사, 2012, 418면; 정찬형, 『상법강의(상)』, 제20판, 박영사, 2015, 849면.

권이 제한되는 종류주식의 발행을 허용하고 있다(상법 제344조의3 제1항). 그러나 의결권이 없는 주식이나 의결권이 제한되는 주식을 회사가 발행한다고 할지라도, 정관에 의결권을 행사할 수 없는 사항과 의결권행사 또는 부활의 조건을 정한 경우에는 그 조건을 정하도록 함으로써 일정한 조건과 발행주식총수의 4분의 1을 넘지 않는 범위에서 발행 가능하도록 하고 있다. 이와 같이 상법은 특정한 주식에 대하여 여러 개의 의결권을 인정하는 차등의결권주식을 인정하지 않고 있기 때문에, 당사자 사이의 계약에 의하여도 차등의결권이 인정될 수 있는 여지는 없다고 하겠다.[7]

2. 차등의결권주식의 개념

차등의결권주식에 대한 개념은 광의의 개념과 협의의 개념으로 구분할 수 있다.[8] 전자는 주식의 의결권에 관하여 동일하지 않고 차이가 있는 주식이 발행되는 모든 경우에서 발생하는 개념이라고 한다면, 후자는 의결권 있는 보통주식을 두 종류 이상 발행하고, 각 종류마다 다른 수의 의결권이 행사될 수 있는 주식이라 하겠다. 광의의 개념으로 차등의결권주식을 이해하게 된다면, 거부권부 주식(이른바 황금주)을 포함한 2011년 개정 상법이 인정하고 있는 의결권배제주식이나 의결권제한주식 역시 광의의 개념에 포함될 수 있을 것이다. 또한 1주 1의결권 원칙의 예외로

---

7   의결권제도의 변천과정에 대하여 분석하면서 1주 1의결권이 절대적인 것이 아니라는 주장에 대하여는 박양균, "차등의결권 제도의 경제학적 분석", 「규제연구」 제18권 제1호, 한국경제연구원, 2009, 148면 이하.
8   김정호, "차등의결권 주식의 도입가능성에 대한 연구", 「경영법률」 제24집 제2호, 한국경영법률학회, 2014, 130면; 고창현, "차등의결권제도의 도입과 상장", 한국상사판례학회/한국기업법학회 2015년 하계공동학술대회 상사법 분야의 최근 관심 법제와 그 해결방안, 2015년 8월 21일~22일 자료집, 145면.

서 회사가 발행한 의결권의 수가 서로 다른 종류의 주식을 광의의 의미의 개념에서 차등의결권주식을 이해하고자 한다면,[9] 다양한 형태의 차등의결권주식이 제시될 수 있다.[10] 첫째, 주식회사가 두 종류 이상의 주식을 발행하고 발행된 주식 사이에 1주에 2개 이상의 의결권을 부여하는 주식을 들 수 있다. 이른바 복수의결권주식(multiple share)이다. 하나의 종류에는 1주에 1개의 의결권을 갖는 주식을 발행하는 동시에 다른 종류에는 1주에 10개의 의결권을 갖는 주식을 발행하는 것이 전형적이 모습이다. 또한 종류별로 의결권 행사를 달리 할 수 있도록 정할 수도 있다.[11] 둘째, 1주에 대하여 1개 미만의 의결권을 부여하는 부분의결권주식(fractional share)을 들 수 있다. 셋째, 주식보유기간이 길어짐에 따라 의결권 수가 증가하는 보유기간별 차등의결권주식인 테뉴어 보팅(tenure voting)이 있다.[12] 동 주식의 경우 주식 자체에 부여된 의결권의 내용이나 수가 다른

---

9   김화진·송옥렬, 『기업인수합병』, 박영사, 2007, 306면. 차등의결권에 대한 효율성에 대하여는 정혜련, "차등의결권에 관한 소고-각국의 입법, 태도의 변화, 그리고 기업의 효율성을 중심으로-", 『기업법연구』 제29권 제1호(통권 제60호), 한국기업법학회, 2015, 98면 이하.

10   유영일, "차등의결권주에 관한 연구 -도입필요성을 중심으로-", 『상사판례연구』 제21집 제4권(한국상사판례학회, 2008), 110면 이하; 문준우, "차등의결권주식을 상법에 도입하여야 하는 이유 및 도입방법", 『상사법연구』 제31권 제2호, 한국상사법학회, 2012, 244면.

11   고창현, "차등의결권제도의 도입과 상장", 한국상사판례학회/한국기업법학회 2015년 하계공동학술대회 상사법 분야의 최근 관심 법제와 그 해결방안, 2015년 8월 21일~22일 자료집, 146면. A클래스 주식은 전체 이사 중 30%의 이사 선임에 대해서만 의결권을 행사할 수 있고, 나머지 70%의 이사 선임 및 기타 모든 주주총회 안건은 B클래스 주식만이 의결권을 행사할 수 있도록 하는 방안이다.

12   김효신, "종류주식의 다양화", 『법학연구』 제51집 제1호(통권 제63호), 경북대법학연구소, 2010, 167면, 이를 'time phased voting plan'이라고 한다. 프랑스의 경우 주식을 2년 이상 보유하면 의결권 수가 2배로 인정하는 이중의결권주식을 인정하고 있다.

것이 아니라 보유기간에 따라 주주들에게 부여되는 권리가 다른 것이라는 점에서 차등의결권주식과는 다르다고 보는 견해도 있다.[13] 그러나 1주에 1개의 의결권을 갖는다는 원칙의 예외의 측면에서 바라본다면, 테뉴어 보팅 역시 광의의 개념에서 차등의결권주 범주에 포함될 수 있을 것이다. 넷째, 보유주식수가 일정한도를 초과하는 경우 그 초과하는 주식에 대해서 의결권을 인정하는 상한부의결권주식(capped voting plan)과 보유주식수가 증가함에 따라 단계별로 의결권수가 축소하도록 하는 단계별 축소의결권주식(scaled voting plan)이 있다. 다섯째, 정관으로 정한 일정한 수의 주식을 1단원의 주식으로 하고 1단원에 대하여는 1개의 의결권을 부여하지만 1단원 미만의 주식에 대하여는 의결권을 부여하지 않는 경우 단원주 등이 있다.

의결권 있는 보통주식을 두 종류 이상 발행하고, 각 종류마다 의결권을 달리하는 주식을 협의의 차등의결권주식으로 본다면, 2011년 개정상법이 인정한 의결권배제와 의결권제한에 관한 종류주식은 차등의결권주식에 포함되지 않게 되고, 거부권부주식인 황금주도 여기에 포함되지 않게 될 것이다. 그러나 여기에서는 개념의 분류에 상관하지 않고, 광의의 개념에 포함되는 거부권부주식과 협의의 개념으로서 인정되는 차등의결권주식에 대한 논의를 전개하기로 한다. 거부권부주식을 먼저 다루기로 하되, 황금주와 관련지어 살펴보기로 한다.

---

13   고창현, "차등의결권제도의 도입과 상장", 한국상사판례학회/한국기업법학회 2015년 하계공동학술대회 상사법 분야의 최근 관심 법제와 그 해결방안, 2015년 8월 21일~22일 자료집, 146면.

III. 거부권부 주식의 허용가능성 여부

거부권부 주식의 허용가능성을 검토하기 위하여, 주요국이 이러한 주식들에 대하여 어떠한 논의가 있는가를 인식할 필요가 있다. 이하에서는 유럽에서 빈번하게 논의되었던 황금주와 미국과 일본에서 인정되고 있는 거부권부주식에 대하여 살펴보기로 한다.

1. 황금주의 개념

황금주의 등장은 1980년 영국에서 비롯되었다.[14] 영국의 보수당 정권은 석유, 가스, 전기, 항공, 우편 및 통신 등의 국영기업의 민영화를 추진하면서 소수지분으로 회사의 주요 결정에 대하여 거부권을 행사할 수 있도록 하고자 하였다. 극단적인 경우에는 1주의 주식을 가지고 거부권을 행사할 수도 있다. 이와 같이 황금주라 함은 보유한 주식의 수량이나 비율에 관계없이 기업의 주요한 경영 사안에 대하여 거부권을 행사할 수 있는 권리를 가진 주식을 말한다. 황금주는 보유 수량이나 비율에 관계없이 단 1주만 가지고 있더라도 적대적 M&A 등 특정한 주주총회 안건에 대하여 거부권을 행사할 수 있다는 점에서 그 의미가 있다. 다만, 황금주는 그 자체가 주식은 아니다. 단지 통상의 일반주식에 비하여 특별한 권리를 보유하고 있기 때문에 일반주주들의 관점에서 황금으로 보이는 것을 비유하여 황금주로 표현하고 있다고 한다.[15] 영국에서 시작된 황금주

---

14 한국증권법학회, 상법개정연구보고서, 2006. 6, 120면.
15 영국에서도 황금주를 특별주식(the special share), 특별권리주식(the special right share), 마스터주식(master share)이라고 불리고, 독일 역시 황금주식(golden Aktien) 또는 특별주식(spezialaktien)으로 사용되고 있다.

는 유럽을 포함하여 전 세계적으로 전파되었다. 일종의 차등의결권을 지닌 비거래형 주식의 성격을 띠고 있다고 하는 점에서, 고찰 가치가 있다.

2. 황금주의 특징

보통의 주주는 직접 경영에 참가하거나 회사의 일상적인 업무를 통제할 수 없다. 그러나 황금주는 그 주주가 회사업무뿐만 아니라 영업라인의 결정에도 개입이 가능하다는 점에 그 특징을 볼 수 있다.[16] 황금주는 그 보유주주에게 당해 회사 주식의 보유비율에 비례하지 않는 초다수 통제권을 가지고 있다. 황금주는 어떤 결정에 있어서 동의를 할 수 있는 권한도 있지만 거부권을 행사할 수도 있다.[17] 공기업이 민영화된 뒤에도 공익성과 민주성을 유지할 수 있도록 보유하는 특별주식이 일반적으로 황금주로 이해될 수 있다. 정부는 이를 통하여 민영화된 기업의 자산처분이나 경영권 변경 및 합병과 같은 주요 의사결정에 대하여 거부권을 행사할 수 있게 되는 것이다.[18] 황금주는 주주총회의 소집통지를 받고 주주총회에 참석은 할 수 있지만 의결권을 행사하지는 못하며, 일반적으로 회사의 자본이나 이익에 참가할 자격이 없다는 점에서 한계점도 노출된다. 회사의 정관변경은 주주총회의 특별결의를 통하여 효력이 발생하지만, 황금주를 발행한 경우에 황금주를 보유한 주주의 동의가 없으면 효력이 발생하지 않는다.

---

16 김순석, "황금주(Golden Shares) 제도에 관한 연구", 「비교사법」 제16권 제1호(통권 제44호), 한국비교사법학회, 2009, 70면 이하.

17 이사선임에 있어서 주주는 이사의 선임에 동의를 할 수도 있지만, 동 이사의 선임에 반대표를 던질 수도 있다. 이 경우 황금주를 가지고 있는 주식을 통하여 이사 선임이 거부될 수도 있다는 점에서 그 의미가 있다.

18 황금주에 대하여는 정관에 명시하는 것이 일반적이지만 인수자측과 합의하여 매각계약에 근거를 두는 경우도 있다.

3. 유럽 주요국의 경우

영국에서 인정되었던 황금주에 대한 허용 여부를 둘러싸고 유럽의 여러 국가에서 다툼이 벌어지고 있다. 주요국에서 발생하였던 사건들을 간략히 고찰한다.

1) 유럽연합

유럽연합의 회원국 간 또는 회원국과 제3국간에 자본이동에 대한 모든 제한은 금지되어야 한다(EC조약 제56조). 그러나 공공정책이나 공공안전을 근거로 하여 자본이동에 대한 제한은 인정될 수 있다(EC조약 제58조 제1항(b). 한편, 유럽연합 회원국 국민은 회사설립의 자유에 대한 제한은 금지되고 있다(EC조약 제43조). 회사설립의 자유는 투자를 포함하며 자본의 자유이동과 밀접하게 연관되어 있다.

2000년 이후 유럽법원은 회원국의 황금주에 대한 EC조약에 위반되었다는 판결을 지속적으로 내리고 있다. 유럽사법재판소는 회원국의 황금주 도입이 EC조약 제56조에 규정되어 있는 자본이동자유의 원칙과 제43조에 규정되어 있는 회사설립자유의 원칙에 위배되었는지를 판단함에 있어, 원칙적으로 황금주의 도입이 EC조약에 위배되었다는 판단을 하면서 제한적인 요건하에서 예외적으로 인정하고 있다.[19]

2) 독일

독일에서 황금주는 자동차 회사인 폭스바겐사의 민영화 과정에서 발

---

19 허항진, "황금주(Golden Share)제도에 대한 입법론적 소고", 「기업법연구」 제23권 제2호 통권 제37호(한국기업법학회, 2009), 95면 이하.

생하였다. 폭스바겐의 민영화법률에 의하면, 독일 연방정부와 주정부는 각각 폭스바겐사의 지분 20%씩 보유하는 동시에, 감사회 위원을 각각 2명씩 임면할 수 있도록 하였다.[20] 동법에 의하면 1인의 의결권은 20%를 초과할 수 없었으며, 결의는 총의결권의 80% 찬성을 요건으로 하였다. 유럽연합집행위원회가 동 규정을 검토하였다. 동 집행위원회에 따르면, 동 규정이 실질적으로 연방정부와 지방정부에 의한 승인요건에 해당한 다고 간주하고, EC조약 제56조의 위반을 이유로 제소하였다. 하지만 유 럽집행위원회는 EC조약 제43조의 위반에 대하여는 언급을 하지 않았다.

3) 영국

1986년 영국은 항공법에 의하여 7개의 국제공항을 관리하는 영국공항 공단을 민영화하는 작업을 단행하였다.[21] 항공법은 운수장관에게 1파운 드의 황금주를 부여하였다. 이 황금주에 따라 운수장관은 영국공항공단 의 자산처분이나 경영권 양도에 대한 동의권을 부여하였다.[22] 규정된 영 국공항공단 정관 제10조는 1인이 보유할 수 있는 주식수를 제한하면서, 오직 허락된 자만이 15% 이상의 주식을 보유할 수 있도록 하고 있었다. EU집행위원회는 영국의 황금주 규정이 EC조약 제56조와 제43조를 위반 하였다고 하면서 제소를 한 것이다.

---

20   Gesetz über die Überführung der Anteilsrechte an der Volkswagenswerk Gesellschaft mit beschränkte Haftung in private Hand, BGB I 1960.
21   The Airport Act 1986.
22   영국공항공단 정관 제10조는 운수장관이 황금주를 행사할 수 있는 내용을 규정하 고 있었다.

4) 네덜란드

네덜란드에서도 민영화와 관련하여 황금주가 논란의 대상이 되었다. 1989년 통신과 우편서비스를 민영화하는 작업을 하였고, 1998년에는 두 개의 유한회사를 설립하여 통신은 KPN, 우편은 TPG가 담당하도록 하였다. 네덜란드 정부는 두 회사에 대하여, 전체 자본의 1%를 초과하는 주식 양도, 주식발행, 회사지배의 일반원칙 등을 승인한 권한인 황금주를 부여하고 있었다.[23] 이러한 네덜란드의 황금주에 대하여 유럽집행위원회는 EC조약 제56조와 제43조를 위반한 것으로 이유로 제소한 것이다.

5) 벨기에

유럽사법재판소가 황금주에 대하여 합법적으로 인정한 사례가 등장하였다.[24] 가스와 에너지 유통업에 종사하는 두 기업에 대하여 벨기에 정부에게 황금주를 부여한 두 개의 칙령이 문제가 되었다.[25] 벨기에의 황금주 내용은 첫째, 정부에게 당해 기업으로부터 그 전략적 자산의 양도, 매도 또는 담보제공 등에 대하여 통지받을 권리를 부여한다. 둘째, 이사회에 정부대표 2명을 임명한다. 정부대표는 회사의 특정한 영업행위가 에너지 분야의 국익에 반한다고 판단하는 경우 이사회의 결정을 무효화하도록 관련 장관에게 신청할 수 있다. 당해 신청이 있으면 이사회의 결정은 즉각 효력이 중지된다고 규정되어 있다.

---

23 Jointed Case C-282/04, Commission v. Netherlands, 2006 E.C.r. 1-9144, paras 4-9.
24 Case C-503/99, Commission v. Belgium, 2002 E.C.R. I-4809.
25 The Royal Decree of 10 June 1994 and the Royal Decree of 16 June 1994.

4. 미국과 일본의 경우

유럽연합에서 황금주가 정부의 소유였던 공기업이 민영화되면서 발생할 수 있는 문제를 예방하기 위한 조치로 등장하는 것에 반하여, 미국과 일본에서는 유럽과는 형식과 다른 형태에서 논의되고 있다. 양국은 회사법에서 중요하게 등장하는 회사의 지배권과 관련된 중요한 의미를 제시하는 거부권부 주식에 대하여 고찰한다.

1) 미국의 경우

주주 간의 계약이라 함은 주식회사의 주주 간에 지배권을 분배하는 방법으로 이사의 선임이라든가, 임원의 임면, 이익배당, 분쟁의 해결방법이나 주식양도의 제한 등 여러 가지 사항에 대하여 미리 약정하는 것을 말한다.[26] 폐쇄회사의 주주계약에 대하여는 개정모법회사법(RMBCA) 제7.32조가 규정하고 있다. 동 조항은 주주 간 계약에 대하여 자주 사용되는 형태로 일곱 가지 유형을 제시하고 있다.[27] 폐쇄회사는 가족회사에 대기업에 의한 합작회사에 이르기까지 그 범위가 광범위하다. 폐쇄회사의 경

---

[26] 곽관훈, "벤처기업에 있어서의 주주간 계약 –질권구속계약을 중심으로–", 「상사법연구」 제22권 제1호, 한국상사법학회, 2003, 329면.

[27] 그 유형은 다음과 같다. 첫째, 이사를 해임하거나 이사의 재량이나 권한을 제한하는 것. 둘째, 제6.40조의 제한에 따라 보유주식수에 비례하거나 비례하지 않는 배당의 승인. 셋째, 이사나 임원의 지명, 그 임기나 선·해임의 방식을 정하는 것. 넷째, 가중된 의결권이나 이사위임장을 통하여 주주나 이사에 의한 의결권의 행사를 규율하는 것. 다섯째, 재산의 양도나 사용 또는 회사와 주주, 이사, 임원 또는 종업원 간의 서비스의 규정에 관한 조건의 설정. 여섯째, 이사나 주주가 교착상태에 빠지는 경우 당해 문제에 대한 결정권 또는 회사의 권한이나 경영권 등을 1인 또는 그 이상의 주주에게 양도하는 것. 일곱째, 1인 또는 그 이상 주주의 요청에 근거한 해산 또는 특정한 사건이나 조건의 발생에 따른 회사의 해산 등을 들 수 있다.

우 주주들은 회사의 운영에 관한 주주 간의 계약체결이 빈번히 발생하고 있었다. 다만, 거부권부종류주식에 대한 명문으로 규정하고 있지 않다. 명문의 규정이 없다고 한다면 주주 간의 계약으로 이사선임 등에 관하여 당사자 간의 합의에 따라 의결권을 행사한다는 취지를 정하는 의결권구속계약을 들 수 있다. 최근 주 회사법들이 주주 간 계약을 유효한 것으로 규정하는 경향이 나타나는 것으로 파악되고 있다.

2) 일본

일본은 회사법에 종류주식으로서 거부권부주식을 도입하였다(제108조 제1항 제8호). 어떤 사항을 종류주주총회에 부의하도록 정한 것이다.[28] 한편, 일본 회사법은 거부권부종류주식을 발행하는 때에는 그 발행가능주식총수와 함께 그 종류주주총회의 결의를 요하는 사항을 정관에 기재하도록 규정하고 있다.[29] 또한 일정한 조건 아래 종류주주총회의 결의를 필요로 하는 경우에는 그 조건을 기재하도록 한다(일본 회사법 제108조 제2항 제8호). 거부권부종류주식을 우호적 기업에게 발행하여 두면 중요

---

28 김순석, "황금주(Golden Shares) 제도에 관한 연구", 「비교사법」 제16권 제1호(통권 제44호), 한국비교사법학회, 2009, 294면 이하. 2001년 개정 시 종류주주의 보호 내지 특히 합작회사, 벤처기업 등에서 체결된 주주 간 계약이 종류주주에게 부여하고 있는 보호를 상법상 제도로서 인정하고자 하였다면, 2005년 회사법 개정 시에는 거부권의 유무 자체가 주식의 종류를 구성하며, 종류주주의 이익보호에 추가하여 지배권의 배분수단으로서 거부권을 이용하는 것을 정면으로 인정한 것으로 보아야 한다. 또한 정관에서 정해진 종류주주총회(이른바 임의적인 종류주주총회)는 법률에서 요구되는 종류주주총회(법적 종류주주총회)의 경우와 달리 종류 간 이해대립이 반드시 존재할 이유는 없으며, 따라서 복수종류의 주주가 공동으로 거부권을 행사하는 것도 정할 수 있는 것으로 해석된다.
29 김지환, "상법개정안상 주식의 종류에 대한 일고찰", 「영남법학」 제23편, 영남대법학연구소, 2008, 50면 이하.

사항의 결의에는 당해 우호적 기업의 찬성을 얻지 않는 한 가결될 수 없기 때문에, 제3자의 적대적 기업인수에 대한 강력한 억제적 효과를 갖게 된다. 그러한 측면에서 거부권부종류주식은 황금주로서의 기능을 갖게 된다고 하겠다.

5. 소결

유럽사법재판소가 다른 사안에 대하여는 황금주를 인정하지 않으면서, 벨기에의 황금주에 대하여는 허용을 예외적으로 인정하였다. 이에 대한 자세한 검토가 필요하다. Gebhard 사례[30]에서 유럽사법재판소는 1) 당해 조치가 비차별적이어야 하고, 2) 공익을 위하여 필요한 것이어야 하며, 3) 당해 목적을 달성하는 데 적절해야 하고, 4) 목적 달성을 위하여 필요한 범위를 초과하지 않아야 한다고 하는 네 가지 판단기준을 고려하였다. 유럽사법재판소는 첫째, 사전승인이 아니라 사후에 반대하는 방식을 채택하였다는 점. 둘째, 에너지 공급망을 변경하는 등 특정한 자산에 관계되는 이사회 결정에 대해서만 정부가 반대할 수 있도록 한 점. 셋째, 이사회 결정이 정부의 에너지 정책의 목표에 반하는 경우에만 개입하도록 한 점. 넷째, 사법적 재심사의 절차를 허용한 것은 비례성의 원칙에 충족하다고 하면서 승인을 한 것이다. 벨기에의 황금주가 자본자유이동과 회사설립자유원칙에 대한 허용이 가능한 제한조치에 해당한 것으로 유럽사법재판소가 보았다고 하겠다.

미국이나 일본은 유럽에서 논의되고 있는 황금주의 범위와 다른 면에

---

30   Case C-55/94, Gebhard v. Consiglio dell'Ordine degli Avvocati e Procuratori Milano, 1995 E.C.R I-4165.

서 전개되고 있는 것을 볼 수 있다. 민영화에서 발생하는 거부권이 아니라, 일반 민영기업에서 유럽의 황금주와 같은 효과를 가질 수 있는가에 대한 입법적 논의가 전개되고 있는 것이다. 국가안보, 공공성 등이 중시되는 공공적 법인 또는 국가 기간산업의 경우에 외국자본에 의한 적대적 M&A로부터 경영권을 정당하게 보호하기 위하여 인정되는 황금주가 유럽에서 적극적으로 논의되면서 법률적 문제를 해결하는 상황이라고 한다면, 미국이나 일본의 경우는 거부권부주식이 단순히 적대적 M&A에 대한 방어수단의 차원에서 뿐만 아니라 기업에서 다양한 자금조달방식과 지배구조의 유연성을 제공한다는 점에서 논의의 실익이 있다.[31]

Ⅳ. 차등의결권주식 도입 관련 제 문제

이하에서는 명문으로 인정하고 있는 무의결권주식을 제외하고 2개 이상의 의결권을 부여하는 차등의결권주식에 대한 주요국의 입법태도를 살펴보고,[32] 차등의결권주식이 가지고 있는 문제점 및 순기능을 포함한 도입 관련 제 문제점을 검토하기로 한다.

---

31 경영학에서도 차등의결권주식제도의 필요성이 주장되고 있다. 이 점에 대하여는 이동기, "차등의결권주식제도 도입의 필요성", 국회의원회관 제1세미나실 "1주 1의결권원칙 검토와 차등의결권제도 도입방안 세미나", 2015. 6. 12., 27면.
32 주요국의 입법태도에 대하여는 윤영신, "1주1의결권원칙과 차등의결권원칙에 대한 검토", 「상사법연구」 제28권 제1호, 한국상사법학회, 2009, 208면 이하.

1. 입법례

1) 미국

차등의결권과 관련된 미국의 입법은 모범회사법과 델라웨어주 회사법에서 볼 수 있다. 개정 모범회사법 제6.01(b)는 "정관은 첫째, 의결권이 제한되지 않는 하나 이상의 종류나 조(Series)의 주식(완전한 의결권이 있는 주식)과 둘째, 청산 시에 회사의 순자산을 수령할 권리를 갖는 하나 이상의 종류나 조(Series)의 주식(잔여재산분배에 관한 주식)(의결권을 갖는 주식과 동일한 종류일 수 있음) 모두를 수권하여야 한다"고 규정하고 있다. 개정 모범회사법 제7.21(a) 역시 "정관에 다른 정함이 없으면, 각 발행주식은 종류에 관계없이 1주당 1개의 의결권을 갖는다"고 규정하고 있다. 회사가 의결권이 제한되지 않는 주식과 잔여재산분배를 받을 수 있는 권리가 부여된 주식이 항상 발행되어 있어야 한다는 것을 제외하고는, 주식의 종류에 대한 제한이 없으므로, 모범회사법상 회사는 정관에 의하여 다양한 종류의 주식을 발행할 수 있게 된다.

델라웨어주 회사법 역시 차등의결권을 인정하고 있다. 델라웨어주 회사법 제212(a)에 따르면, 정관에 다른 정함이 없는 경우에 주주는 1주 1의 결권을 보유한다. 이를 달리 표현하면, 정관에 다른 정함이 있다고 한다면 다양한 의결권을 갖는 다른 종류의 주식이 발행될 수 있음을 의미하게 된다. 보다 명시적은 규정은 회사법 제151(a)에 의하여 나타난다. 델라웨어주 회사법 제151(a)에 따르면, '회사는 의결권을 달리하는 다양한 종류의 주식을 발행할 수 있다'고 규정하고 있다.[33]

---

[33] 판례 역시 그 맥을 같이하고 있다. 델라웨어주 대법원은 주주가 보유한 주식수에 따라서 같은 종류 내에서의 의결권을 다르게 한다는 정관을 승인한 바 있다. Providence & Worcester Co. v. Baker.

한편, 뉴욕주 회사법 제501조는 회사가 정관으로 각 종류(class)별로 의결권에 대하여 달리 정할 수 있도록 하고 있고, 뉴욕증권거래소 상장규정 역시 상장 이전에 이미 차등의결권제도를 도입한 회사의 상장이나 차등의결권제도의 유지는 가능한 것으로 하고 있다. 다만, 동 상장규정 제313조와 보충서 제10조에서 이미 상장된 회사가 신규로 차등의결권제도를 도입함에 따라 발생할 수 있는 기존 주주의 이익을 침해하는 것을 금지하고 있다.

2) 독일

독일에서 차등의결권은 복수의결권이라는 이름으로 논해질 수 있다. 본래 독일은 복수의결권주식과 의결권상한이 가능한 것으로 입법하고 있었다. 그러나 1998년 "회사지배권 및 투명성에 관한 법률" 제정 시 1주 1의결권원칙을 명확히 하면서, 복수의결권주식 및 기타 보통주식과의 비례적인 의결권을 금지하는 방향으로 전환하였다.[34] 독일 주식법 제12조는 의결권 및 복수의결권의 금지라는 제목으로 명백히 규정하고 있다.

한편, 독일 주식법은 비상장회사에 대하여 정관으로 최고액이나 차등적인 등급을 확정하는 방식을 통한 두 가지 방식으로 의결권을 제한하고 있는 모습을 띠고 있다(독일 주식법 제134조).[35] 하나의 방식은 최고액을

---

34 § 12 (Stimmrecht, Keine Mehrstimmrecht) (1) Jede Aktie gewährt das Stimmrecht(각 주식은 의결권을 갖는다). Vorzugsaktien können nach den Vorschriften dieses Gesetzes als Aktien ohne Stimmrecht ausgegeben werden(우선주는 주식법의 규정에 따라 의결권 없는 주식으로 발행할 수 있다). (2) Mehrstimmrecht sind unzulässig(복수의결권주식은 허용되지 않는다).

35 독일 주식법 제134조 (I) Das Stimmrecht wird nach Aktiennennbeträgen, bei Stückrecht nach deren Zahl ausgeübt(의결권은 주식의 액면에 따라 행사한다). Für den Fall, dass

정하여 의결권을 제한하는 방식이다. 보통 기본자본의 5% 또는 10%를 최고액으로 정하고, 다수의 주식을 소유한 주주가 행사할 수 있는 의결권에 최고한도를 설정하여 의결권을 제한하게 된다. 이는 대주주의 잠재적 영향력을 제한하기 위한 목적을 가지고 있다고 하겠다.[36] 또 다른 방식으로는 소유주식수에 따라 차등적인 등급을 두어 의결권을 제한하는 방식이다. 이 방식은 일정한 수의 주식에 대하여는 의결권을 전부 인정하지만, 그 이상의 주식에 대하여는 의결권을 축소하는 형태를 띠게 된다.[37] 예를 들면, 1,000주 이상의 주식에 대하여 10주당 1의결권을 부여하는 방식이 있을 것 있고, 2,000주 이상에 대하여는 20주당 1의결권을 부여하는 방식을 들 수 있을 것이다.

3) 일본

일본의 경우 단원주 제도를 받아들인 점이 인상적이다.[38] 일본 역시 주주총회에서 주주가 행사할 수 있는 의결권은 1주 1의결권이 원칙이다 (일본 회사법 제308조 제1항). 그러나 주식회사는 그 발행하는 주식에 관하여 일정한 수의 주식으로서 주주가 주주총회 또는 종류주주총회에서

---

einem Aktionär mehrere Aktien gehören, kann bei einer nichtbörsennotierten Gesellschaft die Satzung das Stimmrecht durch Festsetzung eines Höchstbetrags oder von Abstufungen beschränken(주주가 다수의 주주를 가진 경우에 비상장회사는 정관에 최고액이나 차등적인 등급을 확정함으로써 의결권을 제한할 수 있다).

36 문준우, "차등의결권주식을 상법에 도입하여야 하는 이유 및 도입 방법",「상사법 연구」제31권 제2호, 한국상사법학회, 2012, 250면 참조.

37 송옥렬 외 공저,『21세기 회사법 개정의 논리: 2006년 법무부 상법개정작업 기초실 무자료(기업재무편)』, 소화출판사, 2007, 292면 이하.

38 이 점에 대하여는 권종호, "종류주식 제도의 개선방안", 2008년 한국증권법학회 제 2차 특별세미나, 2008. 8. 29., 18면.

1개의 의결권을 행사할 수 있는 1단원의 주식으로 하는 취지를 정관으로 정할 수 있다(일본 회사법 제188조 제1항). 1단원의 주식수를 단원주식수라 한다(일본 회사법 제2조 제20호). 이 단원주식수는 등기를 요한다(일본 회사법 제911조 제3항 제8호). 종류주식 발행회사에서는 단원주식의 수는 주식의 종류마다 정하여야 한다(일본 회사법 제188조 제3항). 단원주제도의 도입은 1주 1의결권의 보통주에 비하여 의결권의 수가 적은 주식을 제공하는 것이 가능하고, 주주관리 비용을 삭감할 수 있다는 측면에서 그 효용가치가 있다고 하겠다.

2. 차등의결권주식 발행 시 제기되는 문제점

1) 1주 1의결권 원칙의 위반

우리 상법이 차등의결권주식을 발행할 수 없는 이유는 무엇보다도 1주 1의결권 원칙을 위반한다는 사실이다. 또한 차등의결권을 가지고 있는 주주는 출자 비율에 상응하지 않는 의결권을 행사하기 때문에, 회사의 의결권을 왜곡하여 국내기업의 불투명한 지배구조를 고착화하는 데 기여하게 되는 점이 문제점으로 지적될 수 있다. 그러나 우리 상법은 이미 1주 1의결권의 예외를 인정하고 있다. 의결권의 배제나 제한에 관한 종류주식(상법 제344조의3)의 발행을 허용하고 있고, 감사 선임 시 의결권 상한제도(상법 제409조 제2항, 제542조의12 제3항)를 인정하고 있다. 이런 측면에서 보았을 때, 우리 상법이 1주 1의결권 원칙을 고수하면서 차등의결권주식의 도입에 반대할 이유가 없다고 할 것이다.

2) 무능한 경영진 보호

두 번째는 차등의결권주식을 발행하게 되는 경우 경영자가 경영성과와 관계없이 경영권을 유지할 수 있도록 하는 단점이 제기될 수 있다고 한다.[39] 차등의결권주식의 발행을 통하여 회사의 무능한 경영진이나 지배주주가 경영권을 고착하는 동시에 회사·주주·채권자 및 종업원 등의 피해를 야기할 수 있다는 지적[40]이 제기될 수 있다.

3) 기존주주의 이익침해

기존주주의 이익을 침해할 수 있다는 지적이 있다.[41] 이미 상장된 회사가 차등의결권주식을 발행하는 경우 기존주주의 의결권이 희석에 의해 예상치 못하는 손해가 발생할 수 있다는 것이다.[42] 또한 정관변경 등의 주주총회 특별결의에 따라 주주의 동의를 얻었다 할지라도 집단적인 행동문제나 전략적 선택의 문제가 발생하기 때문에 진정한 주주의 의사를 반영하기 어려운 면도 있다.

---

39 문준우, "차등의결권주식을 상법에 도입하여야 하는 이유 및 도입 방법", 「상사법연구」 제31권 제2호, 한국상사법학회, 2012, 259면.

40 김정호, "차등의결권 주식의 도입가능성에 대한 연구", 「경영법률」 제24집 제2호, 2014, 259면.

41 김효신, "종류주식 다양화의 법적문제", 「법학연구」 제51권 제1호, 통권 제63호, 부산대법학연구소, 2010, 179면.

42 고창현, "차등의결권제도의 도입과 상장", 한국상사판례학회/한국기업법학회 2015년 하계공동학술대회 상사법 분야의 최근 관심 법제와 그 해결방안, 2015년 8월 21일~22일 자료집, 149면.

4) 기업인수 시장의 위축

적대적 기업인수는 현 경영진에 의한 회사가치의 감소행위를 억지하는 효과가 있다. 그러나 무능한 경영진이나 지배주주가 차등의결권주식을 보유함으로써 회사의 경영권을 고착시키는 수단으로 사용함으로써 적대적 기업인수를 방해하는 기능으로 나타날 수 있다는 단점이 있다. 결국 차등의결권주식을 보유함으로써 현 경영진이 적대적 기업인수의 가능성을 감소시키고 무능한 경영진을 보호하는 역할을 하게 된다는 것이다.[43]

3. 차등의결권주식 발행의 순기능

1) 자본조달의 유연화

차등의결권주식을 이용하는 경우 기업은 자금조달수단에 유연성을 확보할 수 있고, 투자자도 투자대상에 대한 선택범위를 넓힐 수 있다는 점은 장점으로 제시된다.[44] 현재 우리 상법은 주식회사에 1주에 1표를 원칙으로 한 보통주 발행을 인정하면서, 이익배당우선주 성격을 지닌 무의결권주식을 예외적으로 인정하고 있다. 보통주를 발행하게 되면 지배주주가 가지고 있는 주식의 지분은 감소하게 된다. 창업주가 지배하는 가족경영회사나 폐쇄적인 회사의 경우 경영진들의 지분율이 희석될 것을 우려하여 신주발행을 꺼려할 수 있다. 지분율의 감소는 경영권의 위협

---

43   법무부 보도자료 2009. 11. 9.
44   고창현, "차등의결권제도의 도입과 상장", 한국상사판례학회/한국기업법학회 2015
      년 하계공동학술대회 상사법 분야의 최근 관심 법제와 그 해결방안, 2015년 8월
      21일~22일 자료집, 148면.

으로 등장하기 때문이다.[45] 차등의결권주식의 발행은 이러한 문제를 제거해 준다.[45] 경영진 또는 지배주주가 1주당 10표나 100표 또는 그 이상의 의결권을 가진 주식을 가지고 있다고 한다면, 회사지배권에 대한 상실의 두려움 없이 소기의 자본을 안정적으로 조달하게 된다.

2) 경영권 안정의 용이

우리 상법은 회사가 경영권을 보호할 수 있는 수단이 그리 많이 않은 상태이다. 신주의 제3자 배정이나 자기주식 취득 등 지분확보 등의 통하여 경영권을 방어할 수 있는 방법이 있지만, 적대적 기업인수에 대한 경영권보호를 위하여 제한적인 수단에 해당한다. 또한 1주 1의결권만을 고수하는 경우, 경영권 방어를 위하여 회사가 자기주식을 매입하거나 지배주주가 적정지분율 이상으로 과다한 자본을 투자하는 등 불합리한 현상의 초래가능성이 있다.[46] 기업이 지배주주에게 차등의결권주식을 부여하면 상대적으로 적은 지분을 투입하여 안정적인 경영권을 행사할 수 있게 된다는 점에서 M&A에 대한 방어법제로 기능을 한다.[47] 더 나아가 매수자와의 교섭창구를 통일할 수 있어서 회사가 지나치게 싼 가격에 팔리는 것을 막을 수 있다는 기능도 있다고 하겠다.[48]

---

45 박양균, "차등의결권 제도의 경제학적 분석", 「규제연구」 제18권 제1호, 한국경제연구원, 2009, 165면.

46 김효신, "종류주식 다양화의 법적문제", 「법학연구」 제51권 제1호, 통권 제63호, 부산대법학연구소, 2010, 175면.

47 문준우, "차등의결권주식을 상법에 도입하여야 하는 이유 및 도입 방법", 「상사법연구」 제31권 제2호, 한국상사법학회, 2012, 253면 이하.

48 유열일, "차등의결권주에 관한 연구", 「상사판례연구」 제21권 제4권, 한국상사판례학회, 2008, 100면.

3) 기업공개의 촉진

차등의결권제도는 기업공개 시 공개기업으로 하여금 대주주, 벤처캐피털, 종업원 등 이해관계자들이 원하는 형태의 지배구조와 경영권 방어를 가능하도록 하여 기업공개를 촉진하게 한다.[49] 자본조달의 유연화 및 경영권 방어뿐만 아니라 기업공개, 신규투자자의 유치, 전략적 제휴 및 합작투자 등 기업이 당면하는 다양한 상황에서 당사자들의 복잡한 이해관계를 조정함에 있어 유용한 수단이 된다고 하겠다.[50] 그 외에도 다양한 장점이 제시되고 있다는 점에서[51] 회사의 차등의결권주식의 발행은 의미가 있다고 하겠다.

4. 차등의결권주식 발행 가능한 회사

1) 폐쇄회사(벤처, 중소·중견회사)

차등의결권주식의 발행은 벤처기업이나 중소·중견기업의 견실한 성장을 위한 기업가 정신, 지속적 혁신, 장기적 관점의 경영, 사회적 책임경영을 촉진하는 제도적 여건을 구축하는 데 기여할 수 있다.[52] 중소기업이나 벤처기업의 창업자나 경영진은 회사의 경영권을 보호하면서 외부에

---

49 김건식·송옥렬·안수현·윤영신·정순섭, 『21세기 회사법 개정의 논리』, 도서출판 소화, 2006, 288면.

50 차등의결권주식의 경영성과에 대하여는 김정호, "차등의결권 주식의 도입가능성에 대한 연구", 「경영법률」 제24집 제2호, 한국경영법률학회, 2014, 142면 이하.

51 고창현, "차등의결권제도의 도입과 상장", 한국상사판례학회/한국기업법학회 2015년 하계공동학술대회 상사법 분야의 최근 관심 법제와 그 해결방안, 2015년 8월 21일~22일 자료집, 147면 이하.

52 이동기, "차등의결권주식제도 도입의 검토", 국회의원회관 제1세미나실 "1주 1의결권원칙 검토와 차등의결권제도 도입방안 세미나", 2015. 6. 12., 27면.

서 자금조달의 필요성이 있다. 이 경우 차등의결권주식을 통하여 경영권을 유지하면서 책임경영을 지속적으로 할 수 있다는 장점이 있다. 실제로 폐쇄적인 중소·중견기업의 경우 성질상 처음부터 기업인수 가능성이 거의 없으므로 차등의결권주식이 적대적 기업인수에 대한 방어수단으로 도입되는 경우의 폐해는 거의 없다고 하겠다.[53]

2) 공개회사

(1) 기존 공개회사의 경우

기존 공개회사가 차등의결권주식을 도입하게 된다면, 기존 주주의 예상치 못한 손해의 발생가능성이 있다. 우선 정관변경 등을 통한 주주총회 특별결의에 따라 주주의 동의를 얻은 경우에도 집단적인 행동문제와 전략적 선택의 문제가 있기 때문에 진정한 주주의 의사를 반영하는 것으로 볼 수 없을 것이다.[54] 이미 상장된 회사가 새로이 차등의결권주식을 도입하는 경우, 상장 이전에 계약한 당사자들이 차등의결권주식을 원하지 않을 수도 있기 때문에 주주평등의 원칙을 반하게 된다는 비판을 면하기도 어렵다고 하겠다.

(2) 신규 공개회사

기존 공개회사와 달리, 신규 공개회사의 경우에는 기업공개 시 차등의결권주식을 발행하게 되면 기존주주의 의결권이 희석되는 문제가 발

---

53   권종호, "종류주식 제도의 개선방안", 2008년 한국증권법학회 제2차 특별세미나, 2008. 8. 29, 17면.
54   김효신, "종류주식 다양화의 법적 문제", 「법학연구」 제51권 제1호 통권 제63조, 부산대법학연구소, 2010, 179면.

생하지 않는다. 즉, 차등의결권주식의 도입사실이 주가에 반영되므로 주주의 이익에 미치는 영향은 거의 없다고 하겠다.[55] 상장 후에 차등의결권주식을 발행하게 된다면, 기존 주주가 예상치 못한 피해가능성이 있다. 그러나 신규 공개회사에서 시장의 투자자들이 동의하고 주식을 취득하는 경우에 차등의결권주식의 발행은 큰 문제가 없을 것이다.

5. 입법 방식

1) 상법이냐 특별법이냐

차등의결권주식을 실정법으로 도입하는 경우에, 일반법인 상법에 도입하는 방안[56]과 특별법인 벤처기업육성특별법, 중소기업기본법, 중견기업특별법 등에 도입하는 방안[57]이 논의될 수 있다. 벤처기업 등의 일부 비상장기업에 제한적으로 도입한 후 그 범위를 넓혀가는 방법을 주장하는 입장에 따른다면 후자가 타당성이 있다고 하겠으나 상법 제369조가 주식회사의 의결권에 대하여 명시적으로 규정하고 있고, 제344조(종류주식), 제344조의2(이익배당, 잔여재산분배에 관한 종류주식) 및 제344조의3(의결권의 배제·제한에 관한 종류주식)에서 이미 규정된 바 있으므로, 동 규정들을 근거로 하여 개정하는 방안이 보다 더 타당성을 갖는다고 하겠다. 다만, 주요국의 입법태도를 감안하여, 상법에는 기본적인 사항만

---

55 김화진·송옥렬, 『기업인수합병』, 박영사, 2007, 368면.

56 고창현, "차등의결권제도의 도입과 상장", 한국상사판례학회/한국기업법학회 2015년 하계공동학술대회 상사법 분야의 최근 관심 법제와 그 해결방안, 2015년 8월 21일~22일 자료집, 180면.

57 이동기, "차등의결권주식제도 도입의 검토", 국회의원회관 제1세미나실 "1주 1의 결권원칙 검토와 차등의결권제도 도입방안 세미나", 2015. 6. 12, 31면.

을 규정하고 구체적인 사항들은 정관을 통한 기업의 자유로운 운용가능성을 열어두는 것이 타당할 것으로 판단된다.

2) 주주의 동의요건

차등의결권주식을 도입하는 경우에 총주주의 동의를 받는 것으로 해야 할지, 아니면 주주총회 특별결의의 요건만 갖추면 되는 것으로 해야 할지에 대한 논의가 있다. 차등의결권주식을 발행하는 경우 소수주주가 가지고 있는 주식의 의결권에 대한 희석화 발생은 필연적이라는 점에서 기본적으로 원시정관에 규정을 두거나 총주중의 동의가 필요한 것으로 주장하는 입장[58]이 있으나, 주주총회 특별결의를 통한 보다 완화된 요건으로 하는 것이 타당하다고 본다.

3) 차등의결권주식의 양도성 여부

벤처기업의 창업주나 폐쇄회사의 기업주에게 차등의결권을 발행할 수 있도록 하는 이유는 의결권이 많은 주식을 발행하여 경영권을 안정적으로 보장해주고, 일반주식을 발행하는 경우에도 의결권이 희석되지 않도록 하고자 함이다. 차등의결권주식을 보유하는 주주는 기업경영에 매진할 수 있는 동기를 제공하는 것이다. 그러므로 차등의결권주식은 양도가 제한되는 것으로 보아야 할 것이다.

58　고창현, "차등의결권제도의 도입과 상장", 한국상사판례학회/한국기업법학회 2015년 하계공동학술대회 상사법 분야의 최근 관심 법제와 그 해결방안, 2015년 8월 21~22일 자료집, 180면.

6. 주주 이해관계의 조정문제

회사는 다양한 주식을 발행함으로써 자금의 조달방법을 유연하게 활용할 수 있게 된다. 그러나 다양한 종류의 주식발행은 각 종류주식의 권리내용이 서로 다르기 때문에 다수결원칙에서는 어느 종류주식을 가지고 있는 주주는 불이익을 받을 수 있는 상황이 발생되면서 주주 사이에 이익충돌의 문제가 제기될 수 있다.[59] 상법은 종류주주 사이의 이해조정은 정관의 규정과 종류주주총회에 의하도록 규정하고 있다. 그러나 종류주식의 다양화가 이루어진다면 이러한 규정으로 복잡해지는 주주 사이에서 발생하는 이해관계의 조정이 필요하다고 하겠다.[60]

종류주주 사이의 이익충돌에 따르는 소수주주의 보호를 위하여 주식매수청구권의 확대, 미국이나 독일 등의 판례에서 인정되고 있는 지배주주의 충실의무를 인정하는 방법, 영국 회사법상 인정되고 있는 종류주주의 주주총회결의 취소청구권의 도입 등 특별한 구제방법을 검토해볼 수 있다. 그러나 이러한 수단들은 사후적 구제수단들이므로 종류주식의 다양화에 수반하여 사전적으로 이해를 조정할 수 있는 수단이 필요할 것이다. 우리나라 기업에 차등의결권을 인정하게 되면, 주식소유지배구조상 방어목적으로 사용함에 있어서는 유용한 면이 있기는 하지만, 지배권의 영속화를 조장할 가능성이 있다는 우려에 대하여는 숙고가 필요한 점이라 생각된다. 이는 지배주주와 이사에게 회사와 주주에 대하여 인정되는 충실의무를 통하여 해결할 수 있다는 주장[61]도 있지만, 이사의 충실의무

---

59   김효신, "종류주식 다양화의 법적 문제", 「법학연구」 제51권 제1호(통권 제63조), 부산대법학연구소, 2010, 184면.

60   박철영, "종류주식의 확대와 주주간 이해조정", 「상사법연구」 제24권 제2호, 한국상사법학회, 2005, 69면 이하.

는 실정법상 인정되는 이사의 의무로서 그 효력이 어느 정도 인정될 수 있겠지만 주주의 충실의무는 우리나라에서 인정에 매우 인색하다는 점에서 실효적인 대책에 대한 의문이 있다고 하겠다.

V. 결론

영국에서 시작된 황금주는 주로 국가의 중요한 사업에 해당하는 석유, 전기, 가스, 통신 등의 국가기간산업을 민영화하는 과정에서 국가에 어느 정도의 통제권을 유지하고자 하는 차원에서 발달하였다. 이는 영국에만 한정되어 논의되는 것이 아니라 독일, 프랑스 등 유럽 전역에서 발생되었다. 유럽의 논의와는 달리 미국의 경우 주주 간 계약에 위임함을 통하여 거부권부종류주식을 도입하고 있고, 일본은 거부권부종류주식을 이미 명문으로 도입한 바 있다. 외국기업이나 외국자본의 우리 기업에 대한 M&A에 대한 공격이 지속되고 있고, 그러한 공격을 방어하기 우리 기업이 취약하다는 지적이 제기되고 있다. 우리 기업이 경영권을 방어하기 위한 수단이 없는 것은 아니지만 현재 인정되고 있는 방법들이 적대적 인수합병에 대한 방어법제로서 효과가 없다는 기업의 목소리가 줄어들지 않고 있다. 그런 측면에서 거부권부주식의 도입 필요성은 적지 않다고 할 것이다. 그러나 유럽에서 인정되고 있는 황금주는 공기업이나 공기업에서 민

61　박철영, "종류주식의 확대와 주주간 이해조정", 「상사법연구」 제24권 제2호, 한국상사법학회, 2005, 78면 이하에서 종류주식을 발행하는 경우 일방 그룹의 이익을 희생하여 다른 그룹에 이익을 도모하는 경영상의 의사결정을 하여서는 아니 되며, 그러한 의사결정을 하는 때에는 주주그룹 간 이익충돌을 조정할 수 있는 적절한 조치를 취할 의무가 있어야 함을 주장하고 있다.

영화된 일부의 기업에서 정부가 거부권을 행사할 수 있도록 한 점을 보건 대, 거부권부주식의 인정가능성은 매우 제한적인 면으로 받아들일 수 있을 것이다.

우리 상법은 의결권을 배제하거나 제한하는 종류주식을 발행할 수 있도록 하고 있다. 다만, 그 발행은 발행주식총수의 4분의 1까지만 제한적으로 허용하고 있다. 이미 우리 상법이 1주 1의결권 원칙에 대한 예외를 인정하고 있다고 하겠다. 그러므로 차등의결권주식 발행은 입법자의 결단에 따라서 수용할 수 있는 사안이라 하겠다. 발행대상회사로는 기업가 정신이라든가 지속적 혁신 및 장기적인 관점에서 경영의 안정성 등을 고려한다면 벤처기업이나 중소·중견기업의 경우에 우선적으로 허용될 수 있을 것이다. 그러나 심각한 문제가 되고 있는 것은 대기업집단에서 발생하는 적대적 기업인수에 관한 사안이다. 대기업집단의 소유나 지배구조 등의 문제가 사회적 민감성을 가지고 있는 것은 사실이지만 차제에는 대기업으로까지 적용범위를 확대하는 방안이 마련되어야 할 것이다. 비상장회사의 경우 차등의결권을 도입하는 것은 비교적 논란이 적을 것으로 예상되지만, 상장회사의 경우는 다양한 법적 문제들이 제기될 수 있을 것이다. 특히 이미 상장된 회사가 차등의결권주식을 도입하는 경우 기존주주가 가지고 있는 의결권에 대한 손해발생이 불가피한 것이기 때문에 이에 대한 대비책이 마련되어야 할 것이다.

Chapter 03

국민연금공단의
의결권행사와 기업지배구조

I. 서론

주식회사라고 하는 기업의 주인은 주주이고, 기업을 감시하기 위하여 주주는 중요한 역할은 해야 한다. 그러나 개인주주들의 현실적인 이사회 감시가 용이하지 않다는 점에서, 기관투자자의 역할이 강조되고 있다. 과거의 기관투자자는 기업경영에 대한 적극적 관여 대신에, 경영정책이나 기업실적의 불만족에 대하여 투하자금의 회수를 위하여 보유주식 매각이나 주주총회에서 반대의 의결권을 제시하는 소극적 역할에 중점을 두고 있었다. 우리나라 대기업이 지니고 있는 특유의 기업지배구조를 해소하기 위한 방안으로 기관투자자의 역할이 강조되어야 한다는 주장이 지속적으로 제기되고 있다. 특히, 다수의 투자대상기업에 대한 지분을 가지고 있는 기관투자자로서 국민연금이 어떠한 정책을 제시하고, 제시되는 정책에 의하여 투자대상기업에 미치는 영향은 어떻게 나타날까에 대한

관심과 궁금증이 높아져 가고 있다.[1]

　2016년 정부는 기업의 중장기 가치를 제고하고 기업지배구조를 개선하기 위해 연기금, 자산운용사 등 기관투자자의 의결권행사 지침인 스튜어드십코드 원칙을 제정하였다. 기관투자자가 투자대상기업의 배당, 사외이사 선임 등의 의사결정에 적극 참여하여 기업 가치를 고양하기 위하여 대상기업에 적극적으로 역할을 개진해야 한다는 것이다. 그러나 당초 정부의 기대와는 달리 2017년 12월 기준 스튜어드십코드를 수용한 기관투자자는 정작 15개에 그쳤다. 국민연금은 2018년 하반기 기금운용위원회 심의와 관련 규정을 정비하여 스튜어드십코드를 도입할 예정이고, 2019년에는 공무원연금과 사학연금 등 주요 공적 연기금도 도입할 것으로 예상된다. 한편, 2018년 1월 11일 정부는 경제관계 장관회의를 개최하고 '자본시장 혁신을 위한 코스닥 시장 활성화 방안'을 발표하였다. 정부는 스튜어드십코드 도입을 활성화하고, 이 스튜어드십코드에 참여한 기관의 감사인 지정에 대한 신청 허용과 민간 위탁운용사 선정 시 우대토록 하는 인센티브를 고려하고 있으며, 스튜어드십코드 도입 시 연기금의 의결권 위탁허용을 검토하고 있다. 기관투자자의 의결권 행사와 기업지배구조 개선과제라는 제목하에, 이하에서는 기관투자자로서 국민연금의 투자대상기업에 대한 주주권 행사 강화 확대 방안에 대한 내용을 다루기로 한다.

1　국민연금의 경우 삼성물산에 대한 일부 이사 재선임을 반대한 바 있고, KB금융에 대하여는 노조 추천 사외이사 선임을 반대한 바 있다. 기업은행의 KT&G 사장의 연임에 반대한 사례, KB자산운용사의 컴투스에 대하여 유상증자를 해서 마련한 자금을 사용하지 않는 이유를 설명해달라고 요구한 바 있다. 또한 한국투자신탁운용사는 롯데쇼핑에 대하여 롯데그룹 회장의 사내이사 재선임을 반대한 바 있다.

II. 기관투자자와 투자대상기업의 관계

1. 수탁자의 지위

투자자란 증권발행시장에서 최종적으로 증권을 취득하고, 이것을 다시 증권유통시장에서 매각하고자 하는 자를 말하고, 개인의 자격으로 비교적 소액자금을 투자하는 개인투자자와 달리 '다량의 주식을 거래하는 조직 또는 저축 기타의 방법으로 조성된 개인 또는 법인들의 여유자금을 전문조직을 활용하여 주로 유가증권에 투자함으로써 수익이 극대화되도록 관리하는 법인형태의 투자자'가 바로 기관투자자라고 할 수 있다.[2] 이러한 기관투자자는 허용될 수 있는 위험, 수익률 극대화 및 만기 등의 투자목적에 따라 소규모 투자자를 대신하여 집단적으로 펀드를 운용하는 특화된 매체라고 볼 수 있다.[3] 개인투자자와 달리, 기관투자자는 전문성을 갖춘 조직을 통하여 대규모 자금을 운용하게 된다. 이러한 자금은 고객 등 다른 사람들로부터 수익 등을 목적으로 위탁된 것이다. 이러한 의미에서 기관투자자는 '투자재원의 타인성'을 엿볼 수 있다.[4] 개인투자자는 자신이 직접 재원을 마련하지만, 기관투자자는 고객으로 위탁받은

---

2   강대섭, "회사지배구조와 기관투자자의 역할", 「상사판례연구」 제15집, 한국상사판례학회, 2003, 161면. 이와 유사하게 정의하는 것으로 권기범, "기관투자자의 의결권 행사에 관한 연구", 「상사법연구」 제14권 제2호, 한국상사법학회, 1995, 125면; 최정식, "기업지배구조와 증권소송에서의 기관투자자의 역할", 「기업법연구」 제22권 제4호, 한국기업법학회, 2008, 296면; 장정애, "우리나라 기관투자자의 의결권 행사에 관한 소고", 「경영법률」 제23권 제3호, 2013, 71면.

3   이상복, "기업지배구조와 기관투자자의 역할", 「기업법연구」 제22집 제4호, 한국기업법학회, 2008, 248면.

4   권기범, "기관투자자의 의결권 행사에 관한 연구", 「상사법연구」 제14권 제2호, 한국상사법학회, 1995, 130면.

자금을 운용·관리하여 약정된 시기에 고객에게 반환해야 하는 수탁자의 지위에 있다. 한편, 기관투자자는 대규모 거래, 고객을 대신하는 투자, 집합투자 및 장기투자 등의 개념적 징표로 이해될 수 있다는 주장[5]이 있는데, 자산운용회사나 은행, 보험회사 등은 언제든지 고객의 인출요구에 응해야 하기 때문에 단기적인 유동성을 갖추어야 한다는 점에서 장기투자가 용이하지 않다. 반면, 공적 연기금 등은 일정한 기간이 경과해서만 수급권자로서 혜택을 받을 수 있기 때문에 비교적 기간의 혜택을 누릴 수 있는 특징이 있다. 이러한 측면을 고려해 본다면, '장기투자'를 모든 기관투자자의 개념적 징표로 제시하는 것은 바람직하지 않다고 하겠다.

2. 주주로서 의결권 행사

1) 연혁적인 측면

주주가 행사할 수 있는 공익권 가운데 주주총회에 출석하여 결의하는 의결권은 주주의 가중 중요한 권리에 해당한다. 기관투자자 역시 하나의 주주로서 의결권을 행사할 수 있다. 1997년 IMF 경제위기 발생이전에는 기관투자자를 바라보는 시각은 다소 부정적이었다. 기관투자자가 대주주나 특정세력이 기업의 경영권을 행사하거나 유지하는 수단으로 악용될 수 있다는 것이다. 그러나 경제위기를 경험하면서 기관투자자가 기업지배구조를 개선할 수 있다는 긍정적인 면이 부각하게 되었다.[6] 2005년 구

---

5   고광수·김근수, "한국·일본·중국의 기관투자자 비교연구", 연구보고서 05-01, 한국증권연구원, 2005, 10면 이하.
6   권용수, "기관투자자의 영향력과 의결권 행사의 방향성", 「선진상사법률연구」 통권 제82호, 법무부 상사법무과, 2018, 129면.

기금관리기본법 제3조의6이 개정되면서 공적 연기금 등의 의결권 행사 및 의결권 행사 내용 공시에 대한 명시적인 규정을 도입하였고,[7] 2013년 5월에는 자본시장법을 개정하여 기관투자자의 의결권 행사에 관한 명문 규정을 두는 동시에 의결권 행사 내용 공시에 관한 규정을 정비하게 되었다.[8] 이러한 법률 규정에 따라 기관투자자의 의결권행사를 장려하는 차원에서 2016년 12월 스튜어드십코드가 도입된 것이다.

2) 기능적인 측면

기관투자자의 보유주식 매각이나 주식매수청구권 행사 등 소극적인 행동에서 회사의 경영에 관여하거나 감독권을 행사하고자 하는 직접적인 행동으로 전환하게 된 것은 이 주주행동주의의 영향과 대규모 주식매각에 따른 손실을 회피하고자 하는 면에 찾아볼 수 있다.[9] 그러나 이러한 기관투자자가 적극적으로 의결권 행사를 추구하고자 하는 전략의 변경에는 무엇보다도 기관투자자의 의결권 행사에 의한 기업지배구조나 경영상의 과제 개선 가능성에서 찾을 수 있고, 더 나아가 투자대상기업의 지속적 성장과 이를 통한 고객의 중장기적 관점에서 이익을 확대할 수 있는 기대감 때문이라 할 것이다.[10] 주주총회에 참석한 주주의 의결권 행사 비율에 따라 예탁주식의 의결권을 행사하는 섀도우 보팅 제도가

---

7   현재 국가재정법 제64조 참조.
8   자본시장법 제87조 제1항과 제8항 참조.
9   장정애, "우리나라 기관투자자의 의결권 행사에 관한 소고", 「경영법률」 제23권 제 3호, 2013, 73면.
10   권용수, "기관투자자의 영향력과 의결권 행사의 방향성", 「선진상사법률연구」 통권 제82호, 법무부 상사법무과, 2018, 129면.

2017년 12월 31일 폐지되었다.[11] 섀도우 보팅의 폐지도 기관투자자의 의결권 행사 독려에 한 몫을 할 것으로 예상된다. 전자투표제도를 활성화나 주주총회 참석 독려 정책 등을 고려하고 있지만 단기투자 성향을 가진 소액주주들의 성향에서 그 실효성에 한계가 있고, 비교적 많은 지분을 가지고 있는 기관투자자의 참여를 유도해야만 상황이다.

3. 투자대상기업에 대한 영향력 행사

1) 행사 한계

기관투자자는 개인투자자에 비하여 주주의 역할을 할 수 있는 지위에 있음에도 불구하고 기업지배구조에 개입하는 것을 꺼려하는 모습이다.[12] 개인투자자에 비하여 기업에 대한 감독 기능이 보다 적합하다는 점은 있지만, 무엇보다도 그러한 감독으로 인하여 얻을 수 있는 경제적이 이익이 작다는 점을 들 수 있다. 또한 우리나라 일부 기관투자자의 경우 투자대상기업과의 영업적 이해관계를 고려하여 기업 경영진에게 직접적인 반대의사를 표시하거나 이를 주도하기 어려운 면이 있고,[13] 기관투자자 스스로도 대리인 문제에 직면하고 있다는 점을 들 수 있다.[14] 주주권을 행사하는 자와 그로 인해 수익이 귀속되는 주체가 다르기 때문에 수탁자와

---

11 동 제도는 3% 룰이 적용되는 감사 또는 감사위원 선임 시에 매우 유용하게 활용되어 왔다.
12 이준섭, "기관투자자의 기업지배적 역할", 「상사법연구」 제22권 제2호, 한국상사법학회, 2003, 50면 이하.
13 이상복, "외국에서의 주주행동주의의 한계와 개선과제-영국과 미국의 기관투자자 행동주의를 중심으로-", 「증권법연구」 제9권 제1호, 한국증권법학회, 2008, 131면.
14 최문희, "기관투자자의 의결권 행사의 개선과 의결권 자문회사의 활용", 「경제법연구」 제7권 제1호, 한국경제법학회, 2008, 140면.

위탁자 간의 이해상충 가능성이 있고, 서로의 이익이 괴리됨에 따라서 수탁자인 기관투자자에게 적극적인 동기부여가 이루어지지 않을 개연성이 발생하게 된다.

2) 유형에 따른 구분

기업지배구조에 영향을 미치는 요인으로는 지배주주, 기관투자자, 일반 소액주주, 은행 등의 채권자, 근로자 기타 이해관계자 등을 들 수 있다.[15] 그러나 기업경영에 대한 영향력이나 통제는 해당 기업에 지분을 가지고 있는 주요주주 등을 포함한 주주의 몫에 해당되므로 주주의 지위를 가지는 기관투자자의 경영감독은 회사의 지배구조에 상당한 영향을 미칠 수밖에 없다.[16] 한편, 기업지배구조에 대한 관심과 참여도는 기관투자자의 유형에 따라 다른 면이 있다. 자산운용사의 경우 투자 포트폴리오에 포함된 기업들의 영업상의 이해관계가 얽혀 있기 때문에 이해상충의 문제로부터 자유롭지 못한 면이 있다. 장래의 잠재적인 고객인 기업경영진과의 관계를 위태롭게 할지도 모르는 우려감 때문에 자산운용사가 기업지배구조 문제에 적극적으로 관여할 수 없는 면이 있다.[17] 보험회사나 은행 등의 기관투자자는 보험계약자 측에 지급해야 하는 보험금이나 적립금액의 상환 위협에 항상 대비해야 한다. 그러므로 유동성 확보에 유의

---

15   OECD, OECD Principles of Corporate Governance, OECD Publishing, 2004, pp. 11~12. 장우영, "기업지배구조 개선을 위한 기관투자자의 역할과 과제", 「법제연구」 제45호, 한국법제연구원, 2013, 245면.

16   이준섭, "기관투자자의 기업지배적 역할", 「상사법연구」 제22권 제2호, 한국상사법학회, 2003, 46면.

17   이상복, "기관투자자로서 연금제도의 개선과제", 「상사판례연구」 제21권 제4호, 한국상사판례학회, 2008, 362면.

해야 하고, 공적 연기금 등에 비하여 상대적으로 단기의 투자기간을 정할 수밖에 없으며, 기업지배구조 개선을 통한 장기적인 기업가치의 개선을 얻고자 하는 동기부여가 부족하다. 반면, 연기금은 투자대상기업과의 영업적 이해관계도 없을 뿐만 아니라 연금수급권 발생에 필요한 최저 가입기간이 장기이므로 단기적인 유동성 위기에 흔들리지 않는 장기적 관점의 투자가 가능하다는 특징이 있다.[18] 이하에서는 기관투자자 중 공적 연기금의 대표적인 국민연금의 주주권 행사에 대한 현황과 문제점 등을 살펴본다.[19]

III. 국민연금의 의결권 행사에 대한 독립성 제고 방안

1. 의결권 행사와 이익 갈등 발생가능성

1) 의의

국가재정법은 기금관리주체에 대하여 의결권행사의 원칙과[20] 자산운용지침의 제정에 관한 내용을 규정하고 있다.[21] 국민연금의 경우 의결권

---

18 장우영, "기업지배구조 개선을 위한 기관투자자의 역할과 과제", 「법제연구」 제45호, 한국법제연구원, 2013, 247면.
19 우리나라 공적 연기금이란 국제재정법 제5조 제1항과 동법 별표2에 규정된 법률에 의하여 설치된 기금 중 연금성 기금을 지칭한다. 이러한 연금성 기금에는 국민연금법에 따른 국민연금기금, 공무원연금법에 따른 공무원연금, 군인연금법에 따른 군인연금 및 사립학교교직원연금법에 따른 사립학교교직원연금이 있다. 국민연금은 보건복지부 및 국민연금관리공단이, 공무원연금은 안전행정부 및 공무원연금관리공단이, 군인연금은 국방부가, 사학연금은 사학연금관리공당과 교육부 등이 관리 및 운용업무를 담당하고 있다.
20 국가재정법 제64조(의결권 행사의 원칙) 참조.
21 국가제정법 제79조(자산운용지침의 제정 등) 참조.

행사원칙과 자산운용지침에 따라 기금관리주체는 주식의 의결권 사용시 기금의 이익을 위하여 성실하게 행사해야 하고, 보유주식의 의결권 행사에 대한 기준과 절차에 관한 사항을 포함하는 자산운용지침을 정해야 한다. 한편, 국민연금법은 기금의 관리 및 운용에 대한 내용을 규정하고 있다.[22] 보건복지부장관은 국민연금 재정의 장기적인 안정을 유지하기 위하여 그 수익을 최대로 증대시킬 수 있도록 제103조에 따른 국민연금기금운용위원회에서 의결한 바에 따라 동조 제2항 각호의 방법으로 기금을 관리·운용하되, 가입자, 가입자였던 자 및 수급권자의 복지증진을 위한 사업에 대한 투자는 국민연금 재정의 안정을 해치지 아니하는 범위에서 하도록 하고 있다.

2) 정부의 영향력 행사 가능성

국민연금은 수탁자 책임 이행에 있어서 민간부문의 자산소유자나 운용자에 비하여 상대적으로 이해 상충 문제로부터 자유로운 면이 있다. 투자대상기업이나 그 계열사 등과 영업상 이해관계가 없으므로 기금의 이익보다 사업관계를 우선 고려하는 데 따르는 이해상충의 여지는 존재하지 않는다. 지배주주나 그 특수관계인 또한 존재하지 않아 기금의 이익보다 소유관계에 따른 지배주주 등의 이익을 먼저 고려하는 이해상충의 가능성도 없다.

그러나 기금운용주체가 행정부처인 보건복지부와 공공기관인 국민연금공단이라는 점에서 다른 차원의 이해 갈등 문제가 발생할 수 있

---

22   국민연금법 제102조 참조.

다.[23] 한편, 국민연금공단 및 기금운용본부가 인사, 예산, 보수, 경영평가 등 여러 가지 면에서 보건복지부 등 정부 부처의 통제하에 있다는 점에서, 정부 부처나 정치권으로부터 기금운용에 대한 영향을 받게 될 가능성이 높다고 하겠다.[24]

3) 기금운용위원회 내부 갈등 가능성

기금의 관리·운용에 관한 중요사항을 심의·의결하기 위해 보건복지부에 설치한 국민연금기금운용위원회는 다양한 인적 구성원을 두고 있다(법 제103조). 당연직으로 보건복지부 장관 1인과 5인의 정부위원을 두고 있고, 위촉직에는 사용자 대표 3인과 근로자 대표 3인, 지역 가입자대표 6인 및 관계 전문가 2인 모두 총 20명의 위원으로 구성되어 있다. 특히 기금운용의 목표와 관련하여 사용자 대표와 근로자 대표 사이에 대립이 발생할 소지가 크다.[25] 수탁자 책임 이행과정에서 재계나 노동계의 불이익이 예견되는 경우에 이들 단체에서 추천한 위원들의 주주권 행사에 대한 부당한 개입 가능성이 있다고 하겠다. 2015년 7월 국민연금은 삼성물산 주식 11.21%, 제일모직 주식 5.04%를 보유하고 있었다. 당시 국민연금

---

23 박경서 외 7인, "국민연금 책임투자와 스튜어드십 코드에 관한 연구(II)", 고려대학교 산학협력단 연구보고서, 2017, 51면. 동 보고서는 관료의 퇴직 후 대규모 기업집단 계열사에 취업하거나 사회이사, 감사위원으로 선임되도록 하여 향후의 개인적인 이익을 위해 기금운용 또는 주주권 행사 왜곡 문제와 관계부처의 전직 공무원을 상장사의 사외이사로 추천하여 이해 상충의 여지를 제공할 수 있음을 지적하고 있다.

24 권종호, "엘리엇 사태에 비추어 본 기관투자자의 의결권행사의 쟁점-국민연금의 의결권행사와 스튜어드십 코드를 중심으로-", 「경영법률」 제26권 제2호, 2016, 49면.

25 박경서 외 7인, "국민연금 책임투자와 스튜어드십 코드에 관한 연구(II)", 고려대학교 산학협력단 연구보고서, 2017, 51면.

은 외부전문가로 구성된 의결권행사전문위원회의 결정에 의하지 않고, 기금운용본부 내의 투자위원회의 결정에 따라 임시주주총회에서 합병에 찬성함으로써 의결권행사의 당위성 논란을 야기한 바 있다.[26]

4) 위탁운용사와 충돌 가능성

국민연금은 기금을 운용함에 있어서 외부 운용사에 자금의 운용을 위탁하게 되는바, 이들 위탁운용사들이 자신의 이익을 추구하는 과정에서 기금운용의 목표를 침해할 가능성이 있다.[27] 위탁운용사가 대규모로 투자한 대상기업에 대해 국민연금이 의결권을 행사할 목적으로 조언을 구하는 경우 위탁운용사가 가업관계 등을 고려해 기금의 이익과 동떨어진 방향으로 조언할 가능성, 위탁운용사가 상장 계열사나 여타 고객의 이익을 우선적으로 고려해 의결권 행사나 주주활동이 왜곡될 가능성이 있다. 또한 위탁운용사 선정·계약 과정에서 합의한 내부 전문 인력을 계약기간 동안 국민연금기금 운용 및 그와 관련한 주주활동에 투입하지 않고 운용보수가 높은 다른 자산의 운용에 투입할 가능성도 존재한다.

---

26 강정민·이은정, "삼성물산과 제일모직 합병 과정에서 나타난 문제점과 개선방안", 「경제개혁이슈」 2015-4호, 2015, 13면 이하. 당시 국민연금 기금운용본부는 투자위원회를 개최해 삼성물산과 제일모직 합병안에 대한 찬반을 외부의 의결권행사전문위원회로 이관하지 않고 기금운용본부 내부에서 결정한 바 있다. 내부 투자위원회에는 기금운용본부장을 비롯한 국민연금 내부인사 12명이 구성원으로 되어 있어 독립성에 심각한 문제를 야기한 바 있었다.

27 박경서 외 7인, "국민연금 책임투자와 스튜어드십 코드에 관한 연구(Ⅱ)", 고려대학교 산학협력단 연구보고서, 2017, 53면.

2. 의결권 행사의 독립성 확보 방안

1) 의의

국민연금은 국가의 재정조달을 위한 정책수단으로 인식되어 왔다.[28] 국민연금의 의결권행사는 민간 기업에 대한 정부의 부당한 간섭을 우려하는 부정적 시각이 팽배하다. 이를 불식시키기 위한 국민연금의 노력도 있었다. 기금운용에 관한 사항을 심의·의결하는 '국민연금기금운용위원회'의 경우 사용자, 근로자, 지역가입자 등을 대표하는 자로 구성되었고, '의결권행사전문위원회'는 정부 측 인사를 포함하여 사용자 등의 다양한 계층을 포함하도록 구성되었다. 이해관계자들의 참여를 보장하는 방식으로 정부로부터 독립성을 확보하고자 하는 노력의 일환이다.

국민연금기금운용규정 제36조와 국민연금기금운용규정 시행규칙 제40조에 따라 기금운용본부 내에 투자위원회를 설치해야 하고, 의결권행사와 관련하여서는 투자위원회의 심의 및 의결을 거쳐 결정하거나(제1항) 찬반을 결정하기 곤란한 안건에 대하여는 이사장에게 보고하고 이사장은 국민연금기금운용위원회에 결정을 요청할 수 있게 된다(제2항). 투자위원회는 기금운용본부장이 위원장을 맡고 있으며, 본부 실장급 7명과 팀장급 3명 등 12명으로 구성되어 있다. 기금운용본부의 내부 인력으로만 구성된 동위원회가 사실상 의결권행사의 방향을 최종 결정하게 된다. 따라서 여전히 정부의 영향력하에 있다는 인식을 부정하기 어렵다는 비판이 제기된다.[29]

---

28 은민수, "국민연금 기금의 동원전략: 국민연금 기금운용 지배구조 및 기업지배구조의 변화 가능성", 「한국사회정책」 제18집 제3호, 한국사회정책학회, 2011, 91면.
29 윤승영·정재규, "공적 연기금의 의결권행사", 「BFL」 제77호, 서울대학교 금융법센터, 2016, 30면.

한편, 2018년 3월 16일 국민연금기금운용위원회는 의결권행사전문위원회에 위원 3인 이상 요구 시 '안건부의요구권'을 부여하는 의결권 행사 지침 개정(안)을 의결했다.[30] 이러한 결과는 의결권행사전문위원회의 역할과 권한이 확대된 것을 의미하는 동시에 안건상정 권한을 독립적인 외부 전문가들이 공유함으로써 의결권 행사 결정과정이 보다 투명하게 될 수 있다는 장점과 국민연금이 5% 이상 지분을 보유한 상장사는 180여 개에 달하고 있는데, 투자전문가가 아닌 의결권행사전문위원회의 잘못된 판단이 기업가치를 훼손시킬 수 있다는 단점이 제기되고 있다.

2) 독립적인 기금운용기관 설립 방안

정치적 중립성, 외압의 독립성을 유지하기 위한 방안으로 독립적인 기금운영기관을 설입하는 방안을 모색해볼 수 있다. 그것의 좋은 예는 미국의 국가철도퇴직연금 투자신탁(National Railroad Investment Trust, 이하 NRRIT)를 들 수 있다. 2001년 철도퇴직기금법(Railroad Retirement and Survivors Improvement Act of 2001)에 의거하여 기존 퇴직자연금계좌에 있던 180억 달러의 자산을 새로 설립한 NRRIT로 이관하였다.[31] NRRIT 사

---

30 국민연금기금 의결권 행사지침 제8조 참조. 2015년 삼성물산과 제일모직 합병 당시 국민연금공단이 안건을 의결권행사전문위원회에 부의하지 않고, 직접 결정함에 따라 논란이 발생하였고, KB 금융지주 사외이사 선임에서 국민연금 의결권행사전문 위원회는 주주총회에서 모 사외이사 선임 안건에 반대하기로 결정한 바 있다.

31 이 신탁은 투자기금운용지침에 따라 7명으로 구성된 투자신탁위원회에서 운영한다. 위원회 구성원 중 3명은 철도노동조합, 3명은 경영진, 나머지 1명은 노동조합과 경영진의 협의에 의해서 지명된다. 2002년 2월 1일 설립된 이후 2015년 9월 30일까지 기금 총자산은 263억 달러로 증가하였다. 운용자산의 40퍼센트 가까이는 미국 자산에 투자하고, 의결권행사는 의결권행사지침에 의거하여 행사하고 있다.

례는 상대적으로 정치적인 이슈에 덜 민감한 기관의 연방공무원들을 위한 퇴직연금의 기본 모델이 되고 있고, 이 신탁은 투자기금운용지침에 따라 구성된 투자신탁위원회에서 운영을 담당한다. 3명은 철도노동조합, 3명은 경영진, 나머지 1인은 노동조합과 경영진의 협의에 의하여 지명되는 독립적인 위원회 구성은 자연스럽게 정치적인 외압으로부터 자유로운 의결권행사로 이어지고 있다. 일본의 경우 국민연금과 후생연금보험의 운용은 '연금적립금관리운용독립행정법인'에서 담당하는 것으로 알려져 있고,[32] 캐나다의 Canada Pension Plan이나 아일랜드의 국민연금적립금위원회(National Pension Reserve Fund Commission), 스웨덴 AP펀드 등이 이 유형에 해당한다.[33]

3) 의결권행사 절차의 분리 방안

연기금의 정치적 중립성을 담보하기 위하여 의결권 행사 절차를 분리하는 방안을 생각해볼 수 있다. 전기노동자국제조직(International Brotherhood of Electrical Workers)의 자산인덱스펀드의 예를 들 수 있다. 이 기금은 미국 노동총연맹산별 노조협의회(American Federation of Labor and Congress of Industrial Organization, AFL CIO)의 의결권행사 가이드라인을 따르는 자문기관에 의결권행사 자체를 위임하는 방식이다.[34] 계약에 의한 의결

---

32 곽관훈, "공적연금의 의결권행사의 문제점과 기업의 대응", 「상장협연구」 제67호, 한국상장사협의회, 2013, 153면.

33 김순석, "연기금 의결권행사제도의 문제점 및 개선방향", 「기업법연구」 제27권 제4호, 한국기업법학회, 2013, 315면.

34 Teresa Ghilarducci, Small Benefits, Big Pension Funds, and Hwo Governance Reforms can close the Gap, in Archon Fung/Tessa Hebb/Joel Rogers, Working Capital: The Power of Labor's Pensions, pp. 99-102. 재인용, 윤승영·정재규, 29면.

권 행사 위임은 정치적 외압 가능성을 효과적으로 차단하고 있다고 한다.

4) 투자일임업자로의 의결권 행사

투자일임업자에게 의결권을 행사하도록 하는 방안을 모색해볼 수 있다. 국내주식의 위탁운용은 이론적으로 두 가지 형태가 있다.[35] 하나는 자본시장법상 집합투자기구(펀드)이고 다른 하나는 동법상의 투자일임재산이다. 법적으로 투자일임업이란 투자자가 증권사 등에 개설한 계좌 재산의 운용권한을 투자일임업자가 위임받아 운용하는 영업을 의미한다. 투자자로부터 금융투자상품에 대한 투자판단의 전부 또는 일부를 일임받아 투자자별로 구분하여 금융투자상품을 취득·처분, 그 밖의 방법으로 운용하는 것을 영업으로 하는 것이다(자본시장법 제6조 제7항). 투자일임업은 집합투자업에 비해 투자자율성은 높은 반면, 투자자 보호규제는 상대적으로 낮은 수준이다. 양자의 가장 큰 차이는 위탁운용되는 주식의 의결권 행사 여부이다. 집합투자기구(펀드)에 편입된 주식의 의결권 행사는 운용사가 당연히 수행하는 반면, 투자일임된 주식의 의결권 행사는 기금관리자인 위탁자가 직접 하는 것이 원칙이다.[36] 왜냐하면 투자일임업자는 투자자로부터 투자판단을 일임 받았을 뿐 해당 주식의 의결권 행사까지 위임받은 것은 아니기 때문이다. 자본시장법은 투자일임재산에

---

35 이현철, "공적 연기금 위탁운용 주식의 의결권 행사 효율화 방안에 관한 연구",
    「일감법학」 제37호, 2017, 346면 이하.
36 자본시장법 제98조(불건전 영업행위의 금지) 제2항 제9호 다목은 투자일임업자가
    투자일임재산에 속하는 증권의 의결권, 그 밖의 권리를 행사하지 못하게 하고 있
    다. 동 규정은 투자일임업자가 고객의 이익이 아니라 자기 또는 제3자의 이익을
    위하여 의결권을 행사할 가능성이 있기 때문에 둔 것이다.

포함된 주식의 의결권 행사를 위탁자인 기금관리자가 투자일임업자에게 위임할 수 없도록 규제하고 있다(동법 제98조 제2항 제9호). 투자일임업자가 투자자의 이익에 반하여 의결권을 대리 행사할 가능성이 있다는 이유에서이다. 이 점은 구 증권거래법에서도 동일하게 적용되고 있었다.

미국의 경우 투자일임재산에 속한 주식에 대해 의결권 위임을 금지하는 규제는 없고, 대신 운용 위탁을 받은 투자일임업자로 하여금 의결권 행사와 관련하여 세 가지 의무를 부과하고 있다.[37] 일본의 경우도 마찬가지이다. 투자일임업자가 위탁운용 중인 주식에 대하여 의결권 행사 위임을 금지하고 있지 않으며, 대신 투자일임업자를 포함한 위탁운용사에 대해 기금관리자로서 의결권 행사와 관련된 보고의무 등을 부과하고 있다.[38] 일본 공적연금제도의 가장 큰 축인 GPIF의 경우 위탁운용 중인 일본 주식 의결권의 구체적인 행사에 대하여 전적으로 위탁운용사에 위임

---

[37] 이현철, "공적 연기금 위탁운용 주식의 의결권 행사 효율화 방안에 관한 연구", 「일감법학」 제37호, 2017, 351면. 미국 투자자문업법(Investment Public Advisers Act)에서는 투자일임업자와 투자자문업자를 특별히 구분하고 있지 않다. 미국 투자자문업법 § 206(4)-6. 투자자문업자는 ① 고객의 이익을 최우선으로 하여 의결권을 행사한다는 서면 기준과 절차를 마련하고, ② 투자자문업자의 의결권 행사와 관련된 정보를 고객이 확인할 수 있도록 조회방법을 공시해야 하며, ③ 고객이 요구할 경우 의결권 행사의 기준과 절차를 설명하고 이를 서면으로 제공해야 한다.

[38] 김순석, "연기금 의결권행사제도의 문제점 및 개선방향", 「기업법연구」 제27권 제4호, 한국기업법학회, 2013, 298면에서 GPIF의 연기금운용 방식은 위탁운용이 원칙이며, 일본 주식을 포함하여 기금운용 중 대부분을 위탁운용계약에 따라 위탁운용사에 위탁운용하고 있다. 주식의 직접 운용은 오히려 예외적으로 이루어진다. 이는 후생노동성의 영향력 아래에 있는 GPIF의 직접적인 기금운용에 의하여 기업경영이 영향을 받지 않도록 하기 위한 목적이 있다. 위탁운용되는 주식의 의결권 행사에 대해서도 GPIF는 기금운용의 중장기 방향만을 제시할 뿐 의결권을 직접 행사하지 않고 위탁운용사에 위임하고 있다.

하고 있는데, 위탁운용사로 하여금 내부적으로 정한 의결권 행사 방침을 GPIF에게 제출하도록 의무화하고, 매년 위탁주주의결권의 행사현황을 GPIF에 보고하도록 하고 있다.

이는 위탁운용되는 주식에 대해서도 모두 직접 의결권을 행사하고 있는 국내 공적 연기금과는 매우 다른 면을 보여주고 있다. 미국과 일본의 경우와 같이, 투자일임업자에게 의결권 행사를 허용하는 방안이 고려될 수 있다고 하겠다.[39]

3. 소결

국민연금의 독립성을 위하여 제기된 제시된 방안들은 현재의 국민연금 지배구조와 비교할 때 상당한 설득력이 있다고 판단된다. 국민연금운용의 독립성, 투자의 투명성, 의결권행사의 전문성 등을 보장하기 위해서는 지배구조의 변화를 적극적으로 검토해야 할 것이다.[40] 첫째 방안은 독립적인 기금운용기관을 설립하는 것으로서 미국의 NRRIT가 참고가 될 것이다. 두 번째 방안은 미국 연방노동조합처럼 의결권행사 절차를 완전히 분리하는 방안이다. 주식보유 명의자는 변경되지 않고 여전히 국민연금이 되는 투자일임업자로의 의결권 위임도 고려할 수 있다. 하지만 이 경우도 동일 주식에 대해 국민연금과 위탁운용사가 또는 서로 다른 위탁운용사가 다른 방향으로 의결권을 행사하는 문제가 발생 가능성이

---

39 자본시장법 시행령 개정으로 국민연금이 주주권 행사를 투자일임업자에게 위임할 수 있도록 하자는 주장이 제기되고 있다. 자본시장법 제98조는 대통령령으로 정하는 경우 예외를 인정하고 있으므로 시행령 제99조 제2항을 개정하여 "효과적인 주주권행사를 위해 투자자가 위임한 경우"를 예외에 포함시키는 방안이다.
40 윤승영·정재규, "공적 연기금의 의결권행사", 「BFL」 제77호, 2016, 30면.

있다.[41] 어떠한 방식이건 국민연금의 의결권행사와 관련한 불필요한 잡음이나 외부 간섭을 방지하고 독립성을 확보할 수 있는 적극적인 방안이 마련되어야 할 것이다. 여러 가지 방안 가운데 기금운용의 독립성을 확보하기 위하여 연금의 기금운용조직을 별도의 독립기관으로 분리하여, 기금을 운용하는 조직을 국민연금관리공단에서 분리한 독립법인을 설립하고 여기에 국민연금의 기금운용본부를 이관하는 방식이 합당하지 않나 하는 생각이 든다.

IV. 자본시장법상 국민연금 특례규정과 주주권 강화에 대한 검토

1. 의의

'기관투자자의 수탁자 책임에 관한 원칙'인 한국 스튜어드십코드는 국내 상장사에 투자한 기관투자자가 타인의 자신을 관리·운용하는 수탁자로서 책임을 충실히 수행할 수 있도록 7가지 세부원칙과 안내지침을 제시하고 있다. 스튜어드십코드는 원칙과 기준을 제시하고 기관투자자가 자율적으로 이행할 수 있도록 하고 있다. 기관투자자와 투자대상기업 간

---

41 투자일임형태의 위탁운용사에 있어서도 보다 충실한 주주권 행사를 위해 운용사의 의견을 최대한 존중할 필요가 있다. 특히 국민연금이 직접 보유하고 있지 않고 위탁운용 펀드를 통해서만 보유하고 있는 종목의 경우에는 더욱 그럴 필요가 있으며, 이렇게 할 경우, 의결권 행사, 비공개 대화, 공개서한 발송 등에 있어서 국민연금이 상당한 도움을 받을 수 있을 것으로 판단된다. 때로는 이들 위탁운용사들이 주주활동을 실질적으로 주도하도록 할 필요가 있다. 이 경우에는 복수의 위탁운용사들이 서로 다른 목소리를 내지 않도록 국민연금이 조정자의 역할을 할 필요가 있으며, 이 경우 예컨대 미리 공개한 기업지배구조 원칙이 있다면 공식 기준으로 활동 가능할 것이다.

양방향 소통과 수탁자 책임 이행을 위한 기관투자자의 신뢰도와 전문성 제고의 필요성을 강조하고 있다. 수탁자로서 기관투자자가 책임을 수행할 수 있도록 제시된 7가지 세부 원칙으로는 첫째, 기관투자자는 고객, 수익자 등 타인 자산을 관리·운영하는 수탁자로서 책임을 충실히 이행하기 위한 명확한 정책을 마련해 공개해야 한다. 둘째, 기관투자자는 수탁자로서 책임을 이행하는 과정에서 실제 직면하거나 직면할 가능성이 있는 이해 상충 문제를 어떻게 해결할지에 관해 효과적이고 명확한 정책을 마련하고 내용을 공개해야 한다. 셋째, 기관투자자는 투자대상회사의 중·장기적인 가치를 제고하여 투자자산의 가치를 보존하고 높일 수 있도록 투자대상회사를 주기적으로 점검해야 한다. 넷째, 기관투자자는 투자 대상회사와의 공감대 형성을 지향하되, 필요한 경우 수탁자 책임 이행을 위한 활동 전개 시기와 절차, 방법에 관한 내부지침을 마련해야 한다. 다섯째, 기관투자자는 충실한 의결권 행사를 위한 지침·절차·세부기준을 포함한 의결권 정책을 마련해 공개해야 하며, 의결권 행사의 적정성을 파악할 수 있도록 의결권 행사의 구체적인 내용과 그 사유를 함께 공개해야 한다. 여섯째, 기관투자자는 의결권 행사와 수탁자 책임 이행 활동에 관해 고객과 수익자에게 주기적으로 보고해야 한다. 일곱째, 기관투자자는 수탁자 책임의 적극적이고 효과적인 이행을 위해 필요한 역량과 전문성을 갖추어야 한다.[42] 이와 같이 스튜어드십코드는 기관투자자들의 주주권

---

[42] 2017년 12월 19일 기준으로 스튜어드십코드에는 총 15개 기관투자자가 참여하고 있는데, 자산운용사 4개사, 해외 기관투자자 3개사, 자문사 2개사, PEF 운용사 6개사로 알려져 있다. 스튜어드십코드 참여계획서를 제출하여 참여 예정인 기관투자자는 자산운용사 15개사, 보험사 2개사, 증권사 3개사, 은행 1개사, PEF·VC 등 기타 기관투자자 30개사로 알려져 있다.

행사의 강화를 유도하고 있다. 이하에서는 자본시장법상 국민연금 관련 특례규정을 살펴보고, 스튜어드십코드에서 요구하고 있는 내용과 충돌할 수 있는 몇 가지 사례를 검토한다.

2. 국민연금 특례 규정

1) 경영권에 영향을 주지 않거나 단순투자의 경우

여기에서는 주식대량보유보고제도, 임원 등의 특정증권 소요상황보고 및 단기매매차액반환의무 등을 검토하도록 한다.

(1) 대량보유보고제도

자본시장법상 대량보유보고제도라 함은 주권상장법인의 주식 등을 5% 이상 새로이 보유하게 되거나 보유지분이 1% 이상 변동될 경우 또는 보유목적 등 중요한 사항의 변경 시 이를 공시하도록 하는 제도이다.[43] 자본시장법 제147조의 입법취지는 적대적 M&A를 목적으로 하는 음성적인 주식매집을 방지하고자 함에 있다. 자본시장법은 '경영권에 영향을 주기 위한 목적'으로 주식 등을 5% 이상 취득하는 경우 투자자는 정식보고를 해야 할 의무를 부담해야 한다. 정식보고는 경영에 영향을 미치고자 하는 각종 행위의 구체적인 계획 또는 방침을 공시하도록 하는 등 매우 방대한 정보를 담아야 한다.[44] 다만, "그 보유 목적이 발행인의 경영권에 영향을 주기 위한 것(임원의 선임·해임 또는 직무의 정지, 이사회 등 회사의 기관과 관련된 정관의 변경 등 대통령령으로 정하는 것)이

43　자본시장법 제147조(주식 등의 대량보유 등의 보고).
44　증권의 발행 및 공시 등에 관한 규정 제3-10(보고서의 기재사항) 참조.

아닌 경우"에 기관투자자는 주식 등의 보유 또는 변동이 있었던 분기의 다음 달 10일까지 약식보고를 하면 된다.[45] 따라서 기관투자자는 정식 보고보다는 가능한 한 단순투자 목적의 약식보고를 하는 것이 일반적이다.[46]

(2) 임원 등의 특정증권 소유상황 보고

자본시장법 제173조는 임원 등의 특정증권 소유상황 보고의무를 규정하고 있다.[47] 동 의무는 주권상장법인의 임원 또는 주요주주는 일반인에게 공개되지 않은 발행회사의 중요 경영사항 및 주식 관련 정보에 접근하기가 용이하기 때문에, 미공개 정보를 이용하여 발행회사 특정증권 등을 거래함으로써 부당이득을 취할 가능성이 높으므로 해당 회사의 특정증권 등에 대한 소유상황 및 변동내역을 증권시장에 공시하도록 하는 제도이다. 2013년 금융위원회는 자본시장법 시행령을 개정하여 국민연금이 단순투자목적으로 투자하고 있는 한 지분율이 10% 이상이 되거나 그 이후 소유에 변동이 있더라도 5일 이내가 아니라 해당 분기의 다음달 10일까지 보고할 수 있도록 하였다.[48]

---

45 자본시장법 제147조 제4항과 동법 시행령 제154조 제4항.

46 김주영, "기관투자자의 주주권행사에 대한 법률적 제약에 관한 연구", 한국증권법학회 2018년 제2차 특별세미나, 2018년 5월 19일, 9면에서 자본시장법 시행령이 "경영권에 영향을 주기 위한 목적"으로 주식 등을 취득하는 경우를 매우 폭넓게 규정하고 있다는 점을 지적하고 있다.

47 자본시장법 제173조(임원 등의 특정증권등 소유상황 보고) 참조.

48 자본시장법 시행령 제200조(임원 등의 특정증권등 소유상황 보고)에 제7항과 제9항을 신설하였다.

(3) 단기매매차액반환의무

자본시장법 제172조는 내부자의 단기매매차액반환의무를 규정하고 있다. 단기차액매매반환제도라 함은 상장회사의 임직원 또는 주요주주가 당해 법인의 주식을 6월 이내의 기간에 매수 후 매도하거나 매도 후 매수하여 이익을 얻는 경우 그 이익을 회사에 반환하는 제도이다.[49] 2012년 금융위원회는 '단기매매차익반환 및 불공정거래 조사·신고 등에 관한 규정'을 개정하여 국민연금이 지분율 10% 이상의 주요 주주가 되더라도 단순투자목적으로 매매하는 경우 단기매매차익 반환의무를 면제받을 수 있도록 하였다. 개정의 이유는 미공개정보의 이용 우려가 없는 연기금에 대하여 금융투자상품의 매매에 따른 부담을 완화하고자 함에 있다고 하겠다.[50] 단기매매차익 반환 예외대상 연기금으로는 국민연금기금, 공무원연금기금, 사립학교교직원연금기금 등을 들 수 있다.[51]

(4) 소결

국민연금과 관련하여, 2009년 금융위원회는 자본시장법 시행령 제154조 제4항과 '증권의 발행 및 공시 등에 관한 규정'에 제3-14조(보고특례

---

49 자본시장법 제172조(내부자의 단기매매차익 반환) 참조.

50 연기금에 대해 단기매매차익 반환의 예외를 인정하는 제8조 제6호 신설하여, 1) 기금의 관리를 위한 것으로서 경영권에 영향을 미치지 않는 증권의 매매에 대하여 단기매매차익 반환의 예외를 적용하고, 2) 상장주식 등 특정증권의 직접투자를 하는 연기금 중 실제 투자여부 및 그 규모 등을 감안하여 일정 연기금으로 한정하고자 하였다.

51 단기매매차익 반환 및 불공정거래 조사신고 등에 관한 규정 제8조(단기매매차익 반환의 예외) 영 제198조제13호에서 "그 밖에 미공개중요정보를 이용할 염려가 없는 경우로서 증권선물위원회가 인정하는 경우"란 다음 각호의 어느 하나에 해당하는 경우를 말한다. 특히 제6호에 규정되어 있는 가목, 나목, 다목 등을 참조.

적용 전문투자자)를 신설하여 국민연금이 단순투자목적으로 투자하고 있는 한 지분율이 5% 이상 되거나 그 이후 소유에 변동이 있더라도 5일 이내가 아니라 해당 분기의 다음달 10일까지 보고할 수 있도록 하였다. 여기서 국민연금은 자본시장법 시행령 제10조 제3항 제12호에서 규정하고 있는 '법률에 따라 설립된 기금 및 그 기금을 관리·운용하는 법인'에 해당된다. 국민연금은 단순투자목적으로 투자하고 있는 주식 등의 대량보유 등의 보고(5% 보고, 자본시장법 제147조),[52] 임ㄴ원 등의 특정증권 소유상황 보고(10% 보고, 자본시장법 제173조), 단기매매차액반환(자본시장법 제172조)과 관련하여 특례를 인정받고 있다.

2) 경영권에 영향을 주기 위한 목적의 경우

(1) 원칙

경영권에 영향을 주기 위한 목적으로 투자하는 경우에는 자본시장법상 인정되는 대량보유보고제도, 임원 등의 특정증권 소유상황 보고 및 단기매매차액반환의무의 특례가 인정되지 않는다. 자본시장법 시행령 제154조 제1항에서 나열하고 있는 사항으로는 다음과 같은 사항을 목적으로 회사나 그 임원에 대하여 사실상 영향력을 행사하는 것을 의미한다.

(2) 예외

2014년 12월 9일 금융위원회는 자본시장법 시행령 제154조 제1항 제4

---

52 개선방안에 대하여는 김병태, "주식 등의 대량보유상황 보고제도의 개선을 위한 비교법적 고찰-미국 등 주요 국가들의 비교법적 검토를 중심으로-", 「선진상사법률연구」 통권 제73호, 법무부, 2016, 66면 이하.

호에 단서로서 "다만, 제10조 제3항 제12호에 해당하는 자가 하는 경우에는 적용하지 아니한다"라는 내용을 신설하였다. 국민연금은 '법률에 따라 설립된 기금(신용보증기금 및 기술보증기금은 제외한다) 및 그 기금을 관리·운용하는 법인(자본시장법 제10조 제3항 제12호)'에 해당되어, 국민연금이 회사 배당결정에 영향력을 행사하더라도 경영권에 영향을 주기 위한 목적에 해당되지 않게 되었다.

3) 배당결정 이외의 경영권에 영향을 주기 위한 목적 해당 여부

(1) 의의

배당 결정 이외의 경영권에 영향을 주기 위한 목적으로 투자하는 경우에도 주식 등의 대량보고 등의 보고(5% 보고, 자본시장법 제147조), 임원 등의 특정증권 등 소유상황 보고(10% 보고, 자본시장법 제173조), 단기매매차익반환(자본시장법 제172조)에 대한 특례를 인정받을 필요가 있는지가 문제이다. 일단 현존하는 다양한 양태의 주주권 행사가 모두 자본시장법 시행령 제154조 제1항이 열거하고 있는 경우에 해당된다고 볼 수 없어 많은 경우 경영권에 영향을 주기 위한 목적으로 신고하지 않더라도 다양한 양태의 주주권 행사를 할 수 있다고 하겠다.

(2) 주주대표소송과 증권관련 손해배상 소송

투자 대상기업의 이사가 법령 위반 등으로 회사에 손해를 입힌 경우 이에 대해 책임추궁이 제대로 이루어지지 않은 경우 주주가 회사를 대신하여 손해배상을 청구할 수 있는 것이 바로 주주대표소송이다.[53] 상법이

---

53   상법 제403조 참조.

정한 주주권으로서 대표소송·집단소송의 제기·참여, 이사의 위법행위 유지청구, 주주총회 결의취소의 소 제기·참여 등은 회사 측의 위법행위 등에 따른 피해를 구제하기 위한 조치이므로, 이들 행위는 일반적으로 경영권에 영향을 주기 위한 목적으로 보기 어렵다. 다만, 이러한 소의 제기가 회사를 압박하려는 의사가 있다고 인정되는 경우에는 예외적으로 경영권에 영향을 주기 위한 목적에 해당한다고 볼 수 있을 것이다. 국민연금은 주주대표소송 이외에 일반 손해배상소송에도 참여할 수 있다.[54] 집단소송 및 개별소송을 포함한 기타 증권 관련 손해배상소송은 분식회계나 허위공시, 내부자 거래 등 불법행위를 저지른 임원에 대한 책임을 추궁한다는 측면에서 지배구조의 개선에 도움이 될 수 있다. 주주대표소송이나 증권 관련 집단소송 양자 모두 실정법에서 주주권을 행사하는 것은 아무런 문제가 없는 것으로 보인다. 그럼에도 불구하고 국민연금을 포함한 기관투자자가 제기한 소송을 찾는 것은 그리 쉽지 않다.[55] 국민연금의 주주대표소송은 주주가치의 제고에는 장점으로 제시될 수 있지만, 이러한 소송이 빈발하는 경우 정상적인 경영활동에 막대한 차질을 야기할 수 있는 단점도 있음에 유의해야 할 필요가 있다.

---

54 분식회계에 대한 손해배상소송에서는 2012년 한솔신텍·삼일회계법인과 2016년 대우조선해양을 상대로 소송을 제기한 바 있다. 한솔신텍·삼일회계법인에 대한 소송의 경우에는 2016년 원고승소로 종결되었고 이에 따라 국민연금은 손해를 일부 보전 받을 수 있었다.

55 주주대표소송에의 원고 참여는 수차례에 걸친 주주와 시민단체들의 요청에도 불구하고 지속적으로 거절하고 있는 상황이다. 참여연대, 경제개혁연대는 2004~2014년의 기간 동안 줄곧 국민연금의 주주대표 소송 원고참여를 요청하였으나 국민연금은 계속하여 거절해오고 있다.

(3) 사외이사와 감사위원 추천

국민연금의 사외이사와 감사위원에 대한 추천이 경영참여의 목적으로 해석될 수 있는가에 대한 물음이 제기될 수 있다. 이사직 연임, 이사·감사·사외이사의 선임 등은 자본시장법 시행령 제154조 제1항 제1호의 임원의 선임·해임에 관한 사항에 해당된다. 금융위원회는 "단순한 이사 후보 연임 안건의 철회 요구나 이사·감사 후보 추천은 회사나 임원에 사실상 영향력을 미치지 못하므로 경영권에 영향을 주기 위한 목적이 있다고 보기 어렵다"는 입장이나, 주주제안이나 임시총회 소집 등 사실상 영향력을 행사하려는 의도로 이루어진 사정이 있는 경우에는 "경영권에 영향을 주기 위한 목적이 있다"고 해석하고 있다.[56] 그러한 점을 고려해서인지 국민연금은 한 차례 사외이사 후보를 추천하기 위한 시도가 있었지만, 그 이후에는 그 어떠한 시도도 없었다.[57] 이러한 점을 해결하기 위하여 보유 목적을 단순 보유에서 경영참여로 변경 신고하여, 국민연금의 사외이사나 감사 후보를 추천하는 방안을 모색해볼 수 있을 것이다. 그러나 이와 같이 경영참여로 전환하게 되면, 자본시장법 특례 규정의 제한을

---

56 금융위원회, "스튜어드십 코드관련 법령해석집", 2017, 37면.

57 박경서 외 7인, "국민연금 책임투자와 스튜어드십 코드에 관한 연구(II)", 고려대학교 산학협력단 연구보고서, 2017, 107면. 2012년 초 (주)하나금융지주가 국민연금공단에 사외이사 후보 추천을 요청함에 당해 2월 국민연금공단은 금융관련 여러 학회에 사외이사후보 추천을 요청하는 공문을 발생하였다. 감사위원회 위원인 사외이사를 선임하고, 기금운용위원회 의결로 최종 확정하고자 하는 계획이었다. 하지만 (주)하나금융지주회사 측 사정에 따라 요청이 철회되어 추천이 이루어지지 않았다. (주)하나금융지주회사의 최대주주인 국민연금이 추천한 인사가 이사로 선임되면 국민연금기금이 재무적 투자자가 아닌 전략적 투자자로 비춰질 수 있고, 이 경우 (주)하나금융지주가 미국 교포은행인 새한뱅콥을 인수하는 과정에서 국민연금에 대한 미국 당국의 심사가 강화돼 새한은행 인수에 차질이 발생할 것을 우려한 것이다.

받게 된다는 점에서, 실제로 전환하는 경우는 그리 용이하지 않다 하겠다.

3. 공동보유자의 범위 문제

1) 공동보유의 개념

주식 등의 대량보유를 보고함에 있어서 공동보유자가 있는 경우에는 지분을 합산하여 보고해야 한다.[58] 자본시장법 시행령 제141조 제2항에 따르면, 주식 등의 공동보유자란 합의나 계약을 통해 ① 주식 등의 공동 취득·처분, ② 주식 공동·단독 취득 후 주식 상호 양·수도, ③ 의결권 공동 행사 중 한 가지를 할 것을 합의한 자를 의미한다. 자본시장법상 공동보유자의 정의가 매우 포괄적이어서 포럼 등에서 특정기업 주주총회 안건에 대해 논의한 후 의결권을 동일한 방향으로 행사한 경우에도 자칫 공동보유자로 간주될 소지가 있다. 보유지분 5% 미만의 주주라 하더라도 다른 주주와 공동으로 의결권 행사를 할 경우에, 그 다른 주주와 지분을 합산하여 보유 비율이 5% 이상이 될 경우에는 대량보유보고를 하여야 하는 위험성이 발생한다.[59] 또한 의결권행사를 지속해서 공동으로 행사하는 경우뿐만 아니라 1회성 행사인 경우에도 공동보유자가 될 수 있다.[60]

58　자본시장법 시행령 제141조(특별관계자의 범위) 참조.

59　김주영, "기관투자자의 주주권행사에 대한 법률적 제약에 관한 연구", 한국증권법학회 2018년 제2차 특별세미나, 2018년 5월 19일, 11면.

60　자본시장법 시행령 제141조 참조.

2) 문제점

기관투자자 상호 간 협의 또는 공동으로 경영진 면담을 수행한 후 각자의 판단에 따라 독립적으로 의결권을 행사하는 경우에는 설령 결과적으로 동일한 방향의 투표결과가 나오더라도 의결권 공동행사 행위를 합의한 것으로 보기 어렵지만 합의나 계약은 서면에 의하여만 하는 것은 아니며, 구두의사의 합치가 있으면 충분하기 때문에 기관투자자의 협의, 경영진 면담 등의 과정에서 의결권 공동행사에 대한 합의나 계약으로 간주될 수 있는 직·간접적 대화나 발언 등이 있는 경우에는 의결권 공동행사에 해당될 가능성이 있다.[61] 한편, 스튜어드십코드 일곱 번째 원칙은 "기관투자자는 논의와 토론을 활성화하고 공동의 이해관계를 추구하기 위한 포럼 등을 설립하여 성공적인 주주활동 사례 등에 대한 경험과 의견을 나누고 학습함으로써 전문성과 주주활동의 질을 향상시킬 수 있다"고 규정하고 있는데, 이는 금융위원회 해설집과 동 코드 원칙이 양립하고 있음을 알 수 있다.

3) 검토

해결책으로 제시되는 두 가지 방안을 검토한다. 특정 현안에 대하여 일회적으로 이루어지는 의결권의 행사방향에 대한 협의나 합의는 '공동보유'에 해당되지 않도록 하는 방안과 우리나라 대량보유보고의무를 위반한 경우 그 강력한 제재내용을 완화하는 방안이 제시될 수 있다.[62]

---

61 금융위원회, "스튜어드십 코드관련 법령해석집", 2017, 59면.
62 김주영, "기관투자자의 주주권행사에 대한 법률적 제약에 관한 연구", 한국증권법학회 2018년 제2차 특별세미나, 2018년 5월 19일, 14면.

전자와 관련하여 영국의 경우 신고의 경우에 보유목적 자체를 기재할 필요가 없고, 회사 경영에 관하여 지속적으로 공통의 의결권을 행사할 것을 내용으로 하는 계약이 체결된 경우나 의결권 행사를 위하여 일시적인 주식 양도 계약을 체결하는 등 의결권 행사와 관련하여 지속적인 효과를 가진 확정 계약이 체결된 경우에만 공동 보유로 해석하고 있는 면을 고려할 수 있다는 것이다. 그러나 영국의 경우 대량신고의무기준이 되는 지분율이 상대적으로 낮고, 보고기간도 짧다는 점에서는 그 엄격성이 떨어지는 것은 아니라는 점에 유의할 필요가 있다.

후자와 관련하여 일본의 경우 형사처벌은 인정되지만 해당 주식의 의결권에는 영향을 미치지 않고,[63] 미국의 경우는 대량보유보고의무 위반에 대한 제재가 별도로 규정되어 있지 않다.[64] 자본시장법은 대량보유보고의무를 위반한 경우에 형사처벌과 함께 최장 6개월간의 의결권 제한 및 처분명령을 규정하고 있다. 다른 국가들과 비교해 보건대, 의결권 처분명령의 경우는 과도한 측면이 있지만 의결권 제한에 대한 인정은 고려해볼 만한 것이 아닌가 하는 생각이다.

4. 경영참여 목적 보유의 명확화

기관투자자로서 국민연금의 경영참여목적을 '지배권의 변동 내지 지배권에의 영향을 목적으로 하거나 그러한 효과를 갖는 경우'를 명확히

---

63   이철송, "대량보유보고제도의 엄격해석론 -제재수단을 중심으로-", 「증권법연구」 제12권 제2호, 한국증권법학회, 2011, 189면.

64   김병태, "주식 등의 대량보유상황 보고제도의 개선을 위한 비교법적 고찰 -미국 등 주요 국가들의 비교법적 검토를 중심으로-", 「선진상사법률연구」 통권 제73호, 법무부, 2016, 66면 이하.

한정할 필요가 있다고 하면서, 이를 위해서 자본시장법 시행령 제154조 제1항의 경영참여 항목들 중 일부를 삭제하거나(예컨대, '회사의 배당에 관한 결정'), 지배권의 변동 또는 지배권에의 영향을 도모하기 위한 목적이나 효과를 갖지 않는 경우 열거된 항목에 형식상 해당한다고 하더라도 예외로 한다고 하는 단서조항을 둘 필요성이 제기된다.[65] 미국 증권법은 기관투자자가 발행인의 지배권을 변동하거나 지배권에 영향을 주기 위한 목적이나 효과를 갖지 않고 통상의 영업과정에서 지분증권을 취득한 경우에는 약식보고를 하도록 규정하고 있다는 점을 고려한 것이라 하겠다.[66] 이러한 단서조항은 합병이라는 동일한 사안의 경우에도, 주주 스스로 합병을 추진하는 경우는 지배권의 변동에 해당될 수 있지만, 회사에서 추진하는 합병을 반대하는 경우는 지배권의 변동 또는 지배권에의 영향을 도모하기 위한 것으로 판단되지 않을 수 있을 것이기 때문에, 이러한 점을 명확히 하는 작업은 필요하다고 하겠다.

5. 의결권대리행사 권유의 규제

1) 개념

의결권대리행사 권유(proxy solicitation)라 함은 회사의 경영진 또는 주주가 주주총회에서 다수의 의결권을 확보할 목적으로 다수의 주주들에게 위임장 용지를 송부하여 의결권행사의 위임을 권유하는 행위를 말한

---

65 김주영, "기관투자자의 주주권행사에 대한 법률적 제약에 관한 연구", 한국증권법학회 2018년 제2차 특별세미나, 2018년 5월 19일, 13면.

66 17 CFR 240. 13d-1 - Filing of Schedules 13D and 13G: 재인용. 김주영, 앞의 발표문, 13면.

다.[67] 동 제도는 의결권 행사에 관심이 없는 소수주주의 의사를 주주총회의 결의에 반영시켜 임원이나 대주주 등의 전횡으로부터 주주를 보호하고 동시에 회사로 하여금 용이하게 정족수를 갖추게 하기 위한 제도에 해당한다.[68]

2) 문제점

자본시장법이 시행되기 전 증권거래법은 제199조(의결권대리행사의 권유의 제한) 제1항에서 누구든지 대통령령이 정하는 바에 의하지 아니하고는 상장주식 또는 코스닥상장주식의 의결권의 행사를 자기 또는 타인에게 대리하게 할 것을 권유하지 못하도록 하고 있었고, 증권거래법 시행령 제85조(의결권 대리행사의 권유) 제1항에서 상장주식의 의결권의 행사를 자기 또는 제3자에게 대리하게 할 것을 권유하는 자는 그 권유를 받는 자에 대하여 권유와 동시에 또는 그 권유에 앞서 의결권의 대리행사에 관하여 위원회가 정하는 바에 따라 작성한 참고서류를 제공하도록 하고 있었다. 즉 증권거래법상 의결권 대리행사 권유행위의 범위는 '상장주식의 의결권의 행사를 자기 또는 제3자에게 대리하게 할 것을 권유하는 행위'로만 규정하고 있었다.[69]

그러나 자본시장법 제152조(의결권 대리행사의 권유) 제1항은 종전에 있던 내용 외에 '의결권의 행사 또는 불행사를 요구하거나 의결권 위임의 철회를 요구하는 행위' 및 '의결권의 확보 또는 그 취소 등을 목적으로

---

67   임재연, 『자본시장법』, 박영사, 2014, 573면.
68   김정수, 『자본시장법원론』 제2판, SFL그룹, 2014, 1004면.
69   자본시장법이 시행되기 전 증권거래법 제199조(의결권대리행사의 권유의 제한)와 증권거래법 시행령 제85조(의결권대리행사의 권유) 제1항 참조.

주주에게 위임장 용지를 송부하거나 그 밖의 방법으로 의견을 제시하는 행위' 등도 의결권 대리행사 권유행위로 포함시키고 있다.[70] 2009년 2월 자본시장법이 시행되면서 의결권 대리행사 권유 적용대상을 확대한 것이다.

자본시장법 제152조로 인하여 주주들이 의결권 행사와 관련하여 의견을 주고받는 행위도 의결권 대리행사 권유행위에 해당될 수 있게 되었는데, 의결권 대리행사 권유행위에 인정되면 신고 및 각종 서류 교부 등 규제를 받기 때문에 기관투자자들은 이러한 규제를 피하기 위해 의결권 행사와 관련한 의견교환조차 꺼리게 된다는 주장이 있다.[71]

3) 검토

1976년 구 증권거래법을 통해 위임장권유 제도가 도입되었고, 자본시장법은 동일한 기조에서 위임장권유에 대한 내용을 규정하고 있다. 법령을 통해 위임장권유를 함에 있어서 정보의 내용이나 그 방법 및 절차에 대해서 일정한 규제를 하고 있는데, 이는 기본적으로 위임장권유제도를 제한하기 위한 것이 아니라 의결권 대리행사와 관련하여 '정확한 정보의 공시'와 '주주의사의 정확한 반영'을 보장하기 위한 것이다.[72] 이와 같이

---

70   자본시장법 제152조(의결권 대리행사의 권유) 제1항 참조.
71   김주영, "기관투자자의 주주권행사에 대한 법률적 제약에 관한 연구", 한국증권법학회 2018년 제2차 특별세미나, 2018년 5월 19일, 18면에서 자본시장법 시행령 제161조에서 그 예외를 인정하고 있지만, CalPERS 등 기관투자자들의 건의에 따라 위임장 권유나 철회를 목적으로 하지 않는 의견교환의 경우에 권유에 해당되지 않는 것으로 하여, 기관투자자들의 회사경영에 대한 일반적인 의견교환은 인정되고 있는 바, 의결권 대리행사의 권유로 보지 않는 예외사유들을 확대하는 방안을 고려하고 있다.
72   김정수, 『자본시장법원론』 제2판, SFL그룹, 2014, 1005면.

동 규정은 주주가 위임장을 통하여 의결권을 행사하는 경우에 의결권 행사와 관련하여 충분한 정보에 근거하여 합리적인 의결권 행사를 할 수 있도록 하는 것에 입법목적이 있다는 점에서, 기관투자자의 주주권행사를 독려하기 위한 방안으로 의결권대리행사의 권유로 보지 않도록 하는 예외사유들을 대폭 확대하는 방안이 타당한 것인가에 대하여는 의문이 있다.

V. 결론

대한항공 사태를 계기로 하여 국민연금이 투자대상기업의 경영에 적극 개입할 수도 있다는 재계의 우려가 제기되고 있다. 국민연금은 한편으로는 투자대상기업에 대하여는 투자자의 지위에 있고, 연금가입자나 수급권자에 대하여는 수탁자 지위라고 하는 이중적 지위에 있다. 기관투자자로서 국민연금과 관련된 쟁점은 투자 대상기업의 주주로서 주주권을 어느 범위까지 행사할 수 있어야 하는 것에 있다. 투자대상기업의 지배구조를 개선하기 위한 방안으로 스튜어드십코드의 도입은 긍정적인 면이 없는 것은 아니다. 주주의 지위를 갖는 이상 국민연금은 실정법에서 인정되는 범위에서 합당한 주주권 행사는 가능한 것이다.

국민연금의 적극적인 주주권 행사를 통하여 투자대상기업의 지배구조는 개선될 수 있고, 스튜어드십코드가 그 개선에 일조를 할 것이라 예상된다. 그러나 그 지배구조개선에 앞서서 중요한 점은 국민연금의 의결권 행사에 대한 독립성을 확보하는 것이다. 특히, 정부의 영향력에서 자유로운 의결권 행사를 하는 방안의 모색이 필수적이다. 그런 측면에서 국민연금의 지배구조에 대한 개선방안이 선제적으로 마련되어야 한다.

국민연금의 구조상 정부의 영향력에 따라 의결권행사가 좌지우지되는 상황이라면, 스튜어드십코드를 통한 적극적인 주주권행사의 독려는 기업 지배구조의 개선에 도움이 될는지는 모르나 기업의 경영이나 투자 또는 자율적인 정책 실현은 비관적이라 하겠다. 국민연금이 기관투자자로서 명실상부한 주주권 행사를 위해서는 국민연금 지배구조의 개선과 함께 의결권 행사의 독립성이 요구되고, 투자자로서 국민연금이 투자대상기업에 대한 경영권 침해와 자본주의 근간인 재산권 침해 우려를 해소하기 위한 방안이 마련되어, 주주로서의 국민연금이 대중에게 환영받는 기관투자자가 되어야 할 것이다.

PART 06

기술의 발전과
인간존중

Chapter 01

빅데이터 활용과
개인정보 침해

I. 서론

개인정보 보호법과 정보통신망법은 개인정보를 판별하는 기준으로 '식별 가능성'이라는 개념을 제시하고 있었고,[1] 법원은 이러한 '식별 가능성'에 대하여, "빅데이터 내에서 당해 정보와 결합 가능한 다른 정보 모두가 동일인이 보유하고 있는 것인지를 전제로 하고 있지 않으며, 정보를 구하는 데에 있어서 정보습득 경로가 어려운지 쉬운지 등 또한 관계없이

---

[1]   개인정보 보호법 제2조 제1호 "개인정보"란 살아 있는 개인에 관한 정보로서 성명, 주민등록번호 및 영상 등을 통하여 개인을 알아볼 수 있는 정보(해당 정보만으로는 특정 개인을 알아볼 수 없더라도 다른 정보와 쉽게 결합하여 알아볼 수 있는 것을 포함한다)를 말한다.
정보통신망법 제2조 제6호 "개인정보"란 생존하는 개인에 관한 정보로서 성명·주민등록번호 등에 의하여 특정한 개인을 알아볼 수 있는 부호·문자·음성·음향 및 영상 등의 정보(해당 정보만으로는 특정 개인을 알아볼 수 없어도 다른 정보와 쉽게 결합하여 알아볼 수 있는 경우에는 그 정보를 포함한다)를 말한다.

해당 정보가 다른 정보와 어려움 없이 쉽게 결합하여 만들어진 정보가 특정 개인을 알아볼 수 있다면 그것은 '식별 가능성'이 있다는 것을 의미한다"고 판시하였다.[2]

개인을 알아볼 수 있는 정보뿐만 아니라 당해 정보만으로는 개인을 알아볼 수 없는 비식별 정보들이라고 할지라도, 다른 정보와 결합하여 개인을 알아볼 수 있게 된다면 생성되어진 정보 또한 개인정보에 속하게 된다. 이러한 개인정보의 개념은 매우 포괄적인 것을 의미하기도 한다.[3] 하지만 이러한 '식별 가능성'이라는 모호한 기준 제시는 개인정보를 활용하는 자들로 하여금 거래의 불안정성을 초래하게 되고, 정보주체로 하여금 정보를 제공하는 것 자체를 꺼리게 하는 결과를 만들고 있었다. 더 나아가 이러한 사태는 빅데이터를 활용함에 제약을 받을 수밖에 없는 형국이었다.

데이터는 다른 데이터와 결합하여 새로운 결과를 창출하게 된다. 하지만 (보험)회사가 정보주체의 동의 없이 타 기관으로부터 빅데이터 분석을 한 후에 데이터를 제공받을 수 있는 여지를 부여하지 않는 입법 태도는 기업의 빅데이터 활용하는 저해 요인으로 작용하고 있었다. 즉, 개정 전 개인정보 보호법은 개인정보의 목적 이외의 이용과 제공에 대하여 매우 엄격한 제한을 두고 있었다. 개인정보 보호법 제18조(개인정보의 목적 외 이용·제공 제한)는 일부 제한적인 경우 이외에 개인정보 취급자가 개인정보를 이용·제공하는 것을 금지하고 있었다 개인정보의 확보가 법률

---

2   서울중앙지방법원 2011. 2. 23. 선고 2010고단5343 판결.
3   최창희, "보험회사의 빅데이터 활용 사례 및 개선방안(하)", 「월간 손해보험」, 2019년 5월호, 2019, 29면.

에 정해져 있거나 통계작성 및 학술연구를 위한 것이 아닌 경우 금지되어 있는 경우, (보험)회사는 다른 기관으로부터 정보를 제공받아 활용할 수 있는 여지가 좁아져 빅데이터 활용 가치는 어려울 수밖에 없는 상황이었다.

4차 산업혁명 시대를 맞아 핵심 자원인 데이터의 이용 활성화를 통한 신산업 육성이 범국가적 과제로 대두되면서, 신산업 육성을 위해서는 인공지능(AI), 클라우드, 사물인터넷(IoT) 등 신기술을 활용한 데이터 이용이 필요한 바, 안전한 데이터 이용을 위한 사회적 규범 정립이 시급한 상황에 직면하게 되었다.[4]

구법은 개인정보의 개념 모호성 등으로 수범자 혼란이 발생하는 등 일정한 한계가 노출되어 왔고, 개인정보 보호 감독기능은 행정안전부·방송통신위원회·개인정보보호위원회 등으로, 개인정보 보호 관련 법령은 구법과 정보통신망법 등으로 각각 분산되어 있어 감독기구와 개인정보 보호 법령의 체계적 정비를 해야 한다는 주장이 지속적으로 제기된 바 있었다.[5]

더 나아가 빅데이터 활용의 어려움을 타개하고, 데이터 생산·유통 및 수집·분석·이용 서비스를 전문적으로 활용하는 데이터산업의 성장과 높은 양질의 일자리 창출에 대한 필요성 때문에[6] 데이터 3법 개정이 이루어진 것이다.

---

4 2018년 11월 15일 개인정보 보호법 일부 개정, 인재근 의원 대표발의안(의안번호 16621)의 제안 이유 참조.
5 2018년 11월 15일 정보통신망법 일부 개정, 노웅래 의원 대표발의안(의안번호 16622) 제안 이유 참조.
6 2018년 11월 15일 신용정보법 일부 개정, 김병욱 의원 대표발의안(의안번호 16636) 제안 이유 참조.

2020년 1월 9일 데이터 관련 법률인 개인정보 보호법, 정보통신망 이용촉진 및 정보보호 등에 관한 법률(이하 '정보통신망법'이라 한다), 신용정보의 이용 및 보호에 관한 법률(이하 '신용정보법'이라 한다)이 국회본회의를 통과했다. 이 법률들의 개정안이 발의된 지 1년 2개월이 지난 2020년 8월 5일부터 효력이 발생하고 있다.

주요 내용으로는 기존 개인정보 외 가명정보·익명정보의 도입, 개인정보의 활용 및 확대, 개인정보 보호위원회(이하 '보호위원회'라 한다)의 위상 강화 및 마이데이터 산업 도입 등을 들 수 있다.

이하에서는 데이터 3법 개정 관련 개인정보 보호법과 신용정보법상 주요 내용을 고찰하고, 이러한 개정의 개인정보 침해 가능성 문제를 고찰해 보기로 한다.[7]

II. 개인정보 보호법 주요 개정 내용

1. 법률 분야

1) 개인정보 범위의 판단기준

개정 전 개인정보 보호법은 "해당 정보만으로 특정 개인을 알아볼 수 없더라도 다른 정보와 쉽게 결합하여 알아볼 수 있는 정보"라고 하면서, 개인정보를 정의함에 있어 '쉽게 결합하여'라는 용어를 사용하고 있었다. 그런데 이와 같은 '쉽게 결합하여'라는 용어 사용이 어디까지 적용할 수

---

7   빅데이터와 보험에 대하여는 강현구·유주선·이성남, 『핀테크와 법』 제3판, 씨아이알, 2020, 243면 이하 참조.

있는가에 대한 사항이 명확하지 않아 법률 적용에 지속적인 논란이 있다.

개정 개인정보 보호법은 이러한 논란을 제거하기 위하여 '다른 정보의 입수가능성'의 기준으로 개인을 알아보는 데 소요되는 시간이나 비용 기술 등의 기준을 제시하여 기업 등 이해관계자의 개인정보 처리에 명확성을 강화하였다.

개인정보 보호법 제2조 제1항의 변화

개정 전	개정 후
제2조(정의) 1. "개인정보"란 살아 있는 개인에 관한 정보로서 성명, 주민등록번호 및 영상 등을 통하여 개인을 알아볼 수 있는 정보(해당 정보만으로는 특정 개인을 알아볼 수 없더라도 다른 정보와 쉽게 결합하여 알아볼 수 있는 것을 포함한다)를 말한다.	제2조(정의) 1. "개인정보"란 살아 있는 개인에 관한 정보로서 다음 각 목의 어느 하나에 해당하는 정보를 말한다. 가. 성명, 주민등록번호 및 영상 등을 통하여 개인을 알아볼 수 있는 정보 나. 해당 정보만으로는 특정 개인을 알아볼 수 없더라도 다른 정보와 쉽게 결합하여 알아볼 수 있는 정보. 이 경우 쉽게 결합할 수 있는지 여부는 다른 정보의 입수 가능성 등 개인을 알아보는 데 소요되는 시간, 비용, 기술 등을 합리적으로 고려하여야 한다. 다. 가목 또는 나목을 제1호의2에 따라 가명처리함으로써 원래의 상태로 복원하기 위한 추가 정보의 사용·결합 없이는 특정 개인을 알아볼 수 없는 정보(이하 "가명정보"라 한다).

개인정보 보호법은 '익명정보'라는 용어를 사용하지 않았지만, 개인정보 보호법에 정의된 개념 등을 통하여, 익명정보는 개인정보 보호법의 적용을 받지 않는다는 점을 명확히 하고 있다.

개인정보 보호법 제58조의2

개정 전	개정 후
없음	제58조의2(적용제외) 이 법은 시간·비용·기술 등을 합리적으로 고려할 때 다른 정보를 사용하여도 더 이상 개인을 알아볼 수 없는 정보에는 적용하지 아니한다.

2) 가명정보의 개념 도입

개인정보 보호법 제2조 제1호 다목에 '가명정보'라는 개념을 도입하여 데이터 활용을 활성화하고자 한다. 즉, 개인정보 보호법 제2조 제1호에 규정되어 있는 개인정보를 토대로 하여 동조 제1호의2에 가명처리를 규정하고 있다. 동법에서 가명정보라 함은 원래의 상태로 복원하기 위한 추가 정보의 사용이나 결합 없이는 특정 개인을 인식할 수 없는 정보를 의미한다.

개인정보와 가명정보[8]

	개념	활용 가능 범위
개인정보	특정 개인에 관한 정보, 개인을 알아볼 수 있게 하는 정보	사전적이고 구체적인 동의를 받은 범위 내 활용 가능
가명정보	추가정보의 사용없이는 특정개인을 알아볼 수 없게 조치한 정보	다음 목적에 동의 없이 활용 가능 (EU GDPR 반영) • 통계작성(상업적 목적 포함) • 연구(산업적 연구 포함) • 공익적 기록보존 목적 등
익명정보	더 이상 개인을 알아볼 수 없게(복원불가능할 정도로) 조치한 정보	개인정보가 아니기 때문에 제한없이 자유롭게 활용

---

8   금융위원회, "데이터 경제 활성화를 위한 '신용정보법' 개정안이 20년 7월부터 시행됩니다.", 2020, 5면.

예를 들면, 개인정보에서 개인식별정보 부분인 이름, 전화번호, 주민등록번호 등을 암호화하여 생성되는 아이디로 대치되는 정보가 바로 가명정보가 된다. 반면, 익명정보는 개인식별정보인 이름, 전화번호, 주소 등이 포함되지 않는 데이터로서 개인식별정보가 없는 개별 신용정보를 의미한다.

3) 개인정보 보호 원칙의 변화

개정 전 개인정보 보호법 제3조는 개인정보 보호 원칙이라는 제목하에, 제7항에 "개인정보처리자는 개인정보의 익명처리가 가능한 경우에는 익명에 의하여 처리될 수 있도록 하여야 한다"라고 규정하고 있었다. 가명정보의 도입과 함께 개정된 동법 제3조 제7항은 "개인정보처리자는 개인정보를 익명 또는 가명으로 처리하여도 개인정보 수집목적을 달성할 수 있는 경우 익명처리가 가능한 경우에는 익명에 의하여, 익명처리로 목적을 달성할 수 없는 경우에는 가명에 의하여 처리될 수 있도록 하여야 한다"는 내용이 추가되었다.

개인정보 보호법 제3조 제7항의 변화

개정 전	개정 후
제3조(개인정보 보호 원칙) ⑦ 개인정보처리자는 개인정보의 익명처리가 가능한 경우에는 익명에 의하여 처리될 수 있도록 하여야 한다.	제3조(개인정보 보호 원칙) ⑦ 개인정보처리자는 개인정보를 익명 또는 가명으로 처리하여도 개인정보 수집목적을 달성할 수 있는 경우 익명처리가 가능한 경우에는 익명에 의하여, 익명처리로 목적을 달성할 수 없는 경우에는 가명에 의하여 처리될 수 있도록 하여야 한다.〈개정 2020. 2. 4.〉

4) 가명정보의 처리에 관한 특례규정의 신설

개인정보 보호법 제3장 개인정보의 처리 제3절에 가명정보의 처리에 관한 특례 규정을 신설하였다(제28조의2 내지 제28조의7). 이에 따라 개인정보처리자는 가명정보를 통계작성, 과학적 연구, 공익적 기록보존 등의 목적으로 정보주체의 동의없이 처리할 수 있게 되었고(제28조의2 제1항), 개인정보처리자 간에 지정된 전문기관을 통해 가명정보를 결합하여 이용할 수 있게 되었다(제28조의3 제1항).

5) 수집목적과 합리적 범위 내 활용 가능성

개인정보처리자는 애초에 수집 시에 고지한 수집목적과 합리적으로 관련된 범위 내에서 암호화 등 안전성 확보조치를 하였는지 여부 등을 고려하여 대통령령이 정하는 바에 따라 정보주체의 동의 없이 개인정보를 이용(제15조 제3항) 또는 제공(제17조 제4항)을 할 수 있다. 동 규정은 개인정보 목적 명확화 원칙을 완화하여 개인정보의 활용을 도모하기 위한 목적이 있다. 새로 생긴 추가의 개인정보의 이용 또는 제공 목적이 애초의 수집목적과 합리적 관련성이 있다면 안전성의 전제하에 정보주체의 동의를 받지 아니하고 개인정보에 대한 이용과 제공이 가능하다. 개인정보처리자의 개인정보 처리에 대한 범위를 확대 활용할 수 있는 기대감을 준다.

6) 기타사항

정보처리자의 책임성을 강화시켜 각종 의무를 부과하고, 법 위반 시 과징금 부과 등 처벌도 강화하여 개인정보를 안전하게 보호하는 제도적

장치를 마련하였고, 관련 법률의 유사·중복 규정은 개인정보 보호법으로 일원화하였다.

2. 시행령 분야

1) 개정 개인정보 보호법이 위임한 사항

다음과 같은 세 가지 사항을 들 수 있다.

첫째, 개인정보의 추가적인 이용·제공(제14조의2)에 대한 사항이다. 개인정보처리자는 당초 개인정보를 수집했던 목적과의 상당한 관련성, 수집한 정황과 처리 관행에 비춘 예측 가능성, 추가 처리가 정보주체나 제3자의 이익을 부당하게 침해하지 않을 것 등의 요건을 갖춘 경우 수집한 개인정보를 정보주체의 동의없이 추가로 이용·제공할 수 있게 된다.

이는 유럽연합 개인정보 보호법(GDPR)에서 수집 목적과 양립가능한 범위 내에서 추가 처리를 허용하는 요건과 유사한 내용으로, 추가로 동의를 받아야 했던 경직성을 완화한 것이다.

둘째, 가명정보 결합 절차 및 전문기관 지정(제29조의2, 제29조의3)을 들 수 있다. 가명정보를 결합하고자 하는 개인정보처리자는 보호위원장 또는 관계 중앙행정기관의 장이 지정하는 전문기관에 결합신청서를 제출할 수 있다. 전문기관이 가명정보를 결합해주면, 개인정보처리자는 전문기관 내에 마련된 안전한 분석 공간에서 결합된 정보를 분석할 수 있다. 다만, AI 분석 등을 위한 데이터 반출의 필요성을 고려하여, 결합된 가명정보는 전문기관의 안전성 평가 및 승인을 거쳐서 전문기관 외부로 반출할 수 있다.

전문기관은 일정한 인력·조직, 시설·장비, 재정능력을 갖추어 지정될 수 있으며, 3년 간 지정의 효력이 인정된다. 안전한 데이터 활용에 대한 국민의 신뢰를 확보하기 위해서 전문기관은 전문성과 신뢰성이 있는 기관을 중심으로 지정·운영할 필요가 있다.

셋째, 가명정보의 안전성 확보조치(제29조의5)를 들 수 있다. 가명정보를 처리하는 개인정보처리자는 내부관리계획을 수립해야 하고, 개인을 알아볼 수 있는 추가 정보는 분리 보관하며 접근 권한도 분리해야 하는 등의 물리적·기술적인 안전조치를 실시해야 한다. 또한 가명정보 처리목적, 보유기간, 파기 등의 사항을 기록으로 작성하여 보관하게 함으로써 안전성을 확보할 수 있게 되었다.

2) '민감정보'에 생체인식정보와 인종·민족정보 포함

개념을 알아볼 목적으로 사용하는 지문·홍채·안면 등 생체인식 정보는 개인 고유의 정보로서 유출 시 되돌릴 수 없는 피해가 발생할 가능성이 커서 이를 별도로 규율할 필요가 있고, 인종·민족정보는 우리 사회가 다문화 사회로 변화함에 따라 처리 과정에서 개인을 차별하는 데 사용되지 않도록 보호할 필요성이 있었다. 이에 따라 생체인식정보와 인종·민족정보를 민감정보에 새롭게 추가하여 별도로 정보주체의 동의를 받아서 처리하도록 하였다(제18조).

3) 위원회 운영제도

전문위원회의 효율성과 전문성 제고를 위해 위원 정수를 당초 10명에서 20명으로 확대하였다(제5조). 또한, 범정부 차원의 체계화된 개인정보 보호정책 추진과 개인정보 침해사고에 대한 예방 및 대응 등 개인정보보호 업무의 효과적인 추진을 위해 중앙행정기관이 참여하는 개인정보보호 정책협의회, 지방자치단체가 참여하는 시·도 개인정보보호 협의회를 설치하고 운영하는 근거를 마련하였다(제5조의2, 제5조의3).

3년마다 수립하는 '개인정보보호 기본계획'의 수립부터 시행까지 최대 2년의 시차가 발생하던 문제를 해소하기 위하여 시행 시점에 더 근접하여 수립하도록 하였다(제11조, 제12조).

III. 신용정보법 주요 개정 내용

1. 법률 분야

1) 가명정보 개념의 도입

신용정보법은 추가정보를 사용하지 아니하고 특정 개인을 알아볼 수 없도록 처리하는, 이른바 가명처리한 개인신용정보로서 가명정보의 개념을 도입하였다(제2조 제15호, 제16호 신설). 또한 통계조사(시장조사 등 상업적 목적의 통계작성을 포함), 연구(산업적 연구를 포함), 공익적 기록 보존을 위해서는 가명정보를 신용정보주체의 동의 없이도 이용하거나 제공할 수 있도록 규정하였다(제32조 제6항 제9의2, 제9의4).

이외에도 개정 신용정보법은 익명처리에 대해서는 금융위원회에서 지정한 데이터 전문기관의 적정성 평가를 거친 경우에는 더 이상 특정 개인을 알아볼 수 없도록 처리한 정보로 규정하여 금융회사 등의 빅데이터 활용에 따른 법적 불확실성을 일정 부분 해소하였다(제2조 제17호(익명처리), 제26조의4(데이터전문기관), 제40조의2(가명처리·익명처리에 관한 행위규칙) 제3항 내지 제5항).

2) 개인정보 보호 강화

(1) 정보활용 동의제도의 내실화

개정 신용정보법은 고지사항의 중요한 사항만을 발췌하여 요약정보를 신용정보주체에게 알리고 정보활용 동의를 받을 수 있도록 하고, 신용정보주체가 요청할 경우 고지사항 전부를 알리도록 하는 등 신용정보주체에게 요약정보를 고지한 후에 동의를 얻는 가능성을 허용하였다(제34조의2 신설).

금융위원회로 하여금 금융회사 등의 정보활용 동의사항에 대하여 사생활의 비밀과 자유를 침해할 위험, 신용정보주체가 받게 되는 이익이나 혜택 등을 고려하여 정보활용 동의 등급(정보활동 동의 사항에 대하여 금융위원회가 평가한 등급)을 부여하도록 하고, 금융회사 등은 그 동의 등급을 신용정보주체에게 알리고 정보활용 동의를 받도록 하여 신용정보주체가 자신의 정보활용 동의에 따르는 효과를 손쉽게 알 수 있도록 하였다(제34조의3 신설).

(2) 개인신용정보 전송 요구권 도입

개인인 신용정보주체가 금융회사, 정부·공공기관 등에 대하여 본인에 관한 개인신용정보를 본인이나 본인신용정보관리회사, 다른 금융회사 등에게 전송하여 줄 것을 요구할 수 있는 개인신용정보의 전송 요구권이 신용정보법에 규정되었다(제33조의2 신설).

(3) 자동화평가에 대한 적극적 대응권

개인인 신용정보주체가 금융회사 등에게 자동화평가 실시 여부 및 자동화평가의 결과 및 주요 기준, 기초자료 등의 설명을 요구할 수 있도록 하고, 자동화평가 결과의 산출에 유리하다고 판단되는 정보의 제출 또는 기초정보의 정정·삭제, 자동화평가 결과의 재산출을 요구할 수 있는 권리인 프로파일링 대응권을 도입함으로써 신용정보주체에게 자동화평가에 대한 적극적인 대응권을 보장하였다(제36조의2 신설).[9]

2. 시행령 분야

1) 데이터 결합 절차 및 전문기관 지정

데이터 결합 절차 및 전문기관 지정(제22조의4, 제14조의2)에 대한 내용이다. 금융회사가 데이터를 결합하고자 하는 경우 금융위원회가 지정할 전문기관에 결합을 신청하도록 하고, 전문기관은 해당 데이터를 결합한 뒤 가명·익명처리 및 적정성 평가 등 충분한 안전조치를 거쳐 결합의뢰기관에 데이터를 제공하도록 하였다.

전문기관은 데이터 전문기관 업무 수행직원과 그 외의 인력을, 데이터 결합서버와 그 외의 서버를 분리하는 등 안전한 데이터 결합을 위한 위험관리체계를 갖추도록 하였다.

2) 개인신용정보 전송요구권

개인신용정보 전송요구권 도입(제18조의6, 제28조의3)에 관한 사항이

---

9   금융분야 개인정보보호 강화를 위해서 기계화·자동화된 데이터 처리(Profiling)에 대해 금융회사 등에 설명요구·이의제기를 할 수 있는 권리를 도입한 것이다. 여기서 프로프일링이라 함은 통계모형, 머신 러닝에 기초한 개인신용평가나 인공지능을 활용한 온라인 보험료 산정 결과 등을 의미한다.

다. 정보주체의 개인신용정보 전송요구권에 따라 금융회사, 상거래기업, 공공기관이 보유한 금융거래정보, 국세·지방세 등 공공정보, 보험료 납부정보, 기타 주요 거래내역 정보를 정보주체 본인, 금융회사, 개인신용평가회사 및 마이데이터 사업자에게 제공할 수 있도록 하였다.

3) 마이데이터 산업

마이데이터 산업 도입(제6조, 제11조, 제11조의2, 제18조의6)에 관한 사항이다. 개인신용정보 전송요구권을 근거로 마이데이터 산업을 도입하였으며, 전자금융업, 대출 중개·주선 업무, 로보 어드바이저(robo-advisor)를 이용한 투자자문·일임업을 다른 법령 등에 따른 허가 등을 받아 겸업할 수 있도록 하였다.

개인신용정보 전송요구권 행사 범위 이상의 개인신용정보 수집 등 정보주체의 정당한 정보주권을 보장하지 않는 행위를 금지하여 신뢰받는 마이데이터 산업의 근간을 마련하였다.

4) 신용정보업 규제체계의 선진화

신용정보업 규제체계의 선진화(제6조, 제9조, 제11조, 제11조의2, 제18조의3 내지 제18조의5)를 들 수 있다.

신용정보업자는 안전한 데이터 처리를 위한 시스템 및 설비요건을 갖추도록 하고, 허가단위별 자본금 요건(5억 원 내지 50억 원)에 따라 정해진 전문인력요건(2명 내지 10명)을 갖추도록 하며, 신용정보업자의 데이터 분석 노하우 등을 활용하여 수행 가능한 다양한 데이터 관련 업무를 다른 법령 등에 따른 허가 등을 받아 겸업할 수 있도록 하였다.

자사·계열사에 대한 신용평점 우대 등 불공정한 신용평가 행위, 또는 신용정보업자가 제공하는 서비스 계약 체결을 위해 신용등급 상향을 약속하는 행위 등 건전한 신용질서를 훼손할 수 있는 행위를 금지하여 신용정보업 영업행위의 건전성을 제고하였다.

5) 신용정보의 범위

종전에 이 영에서 규정하던 신용정보의 범위에 관한 규정이 대부분 법률로 상향됨에 따라 관련 규정을 정비하고, 특정 신용정보주체를 식별할 수 있는 정보로 전자우편주소, 주민등록번호 및 법인등록번호 등을 정하는 등 법률에서 위임된 신용정보의 범위에 관한 사항을 규정하였다 (제2조).

6) 금융권 정보활용·제공 동의서 개편

금융권 정보활용·제공 동의서 개편(제29조의2, 제29조의3)이다. 금융위원회가 금융회사 등의 개인정보 활용·제공동의에 따른 위험 및 혜택, 가독성 등을 고려하여 정보활용 동의등급을 산정할 수 있도록 하였다.

금융회사 등은 정보주체에게 요약된 정보활용·제공동의서를 통해 동의를 받을 경우 금융위원회가 산정한 정보활용 동의등급과 함께 개인정보 수집·이용·제공 목적, 수집·제공대상 정보, 정보 보유 및 제공기간 등을 필수적으로 알리도록 하여 '알고 하는 동의'가 이루어질 수 있도록 한 것이다.

IV. 빅데이터와 법철학적 과제: 윤리학적 관점에서

1. 데이터 수집 관련 사항

1) 페이스북의 역설

세계적 IT기업인 페이스북은 다양한 방식으로 데이터의 수집을 촉진하고, 그 수집된 데이터를 유실되지 않도록 하고 있다. 예를 들면, 사용자는 자신이 찍은 사진을 올리면서 사진에 나오는 사람들의 이름을 적어넣을 수 있다. 이러한 방식은 인간의 윤리적 측면을 고려하지 못한 결과를 초래할 수 있게 된다. 즉, 사용자의 이름을 제시하면 그 사진이 페이스북에 올려졌다는 사실이 '태그'를 통해 해당자에게도 전해진다. 이때 제기되는 문제점은 사용자가 사진에 나오는 사람들로부터 정보제공의 동의를 받은 것도 아니라는 점과 페이스북에 가입하지 않은 사람 등의 정보도 저장된다는 점이다. 또한 사진에 나오는 사람의 얼굴에 네모가 설정되면서 해당인의 이름을 써 넣기는 매우 쉽지만, 일단 쓴 이름을 삭제하기는 용이하지 않다는 점이다. 이와 같이 축적된 데이터는 통계적 분석을 위한 매개물로 활용될 수 있을 뿐만 아니라, 페이스북 가입 여부와 무관하게 많은 사람들의 얼굴을 자동으로 인식하게 되는 결과를 초래할 수 있게 된다.

2) 잊혀질 권리의 제기

'잊혀질 수 있는 권리'도 한번 생각해볼 문제이다. 인터넷 공간에서 특정 개인의 정보는 영원히 지속될 수 있고, 누구나 손쉽게 접근할 수 있다. 이로 인해 개인의 인격권이 피해를 입거나, 일면식도 없는 타인에 의해 프라이버시가 침해되는 현상이 발생하고 있다. 이와 관련하여 2014

년 유럽사법재판소의 '잊혀질 권리(Recht auf Vergessenwerden)'에 대한 판결은 사회적 화두를 던졌다. 1998년 카탈루냐(Cataluña) 지역지 라반구아디아(La Vanguardia)는 부채로 곤란을 겪고 있던 변호사 곤잘레스(González)의 자택 강제경매에 관한 기사를 보도하였다. 이후 12년이 지난 2009년, 곤잘레스는 부동산 압류 및 경매절차가 오래전에 끝났음에도 불구하고 여전히 자신의 자택 경매 기사가 인터넷에서 검색되고 있다는 사실을 알게 되었다. 곤잘레스는 신문사 아카이브에서 자신과 관련된 기사를 삭제해줄 것을 요청하였지만 라반구아디아는 이를 거절하였다. 곤잘레스는 구글(google) 스페인에도 검색목록에서 자신의 경매 관련 기사를 삭제하거나 검색 결과에 노출되지 않도록 조치해줄 것을 요구하였는데, 구글은 권한이 없다는 이유로 해당 요청을 거부하였다.

3) 유럽사법재판소의 결정

2014년 5월 13일 유럽사법재판소는 인터넷 검색으로 노출된 개인의 정보에 대해, 정보매개체로서 검색서비스를 제공하는 업체가 EU 정보보호법에 따른 책임을 져야 한다고 결정하였다. EU 정보보호법이 구글의 업무와 서비스 전체에 적용되는 것은 아니지만, 구글에서 특정 개인의 이름 혹은 이와 관련된 내용이 인터넷에 오랫동안 존재하여 해당 개인에 대한 정보에 접근할 수 있는 경우, 검색서비스 업체에 검색결과의 삭제 등을 요청할 수 있다는 것이다. 이 결정은 언론·표현의 자유와 개인정보 보호의 이해가 충돌하는 상황에서 EU기본법상 개인의 인격권이 우선한다는 재판부의 관점을 반영한 것이다.[10]

4) 잊혀질 권리와 공공의 이익

데이터의 소유권에 대해 사용자의 요구를 들어주는 것이 타당할 것인데, 인터넷 관련업자들은 기술적으로 불가능하다고 하면서 반발하는 모습이다. 하지만 다른 관점도 생각해볼 필요가 있는데, 기술적으로 가능한 데이터라 하더라도 그 데이터가 공공의 소유로 인정되는 것이라면, 반드시 수용해야 하는 것은 아닐 것이다. 즉, 과거 어느 범죄에 연루되었던 자가 자신과 관련된 내용을 삭제해 달라고 요구하자 이를 받아들인다고 한다면, 무고한 희생자를 예방하고자 하는 공공의 이익은 배제될 수 있음을 유념할 필요가 있을 것이다.

2. 데이터 가공 관련 사항

빅데이터 기술은 엄청난 양의 데이터를 가공하여 유의미한 정보로 창출해 내는 특징이 있다. 즉, 서로 연관성이 없는 대량의 데이터들을 분석하여 기업이나 정부에서 요구하는 현실성 있는 정보로의 가공 가능성이 있는 것이다. 물론 데이터의 가공을 통하여 알려지지 않은 정보들이 드러나게 되고, 때에 따라서는 이러한 분석이 결과적으로 유익할 수도 있다. 하지만 이러한 정보가공에 있어서도 윤리적인 관점이 배제될 수 없다고 할 것이다. 인간의 건강을 위한 질병정보를 얻기 위하여 인간을 대상으로 생체실험을 한다면, 이러한 작업이 정확한 정보를 얻을 수 있을지는 모르지만 윤리적이라 할 수는 없는 것이다.

---

10 다만, 이 판결은 해당 정보가 오래되었거나 현재 더 이상 사회적으로 의미가 없는 개인 정보에 대한 검색 배제 요구를 인정한 것으로서, 단지 시간이 경과하였다는 이유에서의 '잊혀질 권리'를 모두 수용한 것은 아니라는 점에 유의할 필요가 있다.

마찬가지로 대량의 데이터를 축적하여 새롭고 유용한 정보를 취득하는 것이 가능하겠지만, 이러한 정보의 취합과 분석이 비윤리적이 아니라고 장담할 수 없는 것이다. 축적된 데이터가 대중에게 노출됨으로써 다른 사용자들이 오용이나 남용할 수 있는 가능성도 생각해볼 수 있다. 특정인을 대상으로 하여 사용자들이 그 자에 대한 신상털기와 같은 프라이버시권에 대한 침해 문제와 SNS 사용자들의 데이터를 분석하여 그들의 행태(불면증을 겪고 있는지, 동성애자인지, 임신 여부 등)정보를 토대로 하여 기업이 마케팅 활동을 하게 된다면, 이 또한 비윤리적이라는 비난을 벗어나기는 어렵다고 할 것이다. 이러한 문제는 인터넷서비스를 제공하고 운용하는 주체에게 그 책임이 전가되어야 할 것이다.

또 다른 측면에서 생각해볼 수 있는 것은 데이터 가공을 통한 국가의 비윤리적인 활용가능성이다. 국가가 특정 목적을 위해 광범위한 데이터를 수집하여, 예를 들면 테러리스트를 소탕하겠다는 목적으로 SNS에 특정인에 연결되거나 특정 단어를 사용하는 자들을 골라내서 그들의 신상정보를 사용하는 것은 비윤리적인 행동임을 지적하지 않을 수 없을 것이다. 자국민을 보호하기 위하여 국가라는 이름으로 불특정 다수에 대한 데이터를 보유하고 이를 분석, 가공하여 사용하는 것은 위험스러운 일이 아닐 수 없다고 하겠다.

3. 자유와 자아 정체성

데이터 활용은 또 다른 문제를 야기시킬 수 있다. 인터넷이 처음 등장했을 때 엄청난 양의 정보에 자유롭게 접근할 수 있다는 장점이 크게 부각되었다. 권력자들만이 정보를 독점하던 시대에서 누구나 정보를 자유롭게 정보를 획득할 수 있기 때문에, 인터넷 세상은 인간의 자유를 증진하고 민주주의에 기여를 할 것이라는 기대감이 충만하였다. 하지만 개인이 소화할 수 없는 양의 정보가 공급되기 시작하자 상황은 급변하였다. 검색엔진의 중요성이 커지기 시작했고, 구글이나 우리나라의 네이버는 엄청난 성공을 거두게 되었다. 성공적인 검색 결과의 제공은 빅데이터 기술과 밀접하게 연관되어 있다. 처음에는 사용자들의 반응을 토대로 적합한 검색 결과를 제공하는 수준에 불과한 것이었지만, 사용자들의 과거 검색과 인터넷상에서 여러 활동들에 대한 정보의 집적은 더욱 정교한 검색이 가능하게 되었다.

원래 데이터 기술의 전제는 사용자에게 고유의 판단과 선호를 인정하며, 그에게 맞는 정보와 서비스를 제공해주는 것이 가능하다는 것이었다. 하지만 구글이나 네이버 등 검색엔진은 예전의 수동적 기능으로부터 사용자에게 적합하고 개별적인 정보를 제공하여 특정한 방향으로 유도할 수 있는 적극적 기능으로 탈바꿈하였다. 이는 사용자가 데이터 기술에서 고유한 정체성을 지닌 자가 아니라 데이터에 의한 조작 가능한 대상자로 전락할 수 있음을 의미하는 것이다. 수학적 알고리즘에 의하여 제시되는 정보에 따라 우리가 받아들이기만 한다면, 우리 인간이 자유로운 존재라고 장담할 수 있을지 의문이다. 더 나아가 주어지는 정보에 따라 인간의 정체성이 형성되는 것이라 한다면, 빅데이터 기술을 통해 개인의 특성에 맞게 제공되는 정보는 인간의 정체성에도 영향을 미치지 않는다고 볼 수는 없을 것이다.

V. 결론

　한 개인의 거의 모든 사생활이 휴대폰의 데이터기록에 담겨 있다고 해도 과언이 아닐 정도로 우리의 생활 대부분이 데이터로 저장되고 있다. 금융, 일정, 메시지, 일기, 쇼핑, 위치, 검색 기록 등이 모두 데이터화 되어 저장되고 있는 것이다. 기본권으로서의 프라이버시는 당연히 보호되어야 하며, 데이터는 원유(oil)에 비교될 정도로 자원이 되고 있는 데이터 경제 시대에서 프라이버시를 보호하면서도 데이터를 활용할 수 있는 방안의 모색과 지속적인 개발은 우리에게 당면한 과제이다.

　개정 전 개인정보 보호법이 개인정보의 개념 모호성 등으로 수범자 혼란이 발생하는 등 일정한 한계가 노출되어 왔다. 개인정보 보호 감독기능은 여러 정부 부처 등에 의하여 수행되고 있었으며, 개인정보 보호 관련 내용들이 개정 전 개인정보 보호법과 정보통신망법 등으로 각각 분산되어 운영되고 있었다. 이와 함께 감독기구와 개인정보 보호 법령의 체계적 정비가 이루어져야 한다는 끊임없는 주장, 데이터 생산·유통 및 수집·분석·이용 서비스를 전문적으로 활용하여 데이터산업의 성장 및 높은 양질의 일자리를 창출하기 위한 방안에서 데이터 3법이 개정되었다.

　데이터 3법의 개정은 이제 정보의 활용을 위한 서막을 알리고 있지만, 모든 산업의 발전은 사람을 위해 존재하기에 주객전도(主客顚倒)되지 않기 위하여 지속적으로 여러 후속 작업이 필요하다. 기본권으로서의 프라이버시권 침해 문제나 개인정보자기결정권의 실질적인 보장시스템 구축도 중요한 과제이고, 안전조치의 확보를 위한 인증제도의 구축과 함께 합리적인 가이드라인을 기술개발에 맞춰 지속적으로 개정하는 작업도 중요하다고 할 것이다.

빅데이터와 4차 산업혁명의 첨단 기술들이 빠른 속도로 우리의 생활을 변모해주고 있다. 이러한 기술의 발전은 우리 삶을 윤택하게 해주고 있다는 점에서는 부정할 수는 없다고 본다. 하지만 이러한 빅데이터와 같은 기술발전이 인간의 자유와 정체성을 상실케 한다면, 기술을 통한 삶의 편리함이나 윤택함을 떠나 인간의 존재를 다시금 성찰하지 않으면 아니될 것이다.

Chapter 02

원격의료
도입과 그 파장

I. 서론

　기술의 급속한 발전과 함께 인공지능은 인간에게 친근한 존재, 더 나아가 인간과 공존하는 존재로 점점 더 다가오고 있다. 알고리즘을 통한 인공지능은 여러 영역에서 그 발전을 거듭하고 있는데, 일반 제조업의 영역뿐만이 아니라 기계학습에서 발전한 심층학습 인공지능, 사물과 사물이 대화를 하는 사물인터넷, 사람이 운전하지 않는 무인 인공지능 자율주행자동차, 환자들을 대신하여 진료나 수술을 하는 인공지능 의사 등이 그 대표적인 사례에 해당한다.

　2020년 2월 중국에서 시작된 코로나-19는 우리에게 예기치 않게 다가왔다. 코로나-19 팬데믹은 비즈니스와 경제 그리고 우리 사회를 유례없는 충격을 주고 있다. 코로나-19로 인하여 대면의 비즈니스 방식은 인터넷이나 모바일, 플랫폼 등을 통한 비대면거래 중심으로 급속하게 변모하고 있고, 밀착된 거리에서 친밀도를 유지하는 것을 당연시하였던 인간관계는 일정한 거리를 두면서 생활해야 하는 사회적 거리를 요구하고 있다.

제4차 산업혁명의 핵으로 자리매김하면서 발전을 계속하고 있던 인공지능은 코로나-19라고 하는 돌발적인 변수로 인하여 그 속도를 배가하고 있는 모습이다. 물론, 모바일이나 인터넷 등의 발전이 인공지능의 효과를 증대시키고 있는 것도 사실이다.

이제 인공지능과 코로나-19가 우리에게 미치는 사회적인 영향을 살펴보고, 이에 따른 우리의 법률적 대응책을 제시해 보고자 한다. 주제의 포괄성은 일반적인 사항과 추상적인 결과를 초래할 수 있을 뿐만 아니라, 필자의 의도를 불명확하게 할 수 있으므로, 인공지능과 관련된 의료법적인 쟁점 몇 가지를 논하기로 한다.

II. 4차 산업혁명시대의 인공지능과 코로나-19

1. 인공지능의 개념

인공지능의 출발은 컴퓨터의 원리를 착안한 알랜 튜링(Alan Mathison Turing)[1]과 현실에 움직이는 컴퓨터를 만든 폰 노이만(John von Neumann)[2]

---

[1] 컴퓨터과학의 아버지로 칭송받는 알랜 튜링(1912~1954)은 영국의 수학자이자 논리학자이다. 계산기가 어디까지 논리적으로 작동할 수 있는가에 대하여 처음으로 지적인 실험을 시도한 학자로 유명하며, 컴퓨터공학 및 정보공학의 이론적 토대를 마련한 자로 평가받고 있다. 《이미테이션 게임》은 알랜 튜링의 실화를 바탕으로 제작된 영화로서 2차 세계대전 당시 독일군의 암호기 애니그마 머신을 해독하여 연합군이 승리하는 모습을 담고 있다.

[2] 요한 폰 노이만(1903~1957)은 컴퓨터 중앙처리장치의 내장형 프로그램을 처음 고안한 미국의 수학자이자 물리학자이다. 1949년 당시 새로운 개념으로 제작된 에드삭(EDVAC)은 오늘날에도 거의 모든 컴퓨터 설계의 기본이 되고 있다.

에서부터라고 할 수 있다. 이들은 기계에 의하여 지능을 만들어내는 컴퓨터 연구자로서, 이들의 컴퓨터연구 자체가 인공지능의 연구라고 할 수 있다. 정식으로 인공지능이라고는 용어가 사용된 것은 1956년 다트머스에서 개최된 국제회의에서 계산기 과학자인 존 매카시(John McCarthy)[3]에 의해서였다. 그러나 여기서 인공지능이라는 용어는 엄밀하게 정의를 내린 것은 아니었다.

인공지능을 이해하기 위해서는 인공지능이 무엇인가에 대한 정의가 먼저 이루어져야 한다. 인공지능에 대한 정의는 다양하게 나타나고 있다. '기계에 지능을 부여하려는 활동'을 인공지능으로 정의하기도 하고,[4] '인간처럼 생각하는 시스템, 인간처럼 행동하는 시스템, 이성적으로 생각하는 시스템, 이성적으로 행동하는 시스템' 등 네 가지 영역으로 인공지능을 제시하는 학자[5]도 있다. 우리나라에서 인공지능은 '인간의 지능이 가지는 학습, 추리, 적응, 논증 따위의 기능을 갖춘 컴퓨터 시스템으로서, 전문가 시스템·자연언어의 이해·음성번역·로봇공학·인공시각·문제해결·학습과 지식습득·인지과학 따위의 응용'으로 이해할 수 있겠지만,[6]

---

3 존 매카시(1927~2011)는 인공지능 연구에 대한 업적을 인정받아 1971년 튜링상을 수상한 미국의 컴퓨터과학자이고 전산학자이자 인지과학자이다. 리스프 프로그래밍 언어를 설계하고 구현했으며, 이미 1955년 '지능이 있는 기계를 만들기 위한 과학과 공학'이라는 논문에서 인공지능(AI)을 언급한 바 있다. 존 매카시는 '인간 지성을 가진 프로그램', 즉 인공지능(AI)이 미래에 실현 가능한 기술·존재라는 예측을 했다.

4 Standford University, *Artificial Intelligence and Life in 2030? One Hundred Year Study on Artificial Intelligence: Report of the 2015~2016 Study Panel*, 2016.

5 S. Russel and P. Norvig, *Artificial Intelligence: A Modern Approach*, 3rd ed. Prentice Hall, 2010.

6 국립국어원 표준국어대사전 참조.

'기계가 인지하고 추론하며 학습하는 등 인간이 지니고 있는 고유의 지능적인 행동을 구현하는 기술이나 외부환경에 대하여 스스로 인식하고 상황을 판단하여 스스로 동작하는 기계장치' 정도로 이해하면 될 듯 싶다.

2. 영역

1) 예술적 방면

인공지능은 인간이 예술활동을 하는 것과 마찬가지로 창작적인 예술활동을 한다.[7] 인공지능은 인간이 작곡을 하듯 스스로 작곡을 한다. 스페인 말라가 대학에서 개발한 아이무스(Lamus)는 음악 한 곡을 작곡하는 데 8분 정도 소요되며, 실제 런던 오케스트라가 연주하고 CD 등으로 판매되기도 하였다. 인공지능은 그림을 그리기도 한다. 구글은 수년 전부터 인공지능으로 빈세트 반 고흐 등 유명 화가의 화풍을 재현하는 시도를 하였으며 2016년 2월에는 AI가 그린 그림으로 전시회를 개최하여 9만 7,600달러의 수익을 내기도 하였다고 한다.

2) 의료적 방면

병원 진료실에 인공지능이 적용되면서 치료 환경이 변모하고 있다. 값비싼 치료비가 투입되는 난치성 암 진단과 치료에 인공지능이 개입하게 되면서 의료계에 새로운 패러다임을 제시하고 있는 것이다.[8] 기존 진

7　인공지능의 저작자 지위 여부에 대하여는 조승호·신인섭·유주선, 『공학, 철학, 법학의 눈으로 본 인간과 인공지능』, 씨아이알, 2018, 215면 이하.

8　이인영, "보건의료에서의 인공지능 적용과 관련된 법적 과제에 대한 개관", 「한국의료법학회지」 제27권 제2호, 한국의료법학회, 2019, 40면 이하.

료실에는 의사와 환자가 소통하는 것이 일반적이었다. 하지만 인공지능이 도입되면서 인공지능은 스마트 헬스케어의 대표주자가 되어가고 있다. 의료진이 환자 상태와 정보 등을 입력하면 인공지능은 세계 관련 문헌과 최신 연구자료 등을 순식간에 분석하여 정보를 제공한다. 특히, IBM이 제작한 인공지능 왓슨은 치료법은 제시하지만 어떠한 결정도 하지는 않는다.[9]

의사와 환자는 컴퓨터를 통하여 대화를 나눈다. 인공지능은 환자의 증상을 정확히 진단하기도 한다. 최종 판단은 치료 경험이 풍부한 의사가 내린다. 인공지능은 의료진이 참조하도록 암 치료 관련 논문과 임상연구 결과들도 제시한다. 더 나아가 사람이 할 수 없는 능력을 인공지능이 하게 되는데, 이와 같이 인공지능은 실시간 학습을 통해 의사 치료법을 제안한다.

3) 법률적 방면

미국 캘리포니아주에 사는 조슈아 브로더(Joshua Browder)는 19세에 인공지능 변호사 로봇을 만들어 16만 명을 도왔다. 그는 18세부터 차를 운전하면서 주차위반 티켓을 4번이나 받게 되었는데, 비싼 벌금을 납부하기 힘든 조슈아는 변호사를 통해 항의편지를 쓰는 대신 직접 그 문제를 해결해 보기로 하였다. 수백 개의 정부문서를 탐독하고 정보공개청구 등의 방법을 통해 변호사와 같은 형식으로 항의편지를 쓸 수 있게 되었다. 대학에 진학한 조슈아는 담당 교수의 도움을 받아 AI 변호사로봇 앱을

---

9   배현아, "보건의료법제하에서 인공지능기술의 의료영역 도입의 의의와 법적 문제", 「법조」 제724호, 2017, 44~45면.

사용할 수 있는 'DoNotPay.co.uk' 사이트를 만들었다.[10] 이 사이트가 오픈한 2016년 9월부터 지금까지 약 16만 명이 이 사이트를 통해 주차벌금을 내지 않을 수 있게 되었다. 취소된 벌금은 50억 원에 달했다.

4) 기타 사항

일본의 한 엔지니어가 인공지능을 실생활에 적절하게 활용한 사례가 화제가 되고 있다. 일본 자동차 임베디드 시스템 디자이너 마코토 코이케(Kooto Koekke)는 오이를 선별하는 데 딥러닝 기술을 활용하였다.[11] 그는 구글의 오픈소스인 텐스 플로우(TensorFlow)를 사용해 오이 농장에서 오이의 크기, 모양, 색상 등 여러 특성에 맞춰 오이를 인식하고 자동 분류하는 데 성공하였다. 오이를 선별하기 위하여 오랜 시간을 허비할 필요가 없게 된 것이다.

3. 인공지능의 분류

인공지능은 사고해결유무에 따라 약한 인공지능(weak AI)와 강한 인공지능(strong AI)으로 구분된다.[12] 약한 인공지능은 어떤 문제를 실제로 사고하거나 해결할 수 없는 컴퓨터 기반의 인공적인 지능을 만들어 내는 것에 대한 연구이며, 학습을 통해 특정한 문제를 해결한다.[13] 강한 인공지

---

10 로봇신문, "정치적 망명자 돕는 로봇 변호사 등장", 2017년 3월 15일자.

11 싸이언스타임즈, "AI시대 법, 제도는 어떻게?", 2017년 4월 18일자.

12 John R. Searle, Minds, brains, and programs, Behavioral and Brain Science 3, Cambridge University Press, 1980, p. 417; 김성원, "지능정보사회의 도래와 법·윤리적 과제 -인공지능기술의 발달을 중심으로-", 「이슈리포트」 2017-제21호, 정보통신산업진흥원, 2017, 4면.

13 공용현, "마음, 지능, 인공지능: AI의 정의에 관한 철학적 반성", 「인지과학」 제1권 제2호, 한국인지과학회, 1989, 179면.

능은 실제로 사고하거나 해결할 수 있다는 점에서 약한 인공지능과 차이가 없다. 그러나 인간형 인공지능과 비인간형 인공지능으로 나누어볼 수 있다. 인간의 사고와 같이 컴퓨터 프로그램이 행동 및 사고하는 인공지능을 인간형 인공지능이라고 한다면, 인간과 다른 형태의 사고능력을 발전시키는 컴퓨터 프로그램인 비인간형 인공지능으로 구분된다. 강한 인공지능은 미래에 예견되는 기술로서 약한 인공지능이 진화된 형태이다. 어떤 문제를 스스로 사고하고 해결할 수 있는 컴퓨터 기반의 인공지능인 것이다. 강한 인공지능은 지각력이 있고, 스스로를 인식하고 독립성을 가진 인공지능에 해당한다.[14]

4. 코로나-19의 극복과 인공지능의 대안 가능성

코로나-19는 세계 전 지역에 아주 짧은 기간을 두고 퍼져 나갔다. 이러한 팬데믹은 생산활동, 경제활동 및 사회활동 등 우리 모두의 생활에 직접적으로 영향을 주고 있다. 코로나-19는 2002년 발생한 사스(SARS), 2012년 발생한 메르스(MERS) 등과 비교하였을 때 치사율은 낮지만 전파 속도는 상상을 초월하는 수준이다. 코로나-19는 어느 한 지역에 영향을 미치는 것이 아니라 인간이 살고 있는 전 세계 대유행, 이른바 팬데믹 사태를 야기하면서 예전과 다른 교육과 경제 및 사회구조의 변모를 요구하고 있다.[15] 우리나라는 이미 두 번에 걸쳐 경제적 위기를 경험한 바 있다. 1998년 아시아를 중심으로 하는 외환위기와 2008년에 경험한 글로벌 금융위

---

14   김진형, "인공지능 방법론의 변천사", 「계간 과학사상」 제8호, 범양사, 1994, 54면.
15   코로나 이후에 달라질 사회상에 대하여는 제이슨 솅커 저, 박성현 역, 『코로나 이후의 세계』, 미디어숲, 2020, 16~20면.

기가 그것이다. 하지만 이러한 금융위기와 코로나-19는 근본적으로 차이가 있다. 두 번에 걸쳐 발생한 금융위기는 어느 한 지역을 중심으로 발생한 사건이었고, 또 시차를 두고 발생한 것이기 때문에 다른 지역의 지원을 받으며 위기를 극복할 수 있었다. 하지만 2020년에 마주하고 있는 코로나-19 팬데믹 사태는 일찍이 우리가 경험해보지 못한 새로운 한국의 위기이자 인류 모두의 위기에 해당한다.

미래학자인 레이먼드 커즈 와일(Raymond Kurzweil)은 인공지능이 자신보다 똑똑한 인공지능, 즉 강한 인공지능을 만들어내는 시점을 2045년으로 예측한 바 있다.[16] 이러한 강한 인공지능의 출현에 대하여 스티븐 호킹 박사는 이미 경고의 메시지를 제공한 바 있다. 그는 기술적 특이점에 대하여, "완전한 인공지능을 개발하면 그것은 인류의 종말을 의미하는지도 모른다. 인공지능이 자신의 의지를 가지고 자립하고, 천천히 진화할수밖에 없는 인간에게는 승산은 없다. 언젠가는 인공지능으로 대체될 것이다"라고 우려를 표명하였다.

하지만 인공지능에 대한 반응이 모두 부정적인 것만은 아니다. 빠르면 50년 이내에 늦어도 100년 이내에는 강한 인공지능이 등장할 것으로 내다보는 대부분의 과학자들은 일반성, 방대성 등 지식의 특성뿐만 아니라 일반소프트웨어 시스템과 달리 추론기능 등의 특성을 가지고 있는 이러한 인공지능은 단독으로 또는 다양한 분야와 융합하여 인간이할 수 있는 업무를 대체하거나 높은 효율성을 가져올 것으로 기대되고 있다.

인공지능(AI)이 코로나-19 바이러스 감염병 진단에 활용되고 있다. 고

---

16   Ray Kurzweil 저, 장시형·김영남 역, 『특이점이 온다』, 김영사, 2007.

성능 컴퓨팅 자원을 기반으로 한 인공지능을 활용하여, 대규모 데이터를 신속하게 학습·분석하여, 추론에 의한 의사결정의 밑바탕이 되고 있는 것이다. 인공지능의 기술을 이용하여 코로나-19를 극복하고자 하는 다양한 사례들이 미디어에서 알려지고 있다.[17] 이하에서는 인공지능과 관련된 의료법적인 이슈를 다루면서, 인공지능과 코로나-19 시대가 미치는 사회적 영향과 그에 대한 법적 대응책을 탐구해 보기로 한다.

III. 인공지능과 코로나-19가 의료분야에 미치는 법적 영향

1. 코로나-19와 원격의료 도입 가능성

1) 원격의료의 의의

원격의료는 1877년 미국의 의사들이 약국과의 의사소통을 위하여 전화교환장치를 만들어 사용한 것에서 그 기원을 찾을 수 있다.[18] 미국은 1970년대부터 원격의료가 본격적으로 개발되기 시작하였다. 지형상 방대한 국토의 크기와 사막, 산악, 극지 등의 격지나 오지가 많은 관계로 군부대의 군인이나 교도소의 수형자 또는 재난지역의 피난민 등이 원활한 의료서비스를 받지 못하는 상황이 발생하자 이들의 진료와 건강권을 보호하기 위한 방편으로 원격의료가 본격적으로 도입되기 시작한 것이다. 이

---

17 구글과 아마존, 알리바바 등은 헬스케어 분야 자회사나 자체 연구팀을 만들어 신기술을 개발하고 있고, 우리나라의 네이버와 카카오 등 포털 서비스 기업은 정부기관과 제휴해 AI 서비스 등을 제공하고 있다.

18 최연석, "원격의료의 도입에 관한 연구 -코로나바이러스감염증19 전염병과 원격의료 도입의 필요성-", 「국제법무」 제12집 제1호, 제주대학교 법과정책연구원, 2020, 117면.

를 현대적 의미에서 원격의료의 효시로 보고 있다.[19] 반면, 우리나라는 2003년에 방사선과 의사들이 자택이나 원격지에서 영상자료를 판독하는 원격판독업무를 이미 진행한 바 있다.[20]

원격의료라 함은 의사와 환자가 멀리 떨어져 있는 장소에서 통신수단을 사용하여 행하는 의료행위를 말한다.[21] 이러한 대면적 의료행위에 대비되는 개념으로 비대면 의료행위인 원격의료가 발전할 수 있었던 이유는 정보통신기술의 첨단화와 IT 기술의 발달로 인하여 비대면 상황에서도 대면상황과 유사하게 소리, 영상, 의료장비로 측정된 자료들은 실시간으로 전달할 수 있게 되었기 때문이다.[22]

우리 정부는 코로나-19(COVID-19)의 국내 확산을 막기 위하여 온갖 노력을 기울이고 있고, 그 중심에 원격의료를 허용에 대한 논의가 자리잡고 있다.[23] 서울대학병원은 2020년 3월 5일 문경 지역에 경증 코로나 환자

---

19 김병일. "유비쿼터스 시대를 위한 의료법의 개선방안 -원격의료를 중심으로-", 「법학논총」 제27권 제2호, 전남대학교 법학연구소, 2007, 59면.

20 윤종태, "원격의료의 현황과 법적 문제", 「의료법학」 제4권 제2호, 「대한의료법학회」, 2003, 115면.

21 류화신, "원격의료에서 의사의 책임원리", 「비교사법」 제12권 제1호, 한국비교사법학회, 2005, 561면.

22 보건의료분야에 ICT를 접목했던 사례에 대하여는 유주선, "원격화상투약기의 전망과 법적 과제", 「한국의료법학회지」 제22권 제2호, 한국의료법학회, 2014, 93면 이하. 정보통신이 다른 영역과 결합하여 새로운 영역을 탄생시키기도 하는 동시에, 그 새로움이 인간의 편리함에 기여하고 있다는 사실이다. '원격화상투약기'는 의료보건 분야에 ICT 기술을 접목한 창의적인 융합 신제품에 해당하는 것으로서, 주민의 불편해소와 의료비 절감 등의 효과를 얻을 수 있는 장점이 있다.

23 보건복지부, "코로나바이러스감염증-19 대응 총리 주제 회의", 보도자료, 2020. 2. 21. 정부는 '코로나바이러스감염증-19 대응 총리 주제 회의'를 열고 "의사의 판단에 따라 안정성 확보가 가능한 경우 환자가 의료기관을 직접 방문하지 않고 전화 상담 및 처방을 받을 수 있도록 한시적으로 허용할 예정이다. 이를 통해 의료기관 내 감염을 예방할 수 있으며, 국민도 필요한 진료를 안전하게 받을 수 있게 된다."

를 위한 생활치료센터를 열어 급증한 대구·경북 지역의 코로나 환자를 대상으로 원격의료를 시행하였으며, 외부 '의료영상 공유 플랫폼', '스마트 활력징후 측정 장비', '환자모니터링시스템', '모바일전자문진시스템', '재택의료용 앱' 등 원격의료를 위한 최첨단 시스템을 선보였다.[24] 하지만 대한의사협회는 원격의료의 한시적 허용을 정부 발표한 대하여, 의사와 환자 사이 대면 진료를 원칙으로 하는 의료법을 위반하는 소지가 있다고 하면서,[25] 유선을 이용한 상담과 처방의 원격의료를 반대하는 입장을 밝힌 바 있다.[26]

2) 의료행위 원칙과 예외

의료행위는 의사와 환자가 같은 장소에서 서로 만난 상태에서 행하여야 하는 대면진료가 원칙이다. 환자를 대면한 의사는 환자의 증상 등을 물어보는 문진으로부터 시작하여 환자의 신체 상태를 파악하게 된다. 시진·청진·촉진·타진 등을 이용하여 의사는 환자를 마주보고 진료를 하는 것이 일반적일 것이다. 우리나라 의료법은 이 부분을 잘 반영하고 있

고 하여 전국 의료기관에서 한시적으로 2월 24일부터 전화 상담이나 처방 등을 이용한 원격의료를 허용한다고 밝힌 바 있다.

24 메디칼타임즈, "서울대병원 생활치료센터에 숨겨진 '첨단정보시스템'", 뉴스기사, 2020. 3. 18. 대구·경북지역의 환자들은 문경의 생활치료센터만 방문하면 서울에 가지 않더라도 서울대학교병원의 의사로부터 진료를 받을 수 있게 되었고, 재택의료용 앱을 통해서 집에서도 문진을 받을 수 있게 된 것이다.

25 이미 대한의사협회는 2009년 정부가 '의사-환자 간 원격의료 도입'을 위한 의료법 개정안 입법 예고 발표 당시부터 원격의료의 도입을 반대한 바 있었다. 2013. 11. 29. 보도자료, "대재 초래하는 원격의료 논의를 즉각 중단하라"; 2013. 12. 3. 보도자료, "원격의료, 영리병원 의료계 동의 없이 강행하면 즉시 파업도 불사한다!".

26 대한의사협회, "정부의 전화상담 및 처방 허용 관련 대한의사협회 입장", 보도자료, 2020. 2. 21.

다. 의료법 제17조 제1항은 환자를 직접 진찰한 의사가 진단서 등을 교부하도록 규정하고 있고,[27] 제33조 제1항에서는 의사는 개설한 의료기관 내에서만 의료행위를 할 수 있도록 장소적 제한을 두고 있다.[28] 다만, 의사-의료인간의 원격의료를 예외적으로 허용하는 의료법 제34조는 대면진료를 원칙으로 하되 예외적으로 원격의료를 인정하고 있다.[29]

---

[27] 의료법 제17조(진단서 등) ① 의료업에 종사하고 직접 진찰하거나 검안(檢案)한 의사(이하 이 항에서는 검안서에 한하여 검시(檢屍)업무를 담당하는 국가기관에 종사하는 의사를 포함한다), 치과의사, 한의사가 아니면 진단서·검안서·증명서를 작성하여 환자(환자가 사망하거나 의식이 없는 경우에는 직계존속·비속, 배우자 또는 배우자의 직계존속을 말하며, 환자가 사망하거나 의식이 없는 경우로서 환자의 직계존속·비속, 배우자 및 배우자의 직계존속이 모두 없는 경우에는 형제자매를 말한다) 또는 「형사소송법」 제222조 제1항에 따라 검시(檢屍)를 하는 지방검찰청검사(검안서에 한한다)에게 교부하지 못한다. 다만, 진료 중이던 환자가 최종 진료 시부터 48시간 이내에 사망한 경우에는 다시 진료하지 아니하더라도 진단서나 증명서를 내줄 수 있으며, 환자 또는 사망자를 직접 진찰하거나 검안한 의사·치과의사 또는 한의사가 부득이한 사유로 진단서·검안서 또는 증명서를 내줄 수 없으면 같은 의료기관에 종사하는 다른 의사·치과의사 또는 한의사가 환자의 진료기록부 등에 따라 내줄 수 있다. <개정 2009. 1. 30., 2016. 5. 29., 2019. 8. 27.> 이하 생략.

[28] 의료법 제33조(개설 등) ① 의료인은 이 법에 따른 의료기관을 개설하지 아니하고는 의료업을 할 수 없으며, 다음 각 호의 어느 하나에 해당하는 경우 외에는 그 의료기관 내에서 의료업을 하여야 한다. <개정 2008. 2. 29., 2010. 1. 18.>
1. 「응급의료에 관한 법률」 제2조 제1호에 따른 응급환자를 진료하는 경우
2. 환자나 환자 보호자의 요청에 따라 진료하는 경우
3. 국가나 지방자치단체의 장이 공익상 필요하다고 인정하여 요청하는 경우
4. 보건복지부령으로 정하는 바에 따라 가정간호를 하는 경우
5. 그 밖에 이 법 또는 다른 법령으로 특별히 정한 경우나 환자가 있는 현장에서 진료를 하여야 하는 부득이한 사유가 있는 경우

[29] 의료법 제34조(원격의료) ① 의료인(의료업에 종사하는 의사·치과의사·한의사만 해당한다)은 제33조제1항에도 불구하고 컴퓨터·화상통신 등 정보통신기술을 활용하여 먼 곳에 있는 의료인에게 의료지식이나 기술을 지원하는 원격의료(이하 "원격의료"라 한다)를 할 수 있다. ② 원격의료를 행하거나 받으려는 자는 보건복지부령으로 정하는 시설과 장비를 갖추어야 한다. <개정 2008. 2. 29., 2010. 1. 18.>

원격의료는 원격의료장비를 통하여 수집한 각종 음성파일·동영상·전자파일 자료를 화상통신·스마트기기·컴퓨터 등을 이용한 정보통신기술을 통하여 원격지의 의사에게 전달하는 기술을 이용하여, 의사가 환자를 직접 대면하지 않더라도 환자를 진료하는 등의 의료행위를 하는 것으로 비대면성과 원격기술의존성을 그 특징으로 한다.[30] 원격의료에는 다양한 유형으로 분류될 수 있다.[31] 병원 내 통신망인 의료영상전송시스템(PACS)을 이용하여 환자의 의료영상을 촬영한 의사가 다른 의사에게 진단 자문을 구하는 '원격진단', 의사들이 화상회의를 진행하여 환자의 치료방법을 교류하는 '원격자문', 무선통신이나 스마트폰 또는 모비일기기를 이용한 영상전송 데이터 전송을 이용하여 치료지침을 제공하는 '원격진료', 환자모니터링시스템 등의 원격의료시스템을 활용하여 환자가 집에서 진료를 받은 '재택진료', 의료인 또는 환자에 대한 '원격의료교육', 인터넷을 활용한 '의료상담' 및 '사이버병원' 등은 모두 원격기술을 이용한 비대면 의료행위에 해당하는 것으로 볼 수 있다. 하지만 이에 대한 찬반론이 뜨겁게 전개되고 있다.

---

③ 원격의료를 하는 자(이하 "원격지의사"라 한다)는 환자를 직접 대면하여 진료하는 경우와 같은 책임을 진다. ④ 원격지의사의 원격의료에 따라 의료행위를 한 의료인이 의사·치과의사 또는 한의사(이하 "현지의사"라 한다)인 경우에는 그 의료행위에 대하여 원격지의사의 과실을 인정할 만한 명백한 근거가 없으면 환자에 대한 책임은 제3항에도 불구하고 현지의사에게 있는 것으로 본다.

30 최연석, "원격의료의 도입에 관한 연구 -코로나바이러스감염증19 전염병과 원격의료 도입의 필요성-", 「국제법무」 제12집 제1호, 제주대학교 법과정책연구원, 2020, 119면.

31 백경희·장연화, "대면진료와 원격의료의 관계에 관한 법적 고찰", 「서울법학」 제21권 제3호, 서울시립대학교 법학연구소, 2014, 451면 이하.

3) 찬반론

(1) 찬성론

원격의료를 찬성하는 입장은 무엇보다도 격지·오지에 있는 환자들에게 효율적인 보건의료서비스를 제공할 수 있다는 점에 있다.[32] 만성질환 환자들을 효율적으로 관리할 수 있고, 의료기관에 입원·방문하는 횟수가 줄어들 것이다. 또한 첨단 장비를 이용한 모니터링 시스템 등으로 환자를 지속적으로 관리할 수 있기 때문에 의료의 질이 향상될 뿐만 아니라, 기술의 발전으로 안정성에도 하등의 문제가 발생되지 않을 것이라고 한다.[33] 보호자의 보호가 필요한 환자의 경우 의료기관을 이용하기 위하여 가족 등의 도움을 받아야 하는데, 원격의료는 이러한 환자와 가족의 스트레스를 줄여 삶의 질을 향상시킬 수 있고, 의료 관련 산업의 육성과 통합적인 의료정보관리 등의 장점을 주장한다.[34]

(2) 반대론

반대론은 진단은 의사가 환자를 대면하여 진찰을 했을 때 정확한 진단이 가능하다는 점을 강조한다.[35] 원격진료를 통하여 병원을 방문하지

---

32 최연석, "원격의료의 도입에 관한 연구", 「국제법무」 제12집 제1호, 제주대학교 법과정책연구원, 2020, 132면.

33 이한주, "원격의료제도 현실화 문제와 개선방안", 「한국의료법학회지」 제26권 제2호, 한국의료법학회, 2018, 41면.

34 주지홍, "원격의료 관련 의료법개정안에 대한 소고", 「한국의료법학회지」 제17권 제2호, 한국의료법학회, 2009, 80면. 그는 시대의 흐름이 의사 중심에서 환자 중심으로 변화하고 있다는 점을 의사들이 직시해야 한다고 하면서 원격의료를 반대하는 입장은 바람직하지 않다고 주장한다.

35 김민정, "국내 원격의료 현황과 개선과제", 「의료정책포럼」 제14권 제1호, 대한의사협회 의료정책연구소, 2016, 84면.

않는다 할지라도 약을 처방받기 위해서는 약국을 방문해야 할텐데 굳이 원격의료를 인정해야 하느냐에 대한 물음도 제기될 수 있다. 또한 의료보험수가의 적용문제와 의료사고 발생 시 책임문제가 정리되지 않았기 때문에 지금 당장 원격의료체계를 받아들이는 것은 어려울 것이라는 주장도 있다.[36] 그 외에도 개인정보의 유출 가능성, 의료기관의 민영화, 대기업의 이익편중, 대형병원의 쏠림 현상으로 의료전달체계가 붕괴될 것이라는 예상도 가능하지만, 무엇보다도 반대론이 주장하는 가장 큰 이유는 원격의료에 대한 안정성 문제를 들 수 있다. 환자의 신체를 대면에서 진료하고 진단하는 것도 오진으로 인한 의료사고가 발생하는 것이 현실인데, 비대면을 특징으로 하는 원격의료에 있어서는 대면진료보다 오진률이 더 높아질 것이라는 주장이다.[37]

(3) 소결

정보통신기술과 산업의 급속한 성장으로 모든 산업 분야에서 업무의 효율성이 높아지고 있고 편의성이 제고되고 있다. 이러한 기술의 발전은 의사가 환자의 정보를 실시간으로 받아볼 수 있는 계기를 제공하고 있다. 의료전달체계가 붕괴될 경우 수익성이 악화될 것이라는 염려, 원격의료가 도입되면 대형마트가 주위 소규모 상권을 초토화시키듯 의료업계의 기반이 무너질 것이라는 우려가 있기는 하지만, 의료인 중심에서 환자

---

36 김기영·김현주·허정식, "원격진료시범사업과 관련한 비교법적 연구 -원격진단과 치료의 법적 문제-", 「의생명과학과 법」 제21권, 원광대학교 법학연구소, 2019, 24면 이하.
37 김진숙·우수현·김석영·이평수, "원격의료 정책 현황 분석 연구", 대한의사협회 의료정책연구소 연구보고서, 대한의사협회 의료정책연구소, 2015, 59면 이하.

중심으로 변화하고 있는 시대의 흐름을 거부할 수는 없다고 본다. 정보통신기술의 발전을 기반으로 하는 원격의료에 대한 단계적인 도입을 반대하기에는 무리가 있다.

2. 인공지능의 의료분야 적용 기능: 약한 인공지능 IBM 왓슨을 중심으로

인공지능은 의료분야에서 임상진단, 질병예측, 영상판독, 생체 정보 분석 및 의료용 수술로봇 등에 적용될 수 있다.[38]

1) 최적의 치료방법 제시

인공지능은 의료적 조언과 진단을 소비자에게 제공하는 데 사용되고 있다. 인공지능을 사용하여 임상 데이터, 연구 간행물 및 전문 지침을 분석하면 치료에 대한 결정을 내리는 데 도움이 될 수 있다.[39] 특히 일반적인 치료방법을 권고할 뿐만 아니라 환자 개인의 의료 및 건강정보 데이터를 분석하여 보유된 치료데이터를 활용하여 가능한 치료방법을 권고하며, 환자 또는 의사가 선택할 치료방법에 대한 우선순위, 부작용 발생가능성, 의약품 활용 시 주의사항 등을 알려준다.[40] 의사들은 자료 찾는 시간을 줄여 환자에게 집중할 수 있고, 암환들에게 의학적 근거에 입각

---

38 이인영, "보건의료에서의 인공지능 적용과 관련된 법적 과제에 대한 개관", 「한국의료법학회지」 제27권 제2호, 한국의료법학회, 2019, 40면 이하.

39 하선영, "왓슨, 인간의사와 진단 같나? 직장암 85%, 폐암 18% 일치", 중앙일보 2017. 4. 6. IBM 왓슨 포 온콜로지(Watson for Oncology)는 방대한 분량의 의학문헌과 환자 의무기록과 같은 데이터들을 분석하여 여러가지 치료 방법을 평가·비교하여 최적의 치료방법을 제시한다.

40 김재선, "인공지능 의료기기 위험관리를 위한 규범론적 접근 −인공지능 소프트웨어 규범화 논의를 중심으로−", 「공법연구」 제46집 제2호, 한국공법학회, 2017, 142면.

한 표준화된 치료와 환자 개인별 맞춤치료 제공에 도움을 받게 된다.[41]

2) 정확한 질병의 예측

인공지능은 목소리나 사진 또는 영상을 이용하여 사람들의 다양한 개인적 특성을 식별할 수 있는 능력이 있다. 이러한 식별 능력을 통하여 환자들의 질병예측을 할 수 있게 된다. 예를 들면, 구글 메디컬 브레인 연구팀은 전자건강기록정보를 이용하여 병원 내 사망률을 포함한 다양한 건강결과를 정확하게 예측한 바 있다.[42] 이는 딥러닝 모델을 사용에 따른 것이다. 이와 같이 인공지능 기술은 환자에 대한 질병에 대한 예측 비용을 감소할 수 있다.

3) 영상과 진단자료 분석

인공지능은 영상분석에 소요되는 비용과 시간을 줄여서 대상 치료를 위한 영상과 진단자료를 보다 더 정확히 분석·진단할 수 있다. 최근 인공지능(AI) 기술을 이용하여 영상자료 판독을 통해서 질환을 발견하고 있을 뿐만 아니라, 인공지능이 폐렴, 유방암 및 피부암 및 안과 질환과 같은

---

41 배현아, "보건의료법제하에서 인공지능기술의 의료영역 도입의 의의와 법적 문제", 「법조」 제66집 제4호, 법조협회, 2017, 44면.

42 이인영, "보건의료에서의 인공지능 적용과 관련된 법적 과제에 대한 개관", 「한국의료법학회지」 제27권 제2호, 2019, 41면. IBM 연구진들도 정신병, 조현병, 조울증, 우울증 진단을 예측하기 위한 언어패턴을 찾기 위해서 정신과 인터뷰 내용을 음성파일로 전환한 음성데이터를 딥러닝 기술을 사용하였으며, 300단어만 있으면 이용자의 정신병 발병률을 예측할 수 있다고 한다. 또한 언어패턴의 측정결과가 웨어러블 장치와 MRI와 EEG의 측정결과와 결합하면 파킨슨병, 알츠하이머병, 헌팅턴병, PTSD 등과 같은 질병을 더 잘 이해하고 치료하도록 예측할 수 있다고 한다.

질병상태를 파악하는데, 그 정확도는 상당히 높은 것으로 평가받고 있다.[43]

4) 생체정보의 사전적 분석

인공지능은 실시간 데이터에서 신호를 추출하여 건강문제가 악화될 가능성을 사전에 예측하여 환자에게 경고할 수 있는 기능을 할 수 있다. 예를 들어 인공지능은 혈압이나 산소포화도 등 환자의 생체정보를 분석할 수 있는바, 측정정보가 정상범위를 벗어날 경우 알람을 제공하는 소프트웨어를 통하여 진단예측의 보조수단으로 활용하게 된다.

3. 약한 인공지능으로 인한 피해

인공지능 소프트웨어가 추천한 치료법과 의료진이 판단한 치료법간의 선택으로 인해 결과적으로 환자에게 악결과가 발생할 가능성이 발생한다. 무엇보다 중요한 것은 의료용 소프트웨어의 자체의 결함으로 인한 피해 사례이다. 의료용 소프트웨어는 정확도가 담보되지 않을 경우 환자에게 위해를 발생시킬 우려가 있다. 예를 들어 부정확, 부적정한 데이터를 입력·학습하거나 알고리즘의 오류로 인해 질병 유무에 대한 가능성 정도를 잘못 예측할 수 있으며, 이상부위를 잘못 검출·표시하는 경우에는 진단·치료 결과에 직접적으로 영향을 미친다. 이러한 경우 환자는 필요한 처치를 받지 못하거나 불필요한 검사, 수술, 약물처방을 받는 피해

---

43 의학신문 2019년 1월 28일자. 예를 들어 의료 영상분석장치 소프트웨어 '뷰노메드 본에이지(VUNOmed-BoneAge)'는 인공지능이 엑스레이 영상을 분석하여 환자의 뼈 나이를 제시하고, 의사가 제시된 정보 등으로 성조숙증이나 저성장을 진단하는 데 도움을 주는 소프트웨어를 사용하고 있다.

에 대해서 손해배상책임을 주장할 수 있다.[44]

암예후·예측검사 소프트웨어를 의료기기로 규정하고 있으므로, 인공지능 소프트웨어 자체에 법주체성을 인정할 수 없을 것이다. 인공지능이 인격을 가지고 있지 않는 경우, 그로 인해 피해가 유발된 경우에는 인공지능 소프트웨어가 탑재된 의료기기나 로봇을 활용한 의료인 또는 의료기관에게 책임을 부담케 하는 것이 일반적이라 할 것이다.[45]

IV. 의료행위의 인공지능 도입에 따른 법적 대응

1. 인공지능 개입 없는 의사의 환자에 대한 책임

의사는 환자에 대하여 의료행위를 수행함에 있어서 주의의무 위반이 있고, 그 주의의무 위반이 환자의 생명과 신체, 건강 등의 보호법익을 침

---

44 예를 들어 영국에서 발생한 사례로서 2015년 임상실험에서 AI 앱을 사용하여 폐렴에 따라 합병증이 발생할 가능성이 있는 환자를 예측하고 그에 따라서 입원하도록 조치해야 하는데, 이 앱 프로그램이 상황 정보를 감안하지 않아서 질환예측을 잘못하여 의사가 천식 환자를 집으로 보내도록 잘못 지시하였다. 다른 예로서 소비자대면의 인공지능 앱은 불필요한 수요를 불러일으킬 수 있는데, 예를 들어 AI를 사용한 증상 검사기 앱(symptom checker apps)의 경우 앱의 추천이 지나치게 신중하여 불필요한 테스트 및 치료에 대한 수요가 증가할 수 있다.

45 현재 임상현장에서 사용되고 있는 인공지능 왓슨의 경우 인공지능에 인격을 인정할 수 없으므로 보건복지부장관으로부터 면허를 부여받은 의사의 지위를 취득할 수 없고 질병 진단과 예측을 돕는 임상 의사결정 지원시스템의 기능을 하고 있으므로 최종의 책임은 의료진이 부담할 수밖에 없다. 또한 질환 예측용 앱의 경우에도 질병 진단 등의 최종 판단을 의료진이 행한 경우에는 그 손해발생에 대해 의료진이 책임을 부담한다. 질병 진단이 아닌 의료기기 사용으로 인한 손해배상에 대해서는 그 손해를 야기한 행위의 원인이 누구에게 있었는지에 따라서 인공지능 프로그램의 제작자, 인공지능이 탑재된 의료기기의 소유자 또는 이들의 운용자 등이 손해발생에 기여한 정도에 따라 책임을 부담하여야 할 것이다.

해하는 결과를 야기하여 위법성과 책임성이 존재하는 경우에 책임문제가 발생한다.[46] 책임문제는 형사적인 책임과 민사적인 책임으로 구분하여 발생할 수 있다. 우선, 형법 제268조에 따라 업무상 과실, 중과실치사상죄가 논의될 수 있다. 이와 관련하여 '의사들의 주의의무 위반과 처방 체계상의 문제점으로 인하여 수술 후 회복과정에 있는 환자에게 인공호흡 준비를 갖추지 않은 상태에서는 사용할 수 없는 약제가 잘못 처방되었고, 종합병원의 간호사로서 환자에 대한 투약 과정 및 그 이후의 경과 관찰 등의 직무 수행을 위하여 처방 약제의 기본적인 약효나 부작용 및 주사 투약에 따르는 주의사항 등을 미리 확인·숙지하였다면 과실로 처방된 것임을 알 수 있었음에도 그대로 주사하여 환자가 의식불명 상태에 이르게 된 사안'에서, 대법원은 간호사에게 업무상과실치상의 형사책임을 인정한 바 있다.[47]

의료계약은 통상적으로 환자가 진료를 신청하고 의사가 접수하는 것을 통하여 성립하게 된다. 계약의 체결로 말미암아 환자는 계약상의 진료

---

46 민사책임에 대하여 김나루, "인공지능으로 인한 법적 문제와 그 대안에 관한 연구", 「홍익법학」 제19권 제2호, 홍익대학교 법학연구소, 2018, 351면.

47 대법원 2009. 12. 24. 선고 2005도8980 판결. 대법원은 "환자에 대한 투약 과정 및 그 이후의 경과를 관찰·보고하고 환자의 요양에 필요한 간호를 수행함을 그 직무로 하고 있는 종합병원의 간호사로서는 그 직무 수행을 위하여 처방 약제의 투약 전에 미리 그 기본적인 약효나 부작용 및 주사 투약에 따르는 주의사항 등을 확인·숙지하여야 할 의무가 있다 할 것인바, 이 사건 처방의 경위와 위 베큐로니움의 특수한 용도 및 그 오용의 치명적 결과 등을 감안할 때, 위 처방이 너무나 엉뚱한 약제를 투약하라는 내용이어서 필시 착오 또는 실수에 기인한 것이라고 의심할 만한 사정이 있음을 쉽게 인식할 수 있었다 할 것이고, 그러한 사정이 있다면 간호사에게는 그 처방을 기계적으로 실행하기에 앞서 당해 처방의 경위와 내용을 관련자에게 재확인함으로써 그 실행으로 인한 위험을 방지할 주의의무가 있다고 봄이 상당하다."고 판단하였다.

청구권을 갖게 되고, 의사는 질병의 치료를 위하여 모든 의료 관련 지식과 기술을 통하여 환자를 진찰하고 치료해야 하는 의무를 부담하게 된다.[48] 민사책임은 계약관계에서 발생하는 책임도 있지만 불법행위로 인한 책임도 발생한다. 의사의 과실이 원인이 되어 의료사고가 발생한 경우, 민법 제390조에 따라 계약위반에 따른 채무불이행책임이나 민법 제391조에 따른 이행보조자의 고의 또는 과실로 인한 책임[49]을 부담해야 한다. 계약책임과는 별도로 고의 또는 과실로 위법하게 타인에게 손해를 가한 경우라면, 민법 제750조 이하의 불법행위에 기한 손해배임책임이 문제될 수 있다. 불법행위에 대하여는 이하에서 보다 더 자세하게 살펴본다.

2. 약한 인공지능 개입하에 의사의 환자에 대한 책임

인공지능 왓슨의 경우 불법행위로 인한 책임과 계약상의 책임에 대한 내용을 생각해볼 수 있다.

1) 불법행위책임 적용 여부

(1) 사용자배상책임

민법 제756조에 따른 사용자의 배상책임에 대한 사항을 고려해볼 수 있다. 동 규정에 따르면, 타인을 사용하여 어느 사무에 종사하게 한 자는

---

48 이덕환, 『의료행위와 법』, 현문사, 2006, 29면.
49 민법 제390조가 채무자가 채무의 내용에 따른 이행이 이루어지지 않은 경우에 채권자에 대하여 손해배상책임의 부담을 내용으로 하는 것이라면, 제391조는 채무자의 법정대리인이 채무자를 위하여 이행하거나 채무자가 타인을 사용하여 이행하는 경우에 발생하는 사안이다. 다만, 여기서 고의 또는 과실이 문제로 등장할 수 있다.

피용자가 그 사무집행에 관하여 가한 손해를 사무를 종사하게 한 자(이를 사용자라 한다)가 배상책임을 부담해야 한다.[50] 인공지능을 통하여 환자를 치료하는 경우 민법상 사용자 배상책임이 적용되기 위해서는 인공지능이 '피용자' 지위를 가져야만 한다. 하지만 우리 법상 피용자는 권리와 의무의 주체가 될 수 있는 사람을 전제로 하고 있다. 인공지능 로봇은 사람이 아니기 때문에 피용자 지위를 가질 수 없고, 민법 제756조에 따른 손해배상책임을 청구할 수 없게 된다.

(2) 동물 점유자의 책임

동물의 점유자의 책임을 규정하고 있는 민법 제759조를 적용하는 방안이다. 동조에 따르면, 동물의 점유자는 그 동물이 타인에게 가한 손해를 가한 경우 그 점유자가 배상해야 한다. 동물은 이성을 갖지 않은 자의적이고 본능적인 행위를 하는 특성이 있다. 왓슨과 같은 인공지능은 인간의 행위를 보조하는 매개로서 인간이 프로그래밍한 내용에 따라 반응한다. 자의적이고 본능적인 행위를 하는 동물과 인공지능을 동일하게 볼 수는 없다고 할 것이다.

---

50 민법 제756조에서 정한 사용책임의 요건인 '사무집행에 관하여'의 의미와 판단기준을 제시한 판례가 있다. 대법원 2017. 9. 26. 2014다 27425 판결. 여기서 대법원은 사용자와 피용자의 관계는 반드시 유효한 고용관계가 있는 경우에 한하는 것이 아니고, 사실상 어떤 사람이 다른 사람을 위하여 그 지휘·감독 아래 그 의사에 따라 사업을 집행하는 관계에 있을 때에도 그 두 사람 사이에 사용자와 피용자의 관계에 있다고 판단한다.

(3) 일반 불법행위 책임

왓슨과 같은 인공지능의 경우 민법 제98조의 물건에 해당될 수 있다. 이 경우 왓슨은 고의 또는 과실로 인한 위법행위의 주체로 볼 수 없다. 인공지능에 의해 야기된 제3자의 손해에 대한 책임의 주체가 될 수 없기 때문에,[51] 피해자는 인공지능에게 민법 제750조에 따른 손해배상책임을 물을 수 없게 된다. 다만, 자연인이 약한 인공지능을 통하여 고의 또는 과실로 타인에게 손해를 가한 경우 그 자연인의 배상책임 적용 가능성이 제기될 수는 있을 것이다.[52]

(4) 공작물 등의 점유자 책임

민법 제758조에 따른 공작물 등의 점유자, 소유자의 책임을 고려해볼 수 있다. 민법 제758조는 공작물의 설치나 보존의 하자로 인하여 타인에게 손해를 가한 경우 점유자의 손해배상책임을 규정하고 있다. 여기서 중요한 것은 '공작물'의 개념이다. 공작물은 토지에 정착되어 있는 정적인 물건을 의미하고, 이 개념을 확대하여 자동차, 비행기, 공장의 기계 등을 포함하여 동적인 기업 설비까지도 공작물에 포함시키는 주장도 제기될 수 있다.[53] 이 견해에 따른다면, 민법 제758조가 적용될 수 있을 것이다. 하지만 인공지능이 이와 같은 기업 설비와 동일하게 볼 수 있는가에 대하여는 의문이 있다.

---

51   김진우, "지능형 로봇에 대한 사법적 규율 ―유럽연합의 입법 권고를 계기로 하여―", 「법조」 제66권 제3호, 법조협회, 2017, 33면.
52   고세일, "인공지능과 불법행위책임 법리", 「법학연구」 제29권 제2호, 충남대학교 법학연구소, 2018, 97면.
53   박준서, 『주석 민법 채권각칙(8)』 제4판, 한국사법행정학회, 2004, 468면.

2) 계약상 책임

계약상 책임은 하자담보책임과 채무불이행책임으로 구분하여 생각해 볼 수 있다. 약한 인공지능의 경우 인공지능 로봇을 제조하고 판매한 자와 이를 매수한 자 사이의 매매계약이 발생한다. 매매목적물인 인공지능 로봇의 하자로 인하여 발생한 손해에 대한 하자담보책임이 매도인에게 발생한다(민법 제580조 이하). 그리고 매수인의 확대손해가 발생한 경우라면, 매도인의 귀책사유에 따른 채무불이행책임이 문제될 수 있다(민법 제390조).

3) 제조물책임법의 적용

제조물책임법상에서 규정하고 있는 내용을 토대로 제조업자에 대한 책임 여부를 고려해볼 수 있다. 제조물책임법 제2조는 '제조물'을 제조되거나 가공된 동산(다른 동산이나 부동산의 일부를 구성하는 경우를 포함한다)으로 정의하고 있다. 약한 인공지능의 경우 소프트웨어 인공지능과 하드웨어 인공지능이 결합한 하나의 존재로서 제조물성이 인정될 수 있는 여지가 없는 것은 아니다.[54] 하지만 소프트웨어의 성격을 가진 인공지능을 동산으로 볼 수 있을 것인가에 대하여는 의문이 있고, 이때 제조물책임법에 따른 제조업자의 책임을 인정할 것인가에 대한 논란이 벌어질 수 있다.

---

54 이러한 견해로는 이도국, "인공지능(AI)의 민사법적 지위와 책임에 관한 소고", 「법학논총」 제34권 제4호, 한양대학교 법학연구소, 2017, 325면.

4) 소결

약한 인공지능이 의료행위에 개입하여 타인에게 손해를 야기한 경우, 실정법에 규정되어 있는 법규에 따라 책임을 묻기 위한 시도는 할 수 있겠지만, 인공지능이 실제 효력을 발생하고 있는 법률상의 사람이 아니라는 점에서, 청구권 조항의 합당성에 대한 논란이 발생할 수 있다. 물론, 법률에 규정되어 있는 조문 해석을 통하여 발생되는 문제를 해결할 수는 있겠지만, 이러한 시도는 법적 안정성을 해할 우려가 있을 뿐만 아니라 사회 혼란을 가중시킬 수 있을 것이다. 입법적인 해결이 요망된다.

3. 강한 인공지능 개입하에 의사의 환자에 대한 책임

1) 실정법의 적용 문제

강한 인공지능의 경우 인간과 유사한 지각력을 가지고 외부의 데이터와 인간지식의 도움을 받지 않고서도 스스로 학습하여 판단하고 창의적인 행위를 한다. 우선 제조물책임법의 제조물에 해당하는가에 대한 물음이 제기될 수 있는데, 강한 인공지능의 경우 제조자의 주도적인 개입이 요구되지도 않고, 강한 인공지능의 행위에 대한 결과를 예측할 수도 없다는 점에서 제조물로 볼 수는 없다고 할 것이다.

강한 인공지능 역시 사람이 아니라는 점에서 피용자의 지위를 가질 수 없다. 그러므로 민법 제756조에 따른 사용자배상책임이 적용될 수 없다. 인간의 지각력과 유사한 능력을 가진 강한 인공지능의 경우 자율적인 행위를 한다는 점에서 동적인 기업설비로서의 성격이 인정될 수 있는 약한 인공지능과 달리 공작물에도 해당될 수 없어 민법 제758조가 적용될 수 없다. 인공지능 자신이 스스로 판단하고 결정하는 고차원적인 행위를 한다는 점에서 동물과도 유사하게 볼 수 없어 동물점유자에 대한 책임을 규정하고 있는 민법 제759조도 적용될 수 없다.

강한 인공지능의 경우 인간과 유사한 사고와 행동은 할 수 있지만, 인간이 아니라는 점에서 인간을 전제로 하여 책임을 규정하고 있는 민법 제750조의 불법행위로 인한 손해배상책임을 인정하기 어렵다고 하겠다.

2) 전자인간의 탄생 여지

실정법에서 인공지능에 대한 책임 문제를 해결하지 못한다면, 우리는 강한 인공지능의 경우 새로운 인간의 탄생을 상정해볼 필요가 있다.[55] 인공지능 로봇과 관련되는 법적 문제는 인공지능에게 법인격을 부여해야 하는가의 문제와 인공지능에 의하여 야기되는 손해에 대한 책임문제이다. 전자와 관련하여, 우리는 자연인, 법인 외에 전자인간이라고 하는 새로운 권리주체를 고려해볼 수 있다. 인공지능에게 법인격을 부여한다는 것은 법적으로 로봇에게도 인간과 같은 하나의 권리주체로 인정된다는 것을 의미한다. 우리 실정법은 사람이 될 수 있는 자로 자연인과 법인을 두고 있다. 그러나 이미 세계 주요국은 실정법에서는 권리주체로서 사람, 권리객체로서 물건이라는 이분법을 벗어나, 물건 중 생명이 있는 동물에 대하여 별개로 다루고 있다.[56]

---

55 조승호·신인섭·유주선, 『공학, 철학, 법학의 눈으로 본 인간과 인공지능』, 씨아이알, 2018, 267면 이하.

56 2002년 6월 21일에는 세계 최초로 헌법에서 동물 보호를 국가의 책무로 규정했다. 독일 기본헌법 20조에는 '국가는 미래세대의 관점에서 생명의 자연적 기반과 동물을 보호할 책임을 갖는다'고 나와 있다. 유럽연합(EU)은 2009년 동물을 '지각력 있는 존재'로 인정하고 동물을 학대하는 방식인 산란계 배터리 케이지와 돼지 감금틀을 철폐했다. 뉴질랜드는 더 적극적으로 동물보호법에 동물을 지각력 있는 존재

특히, 독일의 경우 이 분야에서 선진적인 법제를 두고 있는 모습이다. 독일 민법 제90조는 물건의 개념을 정의하고 있다. 그러나 1990년 민법 개정 시 제90a조를 신설하여 "동물은 물건이 아니다, 동물은 별도의 법률로 통해 보호된다. 다른 규정이 없는 한 동물에 대하여는 물건에 관한 규정을 준용한다"라는 내용을 규정하였다. 이미 실정법에 명시적으로 동물에게 사람과 물건 사이의 '제3의 지위'를 부여하고 있음을 알 수 있다. 또한 독일 연방 동물보호법은 동물을 '이웃'이라는 개념으로 정의하고 있다(동법 제1조). 인간과 함께 창조된 생명체라는 의미를 부여하고 있는 것이다. 물건이라는 개념에서 벗어나 인간과 함께 공존하는 존재이자 즐거움과 고통을 감수할 능력이 있는 생명체로 보는 시각이 작용한 것으로 판단된다.

이와 같은 측면에서 로봇을 보았을 때 하나의 인격체로 인정할 수 있는 여지가 발생할 수 있다. 인공적인 창조물로서 로봇 역시 인간 생활에 밀접하게 관계를 맺고 있고, 로봇 역시 지각을 감지하는 존재로서 인정되는 한, 또 다른 하나의 권리주체로 인정 가능성이 발생하는 것이다.[57] 실제로 유럽연합은 2017년 로봇의 법적 지위를 새로운 인간으로서 '전자인간(electric person)'으로 규정하도록 하는 내용을 결의한 바 있다.[58] 정교하고 주체적인 행동을 하는 강한 인공지능 로봇의 의사결정과 독립성을 인정하고, 로봇이 야기한 피해에 대하여는 그 로봇 자신이 책임을 부담하

로서 존중할 것을 명시하는 등 동물보호 법제가 빠르게 발전하고 있다.

57 이상형, "윤리적 인공지능은 가능한가? -인공지능의 도덕적, 법적 책임 문제", 「법과 정책연구」 제16집 제4호, 한국법정책학회, 2016, 295면 이하.

58 European Parliament resolution of 16 February 2017 with recommendation to the Commission on Civil Law Rules on Robtics (2015/2103(INL) Liability 59 f).

도록 하고자 하는 것이다. 약한 인공지능과 달리, 강한 인공지능이 자주적이고 독립적인 행위로 인한 피해를 구제하기 방안이 없는 상황에서 별도의 구제책을 마련해야 한다는 필요성에서 도출된 대안으로 평가할 수 있다.

V. 결론

  인공지능의 출현과 발전은 우리의 삶의 질을 윤택하게 해줄 뿐더러 기존에 적응하였던 사고의 틀을 달리 생각하도록 요구하고 있다. 의료분야에서 논란이 되고 있는 원격의료의 논쟁에서부터 인공지능을 통한 환자에 대한 진료, 더 나아가 인공지능 의사의 출현 등의 상상은 다시 한번 인간의 생명을 일깨워주고 있다. 대면을 원칙으로 하는 의사의 진료행위 주장에는 환자의 안전성에 토대를 두고 있는 것으로 보인다. 하지만 기술의 진보로 환자의 안전성은 더욱더 보장되고 있는 상황이라면, 환자의 생명을 담보로 하여 원격의료를 반대하는 주장은 하나의 기우이지 않을까 한다. 대면으로부터 얻을 수 있는 이익을 놓지 않으려는 일련의 이기심이 있다면, 이제 그러한 심정은 내려놓아야 한다.
  인간과 동물이 가지고 있는 지능을 자연지능이라고 한다면, 이러한 자연지능을 컴퓨터에 실현시키는 정보처리 메커니즘이 바로 인공지능이라고 할 수 있다. 약한 인공지능의 출현은 인간과 인공지능의 평화의 시기로 양자의 공존을 추구할 수 있을 것이다. 하지만 인간과 마찬가지로 자율적인 의식을 가지고 프로그램 스스로 독립적인 판단을 하는 인공지능이라면, 인간의 단순한 도구적 기능을 하는 것으로 볼 수 없다. 이제 인공지능은 인간과의 공존이나 평화를 유지할 수 있을까의 문제로 발전하게 될 것이다. 그런 모습은 이미 1980년 초반 우리를 경악하게 만들었던 《터미네이터》라는 영화에서 그 진면목을 인식한 바 있다.

정의로운 사회를 인공지능 시대에도 지향할 수 있을까는 의문이다. 일단 의료분야에서는 그리 쉽게 우리의 상상 속으로 들어오지 않는다. 하지만 의료분야 외에 다른 영역으로 조금 확대하여 생각해 보면, 인공지능의 출현은 우리의 노동시장과 관련하여 일자리 문제를 고려할 수 있게 된다. 즉, 인공지능은 고용의 문제와 함께 사라지는 인간의 일자리와 그로 인한 소득과 분배를 어떻게 해소해야 할 것인가의 문제로 집중하게 되고, 이때 정의의 관점에서 로봇세의 부과나 기본소득의 도입 등이 우리와 마주하게 될 것이다.

Chapter 03

자율주행자동차와
인간 윤리

I. 서론

자율주행동차는 레벨을 다섯 단계로 구분해볼 수 있는데, 레벨 1 또는 레벨 2는 사람에 의하여 주도적으로 운전조작이 이루어지는 단계에 해당한다. 즉, 레벨 1은 운전자 지원(Driver Assistance) 형태로서 이 경우 사람이 운전업무를 담당하고, 조향장치 및 가속·감속장치 제어 등 운전자지원기술이 정착된 단계에 해당한다. 레벨 2는 부분 자동화(Partial Automation) 형태로서 사람이 운전업무를 담당하고 조향장치 및 가속·감속 제어 등 복합적 운전지원기술이 장착된 단계에 해당한다. 레벨 1과 2단계에서는 사람에 의해 주도적으로 운전조작이 이루어진다는 점에서 사람을 통한 운행지배가 인정될 수 있고 운전자의 주의의무도 현행법에서 적용되는 것과 차이가 없다고 하겠다. 따라서 레벨 1이나 2의 단계에서는 현행 자배법이나 자동차보험의 법리가 적용되는 것으로 보아야 할 것이다.

하지만 레벨 3단계는 조건부 자동화(Conditional Automaion) 형태로서 레벨 1이나 2와는 다른 차원에서 접근해야 한다. 즉, 레벨 3단계는 특정한 조건하에서 운전자가 시스템에 차량 제어권을 이전할 수 있으나, 운전자는 항상 제어권을 회수할 수 있는 상태로 대기하여야 한다. 왜냐하면 교통 환경에 따라 자율주행, 긴급상황 시 시스템에 의한 제어전환 및 운전자에 의한 수동운전이 복합적으로 이루어지기 때문이다. 그러므로 레벨 3단계의 경우 운전자가 비상상황 경고에 따라 운전에 개입하고 그 후에 야기된 사고에 대해서만 자배법상의 운행지배를 인정할 것인지, 아니면 처음부터 보유자의 운행지배를 전면적으로 인정하여 운전개입이 없는 상황인 자율주행 모드에서 사고 발생 시 무과실에 가까운 자배법상의 운행자책임을 적용할 것인가의 문제가 제기될 수 있다. 이하에서는 레벨 3단계에서 발생할 수 있는 민사법상의 책임문제와 철학적 쟁점을 검토해 보기로 한다.

II. 현행 자동차사고 배상책임과 레벨 3 자율주행차 사고의 배상책임

1. 일반 자동차 사고 시 배상책임

1) 제 유형

자동차 사고와 관련한 배상책임은 크게 다음과 구분할 수 있는데, 자동차보유자가 부담하는 자동차손해배상보장법(이하 '자배법'이라 한다)상 '운행자책임', 자동차 운전자가 부담하는 민법상 불법행위책임, 이른바 '운전자책임' 및 자동차의 결함으로 인해 사고가 발생한 경우에 제작자가 책임을 부담하는 '제조물책임'이 그것이다.[1] 자배법상 운행자책임은 자동차보험과 결합하여 자동차 사고 피해자 구제의 주된 기능을 담당하고 있으며, 운전자책임과 제조물책임은 피해자 구제의 보충적인 기능과 공평한 사고책임의 배분하는 역할을 담당하고 있다.

2) 운행자책임

자배법 제3조는 자동차의 운행으로 인해 제3자가 죽거나 다쳤을 경우 '운행자'가 그 손해를 배상하도록 정하고 있는데, 동 규정이 '운행자책임'을 말해주고 있다.

자동차손해배상보장법 제3조

제3조(자동차손해배상책임) 자기를 위하여 자동차를 운행하는 자는 그 운행으로 다른 사람을 사망하게 하거나 부상하게 한 경우에는 그 손해를 배상할 책임을 진다. 다만, 다음 각 호의 어느 하나에 해당하면 그러하지 아니하다.
1. 승객이 아닌 자가 사망하거나 부상한 경우에 자기와 운전자가 자동차의 운행에 주의를 게을리 하지 아니하였고, 피해자 또는 자기 및 운전자 외의 제3자에게 고의 또는 과실이 있으며, 자동차의 구조상의 결함이나 기능상의 장해가 없었다는 것을 증명한 경우
2. 승객이 고의나 자살행위로 사망하거나 부상한 경우

운행자책임은 사실상 무과실에 가까운 책임으로, 자동차의 운행에 대해 지배권을 가지고(이를 '운행지배'라 한다) 운행을 통한 이익(이를 '운행이익'이라 한다)을 얻는 자인 보유자가 그 운행으로 인해 발생한 사고에

---

1   황현아, "레벨3 자율주행차 도입에 따른 배상책임법제 개선 방안", 「KiRi 리포트」 포커스, 2018. 8. 29., 3면.

대해서도 책임을 부담하는 것이 타당하다는 원리에 입각하고 있다. 여기서 운행자라 함은 자기를 위하여 자동차를 운행하는 자로서 자동차의 운행에 대한 '운행지배'와 '운행이익'을 갖는 자를 말한다. 이러한 '운행자' 개념은 '운전자'와는 구별된다. 또한, 자동차의 사용에 관하여 사실상의 처분권을 갖는 것으로, 물리적·직접적 지배는 물론 관념적 지배를 포함하는 개념인 '운행지배'는 적법한 지배 및 불법적인 지배 모두를 포함하는 개념인 반면에 '운행이익'은 자동차의 운행으로부터 나오는 이익으로 직접적·경제적 이익 및 간접적·정신적 이익을 포괄하는 개념으로 이해되는 것으로, 자배법상 자동차 소유자 및 기타 자동차를 사용할 권리가 있는 자를 의미하는 '자동차 보유자'는 자신이 직접 운전을 하였는지에 관계없이 자동차의 운행자가 된다.[2]

자동차손해배상보장법 제2조

제2조(정의) 이 법에서 사용하는 용어의 뜻은 다음과 같다.
3. "자동차보유자"란 자동차의 소유자나 자동차를 사용할 권리가 있는 자로서 자기를 위하여 자동차를 운행하는 자를 말한다.

운행자는 직접 운전을 하였는지 여부나 사고에 대한 과실 여부를 떠나 차량의 운행과 사고 발생 사이에 인과관계만 인정되면 당해 사고에 대하여 책임을 부담하는 무과실에 가까운 책임구조를 이루고 있다. 그러므로 피해자에게 배상을 한 운행자는 실제로 사고 발생에 책임이 있는 자에게 구상권을 행사함으로써 책임을 분담하게 된다. 이와 같이 자배법

---

2   자배법 제2조 제3호 참조.

은 자동차 사고 피해자의 신속한 구제를 위하여 민법에서 인정하고 있는 불법행위책임의 특별한 규칙을 운행자에게 부여하는 '운행자책임'을 채택하고 있다.

3) 운전자책임

운전자책임은 운전자가 운전상 필요한 주의의무를 다 하지 않았다는 점에 근거하여 부여되는 책임구조로, 운전자의 고의 또는 과실이 요구된다. 자배법은 운전자의 손해배상책임에 대해서는 특칙을 두고 있지 않다. 그러므로 사고 발생 시 일반법인 민법 제750조에 따라 운전자의 손해배상책임으로 문제를 해결하게 된다. 즉, 운전자가 고의 또는 과실로 운전과 관련된 주의의무를 위반하였고 그로 인해 손해가 발생한 경우 운전자책임이 인정되는 것이다. 이러한 특성은 무과실에 가까운 운행자책임과 다른 측면이 있다. 실제로 발생하는 교통사고의 경우 대부분 운전자의 주의의무 위반에 기인하게 되므로 운전자책임이 인정되는 모습이다.

4) 제조물책임

제조물책임은 자동차가 통상적인 안전성을 갖추지 못한 결함과 그 결함으로 인해 사고가 발생한 경우 인정되는 책임구조로, 자동차의 결함과 그 결함으로 사고가 발생해야 한다는 인과관계 존재를 요건으로 하고 있다. 다만, 자동차 제조물책임에 대하여 대법원은 그 인정을 주저하는 모습이지만,[3] 하급심 판결의 경우 승용차가 중앙분리대를 충격하여 발생한

---

3   대법원 2004. 3. 12. 선고 2003다16771 판결.

사고에 대해 차량 베어링 결함으로 인해 생긴 용착 현상이 사고원인으로 보고 법원은 제조물책임을 인정한 바 있다.[4] 또한 2017년 4월 17일 개정된 제조물책임법 제3조의2(결함 등의 추정)상 증명책임의 완화가 이루어졌고,[5] 제작사가 결함의 존재를 알았을 경우 손해액의 3배까지 배상하도록 하는 제조물책임법 제3조의 책임 강화방안[6]은 향후 제조물책임이 보다 확대 적용될 가능성이 있다고 하겠다.

---

4   서울고등법원 2007. 1. 12. 선고 2005나45898 판결.

5   제3조의2(결함 등의 추정) 피해자가 다음 각 호의 사실을 증명한 경우에는 제조물을 공급할 당시 해당 제조물에 결함이 있었고 그 제조물의 결함으로 인하여 손해가 발생한 것으로 추정한다. 다만, 제조업자가 제조물의 결함이 아닌 다른 원인으로 인하여 그 손해가 발생한 사실을 증명한 경우에는 그러하지 아니하다.
    1. 해당 제조물이 정상적으로 사용되는 상태에서 피해자의 손해가 발생하였다는 사실
    2. 제1호의 손해가 제조업자의 실질적인 지배영역에 속한 원인으로부터 초래되었다는 사실
    3. 제1호의 손해가 해당 제조물의 결함 없이는 통상적으로 발생하지 아니한다는 사실

6   제3조(제조물 책임) ① 생략. ② 제1항에도 불구하고 제조업자가 제조물의 결함을 알면서도 그 결함에 대하여 필요한 조치를 취하지 아니한 결과로 생명 또는 신체에 중대한 손해를 입은 자가 있는 경우에는 그 자에게 발생한 손해의 3배를 넘지 아니하는 범위에서 배상책임을 진다. 이 경우 법원은 배상액을 정할 때 다음 각 호의 사항을 고려하여야 한다.<신설 2017. 4. 18.>
    1. 고의성의 정도
    2. 해당 제조물의 결함으로 인하여 발생한 손해의 정도
    3. 해당 제조물의 공급으로 인하여 제조업자가 취득한 경제적 이익
    4. 해당 제조물의 결함으로 인하여 제조업자가 형사처벌 또는 행정처분을 받은 경우 그 형사처벌 또는 행정처분의 정도
    5. 해당 제조물의 공급이 지속된 기간 및 공급 규모
    6. 제조업자의 재산상태
    7. 제조업자가 피해구제를 위하여 노력한 정도

2. 레벨 3 자율주행자동차 사고 시 배상책임

1) 일반 자동차 운전과의 차이

레벨 3은 과도기적 기술로 운전자인 인간이 상당부분 운전에 관여하게 된다. 그러므로 운전 작업이 시스템에 이전되는 완전자율주행단계와는 책임구조에 있어서 다른 접근 방식이 요구된다. 레벨 3의 경우 운전자는 자율주행모드에서는 전방주시의무 및 차량제어의무는 부담하지 않지만 항상 운전이 가능한 상태로 대기해야 한다. 또한 날씨, 도로, 통신 등 일정조건이 갖추어진 상태(Operation Design Domination: ODD)에서만 자율주행이 가능하므로, 이러한 상태가 아니라면 수동으로 운전을 해야만 한다. 또한 자율주행모드로 운전 중 ODD 상태에서 벗어나면 다시 운전자는 제어권을 회수해야 한다.

2) 자율주행자동차 사고의 특징

(1) 운전자책임의 부존재

자율주행차가 정상적으로 자율주행모드로 운행하는 중에는 시스템이 운전을 담당하고 운전자는 전방주시 및 차량제어의무를 부담하지 않으므로, 사고가 발생하더라도 원칙적으로 운전자의 주의의무 위반이 인정될 가능성이 없다. 그러므로 일반 자동차사고에서 발생하는 운전자 책임이 성립되지 않게 된다.

독일 역시 자율주행모드에서 발생한 사고에 대해서는 원칙적으로 운전자 책임이 성립되지 않는다고 보고, 운전자책임 부존재로 인한 피해보상의 공백을 보완하기 위해 자율주행차 보유자책임의 최대 보상액을 일반차 보유자책임의 최대보상액(5백만 유로)의 2배인 1천만 유로로 규

정하고 있다.[7]

(2) 제조물책임 확대 가능성

앞에서 살펴본 바와 같이, 일반차 사고의 경우 제작사는 차량 하자가 사고에 영향을 미친 경우에 한하여 제조물책임을 부담하게 된다. 하지만 자율주행사고의 경우 제작사는 차량 하자는 물론 자율주행시스템 하자로 인해 사고가 발생한 경우에도 제조물책임을 부담하게 되므로, 자동차 사고에 대해 제작사가 책임을 부담하는 사례가 확대될 가능성이 높다. 자율주행자동차는 자율주행시스템을 장착할 뿐 아니라 레이더, 라이다, 카메라 등 자율주행에 필요한 다양한 첨단장치들을 장착하게 되는데, 이러한 시스템 및 장치의 하자가 사고 발생의 원인이 된 경우 제작사에 책임이 귀속될 수 있다. 자율주행시스템의 하자로 인한 제조물책임 확대는 기존에 인간이 담당하던 운전행위를 자율주행시스템이 담당함에 따른 결과라 할 것이다.

(3) 사고원인 규명 난제

레벨 3 자율주행차의 경우 운전자 과실, 시스템 결함, 차량 장치 결함, 통신 및 도로상 결함 등 다양한 원인에 의해 사고가 발생할 수 있다. 그러므로 사고 당시 차량이 자율주행모드로 주행 중이었는지 여부, 사고발생의 구체적 원인이 무엇인지에 대한 명확한 규명이 필요할 것이다. 자율주

---

7 독일 도로교통법 제12조 참조. 다만, 운전자책임의 성립 여부와 관련하여, 사고 당시 당해 차량이 자율주행모드였는지, ODD 조건이 충족되었는지, 운전자가 제어권 회수 대기 관련 의무사항을 준수하였는지 여부가 문제될 수 있다.

행모드로 운행 중 발생한 사고의 경우, 자율주행시스템이나 관련 장치에 하자가 있었던 것인지, 아니면 도로, 통신 등 외부 환경이 사고 발생에 영향을 미친 것인지, 또는 운전자나 보유자가 자율주행관련 조건이나 주의의무를 위반한 것인지 등의 규명이 책임귀속에 중요한 의미를 부여하게 될 것이다.

III. 자율주행자동차의 자율주행모드상 운행자 책임 인정 여부

1. 자율주행모드와 자배법상 운행자책임

자배법상의 운행자책임의 근거는 '운전행위'가 아닌 '운행지배'와 '운행이익'에 있다는 점에서, '운전행위'를 자율주행시스템이 담당하게 된다고 할지라도 보유자가 운행자책임을 부담해야 할 것이다. 레벨 3단계에서 수동모드뿐만 아니라 자율주행모드에서도 이 점은 동일하게 적용되어야 할 것이다.[8] 자배법상 운행자책임이 자율주행사고를 고려하여 제공된 것이 아닌 것은 사실이지만, 자율주행사고의 경우에도 운행자책임은 원칙상 그대로 적용될 수 있을 것이다. 이러한 운행자책임의 인정은 무엇보다도 자동차로 인한 피해는 자신을 위해 그 자동차를 이용하는 자가 부담해야 한다는 사람에 의한 운전과 사람에 의한 차량 지배가 전제하고 있다는 점에서 수용 가능하다고 할 것이다.

하지만 미국 도로교통안전국이 마련한 가이드라인에서 자율주행이

---

8   황현아, "레벨 3 자율주행차 도입에 따른 배상책임법제 개선 방안", 「KiRi 리포트」, 보험연구원, 2018. 8. 29., 8면.

가능한 조건인 날씨, 도로나 교통상황, 지역조건, 제한속도 등을 준수한 정상적인 자율주행모드 운행 시의 운행은 자율주행시스템에 의한 운전이 이루어지는 것이고, 이 상황에서 운전자는 전방주시의무는 부과되지 않고 단지 대기의무만이 있다. 레벨 3 자율주행모드에서는 전적으로 자율주행시스템이 실질적이고 주도적인 운행지배를 가지고 있다고 할 것이다.

2. 자율주행사고 시 제작자 책임의 제 유형

레벨 3 자율주행모드에서는 자율주행시스템이 전적으로 운행지배를 가지고 있게 된다. 자율주행자동차의 본질상 정상적인 자율주행모드 상황에서는 자율주행시스템이나 제조회사가 통제와 제어권을 가지고 있다고 보는 것이 타당할 것이다. 단지 긴급상황 또는 자의에 의해 수동운전을 하려고 하는 등의 예외적인 경우를 제외하고는 레벨 3단계에서 사람의 운전행위나 운전개입이 없다고 보아야 할 것이다. 이와 같은 상황에서 기존의 책임법제를 고수하는 것이 타당할지 의문이다. 한편, 자율주행자동차 사고와 관련한 책임문제를 이해하기 위하여 일반자동차를 절취하여 운전하던 발생한 사고에 대한 차량보유의자의 운행지배성 여부를 이해해볼 필요가 있다. 이와 관련하여 대법원은 절취운전자가 운행지배성을 가지고 운행자책임을 부담하되, 차량보유자는 절취로 인해 예외적인 경우를 제외하고는 운행지배를 상실한 것으로 해석한 바 있다.[9]

일반자동차 운전이 아닌 자율주행시스템이 운전의 거의 모든 과정을 담당하게 되면, 이제 인간이 운전행위를 담당하는 것으로 설계된 기존의

---

9   대법원 1998. 6. 23. 선고 98다10380 판결 참조.

책임법제를 다시 한번 검토해야 할 필요성이 제기된다.[10] 이러한 검토는 제작자의 책임강화의 방향으에서 시작될 것이고, 기존의 책임법제에서 제작자 책임을 강화할 수 있는 방안으로 '현행법제를 유지하면서 자동차 보유자가 피해자에 대한 1차적 책임을 부담하는 방안', '제작자의 무과실 책임방안' 및 '보유자·제작자 공동 무과실 책임방안'을 들 수 있겠지만,[11] 레벨 3단계의 자율주행자동차 상용화 초기단계를 고려하여, 현재의 자배법상의 운행자책임을 유지하면서 자동차보유자가 피해자에 대한 1차적 책임을 부담하는 제1안이 타당하다고 생각된다. 이 방은 보유자의 보험회사가 피해자에 대한 책임을 부담하고 사고원인을 조사하여 자율주행자동차 시스템이나 장치 하자의 경우 제작사에게 구상을 청구하는 방안에 해당한다.

3. 기존 책임법리 극복 방안

1) 제조물책임법을 통한 해결책

레벨 3단계의 자율주행모드상 보유자에게 운행자책임을 인정하고자하는 방안은 사고가 발생하면 운행자 책임을 부담하는 보유자를 통해 (실제로는 보유자가 가입한 자동차보험회사를 통해) 피해자가 먼저 보상을 받도록 하고 그 후 제조회사에게 구상권을 행사하게 하는 방식이다. 이러한 방식은 보유자의 보험을 통해 피해자를 신속하게 구제할 수

---

10 박세민, "레벨 3 자율주행자동차의 자율주행모드시 사고에 따른 민사상 책임법리의 해석에 대한 연구", 「기업법연구」 제33권 제1호(통권 제76호), 2019, 193면.

11 황현아, "레벨 3 자율주행차 도입에 따른 배상책임법제 개선 방안", 「KiRi 리포트」, 보험연구원, 2018.8.29, 9면.

있다는 점, 안정성과 효율성을 가지고 있다는 점 및 현행 법제도와 보험 제도를 유지할 수 있다는 점에서 장점으로 부각된다. 하지만 이러한 책임방식의 난점은 비용적인 측면과 시간적 낭비에 대한 비판이 제기될 수 있다.[12] 또한 대법원의 제조회사에 대한 책임에 대한 인색함도 비판의 한 몫을 하고 있다.[13] 이와 같이 '선보상 후구상' 방식은 사고원인을 정확하게 규명하는 것도 중요하지만 무엇보다도 공평한 책임귀속을 실현할 수 있을 것인가에 대한 의문이 제기되고 있는 상황이다. 이를 극복하기 위한 방안으로 레벨 3 자율주행모드에서 자율주행자동차 제조회사가 변형된 형태의 제조물책임보험을 해결방안[14]은 자율주행자동차 상용화 초기 단계에 자율주행자동차와 일반자동차가 혼재하여 운행될 것을 예상한다면, 현 단계에서 의미있는 방식이라고 생각된다.

2) 부보의 방식과 범위

이 경우 제조물책임은 가입 여부는 의무보험으로 강제하는 방식을 택하고, 배상책임범위에 있어서 책임의 한계를 설정하는 것이 타당할 것이다. 이 방안을 수용하게 되면, 자율주행의 완전한 조건을 충족한 자율주행모드에서 사고 발생 시 의무적인 제조물책임보험 가입에 따라 1차적으로 피해자의 보상이 이루어질 것이다. 다만, 자율주행 조건이 이루어지지 않은 상태에서 인위적인 자율주행모드를 선택한 경우나 수동운전으로의

---

12 김규옥·문영준·조선아·이종덕, "자율주행자동차 윤리 및 운전자 수용성 기초연구", 한국교통연구원, 2016, 213~214면.
13 대법원 2004. 3. 12. 선고 2003다16771 판결.
14 박세민, "레벨 3 자율주행자동차의 자율주행모드 시 사고에 따른 민사상 책임법리의 해석에 대한 연구", 「기업법연구」 제33권 제1호(통권 제76호), 2019, 196면.

전환이 요구되었음에도 불구하고 자율주행모드로 운행한 경우에 발생한 사고에 대하여는 운행 통제와 제어가 보유자에게 있다는 점을 고려하여, 자배법상의 보유자의 운행자책임으로 귀결될 것이다. 보상한도를 자배법상의 운행자책임과 같이 사망이나 후유장해에 1억 5천만 원으로 하는 것이 합리적인 방안이 될 것으로 예상된다.

3) 남은 과제

제조물책임법을 통한 새로운 법리는 다른 주요국의 제도변화 방향과 그 괘를 같이 하고 있다는 점에서 합리적인 방안으로 설득력을 인정받을 수 있겠지만, 극복해야 할 과제도 남아 있다.

먼저 알고리즘의 자율주행시스템인 이른바 소프트웨어를 제조물로 인정할 수 있겠는가의 문제이다. 자율주행시스템이 하나의 프로그램으로서 칩과 같은 부품에 내장되고 공장에서 처음부터 장착되는 것이라는 이는 제조물로 보아야 한다는 주장이 있지만,[15] 이에 대한 반대하는 입장도 없는 것은 아니다. 이러한 다툼을 예방하기 위하여 신기술을 반영하여 실정법에 제조물에 대한 개념을 명시적으로 확장하는 방안이 마련되어야 할 것이다.

또한, 제조회사의 면책사유와 관련해서는 현행 제조물책임법 제3조에 따른 면책사유를 적용하지 않고 자배법상의 무과실에 가까운 수준의 면책사유를 정하는 방안[16]이 제시될 수 있는데, 이러한 무과실에 가까운

---

15   이상수, "임베디드 소프트웨어의 결함과 제조물책임 적용에 관한 고찰", 「법학논문집」 제39집 제2호, 중앙대학교 법학연구원, 2015, 71면 이하.

16   박세민, "레벨 3 자율주행자동차의 자율주행모드시 사고에 따른 민사상 책임법리의 해석에 대한 연구", 「기업법연구」 제33권 제1호(통권 제76호), 2019, 196면.

수준의 면책사유 인정은 자율주행시스템의 통제·관리가 가능한 제작사의 책임을 강화하는 방안에 해당하지만, 기존 운행자책임 체계를 뛰어넘어 법체계 변경이 되어야 한다는 보다 설득력 있는 근거의 필요성이 요구될뿐만 아니라, 무엇보다도 이러한 방안이 자율주행자동차 기술 발전을 저해할 수 있다는 우려를 불식시켜야 한다는 측면 및 보유자의 도덕적 해이의 난제를 극복해야 하는 과제를 안고 있다고 하겠다.

4. 자율주행모드와 운전자 주의의무 수준

자율주행모드 중에 운전자가 주의의무를 부담해야 하는지와 주의의무를 부담한다면 어느 정도를 부담해야 하는지에 대한 논의가 전개될 수 있다. 우선, 자율주행모드 중에는 운전자에게 적극적인 운전주의의무는 요구되지 않지만, 비수면상태 유지, 전방주시, 도로상황 관찰, 운전자의 운전개입이 필요한 환경 주시 등 수동적(passive)인 운행상황 주시의무는 부과되어야 한다는 견해가 제기될 수 있다.[17] 그러나 자율주행자동차가 일반 자동차와 다른 점은 자율주행모드에서 운전자를 운전행위 등으로부터 해방시키기 위한 목적에 있다는 점을 고려하여 자율주행모드 중 운전자의 주의의무는 인정될 수 없다는 반론이 제기된다.[18] 레벨 3 자율주행모드 중의 운전자에게 이러한 수준의 주의의무를 부과할 수는 없다는 후자가 타당하다고 본다. 조건을 충족한 정상적인 자율주행상태에서의 안전성에 대한 부담은 제조회사가 책임져야 한다. 이러한 부담을 제조회

---

17   임이정·이중기·황기연, "자율주행차량의 운행을 위한 법적이슈", 「교통연구」 제23권 제3호, 2016. 9., 85면.
18   박세민, "레벨 3 자율주행자동차의 자율주행모드시 사고에 따른 민사상 책임법리의 해석에 대한 연구", 「기업법연구」 제33권 제1호(통권 제76호), 2019, 197면.

사가 떠맡지 않는다면, 자동차를 구매한 운전자는 자율주행상태에서 운전만 하지 않지만 일반자동차를 운전하는 것과 유사하게 전방을 항상 주시해야 하고 운전환경 등을 감시해야 하는 등 자율주행자동차의 장점을 살릴 수 없게 된다.[19] 그러므로 레벨 3단계의 자율주행모드에서는 자율주행시스템이 차량을 완전히 통제하기 때문에 운전자의 전방주시의무는 요구되지 않는 것으로 보아야 할 것이다.[20] 다만, 레벨 3 자율주행모드에서 운전자가 전방주시의무 등 일반적인 운전상 주의의무로터 벗어난다고 하더라도 언제든지 긴급상황이 발생할 수 있다는 점에 우리는 유의해야 할 필요가 있다. 긴급한 상황이 발생한 경우에는 운전자가 바로 수동에 의한 차량 통제와 제어를 해야 할 것이다.[21] 운전자의 주의의무 명확한 정도를 논하는 것은 그리 쉬운 일은 아니지만, 레벨 2단계의 자율주행자동차나 일반자동차의 경우보다는 경감되어야 한다는 주장[22]은 공감할 수

---

19 매일경제신문, 2017년 10월 8일자 보도기사. 자율주행자동차 시각인식 기술 보유 회사인 모빌아이(Mobileye)는 레벨 3 자율주행 상황에서는 탑승한 운전자가 손을 핸들에서 떼고 전방 주시를 하지 않아도 된다고 하였다. 이는 레벨 3 자율주행모드에서는 탑승한 운전자에게 전방주시 의무라는 기본적인 운전상의 주의의무 조차 부과하지 않겠다는 의미로 이해된다.

20 이제우·명순구, "자율주행자동차의 등장과 민사책임법의 변화",「고려법학」제86호, 2017. 9., 364면.

21 김은경, '자율주행자동차 보험의 법적과제', 숙명여대 법학연구소 세미나(2020년 1월 31일), 134면. 미국 도로교통안전국은 2016년 레벨 3의 테슬라 모델 S차량이 트레일러 차량과 충돌한 사고와 관련하여 차량 카메라가 트레일러의 흰색 측면을 하늘로 인식했으나 레벨 3 수준에선 운전자가 위험 상황에서 개입해야 했음을 밝힌 바 있다. 여기서 당국은 경고음을 무시한 운전자의 과실이 더 크다고 판단하였다.

22 박세민, "레벨 3 자율주행자동차의 자율주행모드시 사고에 따른 민사상 책임법리의 해석에 대한 연구",「기업법연구」제33권 제1호(통권 제76호), 2019, 198면. 박교수는 "긴급상황임에도 불구하고 자율주행시스템이 운전자에게 아무런 경고를 하지 않았다면 운전자가 아무리 대기의무 이행상태 중이라고 하더라도 경고 자체가 없었기에 수동운전에 의한 통제나 제어를 할 수 없게 된 것이므로 운전자에겐

있다고 본다.

5. 또 다른 해결방안

1) 노폴트 보험

자율주행차 보험제도를 노폴트보험제도를 도입함으로써 해결하자는 주장이 있다. 노폴트보험제도는 자동차 사고 발생에 가해자의 과실이 없더라도 피해자가 입은 인적 손해를 보상하는 보험이다. 노폴트보험에서는 피해자 증명책임이 불필요하며 과실상계도 적용하지 않는 특징이 있다.[23] 이 제도는 미국, 뉴질랜드, 캐나다 등에서 도입하여 운영하고 있다. 노폴트보험 도입을 주장하는 입장에서는 대인배상 I, II, 무보험차상해보험 등을 통합한 인신손해보상, 자기차량손해, 대물배상, 비용담보상품으로 구성하도록 하고 보험료는 보유자와 제조사가 같이 납부하는 방식을 제언하는 견해[24]가 있다. 또한 자율주행자동차와 같이 사회적 유익을 위한 혁신을 위하여 혁신이 필요한 경우에는 그에 따르는 위험을 사회전체가 인수할 필요성이 있다는 이유로 노폴트보험 도입을 찬성하는 입장[25]도 있다. 일부 반대 견해에서는 노폴트보험 도입의 효용이 그 부작용과

주의의무 위반을 물을 수 없다. 긴급상황 발생시 경고를 통해 대기 상태에 있던 운전자에게 합리적인 시간적 여유를 두고 수동모드로 전환할 수 있도록 하는 기술력이 레벨 3 자율주행자동차에겐 중요한 이슈가 될 것이며, 이러한 기술적 결함에 대해서는 제조물책임법이 관련될 수밖에 없다."고 판단하고 있다.

23 은종성·김주표·김시은, "자율주행차 사고에 따른 보험적용에 관한 연구", 「상사법연구」 제36권 제3호, 2017, 376면.

24 박은경, "자율주행자동차의 등장과 자동차보험제도의 개선방안", 「법학연구」, 제16권 제4호(통권 제64호), 한국법학회, 2016, 128면.

25 은종성·김주표·김시은, "자율주행차 사고에 따른 보험적용에 관한 연구", 「상사법연구」 제36권 제3호, 2017, 375면.

비용에 비해 크지 않다는 의견을 제시하고 있다.

헌법상 재판받을 권리와도 연결하여 볼 때 설득력이 없다. 노폴트보험의 경우 피해자 보호에 있어서 확실히 현행 자동차보험제도보다는 탁월한 점이 있음을 자실이다. 과실상계를 하지 않고 보상을 하여 주기 때문이다. 그런데 과연 그러한 책임법의 원리가 타당한지는 의문이다. 노폴트보험제도를 도입할 것을 주장하는 견해 가운데에는 인적손해에 대하여 보험가입을 의무화하면서 보상한도는 무한으로 하자고 주장을 한다.[26] 특히 노폴트보험에서는 소송을 제기하는 것을 제한하는 바, 노폴트보험은 우리 법체계에 맞지 않는 것으로 그 도입을 반대한다.

2) 사회보험

자율주행차와 관련하여 보험제도를 사회보험으로 처리하자는 주장[27]이 있다. 즉 대인배상 I, II를 통합한 후 자율주행차를 운행하기 위해서는 반드시 보험을 들도록 강제보험화하면서 사고가 적어질 것이므로 보험료가 낮아지므로 사회보험을 활용하여 피해자의 손해를 사회구성원 전체에게 부담시키도록 하자는 주장이 그것이다. 이 견해는 자율주행차에서는 사고의 발생가능성이 현저히 적을 것이므로 보험료가 낮추어지기에 피해자의 손해를 사회구성원 전체에게 분담시키자는 것이다. 하지만, 자율주행자동차를 이용하는 사람과 그렇지 않은 사람 사이의 차이점을 고려하여야 하고 자율주행자동차 보험의 보험료도 동 견해에서 주장하

---

26 박은경, "보험계약상 사회 안전보장을 위한 약관확보방안 '자율주행자동차 노폴트보험' 약관의 개발", 「법학연구」 제17권 제4호, 한국법학회, 2017, 47면.

27 오지용, "무인자동차와 관련한 자동차손해배상보장법 제3조의 해석", 「법조」, 709호, 2015. 10, 244면.

는 바와 같이 그렇게 크게 낮아지지 않을 것이라는 점도 간과하고 있다. 그리고 자율주행자동차로 인한 사고를 국민건강보험의 사회보험과 같이 처리할 정도로 국민들의 공감대 형성도 어렵고 또 그 정당성도 결여되어 있다. 같은 맥락에서 자율주행차 사고를 사회보험으로 처리하자는 주장은 타당성이 없다.

IV. 자율주행자동차와 윤리적 쟁점

1. 의의

자율주행자동차에는 많은 윤리적 고민과 문제들이 존재한다. 운행 중 피할 수 없는 충돌상황에서 어떠한 선택을 할 것인가 그리고 그 선택에 따른 책임 주체는 누가 될 것인가 하는 문제이다.[28] 자율주행자동차 연구와 개발에 힘쓰고 있는 많은 공학자들은 자율주행자동차가 인간이 직접 운전하는 것보다 훨씬 안전하고, 큰 사고는 방지할 수 있을 것이라고 한다. 자율주행자동차가 상용화되어 모든 도로가 인간이 직접 운전하지 않는 자율주행자동차만 다닌다면, 모든 차량들이 주위 차량들과 정보를 공유하게 될 것이며, 이 경우 사고의 확률은 줄어들 수 있다. 하지만 시스템의 오류, 해킹, 통신장애, 보행자의 예측을 벗어난 행위 등으로 인한 사고는 발생할 수 있고, 시스템에 존재하지 않는 물체의 경우 충돌을 회피할 수 없게 된다. 또한 우리가 곧 생활 속에서 직면할 미래는 도로에 자율주

---

28   김인호·박현지, "자율주행자동차의 윤리적 고찰과 법제정비 방안", 「미국헌법연구」, 제31권 제1호, 2020, 8면 이하.

행자동차만이 아닌 사람이 직접 운행하는 차량과 섞여 운행되는 상황이다. 자율주행자동차가 예상하지 못한 사물이 생길 수도 있고, 계획에 없던 공사가 생길 수도 있으며, 보행자의 상황에 따라 예측 불가한 상황이 생길 수도 있다. 자율주행자동차의 충돌 시 그 결정에 대한 책임 문제, 또한 그 운행 과정의 문제 외에도 자율주행자동차가 사회에 끼칠 수 있는 다양한 문제도 존재한다. 자율주행자동차는 해킹 등으로 인한 GPS의 데이터 노출로 인한 사생활 침해 문제, 폭탄 테러 등에 노출될 수 있다는 보안 및 사생활과 관련된 문제도 발생할 수 있다. 또한 다른 인공지능의 발전으로도 야기되고 있는 실직의 우려도 존재한다. 운전과 관련된 업무를 하고 있는 많은 사람들이 직업을 잃을 수 있게 된다는 문제가 생긴다.

2. 트롤리 딜레마

자율주행자동차의 충돌을 가정하면, 충돌 시 어떠한 선택과 결정을 내려야 할지는 기술적인 측면뿐 아닌 윤리적인 측면을 지니고 있다. 이러한 충돌의 윤리적 의미를 고민하기 위해 트롤리 딜레마(Trolley dilemma)를 언급하는 선행연구들이 있다.[29] 멈출 수 없는 전차가 운행 중인데, 철로 위에 노인이 지나가고 있거나 넘어져 있다면, 노인을 살리기 위해 전차 승객들의 위험을 불구하고 전차를 탈선시켜야 할 것인가, 아니면 전차에 타고 있는 승객들의 안전을 먼저 고려하여 그 노인을 치고 지나갈 것인가? 만약 철로 위의 노인이 한 명이 아니라 여러 명이 동시에 서 있는 상황이라면 결정은 달라질 것인가? 프랑스 툴루즈 경제학과 연구팀이 설

---

29   강철, "트롤리문제와 도덕판단의 세 가지 근거들", 「윤리연구」 제90호, 한국윤리학회, 2013, 140면 이하.

문조사를 통해 알아보니, 응답자 중 다수는 1명을 구하는 선택보다 10명을 구하는 선택을 했고, 100명을 구하는 선택보다 1,000명을 구하는 선택을 선호했다. 이를 통해 많은 사람들은 도덕적 딜레마를 마주할 때 양적 공리주의가 된다는 걸 볼 수 있다.

3. 터널 딜레마

터널 딜레마(Tunnel Dilemma)라고 알려져 있는 다른 윤리적 문제를 살펴보면, 자율주행자동차가 1차선 터널 안을 막은 술주정뱅이를 마주하게 되고, 주정뱅이를 살리면서 자율주행자동차가 안전하게 피할 방법은 없다. 그렇다면 자율주행자동차는 차 주인의 안전을 위해 주정뱅이를 치고 가야 할 것인가 아니면 주정뱅이를 살리기 위해 자동차와 본인 스스로의 안전을 희생해야 할 것인가?[30] 자율주행자동차 구매자의 입장에서는 자기 스스로보다 술주정뱅이의 안전을 우선시하는 알고리즘의 자율주행자동차를 구매하지 않을것이다. 이러한 상황에서 만일 주정뱅이가 사고를 당하게 되었다면, 사법당국과 보험 당국은 그 책임을 누구에게 물어야 할 것인가? 그 책임의 대상이 자율주행자동차의 제조사가 될 것인지, 시스템 알고리즘의 설계자가 될 것인지, 아니면 차에서 수동으로 통제하지 못한 탑승자가 될 것인지 어려운 문제이다. 이에 제이슨 밀러(Jason Miller)는 자율주행자동차에 접목시킨 터널 딜레마를 제시하고 설문을 진행했고, 밀러의 터널 딜레마는 이와 같다. "당신은 편도 1차선의 산길을 따라 주행하고 있는 자율주행자동차에 탑승 중이고, 전방에 있는 1차선의 좁

---

30   변순용·황기연·임이정, "자율주행자동차에 대한 한국형 윤리 가이드라인 연구", 「윤리연구」 제123호, 한국윤리학회, 208~209면 이하.

은 터널에 진입하려 한다. 이때 한명의 어린이가 길을 건너던 중 넘어져 길 가운데 있다. 이 차량은 한 가지의 선택밖에 하지 못한다. 아이를 치고 지나가거나, 터널 옆의 양 벽면 중 하나로 돌진하여 자기 자신의 안전을 져버려야 한다. 이때 자율주행자동차가 과연 어떤 선택을 해야 할 것인가?" 만약 당신이 자율주행자동차 안에 있다면 어떤 선택을 할 것인가?

V. 결론

자율주행자동차 상용화에 대비하는 법 제도적 개선과제를 생각하기에 앞서 자율주행자동차의 도입으로 마주하게 될 시대에 기술의 문제보다 윤리적 문제를 먼저 고려하여야 한다. 앞서 언급된 경우들에 있어 자율주행자동차의 알고리즘과 제도는 어떠한 통계에 의한 기술자들의 연구가 아닌 사회의 기준과 윤리에 의해 결정되어야 한다.

Appendix
부록

분쟁해결의 법학
앞으로도 그 기능을 잃지 않을 것인가? [1]

I. 대학의 의미

1. 중등교육기관과 고등교육기관

학교는 학생(學生)을 가르치는 교육기관(教育機關)을 의미한다. 이러한 교육기관에는 초등학교(初等學校), 중학교(中學校), 고등학교(高等學校), 대학교(大學校) 및 특수(特殊) 학교(學校) 등(等)이 있다. 여기서 중고등학교와 대학교를 비교하면서 교육의 의미를 생각해 보려고 한다. 중고등학교는 중등교육기관으로서 다양한 기초학문을 익히는 곳이다. 초중등교육법 제45조에 따르면, 고등학교는 중학교에서 받은 교육의 기초 위에 중등교육 및 기초적인 전문교육을 하는 것을 목적으로 한다. 반면, 대학교는 중

---

1   2022년 5월 18일 진행된 경문고 재학생 대상 진로특강 내용을 중심으로 정리한 것이다.

등교육기관 다음으로 연계되는 고등교육의 핵심 교육기관에 해당한다. 고등교육법 제28조에 따르면, 대학은 인격을 도야(陶冶)하고 국가와 인류 사회의 발전에 필요한 심오한 학술이론과 그 응용방법을 가르치고 연구 하며, 국가와 인류사회에 이바지함을 목적으로 한다. 대학에는 다양한 유 형의 단과대학과 세부적인 학과를 제공하여 학생들이 자신들이 추구하 고 싶은 분야를 마음껏 연마할 수 있는 길을 열어주고 있다. 법학과는 대학이 처해 있는 상황에 다양한 방식으로 나타난다. 대학의 규모가 크면 법과대학 하에 법학과를 두는 것이 일반적이지만, 사회과학대학 같은 단 과대학에 법학과를 두기도 한다.

2. 코로나 팬데믹과 대학문화

2020년 2월부터 시작된 코로나 팬데믹은 우리의 사회 생활에 있어서 뿐만 아니라, 젊음의 광장인 대학 상아탑에도 예상치 못한 타격을 주고 있다. 학문의 전당인 대학은 젊음이의 공동체로서 독특한 '대학문화'을 형성하게 된다. 각양 각지에서 모여든 젊은이들은 자신이 소속한 학과 학생들과 함께 체육, 여가, 문화 활동을 하기도 하고, 학문에 대한 진리탐 구의 시절을 함께 보내게 된다.

자신이 원하는 동아리에 가입하여 새로운 친구들을 사귀고, 그들과 함께 미래의 고민을 공유하면서 자신의 진로를 모색하게 된다. 이는 청소 년 시기에 체험하지 못했던 새로운 현상으로서, 우물이라고 하는 한정된 고등학교라는 공간에서, 성년의 사회생활 진입 전 중간다리 역할을 대학 이 하게 되는 것이다.

하지만 코로나 팬데믹은 대학공동체 구성원들이 체험할 수 있는 기회를 박탈함으로서, 대학만이 가지는 고유한 대학문화를 형성할 수 있는 시간을 대학생들이 향유하지 못하도록 만들었다. 이는 매우 아쉬운 대목으로 남게 될 것이다.

II. 대학과정과 법학

1. 대학과정보다 대학원 석사와 박사과정이 어려운 것인가?

하나의 학과를 선택한 학생들은 이제 전공 공부를 하게 된다. 법학과를 선택한 학생은 헌법, 민법, 형법 등 기본 3법을 익히게 되고, 학년이 올라가면서 상법과 함께 절차법인 민사소송법과 형사소송법을 공부하게 된다. 물론, 공법의 영역으로서 행정법을 학습하는 것도 빼놓을 수 없다.

하지만 법학을 공부하기 위해서는 위에서 언급한 과목 이외에도 다양한 과목을 수강해야 한다. 이를 조금 더 상세하게 구분해서 살펴보자. 민법만 해도 민법총칙, 물권법, 채권법, 가족법 등을 익히게 되고, 상법만 해도 상법총칙, 상행위, 회사법, 보험법, 해상법 등 다시 세분화 된 과목 등을 수업시간에 학습해야 한다. 세분화 된 여러 과목들을 익히는 시간들이 대학의 과정들이라 할 수 있다.

법학이라는 하나의 학과만을 여기에서 예시로 든 것이지만, 다른 학과 역시 여러 가지 과목들로 세분화 된 수업이 진행되기는 마찬가지이다. 그런 측면에서 대학생활은 매우 고통스러운 시간으로 고등학생들이 받아들일 수도 있을 것이다. 또 다른 한편으로, '이런 다양한 과목을 모두 완전히 익힌다는 것이 가능한 것일까'라는 의구심이 없는 것도 아니다.

그렇다면 대학원은 어떨까? 일단, 대학원은 대학에 비하여 공부하는 부담이 훨씬 적다. 우선, 대학원은 대학에서와 같이, 다양하게 세분화 된 과목을 학습할 필요가 없다. 대학원 과정은 공법과 사법 가운데 하나의 영역을 선택하게 된다. 그리고 민법이나 상법, 헌법이나 형법, 행정법 등 좁혀진 하나의 전문적인 영역의 학습이 이루어진다. 세분화 된 전공을 결정했다고 할지라도 여타 과목을 수강하는 것은 자유롭지만, 이제는 자신의 전공분야로 집중되면서, 좁혀진 주제에 대한 석사논문을 작성하는 시간을 갖게 되는 것이다. 석사논문이 완성되면 석사학위를 받게 된다.

박사과정은 어떨까? 박사과정은 석사과정과 비교하여 더 쉬운 면이 있다고 할 수 있다. 왜냐하면 민법이나 헌법 또는 행정법 등 다양한 전공 가운데 한 가지 전공의 하나의 테마를 선택하여 논문을 쓰면 되는 것이기 때문이다. 물론 하나의 주제에 깊이 있는 내용을 담아야 하기 때문에, 그 논문을 완성하는 것은 그리 간단한 것은 아니다. 아무튼 중요한 것은 학부때 광범위하게 공부했던 방식에서 점점 더 좁혀진 주제를 깊이 있게 탐구하는 방식이 진행된다는 점이다.

석사과정과 박사과정에서 중요한 것은 뭐니 뭐니해도 '글쓰기'와 '말하기'라고 할 수 있다. 사람이 사회생활을 하면서 자신의 의사를 전달하는 방법에는 글과 말이 중요한 의미를 갖는다. 자신이 연구한 내용을 타인에게 설득하기 위해서는 논문을 작성할 수 있는 글솜씨와 함께 말로써 이를 설명할 수 있는 능력이 요구된다. 학위 과정에서 익히는 것이 바로 이 두 가지 영역이라고 할 수 있다. 상법을 전공한 필자는 우리나라 석사과정에서는 보험법으로, 독일 석사과정에서는 민사법으로, 그리고 독일 마부르크 대학 박사과정에서는 회사법으로 논문을 작성하였다. 글쓰기와 구두를 통한 의사전달 능력을 익힌 셈이다.

2. 이과와 문과, 그리고 융합은 필수불가결한 것인가?

수학이나 과학을 좋아한다면 이과를, 국어나 영어 또는 사회과목 등을 좋아한다면 학생들은 문과를 선택했을 것이다. 우리 세대에는 이와 같이 구분하여 대학에 입학하였고, 선택한 계열 관련 과목을 이수한 후 졸업과 함께 취업을 하였다. 하지만 이런 도식적인 체계를 순순히 받아들이는 태도는 지금의 학생들이 살게 되는 사회에서는 용납되지 않을 것으로 생각된다.

'융합학문'이라고 하는 말은 둘 이상의 학문 분야를 복합적으로 다루는 것을 의미한다. 특히, 4차산업혁명의 도래는 문과는 문과 과목만, 이과는 이과 과목만을 익히는 것만으로는 충분하지 않다. 법학을 전공하여 자율주행자동차에 관한 법률적 쟁점을 연구하고 싶다면, 우선 자율주행자동차라고 하는 기술적인 내용을 이해하지 않으면 아니될 것이다. 더 나아가 인공지능 알고리즘이 무엇인지, 데이터와 빅데이터가 어떤 기능과 역할을 하는 것인지에 대한 이해도 필요하다. 이러한 선(先)이해 후에 인간에게 미치는 영향을 분석해야만 법률적인 해결책을 제시할 수 있게 된다. 이런 측면에서 지금 학생들이 사는 시대에는 '융합'의 화두가 항상 함께 있어야 할 것을 요구할 가능성이 높다. 그래서 하는 말이지만, 대학에 입학하게 되면 학생들은 최소한 두 개의 전공을 갖는 것이 어떨까 한다. 그리고 그 전공도 매우 상이한 영역이 되면 더 좋을 것이다. 예를 들면, 법학전공 학생이라면 컴퓨터공학을 복수전공으로 한다든가, 디자인을 전공하는 학생이라면 철학이나 역사를 전공하면 어떨까 한다. 체육을 전공하는 학생이, 법학을 전공으로 하여 공부를 하는 것도 좋을 듯 싶다. 이와 같이 보다 이질적인 과목을 함께 익힌 자만이, 사회에서 요구되고 인정받는 인력군이 되지 않을까 싶다.

3. 분쟁 해결기능으로서 법학, 그리고 괴테와 젊은 베르테르의 슬픔

1) 법학과 분쟁해결

　　법학 또는 법률은 분쟁해결의 도구로서 역할을 수행하게 된다. 칼을 들고 흉부, 다리 등을 수술하여 사람의 고통을 해소하거나 상처를 치료하는 자가 의사라고 한다면, 법률가는 사회생활을 하면서 발생하는 분쟁을 해결하는 역할을 한다. 무엇인가 해결을 한다는 점에서, 의학이나 법학은 사회에서 동일한 기능을 하고 있다고 해도 틀린 말은 아니다. 다수의 책을 읽어보면 아버지는 자식에게, 만약 그 자식이 영리하거나 뛰어났다고 한다면, 의학이나 법학을 권하고 있는 것을 보게 된다. 꼭 그렇지 않더라도, 주위 사람들로부터 영특하다는 칭찬을 다소 들은 자라면, 그는 의학이나 법학으로 인생의 길을 가고자 하는 경향이 있다. 물론 법학으로 시작을 하였지만, 다른 인생으로 변경한 자도 없는 것은 아니다. 법학에 몸을 담았지만 문필가, 사상가로 익히 우리에게 알려진 한 명의 문인을 간략히 소개하고자 한다.

2) 괴테와 젊은 베르테르의 슬픔

　　잘 알다시피 괴테는 독일의 중부도시 프랑크푸르트에서 1749년에 태어나서 1832년에 사망했다. 『젊은 베르테르의 슬픔』과 『파우스트』는 그의 대표적인 문학작품에 해당한다. 특히, 전자는 서간체 소설로서 1774년에 발표되었는데, 주인공 베르테르가 남의 약혼녀를 사랑하다가 그 뜻을 이루지 못하고 권총으로 자살한 내용을 담고 있다. 여기서 재미있는 사실은 괴테의 전공이다. 괴테는 라이프치히대학에서 법학을 공부하게 된다. 당시 세탁업 공장을 하는 부유한 집안의 자제인 괴테는 부모의 권유로 법학을 택하게 되고, 실제로 변호사 활동을 하게 된다. 라이프치히대학 재학 중 알게 된 친구 '예루잘렘'이 유부녀를 사랑하게 되고, 그녀로부터 실연당한 그는 1772년 10월 30일 자살한다. 이를 모티브로 하여 탄생한 소설이 바로 우리가 익히 알고 있는 『젊은 베르테르의 슬픔』이다. 프랑크 푸르트에서 법률가로, 바이마르에서 행정가로 활동했던 그는 그 후 문학에 심취한 후 앞에서 말한 유명 소설 등을 집필하게 된다.

4. 법학을 공부하기 위한 준비

법학과를 선택하게 되면, 앞에서 말했듯이, 다양한 법률과목을 학습하게 된다. 우선 헌법, 민법, 형법 등 기본 3법을 비롯하여 상법, 형사소송법, 민사소송법 등을 익히게 되는데, 이를 우리는 기본육법이라고 한다. 헌법과 형법은 공법 영역으로 국가와 시민의 관계에서 발생하는 법률문제를 다루고 있다면, 민법과 상법은 사법의 영역으로 사람과 사람 사이에 발생하는 법률문제에 역점을 둔다. 공법이 수직관계라고 한다면, 사법은 수평관계에 해당한다. 헌법, 민법, 상법이 권리와 의무 등의 실체적인 권리관계를 다루는 실체법의 영역이라고 한다면, 민사소송법과 형사소송법은 소송의 진행과정을 규정하고 있는 절차법에 해당한다.

법률이라고 하는 학문을 학습하기 위해서 고등학교에서는 무엇에 역점을 두어야 할까? 우선, 국어과 수학을 제대로 익히는 시간들이 되었으면 한다. 이 양자는 법학을 공부하기에 매우 중요한 과목에 해당한다고 말할 수 있다. 우선, 국어는 법률과 분리할 수 없는 관계에 있다. 말과

글의 중요성은 이미 앞에서 말한 바와 같다. 국어의 중요성은 사건의 사실관계를 파악하는 능력에서 나타나는데, 특히 국어의 비문학 능력이 뛰어난 학생은 다양한 판례를 신속하고 명확하게 이해할 가능성이 높다. 2016년 수능 관련 출제된 9월 모의고사 '법인격부인론(회사법)'과 2017년 수학능력평가 국어 시험 지문에 제시된 '보험계약상 보험계약자의 고지의무'는 법률이 국어와 밀접한 관련이 있음을 알 수 있다. 수학은 논리적인 면에서 법학 공부에 도움이 된다. 공대생이 로스쿨에서 두각을 나타내고 있다는 말은 빈 말이 아니다. 이는 논리적인 면을 요구하는 법학이 이과적 소양을 갖춘 공대생에게 맞는 구석이 있다는 말일 것이다.

하지만 이외에도 다양한 영역에 대한 학습이 된 자가 훌륭한 법률가로 성장할 가능성이 높다고 볼 수 있다. 인간은 사회에서 발생하는 다양한 관계에 노출되어 있다. 이는 모든 영역에서 법률적인 이슈가 나타날 수 있다는 의미이다. 모든 과목들에 대하여 관심을 갖는 것이 추후 훌륭한 법학자가 될 수 있음을 의미한다.

III. 법학공부와 진로

1. 변호사가 될 수 있는 두 가지 과정

변호사 등 법률가 되는 것이 법학공부의 최종 목표가 될 것이다. 물론, 법학교수가 되어 대학교에서 학생들에게 법률지식을 공유하는 선생님 역할을 하기도 한다. 법원 관련 공무원으로 활동하는 경우도 있고, 기업 법무팀에 취업하여 근무하는 등 법학을 공부하게 되면 다양한 진로를 모색할 수 있다. 변호사가 되기 위해서는 일반 4년제 대학 졸업 후 대학원

(이른바 '로스쿨')을 진학한 후 변호사시험에 합격해야 변호사로 활동할 수 있게 된다. 여기서 우리는 변호사가 될 수 있는 두 가지 진입 방향을 생각해 볼 수 있다.

첫째, 학과를 불문하고 좋은 대학에 입학하여 졸업 후 로스쿨에 진학하는 방법이다. 일반적으로 이 방법을 많은 학생들이 선택하고 있다. 법학 외 다른 전공을 습득할 수 있다는 점에서 장점이 있다.

둘째, 일반 법학과에 입학, 졸업 후 로스쿨에 진학하는 방법이다. 변호사가 되기 위하여 학부때부터 법률적인 지식을 무장하는 방식이다. 대학에서부터 기초적인 법학과 다양한 법률 지식을 쌓은 후 로스쿨에 진학하게 된다.

어쨌든 자신의 관심과 적성이 법학에 잘 맞아야 훌륭한 법조인으로 성장할 수 있을 것이다.

2. 유사법조인으로서 노무사와 손해사정사

1) 노무사

국가에서 공인하는 노동법률전문가가 바로 공인노무사이다. 공인노무사법에 직무범위를 정하고 있다. 주로 하는 일은 고용노동부 노동위원회, 근로복지공단 등을 상대로 노동자의 권리구제를 대행하거나 대리하는 역할을 한다. 또한 공인노무사는 기업을 위해 각종 인사·노무 관리 상담이나 지도를 하고, 작업장 관련 컨설팅 업무를 담당하게 된다. 그 외에도 노사 양측의 의뢰를 받아 노무관리를 진단하거나 분쟁을 합리적으로 조정하는 중재하는 역할을 담당한다.

2) 손해사정사

보험사고 시 손해액을 산정하고 결정하며 보험금을 객관적이고 공정하게 산정하는 업무를 담당하는 자가 바로 손해사정사이다. 사고발생에 관한 정확한 자료를 수집하고 조사, 분석, 보상범위를 결정하는 업무를 담당한다. 유사한 보험사고나 판례를 분석하는 일을 하고, 보험금청구권자의 보상청구의 타당성 여부와 협상이 회사의 관례나 절차에 따라 이루어졌는지를 확인하는 역할도 담당한다. 또한 보험금 적정성 심사를 위해 변호사와 의사 등의 자문 활동도 빼놓을 수 없는 업무이다.

IV. 법학과 밥학(?)

실용학문이라는 점에서 법학은 기업이나 공무 관련 업무에 수요가 많다. 하지만 훌륭한 법률가는 전문성이 담보되어야 한다. 꼭 법조인이 되지 않는다 할지라도 법률 관련 지식을 습득한 자는 자신의 권리를 잃어버릴 가능성이 적다. 아는 만큼 잃지 않는 법이다.

밥(?), 이른바 경제적인 면에서 법학은 매우 유용한 측면이 있다고 본다. 여전히 법학은 사람이 사회를 형성하여 생활하는 한, 밥학(?)으로서 그 지위를 유지하게 될 것이다. 하지만 법학은 단지 '빵을 위한 학문'에서 그쳐서는 아니될 것이다.

물욕만을 추구하면서 호의호식하는 수단으로만 법학을 간주하는 것은 바람직한 것이 아니다. 오히려 '세속적 성직자'라는 자세로 법학이라는 학문을 추구해 나가는 태도를 견지할 필요가 있다.

찾아보기

저자 소개

유 주 선

현) 강남대학교 정경학부(법학 담당) 교수

6년간 독일 유학 생활은 내 학문의 방법과 방향에 많은 영향을 주었다. 회사법으로 법학박사 학위를 받은 것은 2005년이다. 강남대학교에서 15년간 상법, 회사법, 보험법 등 상법 관련 연구와 강의를 하였다.

신기술의 등장은 디지털 관련 법제로 관심을 이끌었다. 하지만 항상 나의 뇌를 떠나지 않는 것은 본질적인 진리 탐구에 있었다. 법학 뒤에 숨어 있는 그 무엇! 법학 앞에 던져질 그 무엇!

젊은 시절 품었던 진리에 대한 의구심이 철학적 탐구로 이어졌고, 2020년 2월 한비자 사상을 주제로 철학박사 학위 과정을 마칠 수 있었다.

현재 상법, 디지털금융법 그리고 4차 산업혁명기술 관련 법제에 관심을 기울이고 있다.

법학의 철학적 탐구: 사고의 확장을 위한 시도

초판 1쇄 발행 2022년 8월 30일
지은이 유주선
펴낸이 김성배

책임편집 최장미
디자인 안예슬
제작 김문갑

발행처 도서출판 씨아이알
출판등록 제2-3285호(2001년 3월 19일)
주소 (04626) 서울특별시 중구 필동로8길 43(예장동 1-151)
전화 (02) 2275-8603(대표) | 팩스 (02) 2265-9394
홈페이지 www.circom.co.kr

ISBN 979-11-6856-002-4 (93360)